INVENTAIRE SOMMAIRE

DES

ARCHIVES COMMUNALES

DE LA

VILLE DE CHAUNY

antérieures à 1790

Cet inventaire est la reproduction de celui dont l'impression, presque terminée en 1914, a été détruite au cours des hostilités, en même temps d'ailleurs qu'un certain nombre de documents analysés.

INVENTAIRE SOMMAIRE

DES

ARCHIVES COMMUNALES

DE LA

VILLE DE CHAUNY

antérieures à 1790

Rédigé par M. J. SOUCHON, Archiviste départemental honoraire

LAON
Imprimerie de l'Aisne, 89, rue des Écoles
1926

VILLE DE CHAUNY

INVENTAIRE SOMMAIRE

des

ARCHIVES COMMUNALES ANTÉRIEURES à 1790

Série AA

Actes Constitutifs et Politiques de la Commune

AA. 1. (Liasse). — 3 pièces, parchemin ; 10 pièces, papier.

1167-XVIIe siècle. — Chartes de commune. — 1167. Charte de commune accordée aux habitants de Chauny par Philippe d'Alsace, comte de Flandre et de Vermandois, seigneur dudit Chauny: copies modernes de cette charte. — 1186. Charte de commune (1) accordée aux habitants de Chauny par Mathieu de Montmorency, seigneur dudit Chauny, et sa femme Eléanor: copies modernes de cette charte. — 27 juin 1485. Extraits par Charles Grelot, tabellion royal, de la charte de commune accordée aux habitants de Chauny par le roi Philippe II, en 1213, « ladicte chartre contenant LXIIII clauses et articles, et entre autres les XIIIe XIIIIe, XVe, partie du XVIIIe, et le XXe, et desquelz la teneur et déclaracion s'ensuiet... »: copie moderne et traduction de 59 articles de la charte de 1213.

(1) Cette charte et les précédentes ont été publiées intégralement dans le *Bulletin de la Société Académique de Chauny*, tome I, pp. 189-192.

AA. 2. (Manuscrit in-fo). — 176 feuillets, parchemin.

XVe-XIXe siècles. — Volume connu de temps immémorial sous le nom de « Livre des Bourgeois » (1). Commencé à la date de 1405, il contient (feuillets 2 à 7) un résumé de plusieurs ordonnances « touchant le gouvernement « de la mairerie et comunaulté de la ville de « Chauny sur Oize », puis, depuis huitième feuillet, la liste des maires, jurés, échevins, bourgeois, clercs et procureurs de ville, depuis 1296 jusqu'en 1703 (sauf lacune de 1542 à 1569): postérieurement à cette date, on ne trouve plus que quelques rares mentions de bour-

(1) Une notice sur ce manuscrit a paru dans le *Bulletin de la Société Académique de Chauny*, tome III, pp. 154-179.

geois reçus en 1718, 1754 et 1764. Les rédacteurs successifs de ce manuscrit y ont inséré diverses notes et observations. On voit, par exemple, que le taux du droit de bourgeoisie était très variable. En 1329, on ne fait rien payer à « Bonnère le cordouanier..., à la prière du bailli »; d'autres versent 20 ou 40 sols, 1 ou 2 moutons, 2 ou 3 écus, 2 ou 4 francs, etc. — 22 février 1375 (n. st.). Etienne Vion sort de la bourgeoisie, par accord, en donnant caution. — 1461. Le maire, Jean de Longueval, étant mort avant l'expiration de ses pouvoirs, « fu commis à ladicte mairie Jehan Burdel par « les jurés, en la chambre du beffroy, sans « autre solempenité faire ». — Mention est faite, en 1572, de la prise, par les Huguenots, de Mons en Hainaut et de Valenciennes (juin); en 1573, des inondations qui ont emporté le pont de pierre, du siège de la Rochelle par l'armée du Roi, et de la cherté du blé (mai-juin); en 1598, de la paix de Vervins. — 20 juin 1599. Il est spécifié que les jurés, échevins, etc., sont élus pour cinq ans, le maire pour un an seulement. — Une note de 1610 rappelle la mort d'Henri IV; une, en 1645, l'arrivée des Minimes à Chauny; d'autres, la prise du Câtelet (1650), les opérations militaires ayant eu lieu aux environs de Chauny (1652), la publication de la paix (1668). — 28 février 1677. Le roi passa à Chauny pour aller en Flandre, et y coucha. — 3 juillet 1680. Les exercices du prix général du jardin de l'Arquebuse durèrent huit jours, « le coup du « Roy ayant esté tiré par Monsieur de Sin- « cheny, gouverneur de Chauny » — Réceptions solennelles du prince de Condé (2 juillet 1766), de l'abbé Terray, contrôleur général des finances (22 août 1774), du comte d'Artois (26 août 1774), etc.

AA. 3 (Liasse). — 3 pièces, papier.

XVIIIe siècle. — Extraits du Livre des Bourgeois, consistant dans la copie, exécutée au XVIIe siècle, des feuillets 2 à 7 de ce manuscrit, feuillets contenant les ordonnances relatives au gouvernement de la mairie de Chauny; on y trouve aussi quelques listes des maires et jurés pour 1598, 1639, 1644 et 1645.

AA. 4. (Liasse). — 5 pièces, parchemin ; 1 pièce, papier; 1 sceau.

1378-1411. — Réunion à la couronne de la ville et châtellenie de Chauny. — 18 mai 1408. Vidimus par Pierre des Essarts, garde de la prévôté de Paris, de lettres royales, en date du 27 mars 1379 (n. st.), par lesquelles Charles V réunit au domaine royal la ville et châtellenie de Chauny (sauf le douaire de la duchesse d'Orléans), et met sous sa protection les maire, jurés et habitants. — 28 novembre 1411. Vidimus par Jean, seigneur de Houssoy, bailli de Vermandois, et Richart Le Borne, receveur des domaines au bailliage, de lettres royales, datées du mois précédent, par lesquelles Charles VI réunit de même la ville de Chauny au domaine royal (sceau de Richart Le Borne), etc.

AA. 5. (Liasse). — 63 pièces, papier.

XVe-XVIIIe siècles. — Allodialité du territoire de Chauny: discussions à ce sujet avec le duc d'Aumont. — 29 mai 1475 et jours suivants. « Examen à futur » de cette allodialité fait par Regnault Doulcet, lieutenant-général du bailliage, en vertu de lettres obtenues par les maire et jurés de Chauny. Les principaux témoins cités à l'enquête, sont: Raoul Laffrené, écuyer, demeurant à Laon, qui dépose « que le terroir « de Chauny est franc et ne doit rien de cens, « rentes, ne redevances à quelque seigneur que « ce soit »; Jehan du Mez, de Viry, qui affirme « que le terroir dudit Chauny est franc « terroir et ne doit aucuns cens ne rentes au « seigneur dudit Chauny »; Jacques-Marc Demilly, Gobert Le Normant, conseiller du Roi, Jacques Waudin, tabellion, etc. Tous sont d'accord pour établir que le territoire de Chauny est franc alleu. — 1735-1740. Contestations entre la ville de Chauny et le duc d'Aumont, qui voulait forcer les habitants à faire une déclaration au terrier du marquisat de Guiscard de tous les immeubles, pâturages et surcens appartenant à leur communauté, ainsi que des droits généraux à lui dus comme seigneur de Chauny: en effet, le 6 octobre 1699, le Roi avait donné, à titre d'échange, au comte de Guiscard (grand-père du duc d'Aumont), une portion du domaine de Chauny, consistant dans les censives et profits féodaux du domaine de Chauny, la « directe » étant réservée au Roi; ledit seigneur avait obtenu, en janvier 1703, des lettres patentes unissant cette portion du domaine de Chauny à Magny, et érigeant le tout en marquisat sous le nom de Guiscard. Les habitants, pour se défendre, citent les titres suivants : 1° « l'examen à futur » de 1475; 2° un procès-verbal d'assiette de cens fait par les officiers du bailliage, le 4 février 1531, sur quelques terres du terroir récemment « amazées », c'est-à-dire sur lesquelles on venait de bâtir: il en résulte que ces terres, qu'on accensait alors pour avoir été nouvellement « amazées », étaient franches auparavant; 3° un acte de notoriété du bailliage de Chauny, en date du 18 février 1669, rendu contradictoirement avec les gens du Roi et le receveur du domaine, au sujet de la franchise du terroir. Le receveur du domaine, présent, y affirme qu'il n'a jamais été rien prétendu sur ledit terroir; 4° les commandements faits aux habitants de Chauny de payer taxes pour le franc alleu des terres de leur terroir, en vertu du rôle arrêté au Conseil royal des finances, le 16 août 1693, et les quittances desdites taxes. Les habitants observent, en outre, que, dans le cartulaire du domaine, fait en 1376 par les officiers du bailliage, on ne parle d'aucune censive sur le terroir, etc. Un avocat de Paris, Denyau, à qui on avait demandé une consultation dans cette affaire, estime que « le franc aleu dont il s'agit est un « franc aleu d'une nature très singulière: ce « franc alleu est borné au terroir de Chauny, « qui est situé dans une coutume qui n'est « point une coutume de franc alleu sans titre, « et, quant à la consistance de ce terroir, elle « n'est accompagnée d'aucun bornage, et la « coutume de Chauny ne dit pas un mot du « franc aleu du terroir de Chauny. Ce terroir, « en même tems qu'il est franc aleu, tant qu'il « est sans bastimens, il cesse d'être franc aleu à « mesure que sur ce terroir on élève des bastimens...; de là, il suit que ce terroir est dans la « directe du seigneur, affranchi de tout cens et « de tous lods et ventes, et que, de l'autre costé, « toutes les parties de ce terroir peuvent être « assujetties au cens, dès qu'elles deviendront « amazées, et, par la possibilité de ce chan- « gement, le seigneur conserve un droit habi- « tuel de censive, qui luy conserve, en même « tems, un droit de directe sur la totalité du « terroir... ». Les habitants, en exécution de la sentence arbitrale rendue par l'Intendant de Soissons, font, le 27 décembre 1738, une déclaration des immeubles qui se trouvent dans la directe du seigneur de Chauny, etc. (Voir BB. 31).

AA. 6. (Liasse). — 7 pièces, parchemin ; 2 pièces, papier.

1210-1545. — Franchises et privilèges divers. — Juin 1210. Simon, abbé de Notre-Dame de Chauny, reconnaît que la cloche qui se trouve dans la tour neuve de Notre-Dame est celle de la commune, et permet de l'employer pour tous usages, à condition que la sonnerie ne troublera pas l'office divin. — Septembre 1437. Autorisation donnée par Nicolas, légat du Pape, d'établir une chapelle en la maison de ville de Chauny. — Octobre 1470. Reconnaissance par le duc d'Orléans du droit qu'ont les habitants de Chauny de nommer le clerc de la ville et de recevoir son serment. — 22 septembre 1545. Lettres de sauvegarde accordées à la ville de Chauny par Antoine, duc de Vendômois, lieutenant-général de l'Ile-de-France, etc.

AA. 7. (Liasse). — 5 pièces, parchemin; 1 sceau.

1472-1475. — Affranchissements de tailles. — 23 novembre 1472. Vidimus par le garde du scel du bailliage de Chauny de deux lettres du sénéchal de Poitou et du connétable de Saint-Pol, en date des 9 et 17 novembre, demandant au Roi d'affranchir des tailles, pendant dix ans, les habitants de Chauny. — 26 octobre 1475. Mandement de Louis XI aux élus de Noyon, leur enjoignant de faire maintenir les habitants de Chauny dans la jouissance des franchises de tailles qu'ils avaient obtenues de lui, pour six ans, en mai 1473, etc.

AA. 8. (Liasse). — 42 pièces, parchemin ; 13 pièces, papier ; 3 sceaux.

XVIe siècle. — Affranchissement de tailles. — 31 octobre 1552. Mandement du roi Henri II aux élus de Noyon, relatif à une exemption de taille accordée, pour quatre ans, aux habitants de Chauny. — Documents analogues relatifs aux exemptions de tailles accordées auxdits habitants, de 1556 à 1598, etc.

AA. 9. (Liasse). — 4 pièces, parchemin ; 13 pièces, papier; 3 fragments de sceaux.

1652-1654. — Affranchissement de tailles. — 26 juillet 1652. Enquête faite par Louis Dubois, président lieutenant-général au bailliage, au sujet des pertes causées aux habitants par l'invasion espagnole. Jean Acatbled, collecteur du sel, dépose que, le mercredi 17 juillet, les ennemis ont pénétré dans la ville et forcé les portes de sa maison, où ils sont entrés « en sy grand nombre qu'elle en fut toutte « remplye »; ensuite, après avoir « furté et recherché par tous les endroits », ils emportèrent armes, vaisselles, linge et habits, forcèrent les portes de la cave au moyen d'un gros boulet de canon, et se saisirent du sel qui était resté de sa collecte, jurant, blasphémant, et disant que tout ce qui était dans la maison leur appartenait, et que « ledict Acquatbled n'estoit plus des subjets du Roy de France, mais de celuy d'Espagne, leur maistre »; ils prirent en outre, dans la cave, 9 pièces de vin, 6 pièces de cidre et un caque de bière. Jean Sauvegrain, autre collecteur du sel, dépose que les ennemis lui ont volé tous les deniers de sa recette, jusqu'à concurrence de 616 livres, 13 sols, 6 deniers; ils le forcèrent aussi à boire « à la santé du Roi d'Espagne ». Jean Cointois, cordonnier, dépose que les Espagnols étaient au nombre de 18 à 20.000 hommes, et qu'on lui a pris « jusqu'à la chemise de son dos », etc. — 4 décembre 1652. Arrêt du Conseil d'Etat exemptant les habitants de Chauny de toutes tailles pendant vingt ans, et leur permettant de prendre des arbres dans la forêt de Coucy, pour rebâtir les maisons de la Chaussée, qui avaient été brûlées, au nombre d'environ 400, etc.

AA. 10. (Liasse). — 21 pièces, parchemin ; 8 pièces, papier ; 4 sceaux.

XVIe siècle. — Affranchissement de contributions de guerre et de taxes diverses. — 31 juillet 1553. Lettres du roi Henri II, dispensant les habitants de Chauny de se soumettre à l'édit récemment rendu au sujet du rachat des cens et rentes constitués sur les maisons et places de la ville et des faubourgs. — 6 octobre 1563. Un élu de Noyon et le procureur du Roi en l'Election viennent faire une enquête (1) à Chauny au sujet d'un dégrèvement demandé par les habitants. Plusieurs témoins sont cités. Nicolas du Passage, seigneur de Sinceny, âgé de 40 ans, dépose que la population de Chauny a diminué de moitié à cause des guerres de 1552 et 1557, pendant lesquelles la ville et les villages d'alentour furent pillés et brûlés; en 1557, la région fut occupée pendant quatre mois, les terres restèrent en friche et ne rapportèrent rien pendant deux ou trois ans; depuis le départ des ennemis, on a mis en garnison dans la ville plusieurs compagnies d'Allemands et de Français, qui ont fait « de grandz degatz et excez », de même que l'armée du feu roi Henri, dans laquelle il y avait une infinité de gens d'armes. La même déclaration est faite par « sirre » Jean Palfart, vice-gérant de Notre-Dame, « Messirre » Jean Regnart, vice-gérant de Saint-Martin, Charles de Guignes, écuyer, demeurant à Guivry, etc. — 23 novembre 1563. Lettres royales prorogeant pour une année l'exemption des impositions et taxes de guerre accordées précédemment aux habitants de Chauny. — 27 avril 1569. Lettres royales accordant, sur les instances du connétable de Montmorency, décharge d'une taxe imposée par les élus de Noyon. — 1599 (s. d.). Lettres royales exonérant la ville de Chauny de sa part dans une contribution de guerre de 9.874 écus qui devait être levée sur les villes de l'Election de Noyon, etc.

(1) Cette enquête a été analysée dans le *Bulletin de la Société Académique de Chauny*, tome II, pp. 254-256.

AA. 11. (Liasse). — 28 pièces, parchemin ; 5 pièces, papier ; 8 sceaux.

1367-1655. — Octrois divers accordés aux habitants de Chauny. — 4 août 1367 (copie du XVIIe siècle). Octroi accordé à la ville de Chauny, par Philippe, duc d'Orléans, de deux deniers parisis par lot de vin vendu dans la ville, et d'une maille parisis par lot d'autre breuvage, pour employer aux fortifications. — 6 février 1377 (n. st.). Lettres royales concédant aux habitants, sur l'impôt de 12 deniers pour livre frappant actuellement leur ville pour le fait de la guerre, une somme de 2 deniers pour réparer les fortifications. — 31 octobre 1508. Enregistrement au bailliage de lettres royales, en date du 16 octobre, accordant l'aide de ville aux habitants de Chauny (un denier par lot de vin, 2 sols par tonneau, 16 deniers par chariot ne faisant que traverser la ville et 8 deniers par charrette, etc.). — 18 décembre 1655. Arrêt du Conseil d'Etat accordant à la ville de Chauny le droit de percevoir des droits d'entrée sur le vin et le bois consommés en ville, pendant l'espace de neuf ans, pour payer les dettes communales, etc.

AA. 12. (Liasse). — 36 pièces, parchemin ; 2 pièces, papier; 4 sceaux.

1461-1583. — Octrois sur le sel accordés aux habitants de Chauny (1). — 26 septembre 1461. Lettres royales accordant aux habitants de Chauny, pour six années, le droit de percevoir une surtaxe ou crue de 20 deniers tournois par

(1) Ces documents ont été analysés dans le *Bulletin de la Société Académique de Chauny*, tome II, pp. 254-256.

minot, sur tout le sel qui sera vendu par le grenetier du grenier à sel de Coucy-le-Château, par dessus le droit royal de gabelle et le droit du marchand, pour en employer le produit à la réparation des ponts de la ville. — Prorogation de cet octroi par diverses lettres de juillet 1554, juillet 1561, juin 1565, juin 1569, etc.

AA. 13. (Liasse). — 18 pièces, parchemin ; 2 pièces, papier; 6 sceaux.

1587-1634. — Octrois sur le sel accordés aux habitants de Chauny. — 21 novembre 1587. Lettres royales accordant à la ville de Chauny, pour six années, un droit de 25 deniers par minot de sel vendu au grenier de Coucy-le-Château, dont le produit sera consacré à l'entretien des ponts, fossés, murailles, etc. — Renouvellement de ce privilège en septembre 1594, septembre 1603, février 1607, février 1617, août 1625, janvier 1634, etc.

AA. 14. (Liasse). — 8 pièces, parchemin ; 3 pièces, papier; 2 sceaux.

1569-1609. — Dispenses accordées aux habitants de Chauny de rendre compte de l'emploi des deniers d'octroi sur le sel. — 14 juin 1570. Avis favorable donné par le second bureau de la Chambre des Comptes à une demande que les habitants de Chauny avaient adressée au Roi, en vue d'être dispensés de rendre compte de l'emploi des deniers d'octroi sur le sel jusqu'au premier janvier dernier, « eu égard aux troubles advenuz en ce royaume, pendant lesquelz « ladicte ville de Chauny a esté prinse et occupée, la pluspart du temps, par ceulx de « la nouvelle opinion. ». — 27 août 1609. Lettres royales dispensant les habitants de rendre compte de l'emploi desdits deniers pour les années 1588 à 1596, « à cause que ladicte « ville ayant esté affligée de la maladie contagieuse..., les maisons des receveurs desdicts « deniers en ont esté frappées, et tous les pap« piers et meubles bruslez ou adhirez... », etc.

AA. 15. (Liasse). — 4 pièces, parchemin; 14 pièces, papier.

1653-1684. — Modérations d'impôt sur le sel accordées aux habitants de Chauny. — 10 octobre 1653. On lit dans un arrêt du Conseil privé que, le 13 juillet 1652, les ennemis ayant assiégé la ville, « les sieurs d'Elbeuf et de Manicamp, « qui s'estoient jetté dedans pour la deffendre, « auroient faict brusler toutles les maisons de « la basse ville et celle de deux faubourgs, au « nombre de quatre cent vingt-neuf maisons, « qui faisoient la plus grande partye de celles « de ladicte ville, au moyen de quoy, de huict « cens feux, dont ladicte ville estoit composée, « elle est à présent reduitte à deux cent cin« quante habitans... ». — 17 décembre 1653. Arrêt du Conseil d'Etat déchargeant les habitants de Chauny de tout ce qu'ils doivent pour l'impôt du sel jusqu'au quartier d'octobre 1652 exclusivement. — 1662. Requête adressée par les habitants à l'Intendant de Soissons, pour demander à être taxés de 48 minots de sel par quartier. Ils rappellent que le Roi, en 1653, avait modéré l'impôt à 18 minots par quartier jusqu'en 1656, et que les grenetiers de Coucy ont porté ce chiffre à 25 minots en 1657, 36 minots en 1659, 54 minots en 1660, le sel valant 46 livres, 10 sols le minot; qu'un grand incendie, survenu le 5 octobre 1661, au faubourg Saint-Martin, a causé une perte de plus de 50.000 livres; qu'avec la taxe de 60 minots, il arriverait qu'un indigent imposé à la taille pour 20 sols serait taxé, pour sa part à l'impôt du sel, à 25 livres, etc.

AA. 16. (Liasse). — 67 pièces, papier.

1650-1777. — Correspondance de gouverneurs, intendants et personnages illustres. — 10 octobre 1651. Remerciements adressés aux maire et jurés de Chauny par le duc de Montbazon (Hercule de Rohan), gouverneur de l'Ile-de-France, pour les six statues, provenant du château de Coucy, qu'ils viennent de lui faire parvenir. — 2 novembre 1761. Lettre de Maillet, conseiller au bailliage de Saint-Quentin, au maire de Chauny (Demory), lui demandant « si, « dans le nombre des privilèges qui vous sont « accordés par votre chartre, l'allodialité de vos « maisons y est comprise; si le domaine de « Chauni appartient au roi ou à un seigneur, « engagistre ou autre, et si des seigneurs parti« culiers n'ont point quelque partie de seigneu« rie sur les maisons de votre ville... je suis « chargé par l'hôtel de ville de faire un mé« moire contre le receveur général des domai« nes de Picardie, qui voudroit donner atteinte « au franc aleu dont nous jouissons, tant en « vertu de titres qu'en vertu d'une possession « paisible, laquelle est aussi ancienne que les « comtes de Vermandois... », etc.

AA. 17. (Liasse). — 61 pièces, papier.

1655-1788. — Réjouissances, fêtes publiques et faits notables. — Feux de joie, chants du *Te Deum* et réjouissances en l'honneur de l'exaltation du pape Alexandre VII, de la paix de Nimègue, de la prise de Luxembourg, des traités de Ryswick et d'Utrecht, du mariage de Louis XV, des victoires de Coni, Fontenoy, etc.; prières publiques à l'occasion de la maladie de Louis XV, de la mort du Dauphin, de celle de la Reine, etc.

AA. 18. (Liasse). — 2 pièces, papier.

1789. — Elections aux Etats-Généraux — 10 avril 1789. Lettre de Barentin relative aux frais divers causés par la convocation des députés. — Règlement du 27 juin 1789 concernant le mandat de député aux Etats-Généraux.

Série BB

Administration Communale

Délibérations des Conseils de ville ; Élections, Nominations des Maires, Consuls, Échevins, Officiers de ville, etc. — Registre de Réception des Bourgeois

BB. 1. (Registre in-f°). — 14 feuillets, papier.

1491-1492. — Délibérations municipales. — Ce registre, a été publié *in-extenso* dans le *Bulletin de la Société Académique de Chauny*, tome III, pages 308 et suivantes.

BB. 2. (Registre in-f°). — 85 feuillets, papier.

1517-1520. — Délibérations municipales. — Vendredi 19 juin 1517. On procède à l'élection de onze jurés et de deux échevins. Le lendemain 20, sont élus trois jurés et trois échevins. Les échevins prêtent serment aux officiers du Roi et à la ville; il leur est interdit de faire des baux des héritages des pauvres sans le consentement des maire et jurés. Sont nommés aussi deux écouteurs pour recevoir les voix de l'élection du maire, avec le maire précédent et le greffier. Le surlendemain 21, est élu le maire (Jean Groucet, licencié ès-lois, prévôt royal de Chauny). Enfin, le 22 juin, on nomme les titulaires des offices suivants: greffier de la ville, qui est en même temps procureur de la ville dans les causes « quy ne sont pas devant les dicts maire et jurés »; procureur des causes d'office de la ville pendant par devant les maire et jurés; mayeurs d'enseignes (5); argentier; administrateur de l'Hôtel-Dieu; receveur de Saint-Ladre; receveur des pauvres; « des charc geurs et avaleurs de vin, guectes et sergens de nuict » (6); sergents à verge, dont un est « guecte du breffroy » (3); revendeur et priseur sermenté (qui donne caution jusqu'à cent livres); ourdisseur (défense lui est faite de prendre plus d'un denier tournois du cent, et d'ourdir aucuns « enversins » sans le congé du mayeur); égards de draps (3) (ne peuvent donner aucun congé, ni délivrer « aucuns draps « arestez, ne passer les doubléures d'Amiens ne « blanche ne en soie »); hallier et sergent de la draperie (défense de peser des laines sans l'égard sermenté); égard de laine; courtier et auneur de drap; affoireurs de vin et égards de pain et poissons (4); égards de cervoises (les mêmes); gaugeur de vin; égards de la boucherie (4); égards de blanches bêtes vives (2); sergent de boucherie; égards de pourceaux (2); tueurs de pourceaux (2); égards de cuirs (4) (pour marquer, ils devront être au moins trois); vendeurs de poissons de mer (4); revenderesses de moules, harengs et morues (2); sommeur de bois, trousseleur de foin et garde du navoir; égards de fer en barreaux, clouterie, serrurerie et blancs ouvrages (2); égards d'étain et « chaudrelas » (2); « feulables et cherqueminez d'héritages » (4); égards d'épicerie et mercerie (2); égards de fromages (3); égards de tuiles, chaux et briques (3); égards d'éteules (2); égards et maîtres de parmenterie et pourpointerie (2); égards de toiles (4); égard et mesureur de « guesdes »; égard et lieur d'oziere; sergent des vimelois; portiers (3); mesureurs de grains (les mêmes); mesureresses de mars (les femmes de trois portiers). — 7 juillet 1517. Le blé est vendu au marché de Chauny 13 sols, 6 deniers et 14 sols; le mardi suivant (14), le blé nouveau valait 10 sols le setier et le vieux, 13 sols; l'avoine, 4 sols, 9 deniers. — 19 juillet 1517. Jean Levoirier, lieutenant-général du Vermandois, vient à Chauny pour lever, au nom du Roi, 120 livres à prendre sur les deniers communs des aides pour subvenir à la fortification des villes de la frontière: le receveur des aides n'ayant en caisse que 60 livres, le reste est avancé par sept habitants de la ville. — 24 août 1517. Un greffier de l'Election de Noyon vient apporter l'ordre à la ville de payer une crue de taille de 225 livres pour l'an prochain; on décide que les asséeurs et le collecteur de cette crue seront ceux de la « grant taille ». — 4 septembre 1517. Les tisserands de toile sont autorisés à ouvrer à la chandelle depuis 4 heures du matin et jusqu'à 8 heures du soir, d'ici à Pâques. — 18 septembre 1517. Défense est faite aux brasseurs de brasser plus que pour l'approvisionnement de la ville, attendu la chèreté des grains. — 23 octobre 1517. On redonne à bail, pour dix-huit ans, à Toussaint Lefebvre, la maison et cense de Saint-Ladre, moyennant une redevance annuelle de 25 livres tournois. — 6 novembre 1517. On nomme 5 asséeurs, 5 contre-asséeurs et un collecteur pour le recouvrement de la somme de 1.040 livres, 18 sols, quote-part des habitants de Chauny dans celle de 12.573 livres, 18 sols, formant la taille principale de l'Election de Noyon, y compris les frais de cette taille et de la crue précédemment envoyée, y compris aussi 194 livres pour paiement des prévôts, lieutenant et archers « ordonnez pour garder la pillerie de ladite élection de Noion durant ceste année. » — 5 janvier 1518. Prix du blé: 8 sols à 8 sols, 6 deniers; de l'avoine; 3 sols à 3 sols, 3 deniers. — 19 février 1518. Les échevins ne pourront acheter draps ou souliers ou faire quelque dépense pour le compte des pauvres sans en référer au receveur des pauvres. — 31 mars 1518. Les bouchers de la ville se réunissent en la Chambre; on leur lit les ordonnances sur le fait de la boucherie, et ils prêtent serment ainsi que leurs serviteurs. — 18-21 juin 1518. Elections annuelles; Jacques Pioche est nommé maire. On décide que le souper que « souloit » faire le maire, le jour de son élection, sera payé désormais sur les fonds de la ville. Le maire ne sera plus tenu de faire « aucune feste aux nataulx »; le greffier et les sergents auront, pour « chacun natau », 8 sols, et 5 sols en remplacement des deux repas offerts par le maire. Pour la fête de Saint-Jean Décolasse, le maire donnera, à ses frais, la veille et ledit jour, un souper où seront priés tous les jurés avec les échevins, officiers et personnes accoutumées. Pendant les trois jours de la fête, le maire aura, pour lui tenir compagnie, deux jurés, le greffier, les trois sergents et deux déchargeurs qu'il devra nourrir. — 8 octobre 1518. Nomination du receveur de l'aide et du sel et du maître des ouvrages. — 5 novembre 1518. Sur la réception du brevet des tailles envoyé par les élus de Noyon, on élit 5 asséeurs, un collecteur et trois contre-asséeurs. — 4 janvier 1519. Prix du blé: 5 sols à 5 sols, 4 deniers; de l'avoine: 2 sols, 9 deniers à 3 sols. — 12 mars 1519. Notification d'une crue de taille de 252 livres, 6 sols à percevoir moitié en mars, moitié en juin. — 16 mai 1519. Un individu étant mort de la peste, il est arrêté que sa femme et ses enfants seront conduits hors de la ville, dans une maison louée à cet effet; les deux hommes qui ont porté le mort en terre, seront retenus au service de la ville, et payés 4 sols par jour sur les fonds de l'Hôtel-Dieu. — 17-20 juin 1519. Elections annuelles et renouvellement des offices. Jean Groucet est nommé maire. — 1er juillet 1519. Le receveur de l'Hôtel-Dieu paiera la demi-année échue à la Saint-Jean de la maison prise pour mettre les pestiférés. — 23 septembre 1519. L'aide est mise à l'adjudication; elle monte à 310 livres. — 30 septembre 1519. Adjudication du sel, qui est baillé pour un an, à 2 sols le boiteau. — 14 octobre 1519. Le maire étant mort, on désigne, pour le reste de l'année, le précédent maire, Jacques Pioche. — 6 mars 1520. Prix du blé: 6 sols à 6 sols, 8 deniers; de l'avoine: 2 sols, 6 deniers. — 15-18 juin 1520. Elections annuelles et renouvellement des offices. Jacques Pioche est nommé maire. — 22 juin 1520. Adjudication de la halle, qui demeure au prix de 26 livres tournois. — 6 juillet 1520. Défense aux habitants de recevoir quelqu'un venant des lieux infectés par la peste, sous peine d'amende arbitraire et de bannissement de la ville, etc.

BB. 3. (Registre in-f°). — 60 feuillets, papier.

1521-1523. — Délibérations municipales. — 2 juillet 1521. Prix du blé: 16 et 17 sols; de l'avoine: 3 sols, 6 deniers à 4 sols. — 6 juillet 1521. Le receveur de l'Hôtel-Dieu paiera un écu au lieutenant de Laon et 12 sols au greffier pour l'évaluation des biens et revenus de l'établissement, « pour faire admortir, se mestier est ». — 28 août 1521. Annonce d'une crue de taille de 160 livres, payables en septembre. — 27 septembre 1521. A cause de la guerre, on décide que des dizainiers seront placés en surveillance sur les murailles; ils seront conduits par des trenteniers. — 15 octobre 1521. Nomination de 5 asséeurs et de 2 collecteurs pour la grande taille (1050 livres, 18 sols). — 20 décembre 1521. On donne 20 sols à la femme Reguault Daussel, pour aider à ravoir son mari, qui était prisonnier. Une procession générale « pour le Roy » est prescrite pour le dimanche suivant. — 7 janvier 1522. Prix du blé: 16 et 17 sols; de l'avoine: 3 sols et 3 sols, 3 deniers. — 12 février 1522. Sur les instructions envoyées par les élus de Noyon pour élire quatre francs archers, qui seront habillés de « hallegretz, avant-bras, gorgerins, picques ou « hallebardes », les habitants, avec les officiers du Roi, s'assemblent en la Chambre et choisissent, sur 7 candidats, les quatre francs archers; l'un d'eux s'engage à s'équiper à ses frais. — 14 mars 1522. Annonce d'une crue de 260 livres tournois. — 11 avril 1522. A cause de la chèreté des grains, on ne distribuera, le jour du jeudi absolu, aux femmes veuves, que 17 setiers et demi de blé (moitié moins que l'année précédente). — Juin 1522 (20, 21, 22 et 26). Elections annuelles et renouvellement des offices. Jacques Pioche est nommé maire. — 26 juin 1522. Fixation des droits dus aux justiciers et échevins. Pour une saisine, 4 sols au justicier; pour un nantissement, 2 sols; pour les amendes, jusqu'à 60 sols, le justicier aura les deux tiers, les échevins un tiers, etc. — 28 juillet 1522. Entrée à Chauny de 1.500 hommes sous la charge « Monsieur de Lorge »; ils occasionnèrent une dépense de 4.000 livres. — Août 1522. Sur le bruit qu'on se meurt de peste à Saint-Quentin, Laon, Soissons, Reims, Compiègne et autres villes, on interdit aux marchands du dehors d'« estaller » à la prochaine fête: ceux de la ville « estalleront » dans leur maison, si bon leur semble. — 5 septembre 1522. Nomination d'asséeurs et de collecteurs (un pour chaque paroisse) pour la grande taille (1.050 livres, 18 sols). — 19 septembre 1522. Toutes les nuits, à deux heures en été, à quatre heures en hiver, un crieur ira sonner la cloche et rappeler au peuple de prier Dieu pour les Trépassés. — 3 octobre 1522. Etienne Fremin et sa femme sont reçus avec leurs biens à l'Hôtel-Dieu, en qualité de *rendus*. — 16 octobre 1521. Un commissaire du Roi vient avertir les maire et jurés que le Roi est obligé de faire des frais pour fortifier les places frontières (Vervins, Guise et Ribemont), et que les autres villes doivent contribuer à cette dépense; il demande donc, au nom du Roi, 1.200 livres aux habitants de Chauny; cette déclaration est faite devant l'avocat et le procureur du Roi. On va chercher alors les échevins et mayeurs d'enseignes, et on offre finalement 200 livres au commissaire; celui-ci en voulait 500, mais, sur les instances de « Monsieur de Genlis », on transige à 350 livres. Le lendemain 17, tous les « communiers » se réunissent; le procureur du Roi résume la question devant eux, et on décide que cette somme, faisant le tiers de la taille ordinaire, sera levée comme cet impôt, sans autre assiette. — 14 novembre 1522. On décide d'acheter, pour l'Hôtel-Dieu, une maison au rû de Ganton, pour y mettre les pestiférés, le cas échéant, moyennant le prix de 80 livres. — 26 décembre 1522. Annonce d'une crue de taille de 264 livres tournois, payable en janvier prochain. — 5 janvier 1523. Prix du blé: 6 sols, 6 deniers et 7 sols; de l'avoine: 2 sols, 2 deniers et 2 sols, 3 deniers. — 23 janvier 1523. L'homme qui a gardé les pestiférés aura annuellement cent sols de pension sur les revenus de l'Hôtel-Dieu; en cas d'épidémie nouvelle, il aura 5 sols par jour, mais ne touchera pas sa pension. — 20 février 1523. Autre crue de taille de 112 livres payable en mars. Le même jour, défense est faite aux cabaretiers, pâtissiers et rôtisseurs d'acheter du poisson directement aux pêcheurs; ils devront s'en procurer au marché, aux heures réglementaires, et seulement pour le mettre en œuvre. — 20 mars 1523. Simon Bucquet et Jacques Fournier sont nommés tuteurs des sept enfants mineurs d'Antoine Fournier et de Marguerite Bucquet, tous deux défunts. Le même jour, on apprend que le capitaine Castille qui, le 28 juillet précédent, a fait des insolences en la ville, est prisonnier en la Conciergerie, et que, si la ville veut, elle pourra envoyer un double des informations faites contre lui, et une procuration pour réquérir. Ce qui est fait incontinent, etc.

BB. 4. (Registre in-f°). — 84 feuillets, papier.

1523-1532 (1). — Délibérations municipales. — Juin (19-22). Elections annuelles et renouvellement des offices. Jean Le Normant, garde des sceaux royaux, est nommé maire. — 7 juil-

(1) Lacune de juin 1524 à juin 1531.

let 1523. Prix du blé : 4 sols et 4 sols, 6 deniers ; de l'avoine : 2 sols. — 23 juillet 1523. Nomination d'asséeurs, collecteurs et contre-asséeurs de la taille pour l'année prochaine (1.050 livres, 18 sols). — 24 octobre 1523. Mention est faite sur le registre que, le 20 de ce mois, les Bourguignons, Anglais et Espagnols, au nombre de 30.000 hommes, occupèrent sans résistance Braye-sur-Somme ; pendant ce temps, le Roi était à Lyon. De là, ils marchèrent sur Roye et Montdidier, dont ils s'emparèrent et arrivèrent jusqu'à Ham ; leur avant-garde poussa même jusqu'à Guivry. Le 24, a lieu une assemblée de tous les habitants qui promettent, en cas d'invasion, de tenir la ville autant qu'il sera possible. On envoie un message au comte de Dommartin, qui était à Noyon ; celui-ci renvoie alors à Chauny un homme de guerre du nom de Jean de l'Estang, qui reste douze jours dans la ville et fait exécuter les réparations nécessaires. — 17 novembre 1523. Offre au Roi de 400 livres, pour aider aux fortifications, de la ville ; il est décidé qu'on donnera à l'écuyer du gouverneur de Coucy un « bon pour-« poinct en sattin », ou la valeur en argent, pour qu'il recommande la ville. — 5 janvier 1524. Prix du blé : 5 à 6 sols ; de l'avoine : 22 deniers à 2 sols. — 8 janvier 1524. Il sera distribué, cette année, en chaussures et souliers, 120 livres ; le receveur des pauvres mettra au grenier de la ville 20 muids de blé et 20 muids d'avoine ; le reste sera vendu. — 9 avril 1524. Le Roi vint coucher au château de Genlis ; il passa l'après-midi du dimanche 10 à Chauny, et s'en fut, le soir, à Coucy. — 13 avril 1524. On envoie un messager au duc de Vendôme, lieutenant-général du Roi au gouvernement de Picardie, pour se plaindre des gens de pied cantonnés à Ognes, qui prenaient les chevaux des laboureurs, et s'efforçaient de pénétrer dans la ville. Il est répondu que des ordres sévères vont être donnés aux capitaines, et que, si les gens de pied veulent entrer à Chauny, il n'y a qu'à « les rebouter à force, et les tuer, si possi-« ble estoit. » — 29 avril 1524. On procède à un essai de pain au moyen d'un setier de blé payé 16 sols. Cet essai donne 48 pains blancs de 2 deniers et « ung petit demourant », pesant, cuits, 7 onces ; 18 tourtes de 2 deniers, pesant, cuites, 10 onces ; 15 tourtes de 3 deniers, pesant, cuites, 15 onces ; en outre, 13 deniers de déchet. On arrête que les boulangers devront faire le pain de 2 deniers pesant, cuit, 6 onces, la tourte de 2 deniers, 9 onces, et celle de 3 deniers, 14 onces. Le prix suivra les fluctuations du blé. — 13 mai 1524. Assemblée générale des habitants, pour délibérer sur l'assiette de certaines dépenses qui ne pouvaient être payées sur les deniers communs. Le maire expose la situation. Le procureur du Roi s'oppose à ce que ces dépenses soient assises sur les habitants sans mandement du Roi ; il insiste sur ce point que les comptes de l'argenterie n'ont pas été vérifiés depuis trente ans. Les communiers sont de cet avis et refusent de supporter cette dépense. Ils se retirent alors et « Messieurs délibèrent » ; ils décident qu'on demandera au Roi des lettres pour asseoir lesdites sommes sur les habitants ; cela ne fut pas accordé, sauf en cas de consentement des habitants. — 20 mai 1524. On donne 10 sols à une pauvre orpheline pour l'aider à se marier. — 16 juin 1524. Annonce d'une crue de taille de 370 livres, 13 sols, 4 deniers avec une autre somme de 8 livres, 8 sols, 8 deniers ; par délibération des officiers du Roi et de la ville, il est décidé que le pont du Pissot sera refait. — 17 juin 1524. Pour subvenir aux dépenses qui n'ont pu être payées sur les deniers communs, on décide d'emprunter les fonds nécessaires à l'Hôtel-Dieu, aux pauvres et à Saint-Ladre. On remet au lieutenant du capitaine de Ham sept fauconneaux qui, deux mois auparavant, avaient été amenés à Chauny par ordre du duc de Vendômois. — 16-19 juin 1531. Elections annuelles et renouvellement des offices. Antoine de Saint-Quentin est nommé maire. — 4 juillet 1531. Prix du blé : 22 à 25 sols ; de l'avoine : 4 sols à 5 sols, 6 deniers. — 14 juillet 1531. Sur la réquisition du procureur d'office, on ordonne de faire ajourner les taverniers et autres qui vendent du vin non afforé. — 20 septembre 1531. Le Roi et la Reine, venant de Noyon, séjournent à Chauny de 11 heures à 4 heures, pour, de là, aller à Coucy et à Liesse ; les préparatifs avaient été organisés par les maire et jurés avec les gens du Roi. — 24 septembre 1531. La ferme de l'aide est adjugée à 300 livres. — 13 octobre 1531. On constate que la réédification de l'Hôtel-Dieu a coûté, jusqu'à ce jour, 805 livres, 6 sols, 9 deniers obole. — 15 décembre 1531. Etablissement d'une taxe sur les boulangers. — 22 décembre 1531. Nomination d'asséeurs et de collecteurs pour la taille du Roi (1392 livres, 16 sols,

9 deniers sur les 15.887 livres, 4 sols, 1 denier de l'élection entière). — 2 janvier 1532. Prix du blé: 18 à 20 sols; de l'avoine: 4 sols à 4 sols, 6 deniers. — 12 janvier 1532. Le procureur du Roi expose que les gens du Roi ont le dessein de faire « une auditoire et maison de plaidoirie » à la masure du château de Chauny, et que, pour cela, il conviendrait de démolir les petites échoppes qui sont devant cette masure; avis conforme est donné. — 9 février 1532. Renouvellement d'un bail de terres appartenant aux pauvres par les maire et jurés avec les échevins. — 16 février 1532. Antoine Leduc, rendu à l'Hôtel-Dieu, sollicite qu'on lui donne, outre ses gages ordinaires, d'autres pour sa femme, avec laquelle il vient de se remarier, et qu'ils soient reçus tous deux frère et sœur à l'Hôtel-Dieu. La femme ne sera pas reçue quant à présent, mais elle touchera quand même les gages ordinaires. — 9 avril 1532. Un décès suspect s'étant produit chez un marchand tavernier, on décide de le transporter, lui et sa famille, dans la maison des pestiférés de Bailly. — 26 avril 1532. On donne à la chambrière d'Antoine Boullart, maître des Eaux-et-Forêts, 2 setiers de blé « pour supporter le « bancquet de ses nopces ». — 24 mai 1532. On revend au receveur des pauvres tout le blé de son administration au prix de 15 sols, 6 deniers, du consentement des échevins, etc.

BB. 5 (Registre in-f°). — 218 feuillets, papier.

1532-1538. — Délibérations municipales. — Juin 1532. Elections annuelles et renouvellement des offices. Jacques Pioche est nommé maire. — 28 juillet 1532. François Simon, chirurgien à Noyon, est chargé de visiter une servante de 22 ans qu'on soupçonne d'être lépreuse. Les symptômes ne sont pas déclarés caractéristiques, mais la personne est à surveiller. — 15 novembre 1532. La maladie s'étant aggravée, on décide de conduire la jeune fille dans une maison qui sera édifiée hors la ville, dans le faubourg Saint-Martin, aux frais de Saint-Ladre. — 20 décembre 1532. Nomination d'asséeurs et de collecteurs pour la taille prochaine (1.424 livres, 4 sols). — 7 janvier 1533. Prix du blé: 7 sols, 6 deniers à 8 sols, 6 deniers; de l'avoine: 3 à 4 sols. — 4 avril 1533. Un sergent à verge, Claude de la Chière, est autorisé à se faire remplacer, pour aller « à Largny, sur le marqué, pour faire « les secretz du mistère de la Passion qui se « joura à ceste Penthecouste ». — Juin 1533. Elections annuelles et renouvellement des offices. Antoine de Saint-Quentin est nommé maire. — 2 juillet 1533. Visite de deux femmes soupçonnées de lèpre. — 12 septembre 1533. Le chapelain de la chapelle de Saint-Ladre demande qu'on sollicite des religieux de Saint-Eloi-Fontaine les meubles et ornements nécessaires à ladite chapelle; on lui répond de présenter lui-même sa réclamation. — 28 septembre 1533. Adjudication de la ferme de l'aide à 450 livres. — 3 octobre 1533. Adjudication au rabais du sel à 2 sols, 8 deniers. — 9 janvier 1534. Moyennant la dépouille de deux faux de pré, un barocheur s'engage à débarrasser la ville des boues et immondices. — Juin 1534. Elections annuelles et renouvellement des offices. Le 19, après la reddition du compte de l'argenterie, on élit 11 jurés et les deux échevins pour le Roi; ce même jour, le maire expose aux jurés, échevins et mayeurs d'enseignes, réunis, les entreprises que font sur la ville les officiers du Roi, en transformant les terrains où était le château dudit Chauny, et en « applicquant les « carreaulx au corps du logis » qu'ils font faire à la place du château, et provoque une délibération de leur part; on décide alors d'envoyer à Paris le procureur de la ville pour consulter et informer desdites entreprises. Le 20, on nomme 5 jurés et 3 échevins. Tous prêtent serment; les deux échevins pour le Roi sont présentés au lieutenant du gouverneur, qui leur fait prêter serment. Le 21, Jacques Pioche est élu maire. Le 22, renouvellement des offices municipaux. — 17 juillet 1534. Le temps étant très sec, on oblige les habitants à mettre de l'eau à leurs portes en cas d'incendie. — 30 octobre 1534. Enregistrement d'une lettre du Roi recommandant aux habitants de Chauny de faire bon accueil à son cousin, le comte de Nassau, qui va s'en retourner en Flandre; on décide de lui offrir du vin à son passage. — 23 décembre 1534. Nomination d'asséeurs et de collecteurs pour la taille prochaine (1.326 livres tournois). — 5 janvier 1535. Prix du blé: 7 sols, 6 deniers à 8 sols, 6 deniers; de l'avoine: 4 sols, 6 deniers à 4 sols, 8 deniers. — 21 février 1535. La ville est informée qu'elle aura à loger une partie de la compagnie du seigneur de Barbezieux, gouverneur de l'Ile-de-France. — 10 décembre 1535. On décide d'envoyer un juré à Paris pour entendre aux deux causes d'appel pendantes en la Cour du Parlement, l'une pour raison de l'élection du maire faite cette année, dont le procureur du Roi est appelant, et l'autre pour raison de l'office de revendeur et priseur des biens que les officiers du Roi ont baillé à ferme, dont les maire et jurés sont appelants. — 22 décembre 1535. Nomination d'asséeurs pour la taille (1.485 livres, 4 sols). — 4 janvier 1536. Prix du blé: 15 à 17 sols; de l'avoine: 3 sols, 6 deniers à 4 sols. — 19 mai 1536. Réception de Martin Déléance en qualité de messager de la ville. — Juin 1536. Elections annuelles et renouvellement d'offices. Jacques Pioche est nommé maire. — 5 juillet 1536. Sur les injonctions du duc de Vendômois, on fait des préparatifs de défense. On répare la grosse pièce d'artillerie de la Tour Madeleine, la grosse pièce de la Tour Carrée et une pièce de la Tour Bourgoise; 2 fauconneaux et une serpentine, 14 hacquebuttes à crochets. On remue les terres de la Tour Madeleine à la porte Hamoise; de là, à la Tour Carrée, à la Poterne et au pont Royal. — 14 juillet 1536. On reçoit un mandement des élus de Noyon, réquisitionnant des chevaux pour conduire l'artillerie. Caumont et Commenchon en fourniront 4; Chauny et faubourgs, 6; Abbécourt, 4; Ognes, 3; Marest et Dampcourt, 4; Caillouël et Crépigny, 4; Genlis, 4; Mondescourt et Appilly, 4; Babœuf, 3. — 14 et 15 juillet 1536. Réception de deux lettres (du 13 et du 15) du duc de Vendômois ordonnant de transporter des vivres le lundi matin (17), au plus tard, à Cartigny; il s'agit de 3.000 pains de 14 onces et de 5 pièces de vin à fournir par jour. — 18 juillet 1536. Visite des fortifications par Jean Sanguin, lieutenant du gouverneur de l'Ile-de-France; il demande de faire deux plates-formes, l'une à la Tour Madeleine, l'autre à la Tour Carrée, de 60 pieds de largeur; de faire, au-dessous de la Tour Carrée, au coin du fossé, « ung moyneau bactant » à la porte Hanoise, d'un côté, et à la poterne, de l'autre; d'achever les remparts et avant-murs; les habitants qui le pourront devront avoir une hacquebutte à croc. — 25 juillet 1536. Nouvelle lettre du duc de Vendômois pour envoyer au camp de Ribemont 4.000 pains et 5 poinçons de vin par jour. — 29 juillet 1536. Distribution de 12 hacquebuttes à crochets (en fer et en fonte) à divers habitants. — 11 août 1536. Les chartes et les titres de la ville seront mis dans des « tonnes ou pippes hors ville, en quelque lieu « seur ». — 16 août 1536. Communication d'une lettre du même jour de François de Laonnoys, gouverneur, bailli et capitaine de Chauny, annonçant que le duc de Vendômois se plaint que les maire et jurés n'exécutent pas ses ordres, et recommandant de s'y conformer. — 25 août 1536. Nouvelle inspection des fortifications par Jean Sanguin, accompagné d'un commissaire d'artillerie; il ordonne de faire les remparts de 24 pieds de largeur et d'établir des plates-formes aux tours Madeleine, Bourgoise, Carrée, etc. — 7 septembre 1536. Henri de Roucy, seigneur de Sissonne, est chargé par le duc de Vendômois d'aller à Chauny et à La Fère réquisitionner du blé et des chevaux. — 2 janvier 1537. Prix du blé: 11 sols à 13 sols, 6 deniers; de l'avoine: 4 sols à 4 sols, 4 deniers. — 17 janvier 1537. Arrivée du maréchal des logis et du fourrier de M. de Penthièvre, capitaine de cent grandes lances, qui préparent les logis pour 20 lances. — 9 février 1537. Etant donnée l'affluence des pauvres, on décide qu'au lieu des distributions extraordinaires qui se font dans la ville, on donnera, chaque semaine, 40 sols sur le fonds des pauvres, 20 sols sur celui de l'Hôtel-Dieu et 20 sols sur celui de Saint-Ladre. — Juin 1537. Elections annuelles et renouvellement des offices. Jean Berleu est nommé maire. — 12 décembre 1537. Annonce de la taille pour l'année prochaine (1.827 livres, 3 sols, 3 deniers). — 8 janvier 1538. Prix du blé: 8 à 9 sols; de l'avoine: 4 sols à 4 sols, 6 deniers, etc.

BB. 6 (Registre in-f°). — 16 feuillets, papier.

1545 (**Juin-septembre**). — Délibérations municipales. — 20-22 juin. Elections annuelles et renouvellement des offices. Jean Berleu est nommé maire. — 26 juin. Ratification par les maire, jurés, échevins et mayeurs d'enseignes du bail fait par le fermier de la maison et cense de Saint-Ladre à Ludovic de Salzbourg, capitaine de lansquenets, de ladite maison pour le terme de 18 ans. — 7 juillet. Prix du blé: 19 à 22 sols; de l'avoine: 6 sols, 9 deniers à 7 sols. — 17 juillet. Les habitants devront porter les ordures sur les remparts; défense aux enfants de faire leurs nécessités devant les maisons ou dans la rue, et aux hôtelains de loger des personnes inconnues, de crainte de la peste qui règne dans plusieurs villes voisines. — 24 juillet. Sur la demande d'une femme « malade de lèpre estant à Sainct Ladre », on porte sa pension de 12 à 14 sols tournois, etc.

BB. 7 (Registre in-f°). — 48 feuillets, papier.

1569-1571. — Délibérations municipales. — 2 septembre 1569. Prix du blé: 16 à 20 sols; de l'avoine: 7 sols à 7 sols, 6 deniers. Le même jour, on vend l'orge 9 sols, la chenevcuse 23 sols, la vesce 26 sols. — 28 octobre 1569. Les maire et jurés ordonnent aux asséeurs de sel de faire l'assiette, de 25 deniers sur chaque minot de sel que les habitants ont par don et octroi du Roi. — 18 novembre 1569. On décide de fournir encore, pendant quinze jours, du pain et du vin à la compagnie du capitaine Emery. — 25 novembre 1569. Ordre est donné au receveur de l'Hôtel-Dieu de faire préparer la chambre du prédicateur, et de lui fournir le bois, la chandelle, et, par jour, 3 sols de vin et 2 pains de 6 deniers. — 3 janvier 1570. Prix du blé: 16 à 18 sols; de l'avoine: 7 sols, 6 deniers à 8 sols. — 24 février 1570. Nouvelle taxe de 306 livres tournois, pour contribuer à l'achat de mules et chevaux d'artillerie, vivres et munitions pour l'armée du Roi. — 16 juin 1570 (vendredi). Après la reddition du compte de l'argenterie, le maire (Cartherin de la Marlière), 11 jurés, les 5 échevins et les 5 mayeurs d'enseignes rendent leurs serments et offices ès mains du greffier de la ville, qui prie le maire de garder ses fonctions jusqu'à son remplacement. Les mayeurs d'enseignes, sauf un absent, procèdent, avec un juré de l'an passé, qu'ils ont demandé, à l'élection du premier et du second juré; ensuite, les échevins, sauf un absent, nomment les 3e et 4e jurés. Les quatre jurés nomment alors les 5e, 6e, 7e et 8e jurés. Puis ces huit jurés, avec les échevins et les mayeurs d'enseignes, nomment les 9e, 10e, 11e et 12e jurés. Sont nommés de même 2 échevins pour le Roi, 3 pour la ville. Le 18 juin, on sonne la cloche, « laquelle est rompue et cassée », pour appeler les habitants à l'élection du maire. Sont présents: le lieutenant du gouverneur Emery (capitaine Brissac), le lieutenant-général et le procureur du Roi. Catherin de la Marlière est élu pour un an à la pluralité des voix, et prête serment à la croix. Tous assistent ensuite à une messe en l'église Notre-Dame. Le 19 juin, renouvellement des offices. — 29 décembre 1570. Annonce de la levée de diverses taxes (800 livres de taillon, 300 livres de crue de 4 sols pour livre, 120 livres pour la taille des prévôts des maréchaux, 30 livres pour frais d'assiette aux élus). — 2 janvier 1571. Prix du blé: 20 à 24 sols; de l'avoine: 8 sols à 8 sols, 6 deniers. — 20 avril 1571. Nouvelle taxe de 1.200 livres pour subvenir au paiement des reîtres et des Suisses. — 25 mai 1571. On accepte une proposition d'Antoinette de Chepoix, dame de Villette, veuve du sieur de Morvilliers, tendant à un échange de terres à Ognes; ces terres sont concédées par elle en échange d'autres appartenant à l'Hôtel-Dieu et aux pauvres, et sises au Mont de Villette. — Juin 1571. Élections annuelles et renouvellement des offices. Guillaume Roger est nommé maire, etc.

BB. 8 (Registre in-f°). — 88 feuillets, papier.

1576-1579. — Délibérations municipales. — 17 juin 1576. Claude Tavernier est élu maire pour la présente année. — 28 décembre 1576. Nomination d'asséeurs et collecteurs pour le taillon et autres taxes ordinaires. — 18 janvier 1577. La maison des pestiférés sera baillée à louage. — 29 janvier 1577. Annonce d'une levée de 160 livres pour « l'entretenement des estatz des gouverneurs », lieutenants et autres officiers étant au pays de Picardie; on tâchera de s'en exempter, Chauny étant de l'Ile-de-France et non de la Picardie. — 1er février 1577. Signature de « la Ligue pour la religion catholique et romainne et du Roy, notre prince naturel ». — 5 février 1577. Assemblée générale des officiers du Roi, maire, jurés, échevins, bourgeois, manants et habitants concernant ce qu'il serait bon d'exposer au duc de Montmorency, gouverneur de l'Ile-de-France, au sujet de « l'association naguère accordée et seignée ». Une sorte d'adresse est décidée. Elle débute par des protestations de fidélité à l'égard du Roi, mais il y est fait des réserves sur les ressources que peut offrir au Roi le bailliage de Chauny. Il y a peu de bénéfices ecclésiastiques. Les abbayes, sauf celle d'Ourscamp, ne valent pas 1.200 livres de revenu. Les prieurés, sauf celui de Villeselve, ne dépassent pas 500 livres; quelques-uns descendent à 2 et 300. Les cures, chargées de décimes, suffisent à peine à faire vivre les titulaires. Pour la noblesse, les seigneurs principaux ne résident pas. Ainsi, le Roi est seigneur de Condren, Vouël, etc.; le roi de Navarre, seigneur de Remigny; le sieur de Piennes, seigneur de Quierzy et Camelin, qui ont appartenu, il y a 230 ans, à Evrard de Montmorency; le comte de Chaulnes, seigneur de Berlancourt, Ognes, Guivry, etc.; la marquise de Nesles, dame de Beaulieu, Halloy et Freniches; le sieur de Blérancourt, seigneur de Besmé, et bien d'autres encore. Quant à l'ancienne et noble maison de Genlis, à qui appartiennent Genlis, Abbécourt, Bichançourt, elle est entre les mains de Mgr l'évêque de Noyon; Liez dépend du chapitre de Saint-Quentin; Caumont, de l'abbaye de Saint-Bertin; Crisolles, de l'abbaye de Saint-Eloi de Noyon; Bourguignon, du prieuré de Bertigny, et ainsi de suite. Dix seigneurs seulement pratiquent la résidence: César de Margival, seigneur de Salency, bailli et gouverneur de Chauny; Antoine de Blécourt, seigneur de Béthencourt et Marest; Antoine d'Hervilly, seigneur de Beaumont; Jean de Langlois, écuyer; Paul Truffier, seigneur de Golancourt; François de Maquerel, seigneur d'Aunois; Antoine de Folleville, seigneur de Caillouël; Honoré Truffier, seigneur de Cugny en partie; Jean Parent, seigneur de Marizel en partie; Jean Le Borgne, seigneur de Villette, et Jean de Boffle, seigneur du Voisin. La plus grande partie des villages est dans les bois, ce qui rend les paysans misérables. Quant à la ville de Chauny, elle a été brûlée en 1550, lors de l'incursion de la reine de Hongrie; en 1557, elle a tant souffert des Espagnols qu'elle est restée inhabitable jusqu'en 1559; en 1567, elle a eu à supporter les exactions du feu sieur de Genlis; en 1568, elle fut ravagée par le prince d'Orange, dont l'armée demeura 14 jours, et depuis, par deux fois, par les reîtres du colonel Schomberg. Depuis, les habitants ont essayé de réparer leurs pertes, mais ils ont eu à payer une infinité de taxes. L'assemblée charge Martin Dehagues, procureur du Roi, Claude Tavernier, maire, et Jean Dujay, élu à Chauny, de se rendre auprès du gouverneur de l'Ile-de-France et de lui « faire entendre plus amplement les remonstrances dessus dictes ». — 5 février 1577. Prix du blé: 34 à 42 sols; de l'avoine: 10 sols, 6 deniers à 11 sols. — 2 avril 1577. Demande par le Roi d'une somme de 600 livres pour l'aider à lever deux armées que lui et le duc d'Anjou conduiront contre les rebelles. — 16 juin 1577. Annonce d'une levée de 700 livres pour le principal de la taille du quartier de juillet et octobre, et de 112 livres, 10 sols, pour la crue. — Juin (21-23 et 26) 1577. Elections annuelles et renouvellement des offices. Jean Le Masson est nommé maire. — 26 juin 1577. Enregistrement de lettres royales accordant aux habitants l'exemption des tailles, subsides et aides pour trois années. — 4 octobre 1577. Envoi d'instructions par les grenetiers de Coucy, en vue d'asseoir sur les manants et habitants 4 muids de sel pour l'année 1577-1578, à raison de 4 livres, 17 sols, 7 deniers, avec les frais de l'assiette; nomination d'asséeurs et de collecteurs. — 30 novembre 1577. Enregistrement de lettres royales permettant aux arquebusiers de la ville de Chauny d'acheter un terrain pour leurs exercices et d'élire pour capitaine l'un d'entre eux; envoi de la « taille de Châlons », portant 77 livres pour remboursement de 3.775 autres déboursées par les habitants dudit Châlons pour le paiement de 50.000 hommes. — 28 décembre 1577. Nomination d'asséeurs et de collecteurs pour le paiement de la taille de 1578. — 7 janvier 1578. Prix du blé: 28 à 33 sols; de l'avoine: 9 et 10 sols. — 17 janvier 1578. Réception de Claude Deschamps en qualité de maître d'école, aux gages annuels de 50 livres. — Juin 1578. Elections annuelles et renouvellement d'offices. Catherin de la Marlière est nommé maire. — 31 août 1578. On décide de se plaindre au duc de Montmorency, gouverneur de l'Ile-de-France, des excès des troupes du sieur de Farvacq, en particulier de deux compagnies qui ont logé au faubourg Saint-Martin de Chauny et à Ognes. — 2 septembre 1578. Réunion des maire et jurés, lieutenant et maître des Eaux-et-Forêts, échevins anciens, mayeurs et autres notables, au sujet de la garde de la ville. Tous font le serment de « vivre et mourir en la dicte ville », et d'obéir à ce que commanderont les maire et jurés. Les quartiniers prendront le serment des dizainiers de leur quarantaine, et les dizainiers celui des personnes de leurs dizaines. — 12 septembre 1578. Annonce d'une levée de 428 écus, 20 sols, 8 deniers tournois pour l'aliénation de la 20e partie de la taille, crue et taillon; on proteste, attendu l'exemption de tailles accordée précédemment. — 10 octobre 1578. Réception de Pierre Le Grand comme maître d'école. — 6 avril 1579. Les habitants sont avertis que le Roi a révoqué les grandes tailles dont la ville est exempte, mais qu'il y a une autre taille de 1.800 écus sur l'Election de Noyon. — 5 juin 1579. On assemble les manants et habitants sur un arrêt du Conseil privé, pour procéder à l'élection « de l'office de regratier et collecteur de l'impost sur le sel », mais on conclut que cette convocation est inutile, attendu que cet office a été déjà pourvu en la personne de Jean Lempereur, etc.

BB. 9 (Registre in-f°). — 60 feuillets, papier.

1582-1584. — Délibérations municipales. — 17 juin 1582. Jean Dujay est élu maire. — 16 juillet 1582. Renouvellement des offices. — 26 juillet 1582. Au renouvellement des dizaines, le maire et les jurés ordonnent que tous les détaillants à la porte seront contraints et exécutés pour la somme de 5 sols. — 3 août 1582. Claude Lamotte, commis au pansement des pestiférés, prête serment. — 7 août 1582. Prix du blé: 24 à 36 sols; de l'avoine: 12 à 13 sols. — 16 novembre 1582. Le receveur de l'Hôtel-Dieu paiera à Léon Patiée et à Isaac Leboeq chacun « ung saye, un hault de chausse de drapt gris, ung chappeau, deux chemises et une paire de chabot », puis il leur fera apprendre un métier, l'un celui de chanvrier, l'autre celui de queslier. — 30 décembre 1582. Elections d'asséeurs et de collecteurs pour la taille. — 16 avril 1583. Sur la requête de Jacques Morel, écolier-juré en l'Université de Paris, tendant à ce qu'il lui soit donné les moyens d'ériger à Chauny un collège pourvu de deux ou trois régents pour réunir toutes les écoles divisées jusqu'à présent, on délibère, attendu les sentiments du requérant, qui est enfant de la ville et manifeste de la reconnaissance à l'égard de ses bienfaiteurs, qu'on lui fera subir un examen devant les notables. L'examen étant favorable, Morel est reçu principal et maître des écoles aux gages accoutumés; il sera logé. On lui laisse le temps d'aller à Bray en Champagne, où il exerçait précédemment, chercher ses «hardes et habitz». — 17 avril 1583. On arrête que pour la garde de la ville, il n'y aura pas moins d'une dizaine dans l'enclos de la ville, et une autre en la Chaussée. Le dizainier et le lieutenant seront personnellement de garde, l'un à une porte, l'autre à l'autre. — 13 mai 1583. Le procureur d'office observe que ce n'est plus la peine de continuer le bureau des pauvres d'autant que, malgré ce bureau, les pauvres ne cessent de mendier dans la ville. — 19 juin 1583 (dimanche). Elections du maire (Antoine Vrevin), de 11 jurés, 5 échevins et 5 mayeurs d'enseignes; le lendemain 20, renouvellement des offices par les maire et jurés. — 12 août 1583. Il est ordonné que les gâges des deux maîtres d'école (40 livres annuelles) seront payés par le receveur des pauvres. — 26 août 1583. On permet aux bouchers de tuer des brebis, pour la Saint-Jean Décolasse seulement. — 29 octobre 1583. Un écrivain résidant en cette ville sera appelé pour montrer en vertu de quel droit il tient école. — 16 décembre 1583. Recherche sera faite des étrangers habitant la ville. — 25 mars 1584. Sur les recommandations du sieur de Villarceau, lieutenant en la compagnie du duc de Retz, en garnison à Chauny, on décide de redoubler de surveillance aux portes de la ville, etc.

BB. 10 (Registre in-f°). — 50 feuillets, papier.

1594-1596. — Délibérations municipales. — 4 janvier 1595. Envoi de trois tailles par les élus de Noyon. Assiette sera faite des tailles ordinaires; pour les autres, on attendra. — 8 février 1595. On fait un règlement pour les pauvres et on prend des mesures pour la maladie contagieuse; défense aux habitants d'avoir chiens, chats, oisons, lapins et autres « bestes infectes ». — 17 février 1595. Le blé s'étant vendu la veille 4 livres, 4 sols, les boulangers sont autorisés à vendre le pain blanc de 12 onces, et la tourte de 14 onces, 20 deniers. — 19 février 1595. Un bureau des pauvres sera établi pour distribuer des secours le lundi de chaque semaine; les quarteniers iront dans chaque maison demander la somme que chacun voudra bien donner. — 16 avril 1595. Le paiement des deniers levés pour les corvées de la ville sur les habitants sera payé par moitié seulement jusqu'à la Saint-Jean. — 3 mai 1595. Les pauvres, étrangers à la ville, seront expulsés sous trois jours, à peine de fouet. — 19 juin 1595. Election de Philippe Le Masson comme maire; 8 anciens jurés prêtent serment, 3 nouveaux sont élus; le lendemain, élection des 5 anciens échevins, de 5 mayeurs, dont 2 anciens et 3 nouveaux. — 26 juin 1595. Etablissement de la liste des pauvres, auxquels on donnera chaque lundi de 2 à 10 sols; il y en a 35, en grande majorité des femmes. — 25 septembre 1595. Sur le rapport d'Amalricq Blondel, docteur en médecine, et de deux chirurgiens de Chauny, Nicolle Sosot, atteinte de lèpre, sera reçue à la maladrerie et « séquestrée de la société humaine ». — 24 novembre 1595. Mesures pour la maladie contagieuse. — 19 janvier 1596. Réception de Jean Dorigny et de sa femme comme frère et soeur de l'Hôtel-Dieu. — 21 février 1596. Envoi par le Roi de 15.100 bottes de foin que deux notables distribueront, le cas échéant. — 8 mars 1596. Autre envoi de 21.900 bottes. — 3 mai 1596. Vincent Yvart, chirurgien, est spécialement chargé de soigner les malades de la contagion, moyennant 30 écus sol par mois, etc.

BB. 11 (Registre in-f°). — 68 feuillets, papier.

1597-1599. — Délibérations municipales. — 22 juin 1597. Election des 11 jurés, puis du maire. Denis de la Marlière est nommé par 44 voix contre 21 à Jacques Werier, 12 à Jacques Parmentier et une à Jean de Bouxin. — 19 juillet 1597. Adjudication de l'enlèvement des boues à Jean Berleu, au prix de 44 écus. — 22 août 1597. La foire de Saint-Jean Décolasse se tiendra, cette année, hors de la porte du faubourg Saint-Martin. — 12 septembre 1597. Le service de la dédicace de Sainte-Euphémie, en la chapelle de la maladrerie, se fera comme d'habitude; il sera signifié aux jurés d'y assister. Le même jour, on enregistre une ordonnance relative aux tisserands de toile de Chauny. Nul ne sera reçu au chef-d'œuvre s'il n'est enfant de Chauny: « ... Item fault « compter son rot (quy sera nœuf) de vingt en « vingt et le surfiler avec ung fil retort par « dessus lesdicts vingt, quy ne sera de moindre « largeur que d'une aulne entre les gardes... », etc. — 12 décembre 1597. Défense aux afforeurs d'afforer vin s'ils ne sont pas tous ensemble allant par les caves, et d'afforer vin à plus haut prix que 8 sols le meilleur; défense aux taverniers de vendre plus cher que le vin n'aura été afforé. — 19 décembre 1597. Plusieurs habitants prêtent à la ville les 200 écus dus pour la taille de subvention de 1596. — 23 janvier 1598. La sage-femme de la ville ayant demandé des gages, on décide de lui donner 6 setiers de blé sur le bien des pauvres. — 29 mai 1598. Vu la diminution du blé, le pain blanc et la tourte du poids accoutumé seront vendus 16 deniers. — 21 juin 1598. Denis de la Marlière est élu maire par 52 voix sur 55 votants. — 2 octobre 1598. Le service de Colart le Miroirier se fera comme d'habitude. — 23 octobre 1598. Adjudication de la ferme des huitième et vingtième à Jean Waubert, marchand, au prix de 50 écus. Le pain est taxé à un « carolus » pièce. — 18 décembre 1598. Réception, après consentement du receveur de l'abbaye de Saint-Eloi Fontaine, de Sébastien Boutin, prêtre habitué en l'église Saint-Martin, comme chapelain de l'Hôtel-Dieu, où il célébrera deux messes par semaine. — 12 janvier 1599. Entrée dans la ville de deux compagnies, de 40 hommes chacune, envoyées par Mgr « du Mayne ». — 31 janvier 1599. Election d'asséeurs, collecteurs et contre-asséeurs pour les tailles de l'année, etc.

BB. 12 (Registre in-f°). — 86 feuillets, papier.

1600-1603. — Délibérations municipales. — 1er septembre 1600. Réception d'Antoine Coullart en qualité de principal des écoles, aux appointements de 40 livres, le logement et deux muids de blé affectés sur la chapelle Saint-Ladre. — 3 novembre 1600. Il n'y aura plus de courtier « tasteur » de vin; les déchargeurs seront tous courtiers; les marchands seront libres d'appeler celui qu'ils voudront, ou de ne point en appeler du tout. — 12 janvier 1601. Sur la réclamation d'Almaricq Blondel, on décide de lui rembourser 20 écus par lui prêtés pour le blé fourni au siège de La Fère. — 4 avril 1601. On nomme 4 commissaires (2 pour chaque paroisse) pour aller, dans les maisons des marchands, savoir ce qu'ils veulent donner pour aider à subvenir aux frais à faire pour obtenir les affranchissements et exemptions de tailles. — 17 juin 1601. Jean Richart est élu maire par 60 voix sur 77 suffrages exprimés; le lendemain 18, on procède au renouvellement des offices et à l'établissement de la liste des pauvres qui recevront des subventions, les uns sur les fonds des pauvres, les autres sur ceux de l'Hôtel-Dieu. — 15 juillet 1601. Le maire expose qu'assignation lui a été donnée à comparoir pour rendre compte à Paris des biens de l'Hôtel-Dieu et Maladrerie, qui étaient « cependant saisiz, mesmes que » le prévôt des marchands et les échevins de Paris avaient empêché la vérification des lettres d'acquisition des 8e et 20e de cette ville, « pour quoy y avoit procès au « privé Conseil ». Il faudrait, pour traiter ces affaires, envoyer quelqu'un à Paris; on décide d'emprunter, pour les frais du voyage, 100 ou 120 écus à 50 ou 60 habitants des plus aisés de la ville. — 24 juillet 1601. Sentence de bannissement contre Abraham Malin et Catherine Martin, ledit Malin ayant abandonné sa femme pour vivre avec ladite Martin. — 19 octobre 1601. On donne deux écus aux déchargeurs pour avoir mené le canon hors de la porte, lors des feux de joie pour la « Nativité » de Mgr le Dauphin. Le même jour, on décide de répondre à Mgr de Mayenne, qui avait demandé à faire entrer une religieuse à l'Hôtel-Dieu, « qu'il y a une femme establie « pour sa vie, quy ne peult estre destituée; et « d'advantage, que la fondacion dudict Hostel-« Dieu est particulière, que l'administration nous « apartient, et que nulles religieuses n'y « peuvent estre receues... ». — 9 novembre 1601. Antoine Coullart, principal des écoles, annonce qu'il a pris, pour l'aider à l'instruction de la jeunesse, Pierre Nepveu, clerc de Saint-Martin de Chauny, à charge de le loger et de lui donner moitié des émoluments provenant des enfants, sauf de ceux qui apprennent le latin. Cette mesure est approuvée. — 27 décembre 1601. Nomination de 3 asséeurs et de 2 collecteurs pour le sel (5 muids et demi de sel à 15 livres, 18 sols le minot). — 11 janvier 1602. Sur l'avis que « ceulx de la « R. P. R. s'efforçoient d'avoir lieu, pour l'exer-« cice de leur religion en ceste ville », les maire et jurés confèrent avec « Monsieur le « lieutenant », et décident d'écrire à Mgr de Mayenne pour y former opposition, si faire se peut. — 30 janvier 1602. On convoque tous les habitants pour nommer 4 asséeurs et 2 collecteurs pour les tailles. — 18 juin 1602. Les lettres de Monsieur de Mayenne seront envoyées à M. le président Janin, « avec lectres « de nostre part, pour le prier d'empescher « que le presche ne soit estably en ceste ville »; on lui envérra copie des lettres obtenues par ceux de la R. P. R. — 23 juin 1602. Jacques Parmentier, avocat, est élu maire par 71 voix contre 20 à Jean Richart, 3 et 5 à deux autres. — Juillet 1602. Denis de la Marlière expose qu'il a reçu, comme « antien advocat », un arrêt du Conseil d'Etat par lequel il est mandé d'avertir Sa Majesté d'un lieu propre à l'exercice de la religion prétendue réformée, et qu'il tient, avant de donner son avis, à avoir celui de l'assemblée. On décide que ledit sieur de la Marlière « donnera advis à Sa Majesté « de bailler le village de Molin Severeux » aux protestants, pour l'exercice de leur culte. — 28 juillet 1602. Dépôt au greffe du rapport d'un médecin et d'un chirurgien de Laon, chargés de visiter la femme de Mathieu Jauffret, soupçonnée de lèpre, et qu'ils ont trouvée saine. — 2 août 1602. On écrira au lieutenant et au procureur du Roi pour qu'ils tiennent la main à ce que les protestants ne puissent exercer leur religion dans la ville ou dans les faubourgs. — 11 octobre 1602. Le seigneur de Surville sera poursuivi pour le paiement des deniers qu'il doit à la ville. — 8 novembre 1602. Règlement pour la vente du blé au marché. — 28 février 1603. Il est permis à Quentin Delescluze et Daniel Palmiseur de vendre du vin de Gascogne à 14 sols le pot et du vin du Soissonnais à 12 sols; les afforeurs iront dans les caves marquer le vin en question « pour esviter l'abus », etc.

BB. 13. (Registre in-f°). — 53 feuillets, papier.

1603-1606. — Délibérations municipales. — 14 novembre 1603. Almaricq Blondel, docteur en médecine, sur le point de quitter la ville pour aller habiter Laon, remet son serment de juré. — 20 janvier 1604. Les confrères de la confrérie de Saint-Sébastien de Saint-Martin de Chauny sont autorisés à faire leurs exercices dans le bastillon d'Aumale. — 21 mai 1604. Taxe du pain à 8 deniers. — 20 juin 1604. Les jurés remettent leur serment; il y a lieu à nouvelle élection, puisque leur nomination datait de cinq ans. On appelle les habitants, qui nomment alors le maire (Jacques Werier) et onze jurés; le lendemain, on procède aux élections annuelles et au renouvellement des offices. — 28 janvier 1605. La sœur de l'Hôtel-Dieu sera mandée pour être entendue « sur l'advis à nous donné du mauvais ordre quy y est ». — 18 février 1605. Les jurés Richart et Gossart, qui s'étaient disputés à l'Hôtel de Ville le jour du rapport du rôle de taille, se réconcilient solennellement. — 19 juin 1605. Renouvellement du serment des onze jurés; élection de Jacques Werier en qualité de maire. — 20 juin 1605. Une des clefs de la chambre aux archives sera mise entre les mains du lieutenant du maïeur; celui-ci gardera toutes les autres clefs; il ne pourra désormais donner aucun ordre qui n'ait été auparavant délibéré par le corps de ville. — 24 juin 1605. Il est décidé que, le mardi suivant, on publiera qu'il ne sera perçu aucun droit de tonlieu, havée et étalage sur quelque personne que ce soit, pour rendre les marchés plus libres. Mais, comme beaucoup d'habitants ne sont pas bourgeois et, par suite, doivent l'étallage, ils seront invités à payer le droit accoutumé, pour aider à remplacer les deniers desdites fermes. — 19 août 1605. Pour le soulagement des habitants, on décide d'acquérir le greffe de l'impôt du sel. — 15 novembre 1605. Arrivée dans la ville, pour y tenir garnison, d'une partie de la compagnie des gendarmes du duc de Mayenne. — 18 juin 1606. Election de Jacques Parmentier comme maire, etc.

BB. 14 (Registre in-f°). — 130 feuillets, papier.

1617-1623. — Délibérations municipales. — 28 avril 1617. Nomination par les maire et jurés de Jean Quierne comme procureur d'office, et de Pierre Pestel comme greffier. — 19 mai 1617. La maladrerie de Soissons ayant été brûlée par les soldats, durant le dernier siège, deux lépreux de cette ville sont reçus à la maladrerie de Chauny, « par forme de reffuge et non aultrement ». — 18 juin 1617. Les jurés nommés l'année précédente prêtent à nouveau serment. Election du maire (Simon Duchesne). — 7 juillet 1617. Charlemagne Denormandie, docteur en médecine à Noyon, sera tous les mardis à la disposition des habitants de Chauny; il soignerà les pauvres pour rien et touchera 50 livres par an. — 11 août 1617. Délibération au sujet de l'installation dans la ville des religieux Minimes; ils seront établis dans un lieu appelé « la Biette », que la ville achètera à l'abbaye de Saint-Eloi-Fontaine, moyennant une rente de 18 livres. — 17 novembre 1617. Suivant la volonté du Roi et le mandement de l'évêque de Noyon, une procession générale aura lieu le dimanche suivant, « pour la santé et longue vye de Sa Majesté ». — 14 juin 1618. Des commissaires sont nommés pour visiter les greniers des habitants et constater ce qui s'y trouve de grains, afin d'éviter la spéculation qui, en moins de deux heures, avait porté le prix du blé de 72 sols à 6 livres. — 17 juin 1618. Election du maire (Simon Duchesne). — 5 septembre 1618. Pose de la première pierre du couvent des Minimes. — 3 octobre 1618. On envoie un juré et un sergent du guet à Laon pour goûter et faire rapporter du vin « du plus excellent quy se poura trouver en ladicte ville », pour le présenter au Roi, soit à La Fère, soit à Chauny, selon qu'il organisera son voyage. — 31 décembre 1618. Réception de lettres royales ordonnant de loger deux compagnies du régiment de Normandie, commandées par les capitaines Saint-Dizier et la Saludie. — 8 janvier 1619. Le maître des ouvrages ayant exposé qu'on ne peut plus trouver de grès dans la ville pour le pavage, et qu'il y a une carrière voisine de Chauny, dans les bois de Caumont, près de l'église ou chapelle du prieuré de Saint-Fiacre-lès-Commenchon, on l'autorise à s'entendre avec quatre tailleurs de grès pour façonner 2.000 grès au moins dans ladite carrière, de 6 à 7 pouces et au-dessus, au prix de 40 sols le cent, pris dans la carrière. — 11 avril 1619. On décide d'offrir le lendemain, aux dépens de la ville, un dîner au gouverneur de Marsillacq et « à Madame sa femme », en invitant le lieutenant et le procureur du Roi, et « ceulx du corps de la ville ». — 27 avril 1619. Sur la demande de la dame de Marsillac, on lui fournit 3 douzaines de serviettes pour la table, 2 pour la cuisine, 3 nappes pour la table et 2 pour la cuisine, trois paires de draps de lin et trois autres pour ses domestiques, et une table de cuisine. — 21 juin 1619. Un commissaire ira à Montdidier s'informer au sujet du sieur Charles Garde, docteur en médecine, et, s'il est reconnu « de bonne vye, mœurs, suffisance et cappacité en son art de médecine », il traitera avec lui et lui offrira 70 ou 80 livres de pension pour qu'il vienne se fixer à Chauny. — 23 juin 1619 (dimanche). Remise des serments des jurés; élection du maire (Nicolas Bouzier); élection de onze jurés. — 27 juin 1619. Accord avec Charles Garde; il aura 100 livres de pension et sera exempt d'impôts. — 2 juillet 1619. Les maisons couvertes en chaume devront désormais avoir une couverture de tuiles ou d'ardoise. — 9 août 1619. Taxe du pain blanc à 10 deniers, à cause de la diminution du blé. — 23 août 1619. Défense aux pâtissiers, taverniers, bouchers, etc., de tuer des porcs pour obvier aux accidents de la maladie contagieuse. — 6 septembre 1619. Défense aux marchands, messagers et autres personnes d'aller à Paris, Amiens ou dans les villes des Pays-Bas, à cause de la peste. — 17 septembre 1619. On autorise l'entrée dans la ville du sieur Robert, conseiller au Parlement, chargé par la Cour de faire une descente dans les prés de Viry, selon l'arrêt rendu par ladite Cour de Parlement entre le chapitre de Notre-Dame de Paris et les héritiers de feu Jacques Tiersonnier. — 26 septembre 1619. Prestation de serment de Charles Garde. Il commence par distribuer sa thèse de doctorat aux assistants, puis discourt et harangue « avec honneur et contentement d'ung chacun à la louange de la médecine », et enfin prête serment de fidèlement exercer la charge de médecin-juré de la ville. — 8 novembre 1619. Il sera informé contre Charles Perin, greffier au bailliage, qui, en pleine place publique, s'est moqué du maire Nicolas Bouzier, de Jean Le Masson, avocat, premier juré, et de Jacques de Bouxin, avocat et juré, qui tous trois, avaient été choisis par le corps de ville pour aller à Compiègne saluer le duc de Montbazon, gouverneur de Chauny, disant « que « ledit Bouzier, maïeur, estoit boicteux, et que « ledit Le Masson estoit ung long menton, « mais qu'il avoit peu de barbe, et que ledict « de Bouxin portoit une calotte et estoit chassieux des yeulx, voulant dire... que l'on avoit « depputez de belles gens des trois personnes « susnommez... ». — 17 décembre 1619. La ville partage avec les religieux de Sainte-Croix et les religieuses de Saint-François des rentes restées jusque-là en commun, et provenant de la donation testamentaire de Jean de Vrevin, avocat à Paris. La ville prend pour les pauvres 225 livres de rente constituées au profit du défunt par Claude de Hamel, seigneur d'Elincourt, et sa femme, Catherine Darlin, et les religieux et religieuses auront 200 livres à prendre sur Louis Picot, chevalier. On leur tiendra compte de la différence. — 2 mai 1620. Roch Gambert, curé de Notre-Dame, ayant fait citer Jacques Carpentier, curé de Saint-Martin, devant l'official de Noyon, sur ce que la prédication a été faite le lundi de Pâques dernier à Saint-Martin, alors qu'elle eût dû être faite à Notre-Dame, on décide de prendre fait et cause pour ledit Carpentier, « attendu que la prédi- « cation s'est faicte de nostre adveu et suivant « notre résolution, pour le repos et bien public- « que. » — 21 juin 1620. Les 11 jurés sont continués; Nicolas Bouzier est nommé maire. — 13 août 1620. On décide de recevoir les deux compagnies de cent hommes envoyés pour le service du Roi par le duc de Montbazon. — 5 septembre 1620. Annonce que la paix est faite avec « Messieurs les Princes »; un *Te Deum* sera chanté à Saint-Martin, et il y aura une procession générale. — 18 juin 1621. Le maire ayant exposé que les repas qui se donnaient, aux frais de la ville, tant après l'audition du compte de l'argenterie (le vendredi) que le dimanche, jour d'élection du maïeur, et le lundi, après le renouvellement des offices, coûtaient excessivement cher, on décide de supprimer les deux premiers et de se borner à celui du lundi. On discute aussi au sujet des voyages que les affaires de la ville rendent nécessaires. Avant, on donnait 4 livres par jour, plus la nourriture et autres frais accessoires; désormais on aura 60 sols par jour pour dépenses de bouche; les autres frais seront payés à part et sur mémoire. A propos de l'élection du maire, le maire expose que le sieur Duclos, sergent-major de la ville, s'est plaint, l'année dernière, qu'on ne l'ait pas convoqué à l'assemblée. On décide que l'élection du maire appartenant aux seuls habitants, et le gouverneur ne venant jamais à la réunion pour leur laisser plus de liberté, il n'y a aucune nécessité d'y appeler le sergent-major. — 20 juin 1621. Election du maire (Nicolas Vaillant). — 24 juin 1621. Sur le bruit que les protestants rebelles menacent la ville, on augmente la garde de jour et de nuit. Six dizaines d'habitants feront guet de nuit sur les remparts, et quatre dizaines dans la Chaussée; six personnes de même guetteront la nuit au Pissot et au faubourg Saint-Martin, deux au Bailly. — 28 juin 1621. On empruntera au seigneur d'Ugny trente mousquets, avec bandoulières et fourchettes, et 20 piques ferrées. — 31 août 1621. Louis de Vrevin, lieutenant particulier, sera forcé d'aller ou d'envoyer à la garde de jour et au guet de nuit. — 12 novembre 1621. Une lettre ayant été trouvée « sur les carreaux de la ville de « Péronne », écrite par Jacob de Semery, marchand de Chauny, appartenant à la R. P. R. et adressée au sieur Ledroict, orfèvre à Saint-Quentin, aussi de la R. P. R., dont le contenu est menaçant tant pour le service du Roi que la sûreté des villes de Chauny et de Saint-Quentin, on décide d'envoyer au duc de Montbazon, gouverneur de l'Ile-de-France, copie de cette lettre, ainsi qu'au lieutenant-général et au procureur du Roi, pour qu'ils fassent arrêter ledit Semmery. — 25 février 1622. Défense de laisser entrer dans la ville les pauvres qui passeraient par la région. — 19 juin 1622. Election du maire (Nicolas Vaillant). — 3 août 1622. Les armes des habitants de la ville seront visitées, surtout de ceux qui appartiennent à la R. P. R.; il en sera dressé procès-verbal. — 7 octobree 1622. Etablissement d'un compteur-juré de tous les bois qui arriveront aux portes de Chauny, et du tarif des droits qu'il pourra percevoir. — 3 février 1623. Requête sera adressée au Roi pour demander le rétablissement de la justice des Eaux-et-Forêts, sinon, une diminution de la moitié des tailles pour huit ou neuf ans. — 9 mai 1623. Protestation sera faite auprès du duc de Montbazon contre César-Arnaud de Rusticis, qui, malgré les défenses qui lui ont été faites par Nos Seigneurs du Conseil au sujet de la navigation qu'il avait « entrepris faire des basteaux depuis Guise jus« ques en cette ville », continue à faire travailler à ses ateliers, commencés en 1618, etc.

BB. 15. (Registre in-f°). — 70 feuillets, papier.

1623-1625. — Délibérations municipales. — 18 juin 1623. Est élu maire Nicolas Vaillant, maire sortant. — 4 août 1623. Conformément aux lettres reçues du Roi et du duc de Montbazon, on recevra et logera une compagnie de gendarmes « du seigneur de Valencet »; l'avoine leur sera baillée à 12 sols, encore qu'elle vaille 14 ou 15 sols le setier. — 3 février 1624. Jacques de Bouxin, avocat et juré, donnera tous ses soins « à la poursuitte du procès que « nous avons au Conseil allencontre de César« Arnault de Rusticis, pour raison de l'empes« chement de la navigation de la rivière, mes« mes d'escripre tant à Monsieur de Cuigy, ad« vocat au Conseil, qu'à Monsieur Moien et au« tres qu'il sera besoing pour ce subject; bref, « de faire ce qu'il conviendra faire en ceste « affaire ». — 14 mai 1624. On décide d'aller saluer la Reine-mère, qui est arrivée au château de Blérancourt, et qui doit, ledit jour, passer par Chauny pour aller à La Fère, « avec Madame, la sœure du Roy ». — 7 juin 1624. Autorisation est donnée à Augustin Cabotin, docteur en médecine, d'exercer à Chauny en qualité de médecin. — 23 juin 1624. Election du maire (Jacques de Bouxin), puis de 11 jurés; le lendemain, élection par les maire et jurés des échevins et mayeurs d'enseignes et renouvellement par eux des offices municipaux. — 12 juillet 1624. Défense est faite aux habitants de se promener en ville après 10 heures du soir en été, 8 heures en hiver, sous peine d'amende et de bannissement la troisième fois; aux jeunes gens de la ville et des faubourgs de s'exercer au jeu de la longue-paume, ni autres, que les jours de fêtes, sous les mêmes peines. — 19 juillet 1624. On expose que le « justiciage » a été « tousjours manié par des personnes qui « vexoient... les habitans..., et les consommoient « en fraiz », et qu'il serait bon de le prendre à bail de Pierre Parmentier et Laurent Belin, receveurs du domaine; le maire est prié de leur en parler et de prendre à bail ledit justiciage, dont le prix sera payé des deniers de la ville; en outre, le justiciage sera exercé par le mayeur qui lui succédera. — 22 juillet 1624. On décide de faire visiter l'ancien canal de la rivière proche les moulins de Chauny, par lequel autrefois les bateaux allaient à La Fère, afin de savoir ce que coûterait sa réfection, en vue de « rompre le desseing de Cézart Arnault « de Rusticis, et que son nouveau canal ne soit « achevé, quy seroit la ruyne de ladicte ville ». — 17 août 1624. Mesures prises à propos de la maladie contagieuse qui sévit à Soissons, Beauvais, Pontoise et Rouen. — 23 août 1624. Permission à Antoine François, tavernier, de faire pendre devant sa maison une enseigne « où sera empraint l'espée roialle ». — 11 septembre 1624. Sur la demande du seigneur de Clermont, maréchal des logis des chevau-légers de la compagnie colonelle du Roi, commandée par le baron de Valençay, on délivre un certificat comme quoi lesdicts chevau-légers se sont toujours « gouverné fort doulcement et honnes« tement avec les habitans de ladicte ville », depuis leur arrivée jusqu'à présent. — 4 octobre 1624. Sur la plainte que Charles Garde, docteur en médecine, s'absente souvent de Chauny, on décide de lui recommander la résidence. — 25 octobre 1624. Dorénavant, le marché au blé se tiendra sur la place, depuis la halle en montant vers le coin de la maison où demeure Claude Vaillant, et le marché à l'avoine, au devant de la maison où habitent Hilaire Dubois et Jacques Pioche. Pour la vente des morues, harengs, etc., on construira des boutiques de bois, « joingnant la maison de l'Hôtel-Dieu, « près les noelles »; celle des poissons de mer et d'eau douce se fera aussi sur la même place, proche les dites noelles, qui s'appellera « le marché aux poissons ». — 11 février 1625. Eloi Billart, maître écrivain, touchera 15 livres de gages pour apprendre à lire et à écrire aux enfants pauvres; il sera exempt de toutes charges municipales. — 22 juin 1625. Election du maire (Jacques de Bouxin). — 15 juillet 1625. Sur la plainte de plusieurs habitants de la ville, des faubourgs et des villages environnants qu'ils sont « travaillez des gens d'armes de la compa« gnie de Monsieur de la Curée », et qu'ils ne peuvent plus rien conserver dans leurs maisons, les valets et palefreniers venant prendre contre leur volonté poules, pigeons, fruits, blé en vert, foins, etc., procès-verbal sera dressé et envoyé au sieur de la Curée. — 18 juillet 1625. On décide un accord avec les religieux de l'abbaye de Saint-Eloi-Fontaine, au sujet des messes qu'ils étaient tenus de faire chanter à la chapelle de l'Hôtel-Dieu ; ils paieront annuellement 80 livres, et la ville assurera en échange ce service religieux. — 28 novembre 1625. Taxe du pain à 18 deniers, le blé valant 75 à 78 sols le setier. — 12 décembre 1625. Le maire expose qu'il y a un an, il avait signalé une maison à vendre en la ruelle de Prémontré, « joingnant la noelle et gril proche l'Hostel- « Dieu » ; cette maison serait vendue environ 6 à 700 livres, et on y établirait facilement un collège; il y avait justement une galerie au-dessus de la noelle, d'où l'on aurait pu descendre dans la chapelle de l'Hôtel-Dieu pour chanter la messe. Actuellement, Jean Crommelin, riche marchand de Saint-Quentin, qui est de la R. P. R., a dessein de l'acheter et d'y établir 12 ou 15 de ses coreligionnaires pour « faire « et façonner du savon noire ». L'année précédente, on avait ajourné l'achat de cet immeuble, mais, cette année, il propose « de retirer par « retraict lignager la dicte maison et lieu, la « République estant au lieu des lignagers et la « principalle lignagère, que l'on estoit encores « en dedans l'an pour faire ce retraict... ». A la majorité des voix, l'assemblée décide de laisser la maison audit Crommelin. — 19 décembre 1625. Procès-verbal est dressé contre le valet du sieur de Bellevaux, gendarme de la compagnie du sieur de la Curée, qui a battu la femme de Jean Carlier, Marie Pioche. — 20 décembre 1625. Le maire et un juré iront à Paris se plaindre de la conduite des gendarmes de ladite compagnie, et demander la décharge de cette garnison, etc.

BB. 16. (Registre in-f°). — 102 feuillets, papier.

1626-1629. — Délibérations municipales. — 28 janvier 1626. Pour remercier le sieur Brodeau, secrétaire du duc de Montbazon, de ses services, on lui donnera « quelque quantité de « bois et de charbon », de la valeur de 60 livres. — 31 janvier 1626. Le seigneur de Bezançon, commissaire général des gens de guerre, vient à Chauny pour faire sortir la garnison; celle-ci quitte la ville, le 2 février, pour aller à Crépy-en-Laonnois, et le corps de ville leur refuse un certificat. — 30 avril 1626. Interdiction à tous habitants de sortir du blé de la ville sans autorisation. — 15 mai 1626. Les messes de l'Hôtel-Dieu, au sujet desquelles on avait transigé avec l'abbaye de Saint-Eloi-Fontaine, ne seront plus dites dans la chapelle de l'Hôtel-Dieu, « lieu incommode et malsain »; deux prêtres habitués de l'église Saint-Martin les célèbreront désormais, à raison de 4 par semaine, dans la chapelle de l'Hôtel de Ville ; ils auront chacun 36 livres, et les 8 livres de reste serviront à l'entretien de la chapelle. — 21 juin 1626. Continuation des 11 jurés et élection du maire (Jacques Benoist, avocat). — 21 juillet 1626. Taxe du pain à 2 sols, 6 deniers. — 27 juillet 1626. Défense d'aller à Soissons et à Laon, où sévit la maladie contagieuse. — 27 novembre 1626. Le receveur du domaine, Pierre Parmentier, sera prié d'attendre à huitaine pour être payé de ce qu'on lui doit, tant pour la ferme du justiciage que celui de tonlieu et havée. — 5 février 1627. Défense de vendre le vin d'Auxerre plus de 14 sols le pot. — 19 février 1627. Les pauvres habitants, dont on a présentement dressé la liste, seront rayés des rôles de la taille et du sel. — 26 mars 1627. Réception des lettres royales envoyant en garnison à Chauny la compagnie colonelle des chevau-légers. — 19 mai 1627. Discussion avec le sieur de la Serpente, commandant des chevau-légers. On offre de lui vendre l'avoine, qui vaut actuellement 28 à 30 sols, 20 sols le setier, et le cent de foin, au lieu de 6 livres, 4 livres seulement. L'officier ne veut payer l'avoine que 10 sols. Finalement on s'arrange (le 21 mai) : on fournira gratis 50 setiers d'avoine et 400 bottes de foin, et, pour le surplus, les troupes paieront le prix marchand. — 20 juin 1627. Election du maire (Jacques Benoist). — 25 juin 1627. Jean Yvart, chirurgien et garde des pestiférés, ayant prévenu qu'il a été visiter au Bailly la femme de Jean Grenier, et qu'il a trouvé « deux charbons, l'un au pied et l'autre à la jambe », on l'invite à soigner ladite femme jusqu'à guérison; de plus, la maison dudit Grenier sera fermée secrètement, et, pendant ce temps, lui et sa famille n'en pourront sortir pour aller en ville. — 28 juillet 1627. Jean de Tarlay, seigneur de Lannoy, est autorisé à faire une levée de gens de pied dans la ville et dans les faubourgs pour le service du Roi; il s'agissait d'une levée de trois mille hommes pour le service du roi de Danemarck, que l'on embarquerait à Saint-Valéry-sur-Somme. — 15 octobre 1627. Permission est donnée à la fille de Jean Charpentier, écrivain à Coucy, de s'établir en ville, pour enseigner aux filles l'écriture, la lecture et « autres petites sciences ». — 5 novembre 1627. Jusqu'à ce que le nombre des bouchers soit réduit à seize, on n'en recevra plus désormais. — 4 février 1628. Le fermier du droit de justicinge ayant saisi plusieurs chandelles de cire et dressé procès-verbal, le corps de ville soutient que sa compétence est restreinte « sur le simple faict des poix et mezu« res », mais que le droit de visite « deppend « de la justice pollitique, quy nous appartient », et que, depuis un temps immémorial, ils ont le droit de faire visiter par les cinq échevins les marchandises et denrées exposées en vente. — 5 mars 1628. Etienne Ingrand sera maintenu au rôle des tailles, bien qu'il prétende être pourvu de l'état et office de canonnier ordinaire de l'artillerie du Roi. — 2 mai 1628. Une muraille sera faite sur les remparts, proche la tour derrière l'Hôtel-Dieu. — 13 mai 1628. On donne aux religieux de Sainte-Croix un chêne pour les aider à l'achèvement du comble et autres ouvrages nécessaires en la chapelle du Rosaire, fondée audit couvent. — 15 mai 1628. Réception d'une lettre de la Reine-Mère, enjoignant de livrer au sieur de Vivien, commissaire ordinaire d'artillerie, cinq pièces (2 moyennes, 2 d'entre bâtarde et moyenne et un faucon). Les maire et jurés se rendent sur les remparts avec ledit commissaire; ils y trouvent huit pièces, dont trois sont du calibre exigé (2 moyennes et un faucon); ils ne demandent pas mieux que de les livrer au Roi, en priant toutefois le commissaire de représenter que la ville de Chauny n'est qu'à 8 lieues environ de la frontière des Pays-Bas, et qu'elle perd ainsi une partie de ses moyens de défense. — 18 juin 1628. Election du maire (Jacques Benoist). — 15 septembre 1628. Enregistrement d'un arrêt de la Cour du Parlement, du 29 juillet, au sujet d'un différend entre Jorain et Louis de Vrevin, lieutenant-général et lieutenant-particulier du bailliage, et les maire et jurés. Ceux-ci sont maintenus en jouissance de toute juridiction civile, criminelle et de police sur toutes personnes, sauf les officiers du Roi et les nobles (seulement en ce qui concerne la garde des portes et sûreté de la ville); pour le criminel, ils ne pourront connaître quand il y aura « abscision de membres, mort et confiscation, ou crime commis et perpétré la nuict ». Ils procéderont à l'apposition des scellés sur les biens des défunts et à la confection des inventaires, concurremment avec le lieutenant-général, quand ils seront requis par les parties intéressées. Ils peuvent ordonner toutes assemblées dans la ville, auxquelles le lieutenant-général assistera sans présider; quant aux assemblées qui se feront par ordonnance du bailli gouverneur, le lieutenant-général sera assis à côté du bailli, et précédera le maire comme en tous lieux, sauf audit hôtel de ville. Les maire et jurés continueront à faire les élections; les comptes de l'argenterie, de l'Hôtel-Dieu, etc., seront rendus par eux; ils garderont la connaissance de la réfection des murs, ponts, portes, etc. Cet arrêt est lu avant d'être enregistré; on décide qu'il sera exécuté, mais on s'étonne qu'il enlève aux maire et jurés la connaissance des crimes commis la nuit, puisque la ville a des sergents du guet pour saisir les délinquants. — 10 février 1629. Un juré ira à Saint-Quentin pour avoir copie des arrêts du Conseil et autres pièces qu'il pourra trouver concernant les offices de courtier ou gourmet du vin et de greffier des despris des vins pour s'en servir contre les adjudicataires desdits offices, etc.

BB. 17. (Registre in-f°). — 126 feuillets, papier.

1629-1632. — Délibérations municipales. — 17 juin 1629. Election du maire (Nicolas Vaillant, commissaire de l'artillerie), puis de onze jurés. — 6 juillet 1629. On comprendra au rôle de la garde des portes de la ville Augustin Cabotin, médecin, aussi bien que Charles Garde, également médecin. — 26 octobre 1629. Les maîtres murquiniers de la ville ayant demandé qu'on leur donne un règlement sur l'usage des balances « servant à pezer le fil de lin qu'ilz emploient à façonner et manifacturer leurs toilles », on décide de faire application à Chauny du règlement édicté par les maire et jurés de Saint-Quentin au sujet des murquiniers de cette ville, le 28 janvier 1628. — 1er février 1630. Réception de Madeleine de Lannoy en qualité de « moresse » de la paroisse Saint-Martin, en remplacement de sa mère, Poncette Collinet, veuve d'Antoine de Lannoy. — 14 avril 1630. Nomination d'asséeurs et de collecteurs des tailles. — 8 mai 1630. Les maire, jurés et échevins, après avoir examiné les rôles des tailles, découvrent que les asséeurs ont surchargé une partie des habitants pour décharger leurs parents et amis; on décide de se plaindre à Noyon et de demander qu'il soit procédé à une autre assiette. — 20 mai 1630. Permission est donnée à quatre religieuses de l'abbaye d'Origny d'établir dans la ville de Chauny un monastère de l'ordre de Saint-Benoît. — 23 juin 1630. Election du maire (Nicolas Vaillant). — 8 août 1630. Réception d'un ordre du Roi, demandant à la ville de loger 4 compagnies de cent hommes du régiment d'Epagny. — 13 septembre 1630. Règlement pour l'heure de la vente des grains au marché. — 15 octobre 1630. Le pain est taxé à 16 deniers. — 28 janvier 1631. Les élus de Noyon mandent d'envoyer 90 hommes pour travailler à la démolition de la citadelle de cette ville; on décide de faire appel du mandement. — 21 mars 1631. Délivrance à Jean Crommelin l'aîné, marchand de Saint-Quentin, d'un certificat portant qu'il y a deux ans, ledit Crommelin a été autorisé à établir une bucrie dans les faubourgs de Chauny, qui fut dirigée depuis par ses fils Pierre et Jean; qu'il y a deux mois, il a fait venir 14 ou 15 femmes du pays de Flandre et Brabant dans cette bucrie, pour laver et blanchir les toiles, n'ayant trouvé dans le pays personne capable de vaquer à cette occupation; mais que ces femmes appartiennent à la religion catholique et en pratiquent le culte; aussi a-t-on maintenu jusqu'alors ledit Crommelin en l'établissement susdit. — 13 juin 1631. Jacques Macadré s'étant permis, malgré les défenses, d'aller à Noyon où règne la maladie contagieuse, sera chassé de la ville. — 17 octobre 1631. Règlement pour le salaire des herqueurs et bardeurs de charbon. — 18 octobre 1631. On refuse aux curés et gens d'église de Chauny la permission d'aller au synode de Noyon, où il y a encore des malades. — 7 novembre 1631. On paiera au receveur des pensions des lépreux de la maladrerie de Chauny, demeurant à Paris, 400 livres sur ce qui lui était dû pour la pension de trois lépreux de ladite maladrerie. — 5 décembre 1631. Traité avec Jean Crommelin pour l'abonnement aux tailles; il paiera dorénavant cent livres pour lui, ses enfants et les personnes qu'ils emploient, tant dans la maison de Chauny, où ledit Crommelin a fait faire une « savonnerye et empezerye », que dans les deux bucries du Pissot et de Senicourt. — 21 février 1632. Vu l'affluence des pestiférés, Jean Yvart, garde desdits pestiférés, fera désormais sa résidence dans la maison de Bailly, qui leur est affectée. — 20 juin 1632. On vote pour la nomination du maire. Tout d'abord, Catherin de la Marlière, maire de l'année précédente, obtient 20 voix, André Demory, 2 voix, Claude Cuvier l'aîné une, et une voix est donnée à Hilaire Dubois, procureur du Roi. Aussitôt, le procureur d'office de la ville proteste, en disant que jamais, à Chauny, les officiers du Roi n'ont été admis à aucune charge. Le procureur proteste contre cette prétention et ajoute que rien ne limite la liberté des suffrages populaires, et que, dans d'autres villes comme Saint-Quentin, Nesles, Noyon, les officiers du Roi sont reçus dans le corps de ville. Le procureur d'office réplique et le procureur du Roi aussi. Finalement, on leur donne acte de leurs protestations, puis on continue le vote. Catherin de la Marlière est élu maire par 61 voix sur 84 votants. — 5 août 1632. Réception d'un ordre royal, commandant de fournir des vivres au régiment du sieur du Biez, cantonné à Barisis, Fresnes et Bassoles, etc.

BB. 18. (Registre in-f°). — 98 feuillets, papier.

1632-1634. — Délibérations municipales. — 27 septembre 1632. Exécution de lettres royales ordonnant à la ville de nommer un délégué, qui recevra du trésorier de l'extraordinaire des guerres et paiera le prêt des sergents et soldats des treize compagnies du régiment de Champagne, en garnison à Chauny, au nombre de 693 hommes. Les soldats avaient 6 sols par jour, les appointés (4 par compagnie), 10 sols, les caporaux, les anspessades (3 par compagnie), 10 sols, les caporaux (3 par compagnie), 10 sols, les sergents (2 par compagnie), 16 sols. — 7 janvier 1633. Des affiches apposées dans la ville annoncent qu'on va mettre en adjudication au plus offrant, par devant les élus de Noyon, l'office de contrôleur au « regallement » des tailles de la ville et des faubourgs, avec l'office de contrôleur des commissaires des tailles de cette ville; le corps de ville envoie un juré à Noyon pour faire des offres à Messieurs les élus pour rendre la ville adjudicataire de cet office. — 5 février 1633. Des remerciements sont votés au sieur Waubert, élu à Noyon, qui s'est employé pour rendre la ville adjudicataire de cet office en question. — 15 avril 1633. Les arquebusiers de la ville demandent que celle-ci fasse réparer une brèche de la muraille près de leur jardin, derrière les religieuses de Saint-François; on décide de surseoir. — 20 avril 1633. Nomination par les maire et jurés de 20 notables, qui désigneront à leur tour les asséeurs et collecteurs des tailles avec lesdits maire et jurés,

— 3 juin 1633. Revente des grains des pauvres, Hôtel-Dieu et maladrerie, sur le pied de 48 sols le setier pour le blé, et 19 sols pour l'avoine. — 19 juin 1633. Election du maire (Catherin de la Marlière). — 29 juillet 1633. Nicolas Martin, principal du collège, annonce qu'il quittera Chauny le 1er octobre, pour aller desservir la cure de Saint-Montain de La Fère. — 30 septembre 1633. Défense est faite aux habitants de Chauny d'aller à Amiens, ni à Crisolles, où sévit la maladie contagieuse. — 21 octobre 1633. Taxe du pain à 12 deniers. — 15 novembre 1633. Réception solennelle, en l'hôtel de ville, de Jacques de Cany comme principal, en remplacement de Nicolas Martin. — 10 mars 1634. Défense aux habitants de mettre sécher du chanvre dans les fours, de peur d'accident. — 18 juin 1634. Election du maire (André Demory, avocat et élu particulier), puis de onze jurés. — 19 juin 1634. Défense aux artisans, gens de métier et ouvriers de fréquenter les cabarets et de jouer à divers jeux, les jours où ils doivent travailler. — 25 juin 1634. L'évêque de Noyon ayant négligé d'envoyer à Chauny un ecclésiastique pour prêcher pendant l'octave du Saint-Sacrement, on dressera un procès-verbal qui sera communiqué au sieur Beschefer, avocat au Parlement, pour faire telle poursuite qu'il avisera devoir être faite contre le prélat. — 11 août 1634. Accord avec le sieur de la Sermuyse, maréchal des logis de la compagnie de chevau-légers de M. de la Roque-Massevault, au sujet du prix des vivres qui seront fournis à la garnison. Le pain blanc de 12 onces, cuit et rassis, se vendra 12 deniers maximum; la tourte de 14 onces, au même prix; le pot de vin, au prix fixé par les afforeurs jurés. Pour la viande, le mouton sera payé 3 sols, 6 deniers la livre, le bœuf, 2 sols, 6 deniers, et le veau, 3 sols, 6 deniers, en toute saison; l'avoine, 26 sols le setier; le foin, 10 livres le cent de bottes. Défense d'augmenter ces prix, sous peine d'une amende de 20 livres parisis. — 29 septembre 1634. Antoine Hirault, marchand et échevin, ayant exposé qu'en 1630 il s'est rendu adjudicataire de la ferme de tonlieu dépendant des fermes du domaine du Roi, sous condition qu'il serait indemnisé ultérieurement de ses avances, on décide de satisfaire aux promesses faites à ce moment. — 14 octobre 1634. Réception d'un mandement royal, donnant le signalement de deux individus soupçonnés de « mauvais desseing contre notre personne », et recommandant aux maire et jurés de les faire arrêter s'ils étaient signalés à Chauny. — 23 décembre 1634. Nouveau règlement au sujet des vivres à fournir au régiment du baron de Vigan, etc.

BB. 19. (Registre in-f°). — 98 feuillets, papier.

1635-1637. — Délibérations municipales. — 19 janvier 1635. Rédaction d'un mémoire à présenter aux commissaires députés, pour le « regallement » des tailles et la réformation des abus qui se commettent « au faict d'icelles » en la généralité de Soissons: 1° Quoique la ville de Chauny soit petite, elle a payé, en 1634, 9.940 livres, 19 sols (plus les frais), en 1633, 13.700 livres et, en 1632, 14.000 livres. Cinq cents habitants et plus ne paient que 500 livres: le reste retombe sur le surplus des habitants, sur lequel 60 paient ensemble plus de 6.000 livres; 2° il serait urgent de diviser les charges d'asséeurs et de collecteurs. Les asséeurs étant en même temps collecteurs et responsables des deniers, surchargent les personnes solvables et déchargent les artisans qui ne le sont pas; 3° il est injuste que les fermiers des impôts, tant du vin qu'autres marchandises, ne paient pas de tailles sous prétexte qu'ils n'ont qu'un bureau à Chauny et font leur résidence à Noyon; 4° les monnaies sont à un prix excessif. Quand les habitants paient leurs impôts, on leur prend les pistoles d'Espagne à 8 livres, 6 sols; les écus à 4 livres, 6 sols, et les quarts d'écus à 16 sols, bien qu'ils les paient 8 livres, 18 sols; 4 livres, 18 sols et 17 sols, etc. — 17 juin 1635. Election du maire (André Demory). — 18 juin 1635. Le sieur Baudouin, procureur et solliciteur des lépreux des maladreries de France, ayant assuré qu'il a eu beaucoup de peine à faire réduire les pensions que les lépreux avaient à prendre sur les revenus de la maladrerie de Chauny à une pension, celle de Jean Grandin, qui avait 6 livres par mois, on lui donne 60 livres de gratification, sans compter les arrérages de la pension Grandin. — 27 août 1635. Les jeunes gens à marier sont autorisés à élire un prince, un lieutenant et autres officiers, en remplacement de ceux qui ont refusé ces fonctions, pour exercer la jeunesse à la milice pour le service du Roi et la défense de la ville. — 2 septembre 1635. Les habitants demandent l'annulation du traité conclu, en 1619, avec le sieur Charles Garde, comme désavantageux pour la ville, surtout en ce qui concerne l'exemption des tailles. Aujourd'hui, cet impôt est trois fois plus fort qu'en 1619; à ce moment, le sieur Garde n'aurait pu payer que 3 ou 6 livres de tailles, tandis que, maintenant, il a près de 2.000 livres de rente, acquises « en traficquant, acquestant journellement » les biens et héritages des autres habitants, de sorte qu'il pourrait payer dans les 200 livres de tailles. En outre, il est constamment en voyage dans les environs et ne soigne plus personne à Chauny. — 18 janvier 1636. Le blé valant 58 à 59 sols le setier, le prix du pain est fixé à 15 deniers. — 30 janvier 1636. Quoique le vicomte de Cessières, gouverneur de la ville, se soit formalisé que les maire et jurés envoient en prison les habitants qui ne veulent pas aller à la garde, on décide qu'on se passera encore dorénavant de sa permission. — 18 février 1636. Procès-verbal sera dressé des insolences commises par les soldats du régiment de Rantzau, qui sont en garnison tant à Chauny qu'à Caumont. — 2 mars 1636. Nomination, en assemblée générale, d'asséeurs et collecteurs des tailles. — 12 mai 1636. Le capitaine de la jeunesse, Nicolas Bouzier, son lieutenant, Florimond de Bouxin, et les autres officiers ayant refusé d'obéir à l'ordre qui leur avait été donné de se trouver en armes sur la place et marché, pendant la procession générale et la prédication qui doivent avoir lieu ledit jour (lendemain de la Pentecôte), on s'adresse aux officiers des arquebusiers (Louis Cousin, roi, Claude Guillaume, connétable, etc.), qui consentent à se prêter aux désirs des maire et jurés. — 22 juin 1636. Election du maire (André Demory). — 10 juillet 1636. On annonce que la ville de la Capelle vient d'être prise « par les ennemys de la France ». — 26 juillet 1636. Les maire et jurés décident d'appeler les officiers du Roi et les notables pour savoir ce qu'il faut faire des archives de la ville, et s'il faut protester contre les intentions du nouveau gouverneur qui va arriver à Chauny et qui prétend avoir en mains toutes les clefs de la ville; le même jour, l'assemblée a lieu et on est d'avis de mettre dans des tonneaux les archives pour, le cas échéant, pouvoir les transporter hors de la ville, et, d'autre part, de ne remettre que la moitié des clefs à l'entrée du nouveau gouverneur. — 5 août 1636. On apprend que les ennemis ont forcé, la veille, le passage de la rivière, à Braye-sur-Somme. — 12 août 1636. Le seigneur de Bacquencourt et sa femme étant décédés de la maladie contagieuse au château de Servais, il est prescrit aux habitants qui ont « hanté audict chasteau », pendant cette maladie, de changer et d'« airyer » leurs vêtements. Le même jour, il est défendu aux habitants de sortir de la ville pour établir leur résidence ailleurs; ils sont invités à enlever de leurs maisons les boues et immondices, et à les faire porter sur l'éperon situé au-devant du pont Royal. — 19 août 1636. La prise de Corbie par l'ennemi est annoncée. — 20 août 1636. Le clerc du lieutenant général étant mort de la maladie contagieuse, on enjoint audit lieutenant-général de clore sa maison et de s'y enfermer avec ses domestiques, pendant six semaines, temps après lequel il pourra « converser avec les aultres habitans ». Même traitement est appliqué à Antoine Bouzier, maître particulier des Eaux-et-Forêts, Nicolas et Théophile Bouzier, ses frères, qui fréquentaient journellement la maison du lieutenant-général. — 1er novembre 1636. Sur la nouvelle que le Roi va prochainement envoyer un régiment en garnison à Chauny, on décide d'aller « en court » pour obtenir la décharge de ce régiment ou de toute autre garnison. — 20 novembre 1636. Les petites logettes construites pour recevoir les pestiférés ayant été inondées par le débordement de la « grand rivière d'Oize », on louera une maison voisine à Bailly pour les remplacer. — 5 décembre 1636. On décide d'aller saluer à Soissons « Monseigneur de Choisy », intendant de la justice et police ès-armées de France et de Picardie, pour qu'il règle le différend du corps de ville avec les officiers du régiment de Bellefond qui demandaient à entrer dans la ville, évacuée seulement la veille par le régiment de Poitou. — 19 février 1637. Le maire annonce qu'il a reçu des lettres royales annonçant la levée, en forme d'emprunt, d'une somme de 22.000 livres sur tous les habitants, nobles, ecclésiastiques, privilégiés ou non. — 27 mars 1637. Procès-verbal sera dressé des violences et insolences des soldats du régiment de Plessis-Praslin. — 24 avril 1637. Jean Jouan, marchand bourgeois à Paris, qui a été mis en relation avec le corps de ville par Jean Crommelin, marchand de Saint-Quentin, prête à la ville une somme de 1.000 livres au denier douze. — 11 mai 1637. Nicolas de Ferry, maître d'hôtel du sieur de la Taulade, ancien commandant de la ville de Chauny, déclare laisser à la Ville les poudres, mèches et balles contenues dans le magasin de la petite tour proche la Tour Madeleine; reçu lui en est donné par les maire et jurés. — 5 juin 1637. Revente des grains de l'Hôtel-Dieu et de la Maladrerie au receveur de ces établissements, au prix de 46 et 48 sols (le setier) pour le blé, et de 28 sols pour l'avoine. — 6 juin 1637. Mgr d'Orgeval, intendant de justice en la province d'Ile-de-France, étant arrivé à Soissons, on décide d'aller lui demander de s'employer pour que la ville soit déchargée de l'emprunt de 22.000 livres, etc.

BB. 20 (Registre in-f°). — 67 feuillets, papier.

1637-1639 (1). — Délibérations municipales. — 21 juin 1637. Election du maire (Jacques Benoist, avocat, ancien maïeur). — 3 juillet 1637. La garde de nuit qui se fait sur les remparts sera désormais réduite à 4 dizaines (au lieu de 5) placées à la Tour Monsieur, à la Tour Madeleine, au-dessus de la porte Saint-Martin et au dessus de la porte du Pissot. — 19 juillet 1637. Vote d'un emprunt forcé de 6.000 livres à lever sur les habitants, pour satisfaire à l'emprunt que le Roi exige de la ville. — 3 août 1637. Un roulier du Bourget-lès-Paris vient apporter une cloche provenant de la ville de Landrecies; elle est déposée provisoirement dans la cour de l'auditoire du Roi, et fut rendue plus tard. — 7 septembre 1637. Accord avec le seigneur de Sinceny, au sujet de la pâture des Goulaines, située près du village de Sinceny. — 10 septembre 1637. Un droit de 60 sols sur chaque pièce de vin vendue au détail sera établi et donné à bail. — 13 novembre 1637. Le maire expose qu'on lui a donné à entendre que la ville ferait peut-être bien de demander comme garnison la compagnie du duc de Chaulnes, qui n'est pas très nombreuse; on décide de ne demander ni cette compagnie, ni aucune autre garnison, mais au contraire de faire tout le possible à l'avance pour ne pas en recevoir. — 15 décembre 1637. La ville refusant de s'acquitter du reste de l'emprunt exigé par le Roi, on emmène en prison, à Soissons, l'un des jurés, Claude Vaillant. — 10 janvier 1638. Le sieur d'Orgeval vient à Chauny et réclame 8.000 livres (dont 6.000 ont été payées) comme solde de l'emprunt levé par le Roi. Le lendemain, il réclame absolument les 2.000 livres de reste, et on arrête « d'en passer à la volonté dudit seigneur ». — 21 avril 1638. Le maire expose qu'au sortir de son logis, il a été pris au collet par un nommé de Neuville, sergent, qui l'a arrêté et ainsi conduit jusqu'au coin des Quatre-Vents. On décide d'aller aussitôt à l'hôtellerie du Cerf, où est decendu ledit de Neuville, de le constituer prisonnier et de dresser procès-verbal. Le surlendemain, on décide d'interroger de Neuville et ses complices, puis de les relâcher sous caution. En outre, si les élus de Noyon viennent à Chauny au sujet desdits prisonniers, « il ne les fault point recongnoistre à juge ». — 28 février 1639. Avis est donné que Mgr de Caumartin, intendant de justice en la généralité de Soissons, est de retour en ladite ville de Soissons. — 15 mars 1639. Gilles Joncourt, écrivain, est autorisé dans la jouissance de la « grand maison » destinée pour le collège, sans toucher à la petite qui est au-dessus. — 18 mars 1639. Sur l'avis que le lieutenant-général de Noyon vient d'arriver pour installer Claude Féret, procureur à Chauny, en qualité de greffier de la ville, on charge le procureur d'office de l'informer que la ville fait appel de la sentence qu'il a rendue en faveur dudit sieur Féret, et que, par suite, il ne peut procéder à cette installation. — 4 juin 1639. Réception, en qualité de frère et gardien de l'Hôtel-Dieu, de Jacques Le Clerc l'aîné, mari de Jeanne de Brie, en remplacement de Gervais Leborgne, mari en premières noces de ladite de Brie. — 10 juin 1639. On interjettera appel d'un jugement concernant le régiment de Praslin, rendu par Mgr de Grimouville, intendant de justice en l'armée de Sa Majesté, au profit de Simon de la Marlière, marchand, contre les habitants de Chauny, etc.

BB. 21. (Registre in-f°). — 122 feuillets, papier.

1639-1641 (1). — Délibérations municipales. — 19 juin 1639. Dans l'assemblée générale de ce jour, les habitants, par l'organe de François Guibon, ancien procureur, demandent la réduction à six du nombre des jurés, à condition qu'ils ne soient pas parents (jusqu'au degré de cousin germain), et aussi que, au lieu des trois ou quatre cents habitants de toutes conditions, appelés actuellement à élire les maire et jurés, le vote soit conféré à 25 ou 30

(1) Lacune de juillet 1638 à janvier 1639.

(1) Lacune de juin 1640 à janvier 1641.

notables habitants; les jurés sont renouvelables chaque année par tiers. Il est alors résolu que, pour ne pas retarder les élections, on va nommé maire, et six jurés ensuite. — 10 juillet seront ni parents ni alliés; à l'avenir, seront élus chaque année un maïeur et deux jurés — non parents ni alliés — par la voix de 25 ou 30 notables à choisir entre les habitants, de telle sorte que deux jurés sortiront du corps municipal en fin de chaque année et seront remplacés par deux autres, comme dit est; Hilaire Dubois, procureur du Roi, est alors nommé maire, et six jurés ensuite. — 10 juillet 1639. On décide de présenter une requête au Roi et à « nos seigneurs » du Conseil, tendant à faire rapporter l'arrêt obtenu le 17 juin par Claude Féret, pour jouir du greffe de la mairie, et à faire maintenir la ville en droit de nommer audit office de greffier. — 12 août 1639. On inscrira désormais sur un registre le prix du blé et des autres grains qui se vendent au marché de Chauny. Le pain est taxé à 12 deniers. — 19 août 1639. Le procureur d'office ayant proposé de rétablir le collège, on demandera l'avis des notables; le 13 septembre, on décide de procéder à ce rétablissement et de chercher un nouveau principal. — 4 octobre 1639. Sur la représentation faite de l'arrêt du Conseil obtenu par la ville, le 27 septembre, contre Claude Féret, on décide de lui faire signifier cet arrêt et de lui offrir le remboursement de son office, avec les frais et loyaux coûts. — 14 octobre 1639. Signification par Claude Féret d'un arrêt du Conseil, obtenu par lui le premier du mois; on essaiera de faire casser ledit arrêt. — 17 novembre 1639. On propose à l'évêque de Noyon, comme prédicateur du Carême et de l'Avent, l'un ou l'autre des P. P. Cossart, Abraham et Patron, religieux Minimes. Si l'évêque de Noyon ne désigne pas un de ces trois religieux, la ville ne fournira aucune rétribution ni logement à celui qu'il enverra à Chauny. — 3 février 1640. Philippe Callandre, curé de Caumont, est autorisé à enseigner la langue latine à la jeunesse de Chauny; pour tout traitement, il aura un petit logement « à nostre volonté ». — 28 février 1640. Un cordelier de Noyon vient prêcher le Carême et apporte au maire une lettre particulière de l'évêque, à laquelle on ne répondra pas, attendu que, par deux fois, le maire, avec un des membres du corps de ville, est allé à Noyon demander qu'un des trois Minimes soit désigné comme prédicateur. — 15 mars 1640. On écrira à Mgr de Caumartin, pour implorer sa justice contre ceux qui ont tué François Legros, habitant de Chauny, et contre les insolences des soldats de la garnison. — 2 avril 1640. Défense à Dericque Begard, étranger, d'établir une bucrie au faubourg Saint-Martin. Quant aux deux autres bucries qui ont été faites au Pissot par Jean Crommelin et ses cousins, on procèdera à une visite de ces établissements pour signaler les inconvénients qu'ils peuvent présenter. — 9 avril 1640. Le maire représente qu'il serait bon de s'accorder avec Louis et Claude Féret, tant pour l'état et office de greffier de la ville et mairerie que pour l'état et office de procureur du Roi en ladite mairie. On décide d'offrir 2.000 livres pour le premier office, 1.000 livres pour le second; les deux titulaires demandent 3.500 livres, et finalement on leur en offre 3.300. — 22 avril 1640. Nomination de capitaines de quartier pour conduire les habitants de la ville en cas d'alarme ou en cas de parade. — 8 et 22 février 1641. Nomination de Mathieu Yvart, chirurgien, comme garde des pestiférés, en remplacement de Jean Yvart, son père, et de Nicolas Le Roy, prêtre habitué de Saint-Martin, pour aller visiter et assister les malades de l'Hôtel-Dieu. — 5 avril 1641. Le mayeur est député pour aller le lendemain à Noyon saluer Mgr de Bellejame, intendant de justice et de police en la province de Picardie, et se plaindre des exactions commises par la garnison (trois compagnies de cavaliers du maréchal de la Meilleraye). — 11 avril 1641. Mgr de Villarceaux, intendant de justice et finances en la généralité de Soissons, réquisitionne des charrettes pour le transport des vivres aux armées. — 17 mai 1641. Revente des grains des pauvres, Hôtel-Dieu et Maladrerie, aux receveurs de ces établissements, au prix de 60 sols le setier pour le blé, et 27 sols pour l'avoine. — 18 mai 1641. Un juré est chargé d'aller à Paris, pour faire confirmer et homologuer la résolution prise par les habitants, en juin 1639, au sujet de la nomination des jurés de la ville. — 23 juin 1641. Les jurés élus en 1640 déposent leur serment; puis les habitants présents nomment 25 notables, qui procèdent à l'élection du maire (André Demory) et deux jurés nouveaux, en remplacement de deux sortants. Le lendemain, les maire et jurés reçoivent le serment des six jurés et procèdent aux élections ordinaires. —

21 novembre 1641. Défense de vendre le beurre à plus haut prix que 9 sols la livre. — 28 novembre 1641. On apprend que les ennemis de la France ont pillé et volé, depuis trois jours, les habitants de Clastres, Grand-Essigny et autres lieux des environs de Saint-Quentin, etc.

BB. 22. (Registre in-f°). — 92 feuillets, papier.

1642-1644. — Délibérations municipales. — 23 janvier 1642. Réception, en qualité de gouverneur de la ville, du sieur de Sully, lieutenant-colonel du régiment de Rambures. — 14 février 1642. Nomination de deux bouchères pour vendre de la viande en temps de carême aux malades seulement, et non à d'autres, sous peine d'amende. — 22 juin 1642. Election du maire (André Demory) et de deux nouveaux jurés. — 1er août 1642. On passera contrat de constitution au profit de Louis Féret, procureur, ou au profit de son fils Claude, également procureur, non seulement de la somme de douze cents livres adjugées audit Claude par arrêt du Conseil du 19 septembre 1640, touchant la finance de l'état et office de greffier de la mairie, mais aussi de l'intérêt de ladite somme jusqu'à remboursement. — 18 août 1642. Le pain est taxé à 20 deniers. — 28 août 1642. Le seigneur de Genlis ayant obtenu des lettres patentes pour l'établissement à Genlis d'un marché chaque lundi et de quatre foires annuelles, on décide d'essayer d'empêcher l'établissement desdits marchés et foires. — 27 novembre 1642. L'intendant prévient les maire et jurés qu'il a commandé aux maire et jurés de Noyon de leur délivrer 1.500 livres, pour les aider au paiement de ce qu'il faut aux officiers et soldats du maréchal de Guiche, qui sont en garnison à Chauny. — 8 avril 1643. Permission est donnée à la ville d'établir un bureau des postes. — 21 juin 1643. On se réunit pour élire un maire et deux jurés. Claude Tavernier, premier juré, en l'absence du maire qui est décédé, demande qu'on nomme quatre jurés au lieu de deux, pour assurer la rapide expédition des affaires de la ville. Plusieurs habitants ajoutent qu'il est inutile de nommer 25 notables, et que l'élection doit se faire comme toujours à la pluralité des voix. Ces deux propositions sont adoptées, et on nomme le maire (Claude Tavernier) et quatre jurés. — 25 juin 1643. On décide de rembourser au receveur des pauvres la somme de 4.113 livres, 5 sols qui, depuis 1635, avait été empruntée à la recette desdits pauvres pour vaquer à d'urgentes dépenses. — 4 septembre 1643. Une requête sera présentée à Mgr Le Picart, intendant de la généralité de Soissons, pour lui demander d'ordonner que les officiers du Roi à Chauny soient assis aux tailles, comme les autres habitants. La garde de nuit sera réduite à une dizaine. — 23 octobre 1643. Procès-verbal est dressé de la rébellion de la plus grande partie des marchands de vin de la ville qui ont refusé, non seulement d'ouvrir leurs caves pour l'inventaire des vins qu'ils vendent en détail, mais encore de payer le droit d'aide qu'ils doivent aux fermiers de ce droit. — 16 janvier 1644. L'Hôtel-Dieu sera fermé pour empêcher les pauvres étrangers d'y entrer et de s'y loger sans permission. — 8 janvier 1644. Un juré ira à Soissons demander à Mgr de Villarceau d'obtenir à la ville le remplacement des deniers avancés aux soldats blessés à Rocroi, tant français qu'espagnols. — 8 avril 1644. Permission est donnée à « quelques filles anciennes » de la ville de tenir une école où seront reçues seulement les petites filles, pour apprendre la lecture et l'écriture, en remplacement de la sœur Marie Brouette, religieuse de Saint-François, qui s'est retirée depuis peu dans le couvent; on constate que l'écrivain de la ville, Gilles Joncourt, est occupé plus qu'il ne peut à instruire les jeunes garçons, etc.

BB. 23. (Registre in-f°). — 91 feuillets, papier.

1644-1646. — Délibérations municipales. — 20 mai 1644. Revente des récoltes des pauvres, Hôtel-Dieu et Maladrerie, savoir : le blé, à 68 sols le setier, et l'avoine, à 28 sols. — 19 juin 1644. Après que les huit jurés ont remis leur serment, Claude Tavernier est renommé maire, et ensuite deux jurés sont élus. Alors, Antoine Gossart, prétendant parler au nom du peuple, réclame la nomination de quatre jurés; on lui répond que cela ne s'est jamais fait. Le maire, voulant éviter le désordre, lève la séance, mais, en son absence, ledit Gossart, assisté de Jacques-Pierre de Bouxin, Isaac Obgeois, et autres de la R. P. R., et d'autres gens de sa cabale, pour la plupart « gens ramassez de la populace », tient une assemblée et fait nommer quatre jurés nouveaux (dont lui-même). Procès-verbal est dressé de cette violence, et on envoie aussitôt une requête au Parlement pour demander la confirmation de la première élection. —

14 août 1644. Ladite confirmation ayant été prononcée par deux arrêts du Conseil des 7 juillet et 3 août, on fait prêter le serment aux six anciens jurés et aux deux nouveaux. — 10 septembre 1644. Les PP. Minimes, qui se proposent de faire bâtir une église, sont autorisés à avancer deux arcs-boutants dans la rue Ganton, jusqu'à deux pieds et demi, et non plus. — 13 septembre 1644. Nomination des officiers de la ville. — 5 mai 1645. Louis Cousin, hôte du Cerf, a fait signifier au maire qu'il a été pourvu de la charge de maître de poste, et qu'en cette qualité il a droit à « plusieurs gages, esmolumens et exemptions »; on s'informera à ce sujet dans les villes où il y a un maître de poste. — 18 juin 1645. Nomination du maire (Claude Tavernier) et de deux jurés nouveaux. — 23 juin 1645. Permission est donnée à Jacques Leclercq l'aîné, frère et gardien de l'Hôtel-Dieu, d'épouser la veuve Michelle Griffon, qui sera admise, en qualité de sœur et gardienne, à condition que tous deux abandonnent à l'établissement les biens meubles qu'ils pourront avoir au jour de leur décès; en attendant, ladite Griffon fait don de deux cents livres à l'Hôtel-Dieu. — 8 juillet 1645. Lecture est faite de l'arrêt obtenu par Antoine Gossart et autres habitants, touchant la nomination ordonnée par ledit arrêt de quatre nouveaux jurés; le procureur d'office est chargé de protester, à l'ouverture de la prochaine assemblée, que tout ce qui y sera fait au préjudice des statuts et règlements « ne nous poura nuire ny préju« dicier, ny mesmes aux droictz et privilèges « de ladicte ville ». — 14 juillet 1645. On assignera la dame d'Elincourt et Antoine de Hamel, abbé commendataire de l'abbaye de Genlis, pour être payé des trois ou quatre années d'arrérages de 225 livres de rente qu'ils doivent aux pauvres, comme héritiers des seigneur et dame d'Elincourt. — 14 novembre 1645. Les marguilliers de Saint-Martin ayant demandé aux maire et jurés d'être parrains de la troisième cloche de leur église, on fera cadeau à la fabrique d'une somme de 100 livres. — 31 décembre 1645. Nomination de l'argentier et des trois receveurs (pauvres, Hôtel-Dieu, Maladrerie). — 17 juin 1646. Election du maire (Charles Demory, avocat) et de quatre jurés nouveaux; sont continués les quatre anciens nommés l'année précédente, suivant l'arrêt du Parlement du 13 juillet 1644, confirmé par arrêt du Conseil du 30 juin 1645. — 14 septembre 1646. On décide de maintenir le privilège de la communauté des porteurs au sac, qui, seuls, ont le droit de porter les grains qui se vendent dans la ville et les faubourgs. — 7 décembre 1646. Jean Waubert, juré, rend compte de la mission dont il a été chargé auprès de l'Intendant (de Périgny) qu'il a entretenu, la veille, de la pauvreté des habitants et des désordres commis par les officiers et cavaliers du régiment de S. A. R., etc.

BB. 24. (Registre in-f°). — 85 feuillets, papier.

1646-1651 (1). — Délibérations municipales. — 19 avril 1647. Taxe du pain à 16 deniers. — 26 avril 1647. Précautions prises au sujet de la maladie contagieuse qui sévit à La Fère. — 14 juillet 1647. Nomination, en conformité de l'arrêt du Parlement en date du 6 courant, du maire (Charles Demory, avocat, élu particulier) et quatre jurés nouveaux, en remplacement des quatre qui doivent qui doivent sortir du corps de ville. — 30 novembre 1647. Deux jurés sont chargés d'aller à Soissons demander à Mgr de Bezons, intendant, un règlement de ce qu'il faut payer, chaque jour, aux officiers et cavaliers des trois compagnies du régiment de S. A. R., qui viennent d'arriver à Chauny pour y tenir garnison. — 6 janvier 1648. Le maire annonce qu'il ne sait comment payer les 7.500 livres d'ustensiles dus pour le quartier d'hiver de la garnison; on décide alors d'abaisser de 60 à 30 sols le droit sur chaque pièce de vin entrant à Chauny (vendue ou non vendue) qui sera perçu, non seulement sur les marchands et habitants, mais aussi sur les marchands forains qui en feront faire l'entrée pour en faire la vente en gros. — 21 juin 1648. Election du maire (Charles Demory) et de quatre nouveaux jurés. — 5 décembre 1648. Permission est donnée à Jean Royot, pauvre étudiant à Chauny, ancien petit clerc de Notre-Dame, de tenir école et d'enseigner les petites lettres aux jeunes garçons de la Chaussée, « avec la rétribution raisonnez et modéré », sans qu'il puisse s'immiscer à enseigner les filles. — 6 mars 1649. Les ennemis étant arrivés aux environs de Fonsomme, Sissy et Ribemont, on décide d'augmenter les gardes, tant de jour que de nuit. — 15 juillet 1650. Le sieur de Bordeau, intendant de l'armée du Roi, ayant envoyé son secrétaire pour ordonner à la ville de Chauny

(1) Lacune de juin 1649 à juin 1650.

de recevoir des malades de l'armée, ce qui occasionnerait beaucoup de frais et de difficultés, on promet audit secrétaire une gratification s'il parvient à faire changer cet ordre; le 20, le secrétaire revient et annonce le changement; on décide aussitôt qu'il lui sera remis une gratification de 100 livres. — 29 juillet 1650. Défense aux habitants d'introduire leurs bestiaux dans les champs moins de trois jours après que les propriétaires auront enlevé les ablaids, pour laisser aux pauvres le temps de glaner. — 11 janvier 1651. Le maïeur rapporte que le sieur de Lairaudière, lieutenant du Roi, prétend prendre toute la halle pour son logement, et qu'il lui a adressé à ce sujet des paroles injurieuses. Plainte sera faite au Roi et à Mgr de Montbazon; à la suite de cette plainte, Lairaudière reçoit une lettre de blâme du Roi, en date du 16 février, etc.

BB. 25. (Registre in-f°). — 42 feuillets, papier.

1653-1656 (1). — Délibérations municipales. — 22 juin 1653. Nomination d'un maire et de quatre jurés nouveaux, conformément à l'arrêt du Parlement du 6 juillet 1647. Le maire est Antoine Bouzier, seigneur d'Estouilly, maître particulier des Eaux-et-Forêts. Le lendemain lundi, le maire, qui était absent de la ville, prête serment devant la Croix du marché avec les huit jurés. Puis on nomme l'argentier, les trois receveurs, le maître des ouvrages, le procureur d'office, le greffier, les feustables (2 et le maître des ouvrages), les échevins (2 pour le Roi, 3 pour la ville), les mayeurs d'enseignes (3), les sergents à verge (2, dont l'un est crieur de vin), le messager, les afforeurs de vin et égards de pain (4), le priseur et revendeur des biens meubles, les portiers mesureurs et hallier (1 hallier, 5 portiers), les déchargeurs-sergents du guet de nuit (6), le garde des navoirs (sommeur de bois et jaugeur de foin), le messier, les deux égards et contre-égards de boucherie, les deux vendeurs et égards de poisson de mer et d'eau douce, les 4 mesureurs et herqueurs de charbon sur le port, les dix bardeurs et porteurs de charbon sur le port, le garde du port, compteur de bois et de charbon sur le port, les 10 porteurs au sac, l'auneur de draps et toilette, l'égard et mesureur de chaux, les deux visiteurs et égards de briques. On surseoit à la nomination des égards et contre-égards des épices, suifs, chandelles et cire, des égards de draps et sarge, des égards et contre-égards de cuir et souliers, etc. — 29 juin 1653. Le marché franc, accordé par le Roi, se tiendra de mois en mois, alternativement, au lieu appelé « le jardin Jean Guibon », au bout de la rue Hamoise, et, dans la Chaussée, au lieu appelé « la rue Notre-Dame ». — 12 septembre 1653. Révocation de la gardienne de l'Hôtel-Dieu, Michelle Griffon, qui ne prenait aucun soin des malades, les laissant coucher par terre et faire leurs nécessités dans les chambres basses dudit Hôtel-Dieu. — 28 juillet 1654. Louis Dubois, sergent à verge, accusé d'insolence et d'ivrognerie, est privé pour huit jours du droit de porter la robe, avec menace de destitution. La conduite de l'horloge lui sera enlevée, et on en chargera Sébastien Berleu, serrurier. — 21 février 1655. On ira saluer M. de Seyron, gouverneur de La Fère, « que l'on dit estre aussy celuy de ceste ville ». — 4 mars 1655. A la suite d'une lettre du sieur de Théis, en ce moment à Paris pour les affaires de la ville, indiquant qu'il serait à propos que le sieur Couvreur, mayeur, s'y transporte pour saluer M. le Cardinal, « que l'on dit estre nostre gouverneur, en suitte de la démission faite par M. le mareschal d'Estrée du gouvernement », ledit Couvreur est délégué pour aller saluer le cardinal et le supplier de « soulager » la ville de la garnison des recrues de son régiment de la Marine. — 8 juin 1655. Deux jurés sont chargés d'aller à La Fère remercier M. de Turenne d'avoir écrit au sieur Langlois pour le régiment des gardes, qui devait venir en garnison à Chauny et est resté à Noyon. — 8 mai 1656. Il est décidé, qu'à partir du 24 avril dernier, le droit d'entrée sur le vin sera de 40 sols par pièce, et sera perçu sur tous les habitants sans distinction. — 24 mai 1656. Le blé et l'avoine de la recette des pauvres seront revendus à raison de 48 sols et 30 sols, etc.

BB. 26. (Registre in-f°). — 50 feuillets, papier.

1657-1668 (1). — Délibérations municipales. — 13 juillet 1657. Jean Forest, tisserand de toile, qui est venu de La Fère s'établir à Chauny, s'engage à faire, dans les trois jours, son chef-d'œuvre pour être reçu maître-tisserand, et à payer 18 livres aux égards et contre-égards du métier de tisserand pour leurs droits. — 15 novembre 1657. Pour être plus sûrs que le

(1) Lacune d'octobre 1653 à juin 1654.

(1) Lacune de juin 1661 à juin 1666.

sieur de Scyron leur continuera sa protection, les habitants, qui l'ont pressenti à ce sujet, décident de lui donner une somme annuelle de 2.000 livres, qui sera prise sur les deniers du ferme de l'aide. — 25 février 1658. Le sieur de Bayencourt, au lieu du sieur d'Elincourt-Sainte-Marguerite, rembourse les 225 livres de rente dues aux pauvres de Chauny, en suite de la donation testamentaire faite par feu Jean de Vrevin, à prendre sur la terre d'Elincourt, moyennant la somme de 3.600 livres que la ville prête aussitôt à intérêts à Antoine Vaillant et Charles Gobault. — 10 mai 1658. Le droit de mesurage, dont jouissaient jusqu'à présent les portiers des portes, sera réuni au domaine de la ville au fur et à mesure de leur décès; ils auront, en échange, une indemnité pécuniaire. — 6 septembre 1658. On fera venir de Soissons le sieur Pottier, ex-jésuite, pour être principal du collège; il aura un traitement de 200 livres, le logement et 72 livres pour l'acquit de quatre messes basses par semaine, tant dans la chapelle de la ville qu'en celle de l'Hôtel-Dieu. — 11 mars 1659. François Mabieu, prêtre habitué de la paroisse Saint-Martin de Chauny, est autorisé à fonder un établissement dirigé par les filles de la Croix, pour l'instruction des jeunes filles. — 15 mars 1659. Plusieurs marchands de bois se plaignent des procédés des herqueurs et bardeurs, auxquels ils accordaient deux paniers de braise par jour lors de leur travail au charbon. Ces hommes sont arrivés à prendre du charbon marchand au lieu de braise. La compagnie ordonne que lesdits herqueurs et bardeurs ne toucheront plus de gratification, mais qu'ils seront payés 25 sols au lieu de 20 sols par mine de charbon. — 27 juin 1659. On rétablira les mayeurs d'enseignes, qu'on avait négligé de nommer pendant le temps de la guerre. — 11 août 1659. On proteste contre la prétention des officiers du Roi, qui ont présenté une requête à la Cour, tendant à juger en appel les jugements de police; ils sont d'autant moins fondés à prétendre à cette compétence qu'ils sont obligés d'obéir auxdits jugements de police. — 19 mars 1660. Bail de la maison de la maladrerie à Nicaise Poitevin, pour neuf ans, au prix de 25 livres. — 9 juillet 1660. Le corps de ville assistera au *Te Deum*, pour remercier Dieu du mariage de Sa Majesté avec l'Infante d'Espagne; il y aura, à cette occasion, des réjouissances dans toute la ville. — 27 juillet 1660. Taxe du pain à 20 deniers, le blé valant 76 sols le setier. — 20 août 1660. Les jours de fête, il est interdit aux marchands drapiers d'ouvrir leurs boutiques; quant aux merciers, ils pourront vendre épingles, huiles d'olive, chandelles, lard et autres objets dont on ne peut se passer. — 28 janvier 1661. On fera l'assiette de la somme de 1.030 livres, qu'on est convenu d'accorder pour la ceinture de la reine, au lieu des 2.000 livres auxquelles on avait été taxé, sans compter 170 livres de frais. — 23 août 1666. La maladie contagieuse sévissant dans les Pays-Bas, il est interdit aux habitants de commercer avec les habitants de cette région. — 4 septembre 1666. Remboursement, par la veuve Florent Leleu, d'une rente de 30 livres, 6 sols, 3 deniers (au denier 16), constituée en faveur des pauvres de Chauny par feu Jean de Vrevin, pour le prix, avec les frais, de 4.095 livres, qui sont aussitôt versées en constitution de rente à Pierre Roger et à sa femme, au denier 18, qui font 27 livres, 10 sols. — 18 juin 1667. Le maire annonce que le procureur d'office lui a fait part des menées conduites par Charles Pioche, lieutenant de la maîtrise des Eaux-et-Forêts, qui intrigue « pour entrer en la magistrature », à la faveur de l'élection qui aura lieu le lendemain. Son élection serait menaçante pour les privilèges de la ville, car, pour étendre sa juridiction, il a fait plusieurs entreprises contre celle de la ville, et s'il avait en mains les titres et papiers des archives, il y aurait à craindre pour leur conservation: il est décidé que si le sieur Pioche a des voix, le procureur d'office fera aussitôt opposition, et que de tels suffrages ne seront pas reçus. On a eu avis aussi que des particuliers du menu peuple briguaient aussi les fonctions de juré, au préjudice « de l'honneur de la magistrature, « où le mérite seul des personnes les y doibt « appeller, et non pas par ses sortes de voyes « indirecte ». Les voix ainsi accordées ne seront pas comptées non plus. — 5 octobre 1667. Les propriétaires des maisons devront, sous trois mois, établir des latrines ou privés dans leurs maisons (soit maçonnerie, futailles ou autrement); défense est faite aux habitants de faire leurs nécessités sur les remparts ou d'y déposer des immondices. — 15 novembre 1667. On décide de donner un certificat aux dames de Sainte-Claire, pour justifier le titre de leur établissement dans cette ville; elles ne peuvent le faire, attendu que ledit couvent a été brûlé dans l'incendie général de la ville, par l'armée de la Reine de Hongrie en 1552 et en 1557. On déclarera qu'on ne sait pas la date de cet établissement, mais qu'il remonte à une époque très ancienne par l'antiquité de leur église, dans laquelle un vitrail montre qu'« une « dame de la maison très illustre de Bourbon « y a esté religieuse »; on sait, d'ailleurs, que ces religieuses gardent les malades, vont à la quête et vivent d'aumônes, et qu'elles « édiffient le peuple ». — 29 novembre 1667. Le sieur Demory, de présent à Paris, ira voir « Messieurs de Saint-Lazare », pour leur demander deux filles de la Charité pour soigner les malades à l'Hôtel-Dieu, etc.

BB. 27. (Registre in-f°). — 36 feuillets, papier.

1672-1675. — Délibérations municipales. — 11 septembre 1672. Pour répondre à une demande de renseignements du sieur Macaire, commis de Mgr Colbert, on dresse un rôle des drapiers merciers, « drapiers drapans » et sergers établis à Chauny. Il y a quatre marchands drapiers (Claude, Jean, Antoine et Nicolas Guillaume), qui débitent aussi de la mercerie en petite quantité; ceux qui ne font que la draperie sont la veuve Florent Gouillart, Simon Cabaret, les enfants Jean Waubert et François Deléchize; il y a ensuite des petits merciers, qui font aussi un peu d'épicerie, au nombre de 31. Ces drapiers et merciers ne sont pas groupés en corps de métier. Au faubourg de la Chaussée, il y a cinq maîtres sergers, si pauvres qu'ils ne sont pas capables d'employer un seul métier; ils font fouler les pièces qu'ils fabriquent à un moulin de la rivière d'Oise. — 5 février 1673. Les habitants se plaignent que François de Joncourt, faisant fonction d'écrivain et de maître d'école, ne remplit pas sa tâche, et qu'ils sont obligés d'envoyer leurs enfants aux clercs des villages voisins; on le remplace par François Darsonville, écrivain-juré des villes de Noyon et Laon. — 18 juin 1673. Nomination du maire (Louis de la Marlière) et de deux jurés nouveaux. — 13 juin 1674. Défense aux ouvriers et ouvrières travaillant aux « blancheries » de Chauny de quitter leurs emplois sans avoir un congé par écrit, et avant que le temps de blanchissage ne soit accompli; de même, aux maîtres des blancheries, de recevoir les ouvriers et de leur donner à travailler s'ils ne voient le consentement et congé par écrit de ceux où ils ont commencé l'année. — 17 juin 1674 Nomination du maire (Louis de la Marlière), et de deux jurés. — 27 août 1674. Les fortifications seront sérieusement visitées pour être réparées, car, selon l'observation du mayeur, Chauny n'est qu'à 13 ou 14 lieues de Cambrai, et 10 à 12 de la frontière, et les ennemis de l'État pourraient facilement venir l'insulter. — 13 février 1675 (mercredi). Réception d'ordres du Roi, enjoignant aux habitants de payer, à chacune des treize compagnies du régiment du Roi, cent sols par jour, de leur entrée à leur sortie; il y a, jusqu'à présent, 6.000 livres échues, et les officiers réclament cette somme pour le samedi suivant; on décide de faire un emprunt sur tous les habitants. — 18 février 1675. L'emprunt n'étant pas suffisant, on profitera de ce que le blé a augmenté pour vendre 300 setiers du blé des pauvres (à 58 sols le setier), et en affecter le produit à la dépense en question. — 25 avril 1675. Le gouverneur, quoi qu'il ne fasse pas sa résidence à Chauny, a réclamé les clefs de la ville. Bien qu'il n'y ait aucun droit, par esprit de conciliation, on lui enverra la moitié des clefs, etc.

BB. 28 (Registre in-f°). — 90 feuillets, papier.

1675-1681. — Délibérations municipales. — 23 juin 1675. Election du maire (Claude de Théis) et de deux jurés. — 9 juin 1676. Afin d'achever la réparation des murailles de la ville, pour laquelle on avait dépensé 1.500 livres l'année précédente, on décide de lever une nouvelle somme de 1.500 livres, à laquelle les communautés et corps des curés seront requis de contribuer pour un tiers; ceux-ci, consultés, opposent un refus énergique. — 30 juillet 1676. Au préjudice de la juridiction de police attribuée à la ville, sauf appel à la Cour, et à la suite d'une sentence rendue par la justice municipale, dans l'affaire des maîtres bonnetiers de Chauny contre Jean Roussel, mercier, aspirant à la maîtrise, lesdits maîtres bonnetiers se sont pourvus en appel contre ce jugement devant le bailliage et ont obtenu de faire assigner en Cour ledit Roussel. Il est décidé qu'on fera appel de l'ordonnance du lieutenant-général du bailliage. — 22 octobre 1676. Les religieux de Sainte-Croix ayant été compris dans le rôle d'imposition pour la réparation des murailles de la ville, en conséquence de l'ordonnance de Mgr l'Intendant, pour la somme de 150 livres, n'ont pas voulu payer. On a saisi un de leurs chevaux qui a été vendu, en public, 56 livres; ils ont répondu en assignant au Conseil les maire et jurés; ceux-ci demandent que les habitants approuvent leur conduite, ce qui a lieu. Le même jour, on arrête qu'après le décès ou la démission du sieur Mahieu, qui dessert gratuitement l'Hôtel-Dieu, la ville présentera un chapelain à la nomination de l'évêque de Noyon, au traitement de 150 livres. — 23 janvier 1677. On écrira au supérieur des Filles de la Charité pour qu'il envoie une autre religieuse pour remplacer la sœur Marie pendant sa maladie. — 1er octobre 1677. L'Intendant annonce à la ville qu'elle doit avoir en quartier d'hiver six compagnies d'infanterie, mais qu'elle en sera dispensée si elle consent à payer le double de l'ustensile, soit 10 livres pour chacune; le lendemain, cette proposition est adoptée en assemblée générale. — 6 février 1678. Le Roi devant incessamment se mettre en campagne, il serait peu convenable de se livrer à des divertissements excessifs; aussi est-il défendu à toutes personnes de se déguiser et de s'habiller en masques, à peine de 20 livres d'amende. — 5 mai 1678. Revente des blés de l'Hôtel-Dieu, au prix de 48 sols le setier. — 19 juin 1678. Election du maire (Claude de Théis) et de deux jurés nouveaux. L'un d'eux est Nicolas Vaillant, maître des Eaux-et-Forêts. Prié par un sergent à verge de venir, le lendemain, prêter le serment requis, il s'y refuse. Le lendemain, le procureur d'office va, à son tour, lui demander de venir; il refuse d'accepter la charge de juré, sans donner ses raisons. Le 22, le procureur revient avec deux notaires et réitère sa prière de venir en la Chambre, pour faire les fonctions de sa charge. Vaillant refuse encore, déclarant qu'il a des raisons qu'il ne veut pas faire connaître. En vain, le procureur lui fait voir que sa réponse ne suffit pas, et qu'il est obligé d'accepter ladite charge; il persiste avec protestation de se défendre où il appartiendra; ce qui fait que le procureur et les notaires se sont retirés. On décide de s'en tenir aux termes de ce refus et de confier l'exécution des affaires de la ville aux trois autres jurés. — 6 juillet 1678. Autorisation est donnée aux sœurs de la Croix de s'établir dans la maison du sieur Tavernier, joignant l'Hôtel-de-Ville, à condition qu'elles ne pourront s'étendre plus loin. — 10 juillet 1678. Le maire a reçu de l'Intendant la copie d'un projet de règlement que le marquis de Seignelay lui a envoyé au sujet de la « magistrature ». Ce projet est l'œuvre du seigneur de Sinceny, gouverneur de la ville: il a été concerté avec un nommé Dupuy et quelques autres affidés, et doit servir à ruiner les privilèges de la ville, ainsi qu'à favoriser indirectement le lieutenant-général, avec lequel il est d'intelligence. On décide aussitôt que le maire et le procureur d'office iront trouver l'Intendant pour contredire ledit prétendu règlement. — 3 août 1678. L'Intendant communique au maire l'original du règlement en question, signé du seigneur de Sinceny et portant aussi la signature « Perin, syndic », que le maire a reconnu être fausse. — 1er mai 1679. Le maire ayant été saluer, dernièrement, l'évêque de Noyon chez la comtesse de Saint-Simon, le prélat lui offrit son arbitrage pour régler le différend de la ville et du lieutenant-général, mais le maire répondit qu'il n'y avait pas lieu à arbitrage, au moyen de l'arrêt de la Cour du 27 janvier dernier, rendu à l'avantage de la Ville. L'évêque n'en continua pas moins ses instances. La Compagnie décide qu'une lettre sera écrite audit évêque pour dire qu'il n'y a pas, en effet, lieu à arbitrage, les habitants étant, d'ailleurs, décidés à poursuivre l'exécution des règlements de 1628 et 1630. — 18 juin 1679. Election du maire (Nicolas Vaillant) et de deux jurés nouveaux. — 7 avril 1680. Acquisition d'un jardin pour y établir un jeu de longue-paume pour l'exercice de la jeunesse. — 23 juin 1680. Election du maire (Nicolas Vaillant) et de deux jurés nouveaux. — 22 juin 1681. Election du maire (Nicolas Vaillant) et de deux nouveaux jurés. — 1er juillet 1681. Le sieur de Court, commandant à La Fère, commandant de l'ordre de Notre-Dame du Mont-Carmel et de Saint-Lazare, a écrit à la ville au sujet « de la maladrerie cy devant retirée sur ladite ville », et dont il prétend jouir comme faisant partie de sa commanderie. On décide de se rendre adjudicataire du revenu de cette maladrerie, au prix de 330 livres, qui seront données et accordées au sieur de Court. Le 10, bail est passé devant notaire, mais le sieur de Court déclare n'avoir accepté ledit bail que pour faire plaisir à la ville et lui prêter son nom, et qu'il lui en fait remise et cession, etc.

BB. 29. (Registre.) in-f°. — 44 feuillets, papier.

1681-1697. — Délibérations municipales. — 25 juin 1691. En assemblée générale (maire, jurés, anciens maires et jurés, notables et procureur du Roi), le sieur Demory, maire, expose qu'il a reçu de Noyon un imprimé portant que les biens patrimoniaux de la ville ont été taxés à 19.270 livres, 3 sols, pour le droit d'amortissement et nouveaux acquêts, bien que, dans la déclaration, on ait spécifié que ces biens ont été concédés à la ville, et qu'elle les possède de toute ancienneté, ainsi qu'il a été justifié « par les chartres de Philippe le Bel, « de l'an 1290, et d'Henry 4, de 1595 ». Quoique ces biens soient de concession royale, par suite non sujets au droit, on a payé, en 1641, 2.000 livres (au lieu de 2.400) par arrêt de la Chambre souveraine. La semaine précédente, ledit maire et le premier juré sont allés conférer à ce sujet avec l'Intendant, qui leur a conseillé de signifier lesdites chartes aux deux traitants du droit d'amortissement, avec déclaration que la ville ne possède aucun bien acquis depuis 1600, sauf « un quarteron de terre ou environ, devant le « pont des Navoirs, 6 sols de surcens pour « une voirie et une portion du jardin de « l'Arquebuze venant de Dubuisson, laissez aux « arquebuziers comme un lieu publiq à notre « ville qu'ilz abandonnoient au Roy ». Ils ont représenté ensuite audit Intendant « les ruynes « des portes, corps de gardes et ponts de bois « de la Chaussée », dont la réparation coûterait plus de 3.000 livres, ajoutant qu'il y avait justement, en ce moment, « action » contre l'abbé et les religieux de Saint-Eloi-Fontaine, tenus à la réparation desdites ruines, qui prétendaient que la ville n'avait pas l'autorisation de l'Intendant pour introduire l'affaire. Ce dernier leur a donné son consentement, et a permis qu'on envoie un délégué à Paris pour tâcher d'obtenir décharge de la taxe de 19.270 livres. Après délibération, l'assemblée décide d'envoyer à Paris le sieur de Théis, l'aîné, et de continuer les poursuites contre les abbé et religieux de Saint-Eloi-Fontaine. — 11 septembre 1691. Le procureur du Roi de la ville expose qu'au préjudice du scellé apposé à sa requête sur les biens de feue Marie Vualet, un second scellé a été également mis, à la requête du procureur du Roi au bailliage (Simon Dehagues); les officiers du bailliage n'avaient aucun droit de le faire, Marie Vualet étant décédée en cette ville, n'étant ni noble, ni étrangère, et ses enfants se trouvant présents avant son décès. Il est arrêté que le premier procureur prendra à partie le sieur Dehagues pour avoir entrepris sur la juridiction de la ville, et qu'il sera obtenu commission sous son nom pour le faire « inthimer à la Cour ». — 8 décembre 1691. On ira, le lendemain, à Soissons, vérifier les rôles des ustensiles, et parler à l'Intendant de plusieurs personnes qui prétendent en être exemptes, pour les obliger à y rester cotisées; on donnera au sieur de Saint-Paul, secrétaire de l'Intendant, 12 écus d'argent neufs, valant 39 livres, 12 sols, pour les peines qu'il prend aux affaires de la ville. — 13 février 1692. On revient sur l'affaire de Marie Vualet, d'Amiens, qui était venue habiter Chauny, où elle est morte. Les premiers scellés avaient été mis à la requête de deux des enfants de ladite dame, qu'elle avait mandés auprès d'elle, de son vivant. Le procureur du Roi du bailliage, pour mettre les seconds scellés, a prétexté un droit de déshérence imaginaire, détruit par la présence des enfants de ladite dame, mais il a violé l'arrêt de règlement du 1628, qui a chargé le procureur du Roi du bailliage de veiller à l'exécution dudit règlement. Il vient de continuer, en faisant apposer un second scellé chez Louis Gouvion, prêtre habitué de Notre-Dame, le premier ayant été posé par le procureur du Roi de la ville, à la requête du frère du défunt; on décide de continuer les poursuites engagées contre le sieur Dehagues. — 9 mai 1692. Réception comme écrivain et maître d'école de Nicolas Charpentier, maître écrivain juré et mathématicien à Saint-Quentin. — 16 mai 1692. Revente aux receveurs des pauvres et de l'Hôtel-Dieu des blés de leur recette à 54 sols le setier. — 30 mai 1692. Le maire expose: 1° que le roi ayant créé, en titre d'office, et réuni à la mairie de Chauny une charge de conseiller rapporteur et vérificateur des défauts, la finance en a été taxée à 800 livres et 2 sols à livre, que la ville a reçu commandement de payer. Aussitôt, une demande en remise a été faite, et le corps de ville en a référé à l'Intendant Bossuet, en l'informant de la mauvaise situation financière de la ville, surtout que le patrimoine est en grande partie destiné, par arrêt du Conseil d'Etat du 21 octobre 1681, au remboursement des sorts principaux des rentes validées par ledit arrêt. L'Intendant a conseillé, pour éviter de plus grands frais, de payer au moins le tiers des 880 livres; 2° que le recouvrement du rôle des ustensiles a laissé, cette année, un déficit de 300 livres; 3° que le fermier de la halle demande la remise de 500 livres dont il est redevable, attendu que les grains ne sont pas venus aussi abondamment aux marchés de Chauny à cause de l'occupation, par les armées du Roi, de la Flandre, qui fournissait auparavant du blé et de l'avoine « à cause du commerce de la rivière pour Paris ». L'assemblée décide: 1° le paiement du tiers de la taxe; 2° pour payer l'insuffisance de l'ustensile, un emprunt de 300 livres sur le bien des pauvres, moyennant intérêt; 3° rejette la demande du fermier de la halle. — 15 juin 1692. Les messes fondées en l'Hôtel-Dieu seront désormais desservies par les religieux de Sainte-Croix à la place des Minimes, qui ne remplissaient pas convenablement cet office. — 20 juin 1692. Permission est donnée aux gentilshommes verriers qui, pour l'établissement de leur verrerie, ont loué « la ploierie de cette ville », de mettre une porte au premier bâtiment de ladite ploierie (au bas de l'acte, on voit les signatures de Massary et de l'Isle de Massary). — 22 juin 1692. Election du maire (Claude de Théis l'aîné, procureur du Roi en la maîtrise) et de deux nouveaux jurés. Le lendemain, ils prêtent serment avec les deux anciens. Le premier est nommé maître des ouvrages, le second receveur des pauvres, le troisième argentier et le quatrième receveur de l'Hôtel-Dieu. Puis on nomme les autres officiers, sauf le procureur du Roi et le greffier, qui sont en titre d'office. — 12 septembre 1692. A propos de l'Edit du Roi portant création des maires perpétuels, on décide de tâcher de conserver aux habitants la charge de maire, et pour cela de pousser les enchères plus haut que celles qui ont été déjà mises (Simon Dehagues, avocat du Roi, a déjà offert 6.000 livres). Le même jour, le maire annonce que la ville a parfait le paiement de la charge de conseiller rapporteur des défauts, et demande si les habitants justiciables seront assujettis à un droit pour les défauts. On arrête que l'obtention et jugement des défauts aura lieu comme par le passé, et que les habitants ne paieront aucun droit, la charge ayant été payée sur les deniers communs de la ville. — 12 novembre 1692. En vertu du principe qu'on doit comprendre au rôle des tailles les exempts et privilégiés qui « font trafic, prennent à ferme ou font acte de dérogeances », les sieurs Dehagues, avocat et procureur du Roi au bailliage, receveur de la terre de Frières, Charles Berleu, procureur du Roi de la ville, receveur de l'abbaye de Saint-Eloi-Fontaine, et Nicolas Le Comte, greffier de la ville, qui fait trafic, seront inscrits audit rôle des tailles. — 1er mai 1693. Le sieur Jacob Carlier, qui avait envoyé sa femme faire moudre un setier de blé au moulin de Saint-Lazare, ayant vu saisir sa farine par le meunier Jacques Delmel, qui prétendait agir au nom de l'abbé et des religieux de Saint-Eloi-Fontaine, propriétaires des moulins de la ville, cet enlèvement est déclaré contraire à la liberté de la commune, qui n'a jamais pu être assujettie à aucun droit de banalité à l'égard desdits moulins. En effet, le Roi, ne se pouvant qualifier seigneur direct de la ville, ne pouvait assujettir les habitants au droit de banalité, et, quand les moulins ont été construits par l'abbé et le chapitre de Chauny, transféré depuis à Saint-Eloi-Fontaine, les religieux ont conclu un traité, en mai 1214, avec les habitants, par lequel ceux-ci pourraient envoyer moudre leur blé en tel endroit qu'ils voudraient, en payant seulement, outre le droit de mouture, un denier seulement par muid de grain mené aux moulins et ramené dans les maisons des habitants. On décide alors de prendre fait et cause pour le sieur Carlier, et de veiller à ce que le traité de 1214 soit exécuté dans sa teneur. — 21 juin 1693. L'élection des deux nouveaux jurés (un maire perpétuel paraît depuis la séance du 13 décembre 1692) est remise à huitaine, sur la demande du procureur du Roi de la ville, qui exige qu'on nomme juré un des deux assesseurs qu'il a plu au Roi de créer à titre d'office, l'autre l'étant déjà comme ayant été nommé juré l'année précédente. — 28 août 1693. Pour empêcher la spéculation, aucun habitant ne pourra acheter au marché plus de blé qu'il n'en faut pour sa subsistance, soit trois mancaux. — 28 octobre 1693. Vu le nombre croissant des pauvres (plus de 400), on supprime l'indemnité que le prédicateur de l'Avent et du Carême recevait sur le fonds desdits pauvres; on demandera à l'évêque de Noyon de dispenser les habitants de recevoir cette année le prédicateur en question. — 21 novembre 1693. Délibération au sujet des édits de mars et septembre; le premier, affranchissant des droits de cens, lods et ventes les maisons, fiefs et biens relevant du domaine du Roi dans les villes, à charge de payer les sommes pour lesquelles « les possesseurs seront « employez dans les roolles qui en seront arres- « tez »; le second, affranchissant les biens de pareille quantité étant dans la censive des autres seigneurs, à charge de les indemniser. On décide qu'on offrira au Roi 12.000 livres et les deux sols pour livre pour que les habitants soient déchargés de l'exécution de ces deux édits. Cette somme excédant les ressources de la ville et la valeur des lods et ventes qu'elle aurait à payer, Sa Majesté sera priée de décharger les habitants des taxes qui peuvent leur avoir été imposées à cause des terres qu'ils possèdent sur le territoire de Chauny, « qui est en franc aleu depuis plusieurs siècles ». — 20 juin 1694. Election de deux jurés nouveaux. — 4 octobre 1694. Nomination de Jean Magnier, prêtre de l'Oratoire, comme principal du collège, aux appointements de 300 livres; chaque écolier paiera 20 sols par mois, sauf les pauvres. Le sieur Magnier sera en outre chargé de desservir les messes fondées en l'Hôtel-Dieu. — 17 octobre 1694. Marguerite Gobault, veuve d'Antoine Vaillant, ancien maire, ayant fait publier qu'elle allait fixer sa résidence à Soissons, le maire et un juré viennent la prier de rester à Chauny. Elle y consent, à condition qu'elle ne paiera désormais que 100 livres de taille et 105 livres d'ustensile, sauf en cas d'augmentation au marc la livre, et qu'elle sera exemptée du logement des gens de guerre; ces conditions sont acceptées. — 22 novembre 1694. L'immeuble destiné au collège est en si mauvais état qu'on louera une maison provisoirement, en attendant qu'on ait des fonds pour sa réfection totale. — 19 juin 1695. Nomination d'un seul juré; il n'y a pas lieu d'en nommer un second, attendu que le premier assesseur doit entrer de droit dans le corps de ville. — 20 mai 1696. Le Roi, ayant, par arrêt du 20 décembre précédent, réuni à la ville la charge de receveur des biens patrimoniaux, il en a fixé la finance à 3.700 livres et 2 sols pour livre, qui finalement ont été modérés à 3.000 livres (et 2 sols pour livre). La ville ne pouvant disposer que de 1.072 livres, on empruntera 2.290 livres au denier vingt, plus l'abandon des 59 livres de gages au profit des prêteurs; la somme est aussitôt fournie par Claude de Théis et Antoine Tavernier. — 17 juin 1696. Nomination de deux jurés. — 22 juillet 1696. Le maire rend compte de l'entrevue qu'il a eue avec l'Intendant au sujet du remboursement proposé des charges de mouleurs, compteurs et mesureurs de bois, créées en mars dernier, pour être affranchi des droits d'entrée marqués par les tarifs. Il a observé que la ville ne peut déjà payer la moitié de la taxe de 12.000 livres (et 2 sols pour livre) qu'elle a supportée pour l'affranchissement des maisons (dont elle a encore pu faire payer plus d'un tiers aux étrangers propriétaires de fiefs, maisons et rentes foncières). Elle doit encore plus de 1.500 livres de billets de blé que des particuliers ont fourni au Roi en 1694. Pour compenser les non valeur, il a fallu taxer les contribuables sur le pied des trois quarts du revenu des maisons et rentes foncières (la moyenne n'est que du cinquième dans les autres villes de la Généralité). La ville est, de plus, en retard « des « ustancilles dernières, des charges de capitaines « de quartier », etc., et elle vient de payer au Roi 3.300 livres. L'Intendant a conseillé de délibérer sur la question. L'assemblée décide de remettre les intérêts de la ville entre les mains dudit Intendant, qui aura égard, espère-t-on, à sa situation difficile. — 14 octobre 1696. On revient sur la question de la taxe réclamée par le Roi pour les jurés mouleurs de bois, qui a été réduite à 4.000 livres et 2 sols pour livre. L'Intendant, dans une lettre du 10 septembre, indiquait que la taxe pourrait être levée sur tous les habitants sans exception, en ayant égard à la valeur de la consommation générale du bois dans toute la ville. On a calculé que, du 1er octobre 1695 au 1er octobre 1696, les droits d'entrée payés aux commis aux aides des trois ports s'élèvent à 3.237 livres, 10 sols pour le bois, 1.242 livres, 10 sols pour les fagots et 45 livres pour les cotrets (le bois évalué 100 sols la corde, et le cent de fagots et de cotrets, 50 sols); mais il faut déduire les bois et fagots consommés par les cabaretiers, boulangers brasseurs par-dessus ce qu'ils emploient pour leur ménage. Resterait donc 3.605 livres, plus la consommation des communautés et ecclésiastiques, environ 600 livres; c'est-à-dire qu'on n'atteindrait pas la valeur de la taxe, quand même chaque habitant et communauté paierait le prix entier du bois qu'ils ont fait entrer pendant l'année; la répartition ainsi faite serait ruineuse pour la ville qui paierait plus que le double du prix du bois qui y serait entré. Un système préférable consisterait à mettre un droit à l'entrée du bois, ce que l'Intendant a autorisé. Ce droit d'entrée pourrait être fixé, si l'Intendant le permet, à 20 sols par chariot de bois et de charbon, 13 sols par chariot de fagots et cotrets (la moitié pour les charrettes), et un sol par chaque cheval ou âne chargé de

Lois, jusqu'à l'acquittement de la finance de 4.400 livres; il serait levé sur tous les habitants indistinctement. — 17 avril 1697. Le four de la verrerie, construite depuis cinq ans au milieu de la ville, se trouvant « fondu par caducité », il est défendu aux sieurs Perot et de l'Isle de reconstruire ledit four, et ils devront transférer leur verrerie hors des limites de la ville, etc.

BB. 30. (Registre in-f°). — 46 feuillets, papier.

1706-1719. — Délibérations municipales. — 20 juin 1706. Nomination « d'un seul juré qui doit entrer dans le corps de ville ». Deux « jurez eschevins » en titre réitèrent les protestations qu'ils ont faites le 28 juin 1705, que la nomination d'un seul juré ne pourra leur nuire ni préjudicier, attendu qu'ils prétendent qu'il doit en être nommé deux. On leur donne acte de leur protestation, et on donne acte également au procureur du Roi des protestations contraires qu'il a faites. Le lendemain 21, l'unique juré nommé prête serment. Le lieutenant de maire en titre est continué comme maître des ouvrages; le premier juré est nommé argentier, le second receveur des pauvres, le troisième receveur de l'Hôtel-Dieu, auquel est unie la maladrerie de Chauny. Puis on nomme les deux échevins pour le Roi, les trois « échevins des pauvres » pour la ville, et les autres officiers. — 22 août 1706. Louis Dehagues, avocat, faisant commerce de grains et vin en gros et en détail, et donnant à boire dans sa maison, a intenté à sa femme une action en séparation devant le bailliage. Le corps de ville a protesté, en soutenant que cette action était de sa compétence, ledit Dehagues n'étant ni noble ni officier du Roi, et n'ayant aucun privilège qui le soustraie à la juridiction municipale, et a défendu de continuer l'instance ailleurs que devant cette justice ; mais l'avocat a ensuite obtenu un arrêt du Parlement contraire à cette demande, et ordonnant que les parties plaideront au premier jour. On décide de former opposition à l'exécution de l'arrêt en question, et de poursuivre jusqu'à arrêt définitif. — 25 février 1707. Le procureur du Roi annonce que plusieurs habitants ont fait assigner le corps de ville « en surtaux » par devant les élus de Noyon, en vue de faire réduire la cote de leur taille. On décide de se défendre contre lesdites assignations, et on constate, à cette occasion, qu'il n'y a pas de malheureux dans la ville qui ne paie au moins cent sols de taille, et pas d'ouvrier qui ne paie au moins 18 livres. — 19 juin 1707. Election du juré qui doit entrer dans le corps de ville. — 28 février 1708. On accepte la somme de 80 livres pour le remboursement, par Jacqueline Leborgne, d'un surcens de 4 livres qui était dû au patrimoine de la ville sur une maison sise en la Chaussée, au rang vers La Fère, où était l'ancien abreuvoir: cette maison avait appartenu à feu André Leborgne, notaire et procureur à Chauny, et fut expropriée lors des travaux faits, en 1706, au canal situé en la Chaussée, que le duc de Mazarin et les habitants de La Fère ont été autorisés à rétablir. — 4 mars 1708. Plusieurs habitants ont encore assigné la ville en surtaux: on décide de répondre à ces assignations, qui sont mal fondées. Ainsi, la demoiselle Marie-Françoise Gouillart prétend que sa cote doit être de 6 livres au lieu de 18 livres, mais on pourrait lui répondre qu'elle n'est pas trop imposée, car elle a un bien d'au moins 4.000 livres, non compris les meubles. Dans le cas où elle ne voudrait pas convenir que la déclaration plus ou moins sincère qu'elle a faite de son bien ne va pas auxdites 4.000 livres, on l'interpellera de représenter le partage fait avec ses cohéritiers. Un autre des réclamants, Daniel Guillaume, demande que sa cote soit ramenée de 57 livres à 8 livres, qu'il payait autrefois; on lui objecte que s'il n'avait pas eu pour père le sieur Nicolas Guillaume, greffier des rôles, les asséeurs et collecteurs ne l'auraient pas alors imposé seulement à 8 ou 10 livres. Il ne peut nier, en outre, que sa femme et lui n'aient eu, en se mariant, 22.000 livres, bien qui, depuis, a fort augmenté par le grand commerce qu'ils font de laine, draperie et mercerie sèche. — 5 juin 1709. Assemblée générale. En l'absence du maire, le lieutenant expose ce qui a été projeté pour la nourriture et le soulagement des pauvres, en exécution de l'arrêt du Parlement du 9 avril dernier. Il y a tant de pauvres qu'il faudrait distribuer 380 livres de pain par jour, à raison d'une livre par personne, d'une demi-livre par enfant, ce qui coûterait 1.100 ou 1.200 livres par mois; ce serait ruineux pour les habitants. Sur le bien des pauvres, à cause des distributions de l'hiver, il ne reste que 147 livres et 80 setiers de blé de 1708 disponibles, mais il convient de garder ledit blé pour aider les fermiers des pauvres à ensemencer leurs terres. Il n'y a pas d'autre moyen que d'emprunter, en donnant une garantie sur le bien des pauvres. Un cultivateur de Condren, Jean Walmé, offre de céder 162 setiers de blé, au prix de 9 livres, 5 sols. L'assemblée est d'avis d'accepter cette offre; il sera passé avec ledit Walmé un contrat d'obligation d'une rente de 75 livres sur le bien des pauvres, dont le principal (1.500 livres) sera remboursé aussitôt que possible (ce ne fut qu'en 1720 que le remboursement fut achevé). — 14 juillet 1709. Le procureur du Roi propose de supprimer les dépenses les moins utiles payées sur le bien des pauvres, savoir les 300 livres données au principal, qui n'a qu'un petit nombre d'écoliers, ce qui ne suffit pas pour l'occuper pendant une année, et les 150 livres payées au prédicateur de l'Avent et du Carême.. — 15 septembre 1709. Les habitants, quoique convoqués, ne se présentent pas pour nommer les asséeurs et collecteurs des tailles ; on remet l'élection au dimanche 22. Personne ne venant encore, les jurés et asséeurs, seuls présents, nomment deux asséeurs et collecteurs pour chaque paroisse. — 23 novembre 1710. Afin d'avoir un médecin en résidence à Chauny, on décide de s'accorder avec Charles Marga, docteur en médecine, établi à Dreux depuis sept ans ; il sera exempté du logement des gens de guerre, et ne paiera que 20 livres de taille. — 14 décembre 1710. Assemblée générale. Pour satisfaire au don gratuit demandé par les édits royaux de septembre et octobre derniers, on établit un nouveau droit égal à la moitié de celui qui se perçoit pour le Roi, savoir 6 sols, 6 deniers par muid de vin, 13 sols par pièce d'eau-de-vie, 3 sols par muid de cidre et de bière, 3 sols par chariot de gros bois à brûler (2 sols par charrette), 2 sols par chariot de cotrets (1 sol, 6 deniers par charrette). — 5 juillet 1711. On discute des assignations en surtaux, et on constate, à ce sujet, qu'en 1710, la taille a été fixée à 6.000 livres, et, en 1711, à 7.000. — 13 juin 1712. Sur l'avis que les ennemis font des courses dans le pays laonnois et que même ils ont pillé et brûlé Crécy-sur-Serre, on décide d'avoir deux guetteurs dans le clocher de Saint-Martin, l'un pour le jour, l'autre pour la nuit, moyennant 12 livres par mois, et de faire monter la garde aux habitants le jour et la nuit. — 20 juin 1712. Election d'un juré. — 16 août 1712. On tâchera de faire modérer à 1.500 livres, au maximum, la taxe de 2.000 livres et les 2 sols pour livre pour la réunion de l'office d'avocat du Roi au corps de la ville. — 1er décembre 1712. On décide de chercher une maison qu'on achètera pour y loger douze orphelins de l'un et l'autre sexe.; les maire et jurés auront la direction de cet établissement en leur qualité d'administrateurs des biens des pauvres. Les personnes charitables seront priées de favoriser le développement de cette entreprise. — 6 décembre 1712. On achètera la ploierie de Jacques Corcillette, lieutenant de maire, comme la plus convenable pour loger les orphelins. — 20 avril 1714. Enregistrement de la nomination faite par l'abbé Bouzier d'Estouilly, de Charles d'Hangest, le 12 décembre 1713, comme titulaire d'une des bourses fondées par lui pour des étudiants du bailliage de Chauny, à commencer la jouissance du 1er octobre 1714. — 22 juillet 1714. Le maire annonce, en assemblée générale, que maintenant que la paix est faite, il convient de travailler à l'embellissement de la ville, et, pour commencer, d'aplanir une masse de terres, restant d'un ancien ravelin construit autrefois devant la porte du Pont-Royal, au-delà duquel est le faubourg de la Chaussée, « où est scituée la principale esglise, « dans laquelle se font les processions géné- « ralles et cérémonies publiques », au bout duquel faubourg est placé le canal navigable de la rivière d'Oise, qui descend à Paris. Par 27 voix et celle du procureur de Roi de la ville contre 9, il est décidé qu'on demandera au Roi la permission de raser cet amas de terres, pour faire un chemin allant droit du Pont-Royal à la grande rue de Notre-Dame. — 23 décembre 1714. Antoinette Descarsin, qui dirigeait la maison de refuge des pauvres orphelins, étant décédée, on la remplace par Barbe-Françoise Lagny, aux appointements de 24 livres par an. — 23 janvier 1715. Enregistrement de la nomination faite, le 12 décembre 1723, de Jean-François Ledroit en qualité de boursier, pour en jouir jusqu'au 30 septembre 1719. — 30 mars 1715. Le procureur du Roi est prié d'avancer au receveur des droits d'insinuation, les droits à payer pour le legs de 15 livres de rente et 20 setiers de blé à l'Hôtel-Dieu et un autre legs « en faveur d'un hospital général », provenant tous deux des libéralités du feu sieur d'Aizecourt. — 7 janvier 1716. Le maire rappelle qu'il est dû à la communauté de Chauny et à celles des environs 5.518 rations de pain et 4.000 rations de foin, fournies par des habitants de la ville et des villages voisins, en août

1709, aux débris du régiment de Vendôme, sorti de Tournay et envoyé à Chauny en « quar« tier de rafrechissement ». Le remboursement de ces rations, promis à l'origine, va seulement avoir lieu, mais il faut le réclamer avant le 20 janvier. On charge alors l'échevin Antoine Tavernier d'aller le lendemain à Soissons pour tirer un billet de subsistance du sieur de Minville, trésorier extraordinaire des guerres, de la somme à laquelle monte ladite fourniture (2.218 livres, 10 sols, 2 deniers); ce billet fut, plus tard, échangé contre les quatre cinquièmes de sa valeur en argent, et on remboursa les particuliers et les communes voisines. — 2 avril 1717. Plainte sera portée à l'Intendant contre les collecteurs des tailles de l'année. D'abord, ils ont notablement augmenté la cote des sieurs Couillette, lieutenant de maire, et Gouilliart, premier échevin, en dépit des sentences des élus de Noyon, qui défendent d'augmenter la taille des maire et échevins comme nominateurs des collecteurs, et au mépris de la cote d'office de l'Intendant qui a taxé, comme il en avait le droit, par l'édit d'août 1715, lesdits sieurs Couillette et Gouillart. En outre, avant de faire leur imposition, ils ont nommé deux syndics des habitants, ce qui « dégénère en sédition », car les maire et échevins sont syndics nés des habitants. — 2 novembre 1717. Le maire ayant appris que la municipalité de Compiègne sollicitait le sieur Béguin, docteur en médecine établi à Chauny depuis trois ans, de venir habiter cette ville, et lui offrait de grands avantages, propose de lui faire une position aussi avantageuse, « cette profession estant très rarre dans « les villes circonvoisines »; il est arrêté que le sieur Béguin jouira de l'exemption de la taille, du logement des gens de guerre et autres charges publiques, et aura, en outre, 30 livres de gratification annuelle. — 16 janvier 1718. Assemblée générale, à laquelle assiste Claude de Théis, subdélégué de Chauny, par commission de l'Intendant de Soissons. Il s'agit de procéder à l'élection d'un maire et de trois jurés, pour remplacer les officiers titulaires supprimés par édit de juin 1717, « et encore « à l'assistance », du sieur Nicolas Rabeuf, « seul juré par élection restée de l'ancienne « magistrature ». Sont élus, comme maire, Charles Garde, lieutenant général de police, par 16 voix contre 15, et comme jurés Claude Roger, Jean Guillaume et Pierre Gueullette. Le lendemain, pour « restablir l'antien usage », on nomme un procureur d'office et un greffier, les échevins pour le Roi, ceux des pauvres, et les autres officiers et agents municipaux. — 4 juin 1718. Revente des blés de l'Hôtel-Dieu et des pauvres à 30 sols le setier. — 15 juin 1718. Acceptation du legs de 400 livres fait, par moitié, à l'Hôtel-Dieu et à l'Hôpital par Marguerite Gobault, veuve d'Antoine Vaillant. — 19 juin 1718. Election du maire (Antoine Guillaume, ancien maire perpétuel), et des quatre jurés sortants. Rabeuf est nommé maître des ouvrages, Roger, argentier, Guillaume, receveur de l'Hôtel-Dieu et Gueullette, receveur des pauvres. — 5 août 1718. Protestation contre les ordonnances rendues, le 30 juillet dernier, par les officiers de la police (royale) de la ville, qui émettent l'excessive prétention de rapporter le tarif des droits de la halle, nommer des déchargeurs et porte-sacs autres que ceux nommés par les maire et jurés, et vont ainsi à l'encontre des droits formels desdits maire et jurés; on décide de se pourvoir contre lesdites ordonnances. — 23 octobre 1718. Assemblée générale, qui débute par un long exposé du procureur d'office, relatif à la justice de la ville. Cette justice a été concédée par Philippe, comte de Flandre, par sa charte de 1167, à titre onéreux de 12 deniers par chaque maison, ainsi qu'il avait été établi du temps du « comte Ra« dulphe ». Cette charte a été confirmée, en 1186, par Mathieu, comte de Beaumont, en 1213 par Philippe-Auguste, et en 1290 par Philippe le Bel. Ledit droit de justice a été confirmé par un arrêt du Parlement du 3 juin 1570, et par un autre du 25 mai 1607, nonobstant l'édit de Moulins de 1551, parce que les villes et communautés qui avaient titre de concession particulière, comme celle de Chauny, en ont été exceptées, cette concession étant regardée comme patrimoniale et leur appartenant à titre d'inféodation. Par un édit d'octobre 1699, le Roi a supprimé tous les offices de police dans les sièges de ses juridictions, et crée, en titre d'office, à Chauny, un lieutenant général et un procureur du Roi, mais ces officiers n'avaient pas plus de droits que n'en avaient, avant, les officiers royaux; seulement, ils ont profité de ce que les maires et jurés ne connaissaient pas leurs droits pour tenter des entreprises contre la juridiction de la ville. En réalité, ces nouveaux officiers n'avaient, comme les anciens, que la partie de la justice de police appartenant au bailliage; ils n'avaient même pas la partie de cette justice appartenant aux seigneurs. Il serait donc urgent de se pourvoir au Conseil, en vue de demander que les maire, jurés et habitants soient maintenus dans le privilège de l'exercice de la justice de la police comme avant l'édit de 1699, attendu qu'ils la tiennent sous condition d'un cens, qui n'a jamais cessé d'être payé au Roi ou aux seigneurs engagistes; en outre, que, pour rembourser, conformément aux droits attribués par l'édit de création de 1699, le lieutenant général et le procureur du Roi (dont les finances vont à 6.000 et 1.000 livres), il sera permis aux maire et jurés d'employer le fonds de 800 livres qui servait au paiement des maire, procureur du Roi, greffier et assesseurs créés en titre d'office et supprimés, et qui se prenaient sur les biens patrimoniaux. Cette motion est adoptée; un juré sera délégué pour se charger du pouvoir de la ville devant le Conseil. — 18 juin 1719. Élection du maire: Antoine Guillaume est élu, non seulement parce qu'il est d'usage de continuer le maire pendant trois ans, mais parce qu'on sait que ledit sieur Guillaume a obtenu son arrêt de rétablissement dans l'office de maire de la ville. Deux jurés nouveaux sont nommés, deux autres continués, etc.

BB. 31. (Registre in-f°). — 105 feuillets, papier.

1719-1739. — Délibérations municipales. — 25 novembre 1719. Sur l'avis qu'on a reçu du remboursement des charges dont les finances ont été payées par les villes, l'assemblée charge Daniel Catoire, procureur du Roi de la maîtrise de Chauny, de porter à Paris la quittance de la somme de 1.500 livres, payées en 1713 pour la charge d'avocat du Roi, et celle de 150 livres pour les deux sols pour livre, et en même temps lui donne procuration pour recevoir la finance du remboursement de ladite charge; le 19 octobre de l'année suivante, Catoire rapporte au receveur des deniers patrimoniaux 1.390 livres en billets de banque (le surplus ayant été employé par lui en peines, sollicitations et déboursés pour arriver audit remboursement). — 6 décembre 1719. Le sieur de Vienne, principal du collège, ayant démissionné, est remplacé par Jean-Baptiste Joly de Torcy, vicaire de Saint-Sauveur de Péronne. — 22 décembre 1719. Le sieur Catoire est prié de prolonger son séjour à Paris, pour tâcher d'obtenir la décharge de tout ou partie de la compagnie des grenadiers à cheval qui pèse si durement, depuis plusieurs années, sur la population; de 103 hommes, elle vient d'être portée à 144. — 2 janvier 1720. Antoine Tavernier, receveur des deniers patrimoniaux, expose que l'arrêt du Conseil, publié le 3 décembre dernier, qui a ramené les écus de 116 à 112 sols, les louis d'or de 33 à 32 livres, les pièces de 20 sols à 18 sols, lui cause une perte de 68 livres, 5 sols qu'il ne peut supporter; on lui alloue aussitôt cette somme en dépense. — 21 mars 1720. Le même receveur annonce que, vu la diminution des espèces d'argent, les débiteurs de la ville s'empressent de lui en apporter, et qu'il y aura lieu, pour satisfaire aux déclarations du Roi, de convertir ces espèces en billets de banque; avis conforme est donné. Comme il n'y a pas de billets de banque à Chauny, le receveur ira en quérir à Saint-Quentin ou à Soissons. — 5 juin 1720. Florent Gouillart, premier échevin, annonce que, le 30 mai dernier, jour de la Fête-Dieu, étant à Notre-Dame avec le corps de ville qui tenait la gauche du chœur et le bailliage la droite, ainsi qu'il est d'usage, le lieutenant-général sortit de sa place pour prendre la droite au défilé de la procession; ledit Gouillart qui, en l'absence du maire, était à la tête du corps de ville, voulut passer aussitôt après lui, comme d'usage, pour prendre la gauche et figurer avec lui; mais il en fut empêché par le procureur du Roi au bailliage, Simon Dehagues, qui, « se « colant » auprès du lieutenant-général, empêcha Gouillart de le croiser en disant « qu'on ne « croizoit pas ». Gouillart répondit que c'était l'usage, mais que, pour éviter tout scandale, il le laissait passer, et il passa ensuite entre ledit Dehagues et son fils, le lieutenant des Eaux-et-Forêts. L'assemblée décide que si, à la procession du lendemain, le sieur Dehagues veut suivre le lieutenant-général pour que le premier officier de la ville ne puisse pas le croiser pour prendre sa gauche, on l'en empêchera, et, en cas de contestation, de poursuivre l'affaire au nom de la Compagnie et des habitants. — 23 juin 1720. Élection de deux jurés, « attendu qu'il y a un maire et deux échevins en titre »; Charles Guillaume le jeune est continué comme juré, et on nomme Claude-Joseph-François Le Couvreur comme juré nouveau. Ils prêtent serment le lendemain, « et « n'a été procédé à la nomination d'un maire « ny d'un procureur d'office et d'un greffier, « attendu que Me Antoine Guillaume est maire

« en titre, Me Charle Berleu, procureur du Roy « en titre, et Me Pierre-Charle Gueullette, gref- « fier en titre ». On nomme ensuite deux échevins pour le Roi, trois échevins pour la ville, et les autres officiers et agents de la ville. — 29 septembre 1720. L'assemblée générale est convoquée par Charles Guillaume le jeune, premier échevin par élection, en présence de Claude-François-Joseph Le Couvreur, second échevin par élection; les officiers en titre (Antoine Guillaume, maire, Gouillart et Tavernier, échevins; et Gueullette, greffier) sont absents. Guillaume expose que le comte de Guiscard, gouverneur, grand bailli, et acquéreur d'une portion du domaine de Chauny, a obtenu, le 20 août, un arrêt du Conseil lui permettant de rembourser les officiers en titre de leurs offices, en prêtant à la commune les sommes nécessaires au denier 50; mais cet arrêt est calomnieux pour les officiers, et contraire à la vérité. Aussi, l'assemblée est-elle priée de se prononcer sur les questions suivantes: 1° Les comptes des deniers patrimoniaux ont-ils été rendus régulièrement depuis que ces officiers sont en exercice? 2° L'assemblée a-t-elle à se plaindre de ces officiers? 3° Ces officiers négligent-ils la conservation des privilèges de la ville? Guillaume ajoute que les officiers proposent, si l'assemblée « veut agréer » qu'ils soient conservés en leurs offices, d'en réduire l'intérêt au denier 50; de plus, la commune pourra les rembourser quand il lui plaira. L'assemblée déclare que les comptes ont toujours été fidèlement rendus en la manière ordinaire; qu'elle n'a aucun sujet de plainte contre les officiers, qui n'ont dû rien négliger pour la conservation des privilèges de la ville, et qu'elle est d'avis de ne pas accepter la proposition du comte de Guiscard, qui en ferait le créancier de la commune; en outre, on sollicitera le rapport dudit arrêt du Conseil. — 30 novembre 1720. Sur la demande expresse des officiers en titre, quatre commissaires sont nommés, en assemblée générale, pour examiner les comptes qu'ils ont rendus depuis leur entrée en charge. — 21 décembre 1720. Le maire expose qu'il y a dans les caisses de la ville, des pauvres et de l'Hôtel-Dieu, un certain nombre de billets de banque, et que, d'après les arrêts du Conseil, il conviendrait de les échanger, avant le 1er janvier 1721, contre des actions rentières, dixièmes d'action ou rentes provinciales. On décide que ces billets (1290 livres) seront envoyés au sieur Dupuis, professeur au collège des Quatre-Nations, qui les emploiera au mieux des intérêts de la ville. — 22 juin 1721. Election de deux jurés. — 26 septembre 1721. Transaction avec les héritiers de Nicolas Vaillant, sieur d'Aizecourt, décédé en juillet 1714, qui avait légué aux pauvres un bien en fief à la redevance de 59 setiers de blé et de 30 livres d'argent, pour contribuer à établir un hôpital, sous condition qu'on obtiendrait des lettres patentes pour cet établissement dans l'année de sa mort, et, à l'Hôtel-Dieu, un bien en « roture » à la redevance de 21 setiers de blé et 15 livres d'argent, à condition d'y coucher les pauvres étrangers qui passeraient par la ville. — 2 février 1722. Remplacement du principal. — 24 octobre 1722. Nicolas Le Sot de la Panneterie, marchand blanchisseur, a assigné la ville en surtaux pour faire réduire sa taille de 1722 de 120 à 20 livres, sous prétexte qu'il est nouvellement établi dans la ville; on se défendra contre ladite assignation, attendu que ses prédécesseurs dans la blanchisserie ont toujours payé de 100 à 130 livres de taille. — 21 août 1723. La maison du collège, qui appartient aux pauvres, étant tombée en ruines (elle n'était guère construite qu'en bois), sera réédifiée au moyen des fonds libres du patrimoine desdits pauvres, qui, ainsi, n'aura pas à supporter les frais de la location d'une maison pour loger le principal. — 3 octobre 1723. Don par les héritiers de feu Antoine Tavernier (Antoine, Hilaire et Florimond) de 700 livres à l'Hôtel-Dieu pour faire un pont qui servira à la communication des pauvres de l'Hôtel-Dieu et de ceux de l'Hôpital, pour que ces derniers puissent assister aux messes célébrées dans la chapelle dudit Hôtel-Dieu. — 2 mai 1724. Vote d'une somme de six cents livres, prise sur les biens patrimoniaux, pour l'achèvement du collège. — 5 novembre 1725. La sœur Hochet, actuellement chargée de la conduite et de l'éducation des enfants et orphelins de la maison du refuge, recevra dorénavant 50 livres de rétribution, et restera en fonctions jusqu'à sa mort. — 29 juillet 1726. Protestation contre les projets du sieur de Villemaur, commandant de la compagnie des grenadiers à cheval, qui voudrait faire revenir à Chauny la partie de la compagnie qui a été, l'année précédente, envoyée à Ham. — 2 avril 1728. Remplacement du principal. — 10 avril 1729. Pouvoir est donné au sieur Simon, demeurant à Paris, pour opérer la liquidation des finances payées par la ville pour les offices créés par édit de juin 1725. On lui a envoyé pour cela: deux quittances de receveur, ancien et nouveau, des octrois et droits patrimoniaux (6.700 livres), une de l'office de contrôleur desdits octrois (900 livres), une autre pour deux offices d'asséeurs (2.400 livres), et la dernière pour l'office de conseiller garde scel (1.500 livres), en tout 11.500 livres. Par arrêt du Conseil, du 21 décembre 1728, les titres des offices de receveur et de contrôleurs des deniers d'octroi et revenus patrimoniaux, créés par l'édit de juin 1725, ont été supprimés et incorporés aux villes, sous paiement d'une somme de 3.500 livres et 350 livres pour les deux sols pour livre, plus un sol pour livre pour frais de recouvrement d'icelle somme. — 19 janvier 1730. Le sieur Thomas-Alexandre Gueullette, nommé en décembre 1725, renonce à l'année de bourse (300 livres) qu'il avait encore pour 1729-1730; on en profite pour achever de rembourser au sieur Dupuis, professeur de Belles-Lettres au collège Mazarin, les 700 livres qu'il avait avancées pour le droit d'amortissement des bourses fondées par feu l'abbé d'Estouilly. — 19 août 1730. Remplacement du principal. — 20 décembre 1730. Aliénation pour vingt ans, sous le bon plaisir de l'Intendant, de la Queue d'Oie, du pré à l'Oison et d'un petit coin de pâture y attenant, pour achever de payer 2.525 livres qui restaient dues sur les 4.025 imposées à la ville en 1729. — 4 juin 1731. Remplacement du principal. — — 12 novembre 1731. Délibération au sujet du tracé d'une coupure qui doit être faite dans les Navoirs, pour le passage du canal de Picardie; on donne à choisir aux habitants entre une ligne droite de l'écluse de Chauny à Fargniers, l'autre, courbe, tirant du moulin de Viry: la première est déclarée devoir être moins préjudiciable à la ville. — 11 janvier 1732. Assemblée pour régler la question de la nomination aux bourses. Ont été invités les curés des deux paroisses, le principal du collège, Jean-Jacques Belin, procureur du Roi de police, Charles Perin, substitut du procureur du Roi au bailliage, et François Béguin, procureur d'office. Le maire, Claude-François-Joseph Couvreur, préside; il expose qu'il y a vacance des bourses depuis « un tems considérable », et qu'il faut procéder, sans tarder, à la nomination auxdites bourses. Mais le procureur du Roi de police s'oppose à l'ouverture de la discussion en présence des sieurs Perin et Béguin: 1° parce que les fonctions du substitut ne regardent que la justice, et qu'il n'est pas appelé à siéger par le titre de fondation; 2° parce que ce titre parle d'un procureur du Roi de la ville, et que le sieur Béguin n'est que procureur d'office. Après une discussion, dans laquelle les maire et jurés observent que le procureur d'office a été rétabli dans toutes ses fonctions par l'édit de suppression des procureurs du Roi de ville, on lève la séance, qui est remise au mardi 15; ce jour-là, la discussion continue, et l'élection est fixée au 28 février. — 5 février 1732. Copie est faite sur le registre d'une charte concernant les droits dus à Viry à « Messieurs du Chapitre de Paris »; (cette charte est en réalité un vidimus de 1322, reproduisant des fragments d'un document non daté). — 28 février 1732. Nouvelle assemblée pour la nomination des boursiers, composée du maire, président, et des six électeurs de droit. Il y a huit candidats; à la pluralité des voix (le procureur du Roi de police refuse de voter) sont élus Claude-François-Mathieu Leleu, fils de Florent Leleu, étudiant de philosophie de première année au collège du cardinal Le Moine, et Charles-Florent Delécluze, fils de François Delécluze, étudiant en rhétorique au collège de la Marche, faisant sa résidence au collège de Laon; ils toucheront 200 livres par an, à commencer du 1er mars, le premier pendant quatre ans et demi, le second pendant cinq ans et demi, temps qui leur est nécessaire pour achever leurs études. — 24 août 1732. Délibération au sujet des casernes à construire pour loger la compagnie des grenadiers à cheval. On décide de se priver, pendant dix ans, de 150 arpents de pâture, formant la moitié de la pâture commune entre Chauny, Ognes et Abbécourt (le surplus de cette pâture restera commun); cette portion sera mise en prés fauchables, dont le produit annuel sera d'environ 1.500 livres. En outre, un octroi, pouvant produire 4.500 livres par an, sera levé sur toutes les boissons entrant dans la ville (40 sols par muid de vin, 35 sols par pièce jauge de Laon, 30 sols jauge de rivière; le double pour les cabaretiers et bourgeois qui vendent en détail; 20 sols par muid de bière et de cidre; le double pour les cabaretiers; 6 livres par pièce d'eau-de-vie de 29 veltes). Ainsi, on arrivera, pour dix ans, à un total de 60.000 livres, après quoi, l'octroi et l'engagement des pâtures seront supprimés. — 16 juin 1733. On décide d'acheter la maison des religieux de Sainte-Croix pour y bâtir « un corps de cazernes ». — 27 juin 1734. L'assemblée accepte la proposition du sieur Dericq, ingénieur en chef et directeur du canal de Picardie, de faire construire un pont de pierre au lieu d'un pont de bois sur ledit canal, vis-à-vis la voirie de Sénicourt, à condition que la ville accorde les corvées nécessaires. — 14 janvier 1735. Par la chute de partie du pont provisoire situé près le moulin Saint-Lazare, l'entrée de Chauny du côté de Soissons est absolument impraticable: on autorise deux individus à établir un petit pont provisoire, seulement pour les hommes de pied et de cheval et pour les bois de charge, à l'endroit où était l'ancien pont sur la Chaussée, et à percevoir un modique droit de passage (3 deniers par bourgeois rentrant dans Chauny à pied, 6 s'il est à cheval, etc.). — 5 septembre 1735. L'assemblée est avisée que le sieur Couvreur, avocat, a demandé au Roi des lettres de surannation de noblesse sur celles obtenues par son aïeul en 1652; elle décide qu'on s'opposera à l'obtention desdites lettres; on constate, à cette occasion, que, dans les archives, il manque les délibérations de 1652, 1663, 1664 et 1665. — 24 octobre 1735. On formera opposition à l'enregistrement à la Cour des lettres patentes de septembre 1724, relativement le 10 mai dernier, pour l'établissement d'une nouvelle navigation sur les rivières de Somme et d'Oise, lettres qui lui attribuent plusieurs droits sur les marchandises et denrées qui seront voiturées, sur le canal, de Saint-Quentin à La Fère et Chauny, et, sur l'Oise, de Chauny à Sempigny, jusqu'à ce que ledit sieur Crozat ait satisfait aux obligations contenues dans les lettres patentes de septembre 1724, relativement à d'autres lettres patentes de juillet 1662 accordées au duc de Guise; lesquelles obligations, entre autres, consistaient à rendre l'Oise navigable en tout temps de Chauny à Sempigny, ce qui n'a pas été fait jusqu'à présent (Voir DD 17). — 18 mars 1736. Assemblée générale, où sont convoqués tous les habitants, au sujet des réclamations du duc d'Aumont, seigneur féodal et censier de Chauny, qui prétend que les immeubles situés hors Chauny et sur son terroir ne sont pas en franc alleu, et doivent être ajoutés à la déclaration, qui vient de lui être faite, de tous les immeubles et surcens appartenant au patrimoine de la ville. On cite, à ce sujet, des lettres patentes du roi Louis XI, en date du 2 décembre 1474, ordonnant une enquête au sujet des franchises de la ville, d'où il a été conclu que le terroir de Chauny est franc de cens et de tous droits seigneuriaux, et un acte de notoriété, du 18 février 1669, constatant que le terroir de ladite ville est en franc alleu, et qu'on ne paie aucun droit seigneurial en cas de vente ou mutation de terres. Il est décidé qu'on défendra les droits de la ville (Voir AA 5). — 27 mai 1736. Assemblée générale où est communiquée une ordonnance de l'Intendant, en date du 3 mai. Il annonce qu'il a choisi un terrain pour la construction des casernes, et invite les habitants à délibérer sur les moyens à employer pour l'exécution de ce projet; il les avertit que l'on ne peut guère compter sur un secours du Roi; que le marquis de Genlis, seigneur d'Ognes et d'Abbécourt, s'oppose à la distraction de 150 arpents de pâtures communes, et qu'il ne reste que l'octroi sur les boissons. L'assemblée déclare que cet octroi est insuffisant, prie l'Intendant de surseoir à l'exécution de son ordonnance relativement à l'achat du terrain, et d'autoriser la ville à employer le produit de l'octroi à la réparation des murs et ponts, « quy sont prêts à fondre ». — 11 décembre 1736. Nomination d'un boursier à la place de Charles-Florent Delécluze. Sont présents: les deux curés, le principal, le procureur du Roi au bailliage et le procureur d'office. Jean-Jacques Belin, procureur du Roi de police, s'abstient, son fils étant candidat à la bourse. A la pluralité des voix, Charles-Jean-Jacques Belin est nommé; il demeurera chez le sieur Monturier, maître de pension, rue de Bourbon, pour de là faire ses études au collège Mazarin, où il est actuellement en troisième; il aura 200 livres par an, depuis la Saint-Martin dernière jusqu'au 30 septembre 1744, qui doit être la dernière année de ses études. — 23 décembre 1736. Pierre Boucher, porte-croix de Saint-Martin, est nommé boursier, jusqu'au 30 septembre 1744, en remplacement du sieur Leleu. — 31 mai 1737. Le maire rappelle que la compagnie des grenadiers à cheval, en garnison à Chauny depuis 1703, a réduit les habitants à la misère; que naguère M. de la Galaizière, intendant de Soissons, leur avait proposé de bâtir une caserne en leur faisant espérer un concours du Roi et la permission de convertir en prés fauchables 150 arpents de pâtures communes, pourvu qu'ils établissent un droit sur les boissons. Un arrêt du Conseil, du 9 septembre 1732, a accordé la permission pour les prés et pour l'octroi, mais le secours du Roi n'est pas venu; M. de Genlis, qui a un droit indivis dans les deux tiers des pâtures, a mis opposition au projet, et l'octroi n'a servi à rien. L'assemblée décide qu'on en demandera la suppression. — 25 juin 1737. Protestation contre les exigences du duc d'Aumont à propos du terrain choisi pour l'emplacement des casernes. Ce terrain, ancien ouvrage à cornes qui couvrait la porte de la ville du côté de la Chaussée, a été rasé en 1715 aux dépens des habitants, qui l'avaient acquis pour le mettre en fortifications après le siège de 1652. La ville l'avait donné à surcens, sans aucune charge de censive, à deux particuliers, et, quoique le duc d'Aumont n'ait pas de droit sur ce terrain, qui n'a pas pu être cédé dans le contrat d'échange de 1699, lors duquel il n'y avait pas de censives, comme étant en fortifications et ayant été amorti avec les autres biens patrimoniaux, il voudrait forcer ces deux particuliers à payer des chapons de censives et les droits seigneuriaux de leurs acquisitions. La ville prendra fait et cause pour eux, et se défendra contre le duc d'Aumont. — 14 janvier 1738. On décide d'envoyer à l'Intendant un mémoire au sujet des réclamations faites par le duc d'Aumont, avec les réponses que la ville veut y faire. Suit le résumé du mémoire: A. *Droits généraux*: 1° Le duc voudrait être reconnu dans la qualité indéfinie de seigneur de Chauny: mais, cette qualité appartenant au Roi comme seigneur haut justicier, on offre de reconnaître le duc en qualité de juge censier et féodal du domaine de Chauny; 2° D'après la charte de fondation, il est dû au Roi 12 deniers par ménage: le duc demande qu'ils soient reconnus en parisis, amendables de 7 sols, 6 deniers. On offre de les reconnaître en tournois; quant à l'amende, elle ne peut être due, car les douze deniers ne sont pas un cens, mais un droit purement personnel; 3° Le duc réclame le droit d'étalage (2 deniers parisis par étal les jours de marché, 1 denier les autres jours): accordé, sauf pour les habitants reçus bourgeois; 4° Droit de braconnage (une paire de souliers chaque année sur chaque cordonnier): accordé sur titres représentés; 5° Droit de conage: on en demande la suppression « par « raport aux bonnes mœurs »; 6° Droit de tonlieu et de sterlage (1 denier par sac de grain exposé sur la place): a toujours été pris à bail par la ville à la redevance de 10 livres; 7° Droit de havée, travers et entrée suivant le nouveau tarif: on demande la représentation des anciens tarifs pour voir les moins défavorables; 8° Droits dus le jour de la foire: seront reconnus après communication des titres justificatifs; 9° Droit d'égardage et de langueyage des porcs: sera reconnu après justification; 10° Droit de fourrière des bêtes prises en délit; à discuter avec les officiers des juridictions royales de Chauny; 11° Droit exclusif de pêche dans la rivière: le duc n'est pas seigneur de la rivière et ne peut pas exiger « des droits du Roi » contre le droit de pêche prétendu par les habitants et dans lequel ils ont été maintenus par sentence de la Table de Marbre du 17 juin 1540; 12° Droit de tendre aux canards: le Roi n'en ayant pas joui à Chauny, le duc ne peut pas le prétendre; 13° Droit de rouissage: inconnu à Chauny; 14° Droit d'afforage des boissons: on offre de le reconnaître; 15° Droits de vente et prisée du bailliage: cet article regarde le bailliage et non la ville; 16° Droit de lods et ventes à raison du 12e et 13e denier, c'est-à-dire de 100 livres, 16 livres: on offre de le reconnaître parce qu'il est d'usage; 17° Droit d'amende de 3 livres parisis pour les contrats d'acquisition recélés et non exhibés: le duc n'a aucun titre justificatif « pour ce »; 18° Droit de chasse exclusif sur le terroir: ce terroir est un franc alleu, et, le duc n'étant pas seigneur, puisqu'il n'a pas la haute justice, ne peut empêcher les habitants de chasser. B. *Droits particuliers*: 1° Droit de 5 livres parisis de cens sur la grande place et, faute de paiement, 7 sols, 6 deniers parisis d'amende: reconnu, mais sans amende; 2° Le duc voudrait que les 4 livres de cens sur la place des anciens fussent reconnus en parisis: on accepte seulement de les reconnaître en tournois, d'après le titre constitutif; 3° Reconnaissance des cens de 8 sols pour la place des échoppes et de 40 sols parisis pour la place aux Cordiers: accordé; 4° Reconnaissance d'un denier sur la maison de ville: amorti depuis plus de quatre cents ans; 5° Cens de chapon et obole sur la halle; se confond avec le cens de la place aux Cordiers, où s'élève la halle,; 6° Cens de 6 deniers sur le terrain des petites boucheries: accordé ; 7° Censives sur le terrain du cimetière des protestants et autres terrains vagues appartenant au patrimoine; on reconnaîtra les censives justifiées; 8° Le duc demande la déclaration de toutes les terres et prés du terroir : prétention injustifiée, le terroir étant en franc alleu, le duc n'étant pas seigneur haut justicier et n'étant même pas seigneur censier sur le terroir, n'y percevant aucune censive; 9° Le duc poursuit aujourd'hui deux particuliers, à qui la ville a donné un terrain à surcens, sans charge de cens, pour qu'ils lui paient divers droits : injustifié, protestation a déjà été faite. — 13 février 1738. Afin de retenir à Chauny le sieur Maquaire, principal du collège, dont on est très satisfait, on lui vote une gratification annuelle de vingt setiers de blé, et cent livres de supplément, pour qu'il se fasse aider par un second maître. — 13 mai 1738. Le sieur Demory, maire, expose qu'il y aura une fête, vendredi prochain, dans la chapelle de l'Hôtel-Dieu, pour la canonisation du bienheureux Vincent de Paul, et, qu'à ce sujet, les curés des deux paroisses cherchent à l'envi à s'approprier un droit de juridiction dans ladite chapelle, au préjudice du corps de ville. C'est, en effet, la ville qui a établi l'Hôtel-Dieu, et la chapelle a toujours été desservie par une personne nommée par le corps de ville et agréée par l'évêque de Noyon. Le maire propose d'interdire à toujours aux sieurs curés d'officier, à un titre quelconque, dans la chapelle: cette proposition soulève quelques objections, et on décide, provisoirement, d'attendre que ladite cérémonie soit célébrée (l'évêque de Noyon, à qui l'on en référa, envoya un de ses grands vicaires pour officier; les deux curés s'abstiennent). — 20 février 1739. Les échevins se réunissent en l'absence du maire; à ce propos, le sieur Guillaume, premier échevin, rappelle que ledit maire n'est pas venu aux séances depuis le 8 décembre 1738, quoiqu'il n'ait pas cessé de tenir les audiences pour l'administration de la justice, et que cette abstention nuit aux affaires de la ville. On envoie alors les deux sergents à verge prier le sieur Demory de se rendre à l'assemblée; sur la réponse qu'il n'a pas le temps de venir, la compagnie décide de faire savoir au maire que, tant qu'il s'absentera des bureaux, elle en fera de même. Le 10 mars, le maire informe les échevins qu'il ne viendra plus aux assemblées, ne tenant pas à être insulté comme il l'a été, le 8 décembre, en l'assemblée des notables, qui avait été convoquée au sujet des contestations sur la déclaration, à fournir au terrier du duc d'Aumont, des biens patrimoniaux de la ville. — 20 juillet 1739. Mise en adjudication de l'octroi sur les boissons, accordé en 1732; la perception en avait été faite par régie depuis le 1er octobre 1732, et avait cessé le 1er janvier 1739; l'Intendant en prescrivit alors l'adjudication. L'octroi est adjugé pour 4.150 livres au sieur Sarrazin, procureur à Soissons, pour le compte du fermier des aides de la Généralité (Charles Barbier), etc.

BB. 32. (Registre in-f°). — 103 feuillets, papier.

1739-1779 (1). — Délibérations municipales. — 7 février 1740. Assemblée de notables: 1° Le maire rappelle que, le 13 juin 1736, le sieur de Chevrier, ancien abbé de Saint-Eloi-Fontaine, aurait demandé au bailliage d'être autorisé à saisir les blés enlevés par les meuniers voisins sur le marché de Chauny ; on avait espéré que son changement amènerait la paix, mais le comte Krazinski, nouvel abbé, a repris l'affaire, en octobre dernier, et elle ne semble pas devoir se résoudre amiablement. Demory ajoute que, d'après la charte de 1213, les habitants peuvent moudre et cuire où ils veulent, quoique les moulins appartinssent déjà à l'abbaye. Dès 1214, il y eut un procès au sujet de la prétendue banalité desdits moulins, qui se termina par un concordat maintenant le droit des habitants. La prétention de l'abbé d'empêcher les voituriers forains d'entrer à Chauny, les jours de marché, pour enlever les blés achetés pour la consommation des gens de la campagne, est donc exorbitante ; cela n'existe même pas dans les villes où il y a banalité absolue de moulins; 2° Une autre affaire est relative au curement des noelles; ces noelles ont pour destination de faire tourner les vieux moulins du Brouage, et de servir de décharge pour les eaux, qui, en cas de débordement, emporteraient les moulins de la Grande Rivière au faubourg de la Chaussée ; aussi, par sentences de novembre 1389, septembre 1401, janvier 1402, avril 1407, l'abbaye a été obligée de tenir en état les vantaux des vieux moulins, pour empêcher l'atterrissement des noelles; d'autres sentences d'août 1471 et sep-

(1) A partir de 1765, les délibérations sont relatives aux boursiers, aux pauvres et à l'hôpital.

tembre 1487, l'ont condamnée à nettoyer lesdites noelles. Enfin, en 1734, le sieur de Chevrier, abbé de Saint-Eloi-Fontaine, a reconnu que les vantaux des vieux moulins étaient en très mauvais état par la négligence de son fermier, le sieur Lepage, et que, pour la plupart, ils ne pouvaient être levés pour donner de l'écoulement à la rivière qui descend aux vieux moulins, offrant de réparer lesdits vantaux et de nettoyer les atterrissements, sauf ceux des noelles de la ville qui sont produits par les immondices jetés par les habitants dans les noelles; cette dernière restriction, il est vrai, n'est pas admissible. Finalement, on décide de s'en tenir aux termes du concordat de 1214, et de conclure à ce que l'abbé et les religieux de l'abbaye fassent curer à leurs frais toutes les noelles atterries de la ville et des faubourgs (Voir DD 13 à 15). — 9 février 1740. Le bruit s'étant répandu que le duc d'Aumont prétendait combattre la franchise du terroir de Chauny, et attaquer de faux le titre de 1475 (examen à futur), qui l'établit, on décide de soutenir ladite franchise, conformément à ce titre. — 25 septembre 1740. Maquaire, principal du collège, est remplacé, pour cause d'infirmités, par Jean-Charles Chocque, qui enseignera gratis les pauvres et acquittera 344 messes à l'Hôtel-Dieu; il aura 120 livres sur le patrimoine, 140 livres et 24 setiers de blé sur le bien des pauvres, et 212 livres sur l'Hôtel-Dieu (40 livres pour l'administration des sacrements, et 172 livres pour les messes). — 21 février 1741. Plainte sera adressée à l'Intendant contre les collecteurs des tailles de l'année, qui ont surchargé des deux tiers plusieurs des principaux habitants et bourgeois, en réduisant à 10, 5 et 2 sols des artisans qui, l'année dernière, étaient taxés de 2 à 7 livres; ils ont eu soin encore de se diminuer de 19 sols, eux et leurs parents. — 11 avril 1741. Jean-Charles Chocque, nommé à la cure de Saint-Simon, est remplacé comme principal par Pierre Gauthier. — 28 septembre 1742. Pierre Gauthier, nommé à la cure de Bichancourt, est remplacé par André-Guillaume de Santilly. — 21 décembre 1743. Assemblée de la « compagnie de ville » et des notables, au sujet d'une communication faite récemment à Soissons, par l'Intendant, aux sieurs Demory et Béguin, qui étaient allés le voir. Cette communication concernait la construction d'un corps d'écuries pour 165 chevaux, de deux pavillons pour loger le fourrier et un maréchal, et d'un magasin de sellerie. On proteste contre ce projet, la ville ne pouvant guère supporter une garnison supérieure à 50 hommes; l'ancien octroi n'ayant produit que 37.000 livres, somme insuffisante, il faudrait en rétablir un autre, ce qui serait ruineux. — 14 juillet 1744. Permission sera demandée à l'Intendant de tenir une assemblée « de la commune », pour délibérer sur la réunion que la compagnie doit proposer « à la commune » de l'office de conseiller du Roi, maire alternatif de Chauny, afin que les habitants puissent, de deux années l'une, se choisir un maire; on aliénerait alors pour vingt ans, la Queue d'Oye, le pré à l'Oison, etc. — 16 septembre 1744. Les deux curés, le principal du collège, le procureur du Roi du bailliage, le procureur du Roi de police, le procureur du Roi de la ville, Charles Demory, maire ancien, se réunissent sous la présidence du maire, Nicolas Le Sot de la Panneterie, et nomment boursiers, pour trois ans, Jean-Nicolas Potelle, qui doit entrer en théologie, et, pour huit ans, Pierre-Léonard Baudrimont, qui doit entrer en troisième. — 18 juin 1745. Charles Demory, maire ancien, représente que le 17 juin, jour précédent, était le jour fixé par l'arrêt du Conseil du 27 juillet 1731 pour l'élection des officiers municipaux; d'autre part, que par l'édit de décembre 1706 créant des offices de maire, les fonctions des maires, tant anciens qu'alternatifs, devaient commencer et finir les jours où se font les nominations des maires et échevins, pour continuer alternativement d'année en année; il somme donc Nicolas Le Sot, maire alternatif par commission, de cesser lesdites fonctions, et de lui en laisser la libre jouissance. Cette prétention est rejetée dédaigneusement par ledit de la Panneterie. — 29 juillet 1745. D'après les instructions de l'Intendant, le dizième denier sera déduit sur les gages des officiers en titre de la ville. — 21 septembre 1745. Donation par les héritiers de Marguerite Demory d'une somme de 300 livres à l'Hôtel-Dieu. — 24 septembre 1745. Par raison d'économie, on acceptera les offres du sieur Delescluze, lieutenant du premier chirurgien du Roi, qui propose de soigner et panser gratuitement les pauvres de l'Hôtel-Dieu, à condition d'être exempté des tailles, capitation et logement des gens de guerre. Cette économie est d'autant plus opportune que l'Hôtel-Dieu n'a que 1.200 livres de revenu pour l'entretien de 16 lits, tant d'hommes que de femmes, et de quatre sœurs de charité. Le chirurgien avait 15 livres d'honoraires, et ses pansements montaient quelquefois à cent livres. — Une note marginale indique que la première pierre des casernes fut posée par l'Intendant, le 9 août 1746. — 27 décembre 1746. Enregistrement d'un arrêt du Conseil d'Etat, réunissant au corps des villes de la généralité de Soissons plusieurs offices municipaux, créés en novembre 1733 et non levés. Les 275.000 livres auxquelles ces offices étaient taxés seront recouvrées au moyen des droits établis en exécution des arrêts des 30 août 1725 et 15 septembre 1733, et des déclarations des 18 février 1727 et 14 juin 1739, qui seront mis en adjudication et versés par l'adjudicataire au trésorier des revenus casuels du Roi à la décharge des villes et communautés; celles-ci pourront, de gré à gré seulement, rembourser les particuliers pourvus d'offices. — 17 mars 1747. Nomination de Charles Bichart, chapelier, âgé de 25 ans, comme homme vivant et mourant, sous le nom duquel seront expédiées des lettres de provisions des trois offices d'échevins ou jurés restant à lever et réunis au corps de la ville. — 23 mars 1747. Sur l'exposé du maire que, parmi les charges qui ont été levées autrefois, il en est deux, celle d'avocat du Roi et celle de contrôleur du greffe, qui sont d'abord inutiles et ensuite onéreuses pour les habitants, on décide de demander à l'Intendant qu'il obtienne du Roi la permission de forcer les titulaires de ces deux charges à en accepter le remboursement. — 28 avril 1747. Les abbé et religieux de Saint-Eloi-Fontaine n'ayant pas exécuté la sentence de la Maîtrise des Eaux-et-Forêts du 5 février 1744, qui les condamnait au curage des bras de la rivière ou noelles, on poursuivra l'exécution de cette sentence dans le plus bref délai. — 7 novembre 1747. On décide que le service, à l'occasion de la fête de Sainte-Elisabeth, patronne de l'Hôtel-Dieu, sera célébré dans la chapelle dudit Hôtel-Dieu par le sieur Demarolle, curé de Manicamp. — 21 novembre 1747. A la suite de la célébration de l'office de Sainte-Elisabeth par le curé de Manicamp, le curé de Saint-Martin de Chauny a protesté, et fait assigner au Grand Conseil les maire et jurés : ceux-ci décident de se défendre énergiquement contre ladite assignation. — 20 février 1748. Autorisation est donnée d'une augmentation de terrain à MM. les intéressés en la manufacture des glaces, à Chauny, qui ont acquis des bâtiments du sieur Lepage. — 26 mars 1748. Le sieur Demory, maire, est député pour aller solliciter le jugement des procès soutenus en Cour contre l'abbé et les religieux de Saint-Eloi-Fontaine et contre les officiers du bailliage. — 30 mai 1748. En cas d'issue favorable, comme on l'espère, du procès intenté par le curé de Saint-Martin au sujet de la juridiction curiale qu'il prétend sur l'Hôtel-Dieu, procès actuellement pendant au Grand Conseil, on n'invitera plus pour officier aux cérémonies dudit Hôtel-Dieu aucun des curés des paroisses, ni des ecclésiastiques attachés à ces paroisses. — 1er juin 1748. L'évêque de Noyon vient faire sa visite épiscopale à l'Hôtel-Dieu; comme il avait, à l'avance, témoigné le désir d'être reçu dans la chapelle, non par le chapelain, mais par le curé de Saint-Martin, le corps de ville le reçoit à la porte, mais refuse de l'accompagner à la chapelle, et se retire dans une des salles. Là, il lui présente les comptes de l'Hôtel-Dieu et des pauvres, et proteste, tant contre la réception de l'évêque par le curé de Saint-Martin que contre le procès-verbal de visite dudit Hôtel-Dieu qui vient de lui être lu par le sieur Le Grand, promoteur du diocèse de Noyon, et qui a été visiblement inspiré par des personnes qui se sont ouvertement déclarées contre les droits de la ville. — 16 juillet 1748. Le curé Bourlon ayant émis la prétention de célébrer la fête de Saint-Vincent-de-Paul dans la chapelle de l'Hôtel-Dieu, sans en avoir été requis par la compagnie, on requiert le sieur François-Jean-Baptiste Racine, principal du collège et chapelain de l'Hôtel-Dieu, de célébrer ladite fête en ladite chapelle. — 19 juillet 1748. Le sieur Racine a répondu qu'il ne demanderait pas mieux que de se rendre aux désirs de la compagnie, mais que sa qualité de chapelain de l'Hôtel-Dieu lui est contestée par le sieur Bourlon, et que, d'autre part, il n'a trouvé, dans ses provisions de l'évêque de Noyon par rapport au spirituel, que la qualité de second vicaire et habitué de la paroisse Saint-Martin; il ne pourra donc se prêter aux vœux de la municipalité qu'après l'arrêt réglant définitivement le procès pendant entre elle et le curé de Saint-Martin. Le maire estime que cette qualité « postiche, vuide et sans emolumens » de second vicaire de Saint-Martin n'a été donnée au sieur Racine que pour rattacher à l'église Saint-Martin la chapelle de l'Hôtel-Dieu ; qu'il en est de même de la visite par l'évêque de

Noyon de la chapelle de l'Hôtel-de-Ville, laquelle, par affectation, a été comprise dans le procès-verbal de Saint-Martin comme dépendance de cette église ; qu'il convient de compulser dans les registres de l'évêché les procès-verbaux des visites faites par les évêques de Noyon depuis 1676 (date de la concession d'un tabernacle dans la chapelle de l'Hôtel-Dieu), jusqu'à ce jour, pour connaître les entreprises faites sur les droits du corps de ville par les derniers procès-verbaux de visite de l'évêque actuel (M. de Bourzac). Après délibération, la compagnie décide de tenter d'obtenir lettres de compulsoire aux fins ci-dessus pour s'en servir, si besoin est. — 9 août 1748. On décide que les sieurs Demofy, maire, et Belin, échevin, iront le lendemain, à Guiscard, présenter au duc d'Aumont la somme de 1.692 livres, due pour les lods et ventes et indemnité du terrain pris pour la construction des écuries de la garnison. — 25 septembre 1748. Nicolas Bigand est nommé boursier, en remplacement de Jean-Nicolas Potelle, pour huit années, attendu qu'il doit entrer en troisième. — 21 décembre 1748. Copie d'une lettre écrite ledit jour à l'évêque de Noyon. Le corps de ville expose au prélat que le prieur de Saint-Martin vient de nommer second vicaire de son église le sieur Racine, principal du collège, que ces deux fonctions lui paraissent incompatibles, et qu'ils prient l'évêque d'aviser. En outre, le prieur de Saint-Martin a été nommé curé de l'Hôtel-Dieu, par arrêt du Grand Conseil, du 6 septembre dernier. Comme il doit administrer gratuitement les sacrements à ses paroissiens, le corps de ville supprime désormais le traitement qu'il accordait au chapelain de l'Hôtel-Dieu. — 7 juillet 1749. Les maire et jurés, administrateurs de l'hôpital, avec les curés des deux paroisses, les officiers du bailliage et quatre notables se transportent en la chambre du bureau dudit hôpital, pour le remplacement de trois notables sortis de charge. Arrivés à trois heures un quart, ils trouvent assemblée une partie des administrateurs, qui leur apprennent qu'ils arrivent trop tard, et que les trois notables viennent d'être nommés. Les maire et jurés protestent, puis, voyant que les administrateurs leur sont hostiles, ils se retirent et dressent un procès-verbal de protestation. — 28 septembre 1749. Assemblée générale. Le maire annonce que, dès la publication de l'édit d'avril 1749, les officiers du bailliage se sont pourvus pour obtenir la réunion de la justice subalterne et patrimoniale de la mairie de Chauny à la juridiction du bailliage, ce qui amènerait l'augmentation des droits payés par les justiciables ; on décide que le Roi sera prié de maintenir les habitants dans la jouissance de cette justice. — 27 mai 1750. Jean Magnier, maître d'école de Saint-Martin, est remplacé, pour cause d'infirmités, par Jean-Louis Berton, clerc de la paroisse de Pierremande ; il aura 40 setiers de blé et 59 livres de traitement. — 26 juillet 1750. Assemblée générale. Le maire expose que, de tout temps, les maire et jurés ont été considérés comme les seuls administrateurs des pauvres et de l'Hôtel-Dieu, qualité qui leur a été confirmée par la Cour dans son arrêt de règlement de 1628 ; que, néanmoins, les officiers du bailliage et le curé de Saint-Martin ont introduit, en 1748, une demande à la Cour, sous leurs noms et sous ceux d'administrateurs bourgeois de l'hôpital de Chauny, pour être associés à l'administration de l'Hôtel-Dieu et des pauvres. « La Commune » désavoue formellement l'expression d'administrateurs bourgeois appliquée aux bourgeois et habitants, et toute assemblée qui aurait été tenue pour seconder les vues desdits curé et officiers du bailliage ; elle déclare que, ni en corps, ni en particulier, comme bourgeois et habitants de Chauny, elle n'a entendu avoir part à l'administration de l'Hôtel-Dieu et des pauvres, ni priver de leurs droits MM. les officiers de ville. — 11 septembre 1750. Nomination d'Antoine de la Croix en qualité de maître d'école en la ville de Chauny, à condition qu'il prendra, sans tarder, le degré de maître-ès-arts dans une des universités du royaume. — 28 février 1751. Assemblée générale. Le maire expose que, de tout temps, la ville a été en droit de nommer le principal du collège et le maître d'école, et qu'en 1589, elle a été maintenue dans le droit de nomination du principal, par arrêt de la Cour de Parlement. Dernièrement, les pères de famille s'étant plaints du sieur Magny, trop âgé, il a été remplacé par le sieur de la Croix, maître-ès-arts, le 11 septembre 1750. Deux jours après, le curé de Saint-Martin, pour avoir « un « chantre dans son église, aux dépens de l'é- « ducation des enfans », a nommé un autre maître d'école à l'issue de la messe paroissiale, prétendant, ce qui est faux, que le sieur Magny avait été ci-devant nommé pour maître d'école de la paroisse Saint-Martin seulement, et il a fait approuver cette nomination par l'évêque. Le corps de ville essaya vainement de transiger avec ledit sieur curé ; ne voulant rien décider à la légère, il a consulté deux célèbres jurisconsultes, les sieurs Bévière et de Héricourt ; leur avis est qu'on ne peut contester à la ville le droit de nomination du maître des petites écoles, et que l'institution et l'approbation seules appartiennent à l'évêque. L'assemblée décide d'envoyer de respectueuses remontrances à l'Intendant, et de le prier d'intercéder auprès de l'évêque de Noyon pour qu'il donne l'approbation au sieur de la Croix. — 13 janvier 1752. Nomination de Jean-Baptiste Bourdon, étudiant en physique à Paris, comme boursier pour 3 ans, 9 mois, en remplacement du jeune Bigand, qui a quitté le séminaire de Saint-Louis pour s'engager dans l'armée. — 8 juin 1752. On calcule que le patrimoine doit à l'Hôtel-Dieu 2.356 livres, 5 sols, 6 deniers, pour arrérages de rentes et causes diverses: d'autre part, l'Hôtel-Dieu doit au patrimoine 1.075 livres, 4 deniers, pour frais et remboursements divers. Reste dû par le patrimoine: 1.281 livres, 6 sols, 2 deniers, pour laquelle somme on abandonne à l'Hôtel-Dieu la dépouille des deux premières faux de la 3e rangée des prés des Navoirs pour neuf ans, soit 694 livres, 2 sols, 6 deniers; le surplus sera remboursé par annuités. — 2 novembre 1752. Nomination de Marc-Antoine Desains, élève de troisième au collège du Plessis, demeurant en la communauté de Sainte-Barbe à Paris, comme boursier pour huit années, à partir du premier octobre, en remplacement du sieur Baudrimont. — 25 mars 1753. Assemblée générale, où l'on décide de se défendre contre les prétentions de Jean-Baptiste Fayard, seigneur de Sinceny, qui voudrait se faire adjuger le tiers des prés, usages et pâturages appartenant aux communautés de Chauny, Sinceny, etc., situés dans l'enclave de sa seigneurie, sous prétexte que lesdites communautés ne lui paient aucun droit pour raison de ces pâturages. — 18 février 1754. Le sieur Jean-Baptiste Bourdon, boursier, étant entré au séminaire de Noyon, et les bourses ne pouvant être possédées que dans un collège de l'Université de Paris, il est remplacé par Jean-Charles Queruelle, fils de François Queruelle, receveur des entrées à une porte de Chauny, actuellement en troisième au collège du Plessis, à Paris, qui jouira de sa bourse pendant huit années. — 22 décembre 1754. On distraira de la pâture du Bailly 27 faux, qui seront mises en prés fauchables, pour le produit être employé à l'entretien du corps d'écurie construit pour les chevaux des gardes du Roi. L'Intendant donne son autorisation, mais pour 26 faux de prés. — 29 juillet 1755. Nicolas-Eustache Le Sot de la Panneterie, marchand blanchisseur au Pissot, est autorisé à construire un pont de pierre sur le fossé dit La Rive, en face la porte de sa maison. — 23 janvier 1756. Le sieur Racine, principal du collège, étant nommé à une cure, on décide de le remplacer par un laïque. — 17 février 1756. Nomination comme boursier, pour cinq ans, de Charles-Louis Demory, élève de logique, fils de Claude-Arnoul-Joseph Demory des Gravières, bourgeois. — 26 janvier 1756. Nomination du sieur Le Meusnier, licencié-ès-lois, comme principal, et du sieur Bourdon, clerc tonsuré, comme précepteur régent. — 14 juin 1756. Délibération au sujet des écuries. Le projet primitif, dressé par l'architecte « Beaufranc », a été considérablement modifié, et la dépense finale a été augmentée. D'après la vérification dernièrement faite par le sieur Perronnet, inspecteur général des ponts et chaussées, elle s'élève à 74.750 livres, 17 sols, 11 deniers, plus 2.000 livres d'indemnité à payer à l'adjudicataire, Pierre Letellier. Celui-ci n'ayant reçu, sur le produit de l'octroi établi par arrêts du Conseil des 9 septembre 1732, 22 avril 1741 et 15 février 1747, que 58.910 livres, il lui reste dû 17.840 livres, 17 sols, 11 deniers. Pour payer cette somme, on demandera l'autorisation de percevoir encore ledit octroi pendant cinq années ; ensuite, on en percevra le quart pour servir à l'entretien des écuries. — 15 mai 1757. Protestation contre une apposition de scellés faite par les officiers du bailliage chez feu Louis Morel, vicaire de Saint-Martin, alors que les officiers de la ville avaient déjà procédé, la veille, à cette opération. — 29 janvier 1758. Assemblée générale. Le maire expose que la communauté des notaires a obtenu, le 7 septembre 1757, un arrêt du Parlement qui leur permet de faire seuls, par provision, les inventaires, et défend aux officiers de la mairie de les troubler dans la confection d'iceux. Cet arrêt est contraire à ceux du Parlement des années 1529, 1607, 1628, 1630 et 1726, qui ont maintenu les maire, échevins et habitants dans le droit de procéder aux scellés et à la confection des inventaires des biens de tous les décédés, sauf les nobles et officiers du Roi ; d'ailleurs, sous ce nom d'officiers du Roi, la Cour a déclaré, par l'arrêt de 1630, que les notaires, procureurs et sergents de la ville ne seraient pas compris. L'assemblée, considérant que ce nouvel usage serait ruineux pour la ville, car le greffier de la mairie ne prend que 40 sols par vacation, tandis que le tarif des notaires serait plus élevé, décide que l'on se pourvoira incessamment devant le Parlement pour mettre fin à la demande des notaires, et conserver les privilèges de la ville. — 18 janvier 1659. Les sieurs Demory, maire, et Claude Roger, échevin, sont envoyés à Paris pour tâcher d'empêcher que la compagnie des grenadiers à cheval vienne tenir garnison à Chauny. — 19 mars 1759. Nomination de Charles-François Bérillon, comme boursier, pour sept années et demie, en remplacement du sieur Jean-Charles Queruelle, entré au séminaire de Noyon. — 1er juin 1759. Alexis Bacquet, jardinier, aura la jouissance, pour six ans, du jardin et de la maison de l'Arquebuse; il aura la liberté de donner à jouer à la boule, et de profiter des arbres et fruits, à condition de payer 60 livres de loyer et d'entretenir les charmilles. — 7 juillet 1760. André Tétrel, directeur des aides au bureau de Noyon, se propose pour faire la régie du don gratuit ordonné être levé en cette ville, en conséquence des déclarations du Roi et arrêt d'enregistrement des 3 et 27 janvier 1759, à partir du 1er février 1759. Son offre est acceptée. — 29 septembre 1760. Nomination de Denis-Lambert Deric, comme boursier, pour huit années, en remplacement de Charles-Louis Demory. — 3 juillet 1763. Proclamation de la paix. — 14 février 1764. Les enfants des écoles auront congé le lendemain 15, jour anniversaire de la naissance du Roi; ils assisteront à une messe dite dans la chapelle de l'Hôtel-de-Ville pour la conservation des jours du monarque. — 29 février 1764. Le principal Le Meusnier est remplacé, pour cause d'infirmités, par Jean-Charles Bayard, maître de pension à Blérancourt. — 28 novembre 1764. En exécution de l'édit du mois d'août dernier, on se réunira, le samedi 1er décembre prochain, pour élire un maire et un premier échevin, en remplacement du sieur Demory, maire en titre, décédé, et du sieur Guillaume, qui était en titre et a été supprimé, ainsi que le maire, par ledit édit. — 5 février 1765. On délivrera à l'économe de l'hôpital dix setiers de blé, pendant deux ans, par chaque enfant qui sera mis au métier, à condition que l'hôpital continue à coucher, nourrir et entretenir ces enfants pendant ce temps. — 21 mai 1765. Assemblée des notables, où l'on décide l'exécution de certains travaux: démolition des murs dont les brèches ne sont pas réparables, percement d'une issue sur la campagne en haut de la rue Hamoise, etc. — De juin 1765 à septembre 1768, on ne trouve aucune délibération: les suivantes ne concernent que les boursiers, les pauvres et l'hôpital. — 20 septembre 1768. Arrangement avec Louis Lévêque, boulanger, au sujet du pain des pauvres; il devra, pour chaque setier de blé délivré par le receveur des pauvres, livrer 51 livres de pain. — 11 octobre 1768. Nomination de Charles-Etienne Belin, comme boursier, pour huit années, en remplacement du sieur Deric. — 10 janvier 1775. Nomination de Jean-Nicolas Caura comme boursier, pour huit années, en remplacement du sieur Gueullette (nommé le 9 janvier 1767). — 5 mars 1779. Sur la réclamation du sieur Petit, maître d'école de la paroisse Notre-Dame, on lui accorde 20 setiers de blé par an, au lieu de 15, pour l'instruction gratuite des enfants de l'hôpital et des pauvres de la paroisse, etc.

BB. 33. (Registre in-f°). — 134 feuillets, papier.

1765-1790. — Délibérations municipales. — 12 septembre 1765. Assemblée de notables. Le maire, Garde de Muret, expose que les édits d'août 1764 et mai 1765 ayant été exécutés en ce qui concerne l'élection du maire, de deux jurés ou échevins, du receveur syndic et du secrétaire-greffier, il reste encore à prendre plusieurs décisions, pour satisfaire à divers articles de ces édits: 1° Fixation des remises ou appointements du receveur syndic et du secrétaire-greffier: on décide de leur allouer respectivement 200 et 100 livres; 2° Règlement du nombre des officiers subalternes nécessaires pour le service de la ville, et fixation de leurs appointements: il y aura, comme par le passé, deux sergents à verge, payés 120 livres, plus le logement et la jouissance des caves seulement, sans qu'ils puissent louer les greniers de l'Hôtel-de-ville, ni en disposer à leur profit, six archers du guet à cent sols annuels, un garde des prés touchant 50 livres, mais qui n'aura plus la jouissance des trois setiers de pré accoutumés, trois portiers à neuf livres de gages, et deux échevins pour le Roi, sans gages, ayant pour fonctions d'assister aux actes de nantissements; 3° Détermination des jours et heures des assemblées bi-mensuelles tenues par le corps de ville pour la régie et administration ordinaire (article 44 de l'édit de mai): elles auront lieu le premier et troisième mardi de chaque mois, à deux heures; 4° Même détermination pour les assemblées mensuelles, où l'on s'occupera des autres affaires (article 46): elles se tiendront le premier vendredi de chaque mois. — 5 décembre 1765. Assemblée des notables, présidée par le lieutenant-général du bailliage. Le maire communique à l'assemblée les états qu'il a envoyés au contrôleur général en novembre 1764, en exécution de la déclaration du Roi du 11 février précédent, et les commente, en exposant la situation financière de la ville. Tous les biens appartenant à la commune sont patrimoniaux; ils ont été jugés tels par arrêt du Conseil des 3 mai 1664 et 25 juillet 1665; il faut en excepter un petit octroi perçu aux entrées, suivant arrêt du Conseil du 6 juillet 1756, dont le produit, joint à celui de 22 arpents de prés détachés des pâtures communes, en vertu d'une ordonnance de l'Intendant du 12 mars 1755, est spécialement destiné à l'entretien du corps d'écurie et des deux pavillons voisins. Pour les biens patrimoniaux, la moyenne de leur produit, pour les dix dernières années, a été fixée à 5.989 livres, 12 sols. Les charges ordinaires ont été évaluées à 5.216 livres, 12 sols par an (y compris les deux vingtièmes), mais il faut observer que: 1° L'entretien de l'Hôtel-de-ville et de la halle a été établi à 350 livres: ce chiffre est insuffisant. Un devis, dressé récemment, a évalué les travaux urgents à l'Hôtel-de-ville à 1.173 livres, et ceux de la halle à 685 livres; 2° La dépense indiquée pour le curement des canaux de la rivière qui traversent la ville, celui des fossés qui entourent les prés communaux, l'entretien des quatre aqueducs qui servent à l'écoulement des eaux des rues, est de 260 livres. Mais la plupart des canaux sont comblés, ce qui répand de mauvaises odeurs, et serait dangereux en cas d'incendie: il faudrait plus de 3.000 livres pour les nettoyer complétement; 3° L'entretien du pavé et de 27 ponts va à 1.050 livres; 4° L'entretien des trois portes, des pavillons qui sont dessus, et des logements des portiers a été fixé à 210 livres, mais en réalité les trois portes sont à refaire à neuf; 5° L'entretien et le curage des puits communs, bassins et canaux des fontaines, quais et lavoirs, a été fixé à 130 livres, ce qui est modique; 6° L'entretien de l'horloge et les gages de celui qui la conduit montent à 120 livres; 7° Le patrimoine doit au duc d'Aumont, à l'abbaye de Saint-Eloi-Fontaine et aux héritiers du sieur de Théis 48 livres, 9 sols, de prestations annuelles et foncières; 8° Il paie 24 livres à la messagère de Soissons; 9° Les appointements du principal du collège et l'entretien dudit collège vont à 334 livres; 10° L'enlèvement des boues et la visite des fours et cheminées coûtent 250 livres, ce qui est au-dessous de la vérité; 11° Le bois et la chandelle font un objet de 500 livres; 12° Les frais de bureau, messages, feux de joie, vins de présent et autres imprévus, montent à 180 livres; 13° Les deux vingtièmes, à 484 livres; 14° Le droit de minage, à 80 livres, 17 sols; 15° Les non-valeurs des tailles et capitations et les frais en l'élection, à 120 livres; 16° La garde des poudres qui passent pour aller de La Fère à Paris, les loyers et chevaux, lors des passages de troupes, à 550 livres; 17° Les gages des officiers titulaires de la ville, à 631 livres, 6 sols; 18° On a omis dans l'état 150 livres pour les honoraires des prédicateurs; 19° Il y a lieu d'ajouter les appointements du syndic, du secrétaire-greffier et des officiers subalternes fixés dans l'assemblée du 12 septembre; 20° Outre les charges ordinaires, il reste encore dû sur les dettes liquidées par arrêts du Conseil d'octobre 1684, septembre 1686, juillet 1687 et octobre 1693, 3.638 livres, 8 sols, 3 deniers, ou plutôt, car il y a erreur, 3.920 livres, 13 sols, 3 deniers: savoir 600 livres, 10 sols (au lieu de 318 livres) aux héritiers du sieur Bréda; 352 livres, 19 sols, 1 denier aux héritiers du sieur et dame Damé; 250 livres à ceux du sieur Driencourt; 512 livres, 2 sols, 1 denier à l'église Saint-Martin; 1.022 livres, 7 sols, 1 denier aux religieuses cordelières, et 1.153 livres aux sieurs Tavernier; 21° En 1761, on a commencé une promenade publique au bout de la rue des Juifs; de plus, on a fait combler le fossé qui était dans le jardin de l'Arquebuse, seule promenade publique auparavant; il y a encore à dépenser sur ces deux points; 22° Un arrêt du Conseil du 10 août 1671 avait réduit le corps municipal à un maire et quatre jurés, au lieu de six qu'il y avait auparavant, un procureur d'office et un greffier. Ce nombre était à peine suffisant, et voilà que l'édit de mai réduit les officiers municipaux à un maire et deux jurés; la nomination du receveur des biens patrimoniaux n'est pas une compensation, car il lui faut des gages. Les recettes de l'Hôtel-Dieu des pauvres et des boursiers passeront à des personnes qui ne s'en chargeront pas gratuitement, comme faisaient les jurés; 23° L'édit de mai peut prêter critique à divers points de vue. Il n'y est pas dit expressément que le maire doit être natif de Chauny, ce qui est un usage confirmé par un arrêt du Conseil du 27 juillet 1731. Comme les maire et jurés ont la justice civile et criminelle sur tous les habitants, il y avait, pour remplir les fonctions de ministère public, un procureur d'office; cet officier a été remplacé par un acquéreur de l'office de procureur du Roi en l'Hôtel-de-ville, lequel a été supprimé par édit de juillet 1758, et son office réuni à celui du procureur du Roi du bailliage. Cet acquéreur, qui vit encore, doit conserver pendant sa vie les fonctions de son office; mais, après sa mort, il semble que la ville devra rentrer dans son droit de nommer un procureur d'office. La réunion de ces deux juridictions sur une même personne présenterait bien des inconvénients, à cause des conflits qui se produisent souvent entre ces juridictions. Le procureur du Roi du bailliage tâcherait d'y attirer les affaires, ne serait-ce que par intérêt, les expéditions des sentences coûtant au bailliage 25 sols du rôle, outre le parchemin, au lieu de 15 deniers à la ville, outre le papier. Les édits prescrivent un local spécial pour les titres et papiers de la ville, et recommandent la confection d'un inventaire. Mais qui le rédigera, et est-il prudent de confier à une seule personne la garde des archives? Il doit y avoir quatre conseillers de ville, d'après l'édit de mai, mais on ne précise pas leurs fonctions; il serait intéressant de savoir si, dans les assemblées du corps de ville où ils peuvent assister, où même ils doivent être appelés, ils ont voix délibératrice ou simplement consultative. Enfin, l'édit d'août n'explique pas clairement si les officiers municipaux peuvent recevoir la caution du syndic receveur, et passer les adjudications des baux des biens et revenus patrimoniaux. Le maire invite l'assemblée à délibérer sur ces multiples objets; on décide seulement de faire faire trois copies du présent acte d'assemblée, de les remettre aux officiers du bailliage, aux conseillers de ville et au corps des notables, afin d'avoir les observations de chacun. — 9 janvier 1766. Assemblée de notables. Elle commence par la lecture d'un tableau détaillé des facultés et des charges de la ville. **A.** Facultés : 1° Patrimoine. Les rentes et surcens annuels, en 37 articles, rapportent 136 livres, 5 sols, 10 deniers; la halle a été affermée 1.530 livres, le 31 mai 1765 ; le petit droit d'aide régi par le directeur des aides de l'élection de Noyon vaut 130 livres; le pré de la Queue d'Oie est affermé 100 livres; celui du Pré à l'Oison, 115 livres; celui du grand Paissy, 180 livres; celui du petit Paissy, 120 livres; l'autre petit Paissy, 39 livres; un étal à boucher, 9 livres; 100 arpents de pré environ, appelés les Navoirs, rapportent 3700 livres: en tout 6.059 livres, 5 sols, 10 deniers Tous ces biens sont patrimoniaux ; 2° Octroi et réserve. Le premier a été adjugé à 700 livres et la réserve 500 livres. Ces 1.200 livres suffisent à l'entretien des écuries ; l'insuffisance, quand il y en a, est prise sur les biens patrimoniaux ; 3° Arquebuse. L'Arquebuse a été adjugée à 50 livres par an, mais cette somme ne peut figurer que pour mémoire, car elle sert en partie à l'entretien du jardin.; 4° Arrérages de fermages. Depuis trente ans, il est dû une quantité d'arrérages de fermages; on peut, avec le temps, espérer recouvrer 4.500 livres. **B.** Charges : 1° Charges ordinaires. La première classe comprend: 25 livres, 5 sols, 10 deniers au duc d'Aumont pour censives; 4 livres, 3 sols, 6 deniers pour surcens aux héritiers du sieur de Théis ; 16 sols aux pauvres pour surcens; 200 livres au syndic receveur et 100 livres au secrétaire-greffier ; 240 livres aux sergents à verge et 30 livres aux valets de ville ; 30 livres au concierge des casernes; 9 livres aux trois portiers; 50 livres au garde des prés; 150 livres aux prédicateurs; 90 livres au procureur du Roi titulaire de l'Hôtel-de-ville; 30 livres au maire; 5 livres au procureur chargé des affaires de la ville; 334 livres au principal ; 36 livres pour la conduite de l'horloge; 24 livres à la messagère de Soissons; 55 livres d'intérêts à l'Hôtel-Dieu; 250 livres pour l'enlèvement des boues; 16 livres pour la visite des fours et cheminées. Dans la deuxième classe, on peut mentionner 484 livres pour les deux vingtièmes, et 80 livres, 17 sols pour le droit de minage ; 350 livres pour l'entretien de l'hôtel de ville et de la halle; 260 livres pour curage des canaux et fossés; 1.050 livres pour entretien des ponts et du pavé; 210 livres pour entretien des portes; 130 livres pour entretien des puits, quais et lavoirs; 96 livres pour entretien de l'horloge; 500 livres pour provisions de bois et chandelles; 180 livres pour frais de bureau et autres; 120 livres pour les non-valeurs; 550 livres pour garde des poudres et imprévus ; 150 livres d'étrennes et de gratifications; 30 livres pour les prix aux étudiants; 10 livres, 10 sols pour la messe annuelle du Saint-Esprit; 10 livres pour les poursuites faites par le receveur du patrimoine. Total des charges annuelles : 5.922 livres, 12 sols, 4 deniers ; 2° Il est encore dû 224 livres, 18 sols, aux officiers municipaux supprimés par l'édit d'août 1761, pour les intérêts de leur finance jusqu'au 1er juillet 1765, savoir: 134 livres aux héritiers Demory, pour six mois d'intérêts de l'office de maire sur le pied de 300 livres (moins les vingtièmes); 20 livres, 6 deniers, au sieur Guillaume, premier échevin ; 33 livres, 7 sols, 6 deniers au sieur Lot, avocat du Roi, pour dix mois d'intérêt, à raison de 45 livres, et 37 livres, 10 sols pour six mois d'intérêt de la seconde finance de l'office de maire sur le pied de 75 livres; 3° Les dettes passives montent à 3.920 livres, 18 sols, 3 deniers; 4° Il faut tenir compte des réparations et dépenses extraordinaires, qui sont indispensables : 1.173 livres et 685 livres pour celles de l'Hôtel-de-ville et de la halle ; 400 livres pour habillement des deux sergents de ville (habits de drap bleu à parements rouges galonnés d'argent, vestes et culottes rouges et bandoulières aux armes de la ville), et 600 livres pour celui des six valets de ville (habits de même étoffe et parements, vestes et culottes rouges avec les armes de la ville sur la manche); 600 livres pour l'achèvement de la promenade de l'Arquebuse ; 200 livres pour celui de la promenade de l'Esplanade ; 200 livres de travaux aux Navoirs ; 1.800 livres pour les peupliers blancs qu'on planterait sur le revers des fossés des Navoirs, pour empêcher les éboulements ; 600 livres pour les peupliers à planter sur le revers des fossés de la partie de pâture distraite pour l'entretien des casernes ; 4.000 livres pour combler une partie des fossés qui est au bout de la rue Hamoise, et pratiquer une sortie conduisant au chemin de Chauny à Saint-Quentin ; 3.000 livres pour aplanir les remparts; 3.000 livres pour le curage des noelles; 1.500 livres pour réfection du pavé ; 1.200 livres pour une horloge neuve, l'autre est irréparable par son ancienneté. En tout 18.958 livres. Après avoir entendu la lecture de cet exposé, l'assemblée passe à l'examen des observations présentées par le maire dans la séance du 5 décembre dernier : 1° Pour les bâtiments de l'Hôtel-de-ville et de la halle, une fois que les réparations en projet auront été exécutées, il y aurait lieu de faire procéder à l'adjudication au rabais, pour neuf ans, de toutes les réparations de ces bâtiments; 2° Même observation pour le curement des canaux et aqueducs (pour les fossés autour des près, quand on aura réparé et planté, l'entretien sera moins important); 3° Même observation pour les réparations des pavés et des ponts ; 4° Pour les portes, on peut laisser subsister celle de La Fère, qui est en bon état. Pour celle de Noyon, on peut conserver le donjon, mais démolir le surplus de la voûte qui avance sur la ville. Pour celle du Pont-Royal, qui est à refaire entièrement, il vaudra mieux la démolir, et mettre deux parapets avec murs d'appui le long de la rivière, qui, là, sépare la ville d'avec le faubourg ; cette réparation coûterait 2.400 livres; 5° Il serait bon de faire une porte en bois à la fontaine des Boucheries, afin d'éviter les accidents: dépense prévue, 100 livres ; 6° à 8° Aucune observation ; 9° On peut réduire à 300 livres le chiffre prévu, puisque les biens des pauvres sont chargés d'une partie des appointements du principal ; 10° à 14° Articles reconnus exacts ; 15° Pour rendre les collecteurs plus attentifs, il ne leur sera alloué désormais aucune non-valeur qu'elle n'ait été arrêtée dans une assemblée de notables ; 16° Pas d'observation ; 17° Les officiers de la ville ayant été supprimés, il semble qu'on ne devrait pas compter leurs gages comme charge annuelle, sauf pour le procureur du Roi; 18° à 21° Aucune observation ; 22° Les officiers municipaux ont déjà assez à faire pour qu'on ne les surcharge pas de l'administration du bien des pauvres, de l'Hôtel-Dieu et des boursiers. Il faudrait, pour ces trois objets d'administration, un bureau particulier comme celui de l'Hôpital, régi par les mêmes administrateurs. Ou bien on laisserait les choses comme avant, mais alors trois des quatre conseillers de ville pourraient être chargés des recettes de ces biens, et tout ce qui concerne la régie et la comptabilité de ces trois objets serait décidé dans des assemblées particulières de notables, de même que ce qui a trait à l'administration des biens patrimoniaux. Provisoirement, les conseillers de ville qui se sont volontairement chargés de la recette de ces trois objets continueront de les régir. L'assemblée décide, en outre, de supplier le Roi de confirmer le privilège qu'avait la ville de nommer un maire natif de Chauny (avant la création de l'office de maire perpétuel) et qui lui a été conservé par l'arrêt du Conseil du 27 juillet 1731 ; à ce propos, elle estime qu'il serait convenable d'attribuer au maire quelque marque honorable le distinguant des autres officiers, et de convertir les 30 livres payées annuellement à ce magistrat en une épée à poignée d'argent, qu'il recevrait après son élection, et qu'il aurait le droit de porter toute sa vie. Pour l'office de procureur du Roi de la ville, on demandera au Roi d'ordonner qu'après la mort du titulaire actuel de cet office, les habitants pourront nommer, dans la forme établie pour l'élection des officiers municipaux, un procureur d'office, dont les fonctions se borneront à l'administration de la justice, mais qui n'assistera à aucune des assemblées de ville. Pour les archives, l'assemblée ne croit pas que le greffier seul pourrait en faire l'inventaire. Elle estime que les titres et papiers doivent rester dans l'armoire de l'Hôtel-de-ville, qui est fermée à trois clefs (le maire en a une, un juré une autre et le greffier la troisième); quant à l'inventaire, le corps de ville seul s'en chargera, en s'adjoignant ,le cas échéant, ceux des conseillers de ville qui seront jugés « assez intelli- « gents pour le faire ». Pour les droits, fonctions et privilèges des conseillers de ville, il paraît assez conforme à l'esprit des articles 3 et 51 de l'édit de mai de leur attribuer voix délibérative, tant dans les assemblées où ils doivent être appelés en conformité de l'article 46, que dans celles où ils ont droit d'assister suivant l'article 45, et il serait aussi convenable de leur attribuer les exemptions dont jouissent les officiers municipaux, tout au moins à ceux qui travaillent pour la ville. Il convient enfin de demander au Roi que la caution du receveur syndic soit reçue devant les officiers municipaux, et que la ville soit autorisée à agir comme par le passé, pour l'affermage des prés des Navoirs, qui sont affermés, arpent par arpent, en la justice de la ville. Cet examen terminé, l'assemblée s'occupe, en troisième lieu, de fixer les attributions dévolues au corps de ville seul. Les maire et échevins pourront connaître seuls, dans les assemblées particulières des 1er et 3e mardi de chaque mois, de l'exercice de la justice, des réparations ordinaires, tant des biens patrimoniaux que de l'Hôtel-Dieu, des pauvres et des boursiers, des logements des gens de guerre, et de l'exécution des ouvrages décidés préalablement dans les assemblées de notables, sous condition que la dépense, pour ces divers objets d'administration, n'excédera pas cent livres ; les conseillers de ville auront droit d'assister à ces assemblées ordinaires et y auront voix délibérative pour ce qui concerne la recette des biens de l'Hôtel-Dieu, des pauvres et des boursiers. Quand la dépense excédera cent livres, le corps de ville devra appeler les conseillers de ville dans les assemblées qui se tiendront les premiers vendredis de chaque mois ; eux et les officiers municipaux délibèreront sur les « matières ex- « cédente cent livres », jusqu'à 150 livres inclusivement. Au-dessus de 150 livres, les affaires ne pourront être traitées que dans les assemblées de notables, qui seront convoquées toutes les fois qu'il y aura besoin. La conclusion finale est que, loin que « la commune » puisse parer actuellement aux dépenses projetées pour les réparations indispensables, elle ne pourra éteindre ses dettes passives que si le Roi lui permettait des secours extraordinaires ; à ce propos, on décide d'insister à nouveau auprès de Sa Majesté, pour que la ville soit autorisée à emprunter 5.039 livres, 12 sols provenant de la vente des bois des boursiers, somme qui serait suffisante pour parer aux premiers besoins; on juge également que le terme de dix ans d'habitation dans les villes, prescrit par l'édit de mai pour remplir l'office de notable, pourrait, sans inconvénient, être réduit à cinq ans pour Chauny. En se préparant à lever la séance, le lieutenant-général du bailliage fait des réserves sur certains passages de l'exposé du maire, où celui-ci parle, en termes inexacts, selon lui, de la justice civile et criminelle prétendue par le corps municipal. Les maire et jurés répondent que ce n'est pas le lieu de discuter ce droit de justice, qui a été réglé par différents arrêts de la Cour, notamment par l'arrêt de règlement de 1628, auquel ils se réfèrent. Sur quoi, l'assemblée arrête qu'il sera envoyé au contrôleur général et au procureur général copie de la présente délibération et des protestations du lieutenant-général. — 27 septembre 1766. Assemblée de notables, qui approuve le projet d'embellissement de la ville, et le plan dressé pour cela par le frère Winox, supérieur des Frères des Ecoles chrétiennes, et ci-devant ingénieur. — 21 octobre 1766. Le conseil de nomination des boursiers approuve le projet d'emprunt de 5.030 livres, 12 sols sur les biens des boursiers, et consent à ce qu'il en soit passé acte. Les maire et échevins ayant droit à cinq voix dans le conseil, et n'en ayant plus que trois, il est décidé que les deux plus anciens conseillers de ville remplaceront les deux échevins supprimés. — 2 janvier 1767. Nomination de Pierre-Joseph Vallée, licencié en médecine de la Faculté de Douai, comme médecin de la ville, en remplacement du sieur Flahaut, décédé. — 9 janvier 1767. Nomination de Thomas-Alexandre Gueullette, élève de troisième au collège de Noyon, comme boursier, pour huit années, en remplacement de Charles-François Bérillon. — 16 juin 1767. L'Intendant ayant invité la Ville à construire, dans la cour des écuries des casernes, un manège qui doit coûter 2.250 livres, on décide de prier l'Intendant de permettre que les maire et échevins présentent une requête au Conseil pour demander la décharge de la construction de ce manège. — 17 juin 1768. Le maire dit qu'il vient d'apprendre la mort de la sœur Jeanne Gastal, ci-devant supérieure de l'Hôtel-Dieu, et qu'en reconnaissance des services qu'elle y a rendus et des secours qu'elle a donnés aux pauvres, depuis son séjour tant à Versailles qu'à Paris, il conviendrait de faire faire un service pour le repos de son âme. Avis conforme des membres « du bureau ordinaire ». — 19 mai 1769. On décide de donner 45 livres à trois familles du faubourg du Brouage, qui ont tout perdu lors de l'incendie arrivé dans ce faubourg le 15 du présent mois, vers les 5 heures du soir. — 9 juin 1769. Le maire, président en l'absence du lieutenant-général, demande à l'assemblée quel parti il faut prendre au sujet des notables élus pour quatre ans, en 1765. L'avis général est que ces notables n'ayant été élus que le 11 juillet 1765, il n'y a pas de temps perdu ; ils resteront en place, et on remplacera seulement le délégué des bouchers qui est parti pour Saint-Quentin, et celui des tanneurs-bourreliers-corroyeurs qui est mort. — 20 février 1772. Assemblée générale des habitants. On décide que les offices municipaux, créés par l'édit de novembre 1771, seront rachetés, mais on tâchera d'obtenir diminution de la somme de vingt mille livres fixée pour le rachat, attendu que la ville n'a que six cents feux et que l'office de procureur du Roi est actuellement possédé par un titulaire qui en a fait l'acquisition depuis l'édit de novembre 1733, auquel on paie annuellement 90 livres de gages sur le patrimoine de la ville, et qui prétend que son office n'a pas été supprimé par l'édit de juillet 1758. — 20 mars 1772. La somme de vingt mille livres fixée pour l'achat des charges municipales devant être versée dans le délai d'un mois, on décide d'en faire l'emprunt au moyen de vingt actions de mille livres, qui toucheront chaque année 50 livres d'intérêt (premier paiement au 15 avril 1773). Les actions seront remboursées, en vingt ans, à 1.200 livres, non compris les 50 livres d'intérêt. Le premier tirage aura lieu le 1er mars 1773. Au bout de ce temps, la ville sera libérée et aura déboursé 34.500 livres, ayant emprunté à 6 % seulement; ce projet fut approuvé par un arrêt du Conseil, en date du 4 août suivant. — 21 juin 1772. Assemblée générale. On décide d'interjeter appel d'un jugement récemment rendu par le lieutenant-général du bailliage et ordonnant au greffier de la ville de Chauny de donner communication au procureur du Roi, quand il le requerra, des registres d'audience et actes, tant civils que criminels, concernant la justice municipale. — 11 novembre 1772. Nomination de deux échevins, pour compléter le corps municipal. — 26 janvier 1773. Nomination de Louis-Pierre Le Roux, marchand, âgé de 33 ans, comme homme vivant et mourant, sous le nom duquel il sera délivré des provisions de tous les offices municipaux. — 17 mars 1773. Assemblée générale. Le maire expose que l'assemblée générale du 9 décembre 1767, avait déjà demandé la distraction d'une portion des pâtures communes pour payer, tant la pension de 200 livres faite au médecin, que les autres charges annuelles ; depuis, comme on a emprunté encore 20.000 livres, les officiers municipaux ont cru bien faire en obtenant du Conseil d'Etat un arrêt, le 9 juin dernier, qui accorde la distraction de 50 arpents de pâture commune pour être convertis en prés fauchables ou en terres labourables, et le produit appliqué au profit de la ville ; ils demandent à l'assemblée d'approuver leur conduite, ce qui a lieu par 19 voix contre 6. — 25 janvier 1774. Le bureau ordinaire nomme François Delécluze chirurgien de l'Hôtel-Dieu, en remplacement de son père ; le 18 février, on lui nomme un adjoint, le sieur Penant. — 16 août 1774. Enregistrement d'une lettre du marquis de Barbançon, inspecteur général de cavalerie;

il annonce qu'il a donné des ordres pour faire mettre en prison, pendant trois mois, les jeunes gens du Colonel-général-dragons qui ont coupé des arbres sur les promenades, et qu'il accorde 50 louis d'indemnité à la Ville. — **20 mars 1775.** On délègue le sieur Demory des Gravières, procureur du Roi de la ville, pour la représenter dans l'enquête que le sieur Hangard, doyen de la cathédrale de Noyon, a été chargé, par l'évêque, de faire au sujet de la situation misérable des Cordelières de Chauny ; le délégué aura pour mission de protester contre la translation des religieuses, pour les raisons suivantes : 1° Il y a 13 religieuses, 3 converses et 4 domestiques, qui ont 200 setiers de blé de revenus et 1.800 livres en argent, plus 2.000 livres qu'elles reçoivent de la Commission ordonnée pour le soulagement des pauvres communautés religieuses, et 1.050 livres pour la pension des 4 pensionnaires actuelles ; en déduisant 460 livres de charges annuelles, il reste 4.390 livres en argent et 200 setiers de blé, ce qui est suffisant, à la rigueur ; 2° L'objet de l'institution de ce couvent est l'instruction de la jeunesse, ce que les religieuses ont fait, jusqu'en 1755, à la satisfaction générale ; 3° Il sert d'asile aux personnes qui n'auraient pas assez de ressources pour tenir maison ; 4° Les religieuses étant très âgées pour la plupart, elles pourront subsister quand leur nombre sera diminué de moitié, surtout si on leur continue la subvention de deux mille livres ; 5° La décadence de la maison vient d'une mauvaise administration, du peu d'économie et du défaut de subordination : ces défauts peuvent être corrigés ; 6° Quant aux dettes, qui montent à vingt mille livres, on y pourvoirait avec le temps. — **31 mars 1775.** Assemblée générale au sujet de la nomination d'un maître d'école pour la paroisse Saint-Martin. Il avait été question de faire venir des Frères des Ecoles chrétiennes, mais ce projet est écarté comme trop onéreux pour les finances de la ville. Jean-Charles Dubois, ancien maître d'école à Beautor, est nommé : il aura le logement et 40 setiers de blé sur le bien des pauvres. — **21 novembre 1775.** Louis Moulin annonce que, le 12 de ce mois, il a été nommé maître d'école par le prieur-curé et les marguilliers de Notre-Dame : on lui alloue 15 setiers de blé sur le bien des pauvres. — **1er octobre 1776.** Nomination de Claude-Antoine Richard comme boursier pour huit années, en remplacement de Charles-Etienne Belin. — **25 février 1777.** On commande à Jean-Baptiste Quéquet, horloger à Chauny, une horloge neuve, au prix de 1600 livres. — **14 mai 1778.** Claude-Antoine Richard ayant donné sa démission, sa bourse est attribuée pour huit années à Charles-René-Constant Desprez. — **16 avril 1779.** On décide d'envoyer des protestations à l'évêque de Noyon contre le décret, rendu par lui le 19 juin 1775, portant suppression du monastère des Cordelières et union de leurs biens à la communauté des Filles de la Croix. — **8 juillet 1779.** Réception de l'horloge neuve, qui a été visitée par Guillaume Charfe, maître-horloger à Soissons. — **8 mai 1781.** Nomination de Pierre-Louis Bourgeois, procureur et échevin, comme procureur de l'Hôtel-de-Ville, pour occuper, dans toutes les causes et contestations à venir, relatives aux biens et revenus du patrimoine, des boursiers, de l'Hôtel-Dieu et des pauvres. — **4 juin 1781.** On proteste contre la prétention qu'a manifestée le sieur Demarquette, marchand de grains, de ne pas être assujetti à la taille. — **26 juin 1781.** Les boucheries devant être reconstruites, on sera forcé de supprimer deux étaux. Nicolas-Daniel Guillaume, chanoine de la cathédrale de Laon, consentant justement à la suppression des deux qui lui appartiennent, on vote la somme de 278 livres pour rembourser audit chanoine le prix de son acquisition, faite en 1777. — **11 octobre 1781.** On décide, en assemblée générale, par sept voix contre cinq, de ne pas continuer les poursuites contre le sieur Demarquette. — **4 novembre 1781.** Relation de ce qui s'est passé, ledit jour, à l'église Notre-Dame, où l'on chantait un *Te Deum* en l'honneur de la naissance du Dauphin. Une discussion s'est engagée, au sujet des préséances, entre la milice bourgeoise et les officiers de la garnison, dont l'attitude a été peu correcte. — **22 janvier 1782.** Protestation contre la manière dont on perçoit le péage, au nom du duc d'Orléans, sur les habitants de la ville et du dehors; on décide de tâcher d'obtenir de S. A. S. la suppression de ce droit de péage, ou la cession de ce droit à la Ville, à titre de rente ou de surcens perpétuel. — **19 avril 1782.** L'assemblée exprime le vœu que les successeurs du duc d'Aumont, qui vient de mourir, ne puissent obtenir la continuation des brevets que ce seigneur avait obtenus pour la conservation de la chasse sur le territoire de Chauny, et que le soin de la conservation de cette chasse soit soumis, comme par le passé, aux officiers de la maîtrise de la ville; cette délibération fut biffée sur le registre, par arrêt du Conseil du 5 février 1785. — 12 novembre 1782. Nomination de Charles-Antoine Caron, maître d'école à Ham, à l'école de Saint-Martin, en remplacement de Jean-Charles Dubois, révoqué pour son inconduite. — 8 janvier 1783. Déclaration de vacance de la bourse accordée le 10 janvier 1775, à Jean-Nicolas Caura. — 23 février 1783. Nomination de Jean-Baptiste Penant comme boursier, pour huit années. — 11 mars 1783. Le boulanger du pain des pauvres est autorisé à ne fournir que 50 livres de pain (au lieu de 56) par setier de blé, vu la mauvaise qualité du blé. — 5 mars 1784. Nomination de Jean-François Guénin, notaire et procureur, comme receveur des deniers patrimoniaux, en remplacement de Jean-Claude Descarsin. — 17 septembre 1784. La ville ayant été obligée d'abandonner aux Minimes la maison qui leur appartient, et qui, pendant longtemps, a servi d'école pour les enfants de la paroisse Saint-Martin, on décide d'acheter, pour la remplacer, celle du sieur Marquet, située derrière l'église Saint-Martin. — 7 janvier 1785. Enregistrement de la commission d'institutrice de l'école de la paroisse Notre-Dame, donnée à la sœur Thérèse Leconte par le sieur Caillet, supérieur des écoles du diocèse. — 25 avril 1785. Assemblée générale au sujet d'une portion de prés à distraire des pâturages communs pour être convertis en prés fauchables, conformément à la délibération du 9 décembre 1767. On décide qu'il sera distrait 22 setiers d'une part, et 50 setiers de l'autre, qui seront entourés de fossés; le produit du fermage servira à acheter des meubles pour les casernes, afin de dispenser les habitants de la fourniture desdits meubles aux officiers et cavaliers. — 2 décembre 1785. La communauté des notaires et procureurs ayant remboursé à l'Hôtel-Dieu 1000 livres (sur les 2000 qu'elle lui avait empruntées en septembre 1780), on décide de chercher à replacer cet argent en rentes sur le clergé; le même jour, on enregistre un contrat de constitution de 100 livres de rente créées au profit dudit Hôtel-Dieu par le clergé, le 20 février, rente dont le capital (2500 livres) a été fourni par une personne bienfaisante, qui désire garder l'anonyme. — 22 mai 1786. Nomination d'Augustin-Louis-Simon Belier comme boursier, pour huit ans, en remplacement du sieur Desprez. — 15 septembre 1786. Nomination de François Petit comme maître d'école de Notre-Dame, en remplacement de Charles-Antoine Caron, révoqué comme menant une conduite irrégulière. — 16 février 1787. François Nicq, serrurier, et sa femme adressent une réclamation au sujet de la maison qu'ils occupent, rue du Pont-Royal; elle tombe de vétusté et, de plus, elle est chargée envers les pauvres d'un surcens de huit setiers de blé, qui dépasse la valeur de la maison. S'il y a des ordonnances favorisant l'affranchissement des surcens ou rentes foncières sur les maisons des villes, pour en faciliter la décoration, ce serait bien à eux à en profiter. En effet, lors de la création de la rente dont il s'agit, c'est-à-dire il y a plus de deux cents ans, le blé valait au plus 12 sols le setier; le donateur n'entendait donc ne donner que 8 fois 12 sols, ou 4 livres 16 sols; mais aujourd'hui la charge est d'au moins 40 livres. En outre, depuis l'établissement des vingtièmes, on n'en a jamais tenu compte à Nicq et à sa femme, ni à leurs auteurs; et, cependant, les pauvres ne payant pas de décimes doivent des vingtièmes. Enfin, les titres ne spécifiant pas en quelle espèce de blé la rente est due (froment, muage ou méteil), ne doit-on pas interpréter ce silence à la décharge du débiteur, et regarder la redevance comme exigible en blé méteil? L'assemblée, pour encourager la reconstruction de la maison de Nicq et de sa femme, arrête que le surcens sera payé, non en blé, mais en argent, à raison de trois livres du setier, soit 24 livres, à la charge par les réclamants de demander les vingtièmes dont on ne leur a pas tenu compte jusqu'ici. — 29 juin 1787. Relation d'une cérémonie dans laquelle le subdélégué, au nom de l'Intendant, donne une somme de cent livres à une jeune fille de Caillouël, Marie-Anne Bara, qui, le 9 de ce mois, vers 9 heures du soir, sauva la vie à une enfant de dix ans, qu'un loup voulait entraîner dans une pièce de seigle et qui fut forcé de lâcher prise. Le maire couronne la jeune fille à son tour et lui remet une somme de 24 livres. Le même jour, on décide que la ville contribuera pour 1200 livres à la reconstruction de la maison d'école de la paroisse Notre-Dame. — 16 décembre 1787. A cette date a été inscrit sur le registre copie d'un « Mémoire présenté à l'administration « provinciale du Soissonnais par les officiers « municipaux, principaux habitans, commis- « sionnaires et mariniers de la ville de Chauny,

« par Me Quiche, avocat à Chauny, député « correspondant de l'élection de Noyon, pour « prouver la véracité de mettre à fin l'écluse « commencée au-dessous de Simpigny, et le « canal en projet pour y arriver ». L'auteur du projet insiste sur l'importance du port de Chauny, par où les cultivateurs d'une partie des élections de Noyon, Soissons, Laon et Saint-Quentin envoient leurs blés, avoines, foins et pailles pour l'approvisionnement de Paris. Cinq villes et 87 villages profitent de ce commerce, qui ramène dans la région quantité de numéraire. D'autre part, Chauny est bordé de bois, dont le produit en excédent est chargé sur le port de Chauny (et sur ceux de Quierzy et de Varennes), pour être amenés encore à Paris. La marine royale vient marquer dans ces bois les arbres propres pour les chantiers du Roi où se construisent les bâtiments. La manufacture de Saint-Gobain a, à Chauny, un entrepôt de glaces qu'elle fait charger sur la rivière pour conduire à Paris, à son magasin général. Ce commerce est entre les mains de plusieurs compagnies de Paris, de Versailles et de Rouen, qui ont, à Paris, des commissionnaires pour faire leurs achats; seuls les cultivateurs y participent par la vente de leurs denrées, ainsi que la classe indigente, qui est employée au chargement des denrées. Tel qu'il est, il rencontre encore des obstacles qui nuisent à son développement. Tout d'abord, au pont de Sempigny se trouve un glacis qui retient les eaux pour rendre l'Oise navigable de Chauny à cet endroit ; mais les bateaux, en franchissant ce glacis, sont livrés à des secousses qui les exposent à être brisés, ce qui est arrivé quelquefois; en outre, à la sortie du pont, les bateaux se trouvent jetés sur un gravier qui forme le quai au-dessous du pont; ils restent là quelquefois un certain temps, ce qui cause des frais et influe sur le prix primitif des denrées. Pour remédier à ces inconvénients, il suffirait de relever de deux pieds le glacis du pont de Sempigny, et d'ouvrir un canal qui irait de l'angle de la rivière avant Sempigny, droit à Pont-l'Evêque, terminé par une écluse. La nécessité de ce canal et de cette écluse a été sentie il y a longtemps. Avec beaucoup d'habileté, les entrepreneurs du canal de Picardie se sont fait autoriser à considérer l'Oise, de Chauny à Pont-l'Evêque, comme une suite du canal qui finit à Chauny, et à faire au-dessous de Sempigny le canal et l'écluse, même à percevoir sur les bateaux passant au pont de Sempigny les mêmes droits que s'ils avaient passé par toutes les écluses du canal, depuis Saint-Quentin. Ayant obtenu cette autorisation, ils ont bâti, au milieu de la prairie, une écluse qui ne sert à rien, et fait mettre sur le pont de Sempigny une grosse chaîne pour barrer la rivière, qu'ils n'ouvrent que quand les mariniers ont payé les droits. Cette perception de droits est un abus criant, puisqu'ils n'ont accompli qu'une partie de leurs obligations, et ce n'est qu'après le percement du canal qu'ils auraient pu les percevoir. Leur écluse même n'est pas à l'abri des critiques. Elle n'a que vingt pieds, tandis qu'elle eût pu en avoir 26; mais les entrepreneurs l'ont fait exprès, car ils perçoivent leurs droits par bateau et non au prorata des marchandises qu'ils contiennent; ils avaient intérêt à ne laisser passer que des petits bateaux, pour multiplier les droits. Les entrepreneurs disent que si l'écluse avait 26 pieds, elle serait de 6 plus large que le canal de Saint-Quentin, et cela nuirait au commerce du canal. L'erreur est manifeste, car on éviterait les transbordements. Actuellement, les mariniers paient aussi cher pour aller de Chauny à Pont-l'Evêque que de Pont-l'Evêque à Paris. En effet, après l'écluse de Sempigny, de la charge de deux petits bateaux, ils en font la charge d'un grand. S'ils faisaient cette opération à Chauny, au sortir du canal, ils gagneraient les frais de transports et les droits jusqu'à Pont-l'Evêque. Sur un bateau de 24 ou 26 pieds de largeur, ils pourraient charger 15.000 de foin ou de paille ou 130 muids de grain, tandis qu'actuellement ils ne peuvent charger que 5 à 6.000 de fourrages ou 60 muids de grain. Ce serait une grande économie de temps et d'argent. Il serait facile d'y arriver, en démontant une pile qui serait reculée de six pieds pour avoir la largeur voulue, puis il y aurait à ouvrir le canal arrivant à l'écluse et à relever le glacis du pont de Sempigny. De plus, les bateaux échouent souvent au passage des Grands Cornets, en-dessous de Pont-l'Evêque; l'écluse obvierait à cet inconvénient, car on lâcherait l'eau après le passage des bateaux, et les mariniers n'auraient plus à acheter l'eau aux meuniers pour traverser cet endroit. On peut ajouter qu'il faudrait améliorer le chemin du port de Chauny, et le paver sur une longueur d'environ neuf cents toises; d'autre part, les droits d'écluse, quand le canal sera fait, devront être proportionnels à la grandeur des bateaux. Le Mémoire se termine par une protestation contre une nouvelle injustice des entrepreneurs du canal. Il prend fin à Chauny par une écluse, vis-à-vis de la rue de la Chaussée. Au-dessous, pour communiquer avec la rivière, est un bassin de 36 toises de long, où stationnent les bateaux. Auparavant, il n'y avait là aucun droit perçu; mais, depuis le 1er décembre 1787, ces Messieurs ont barré le bassin par une grosse chaîne, et ne laissent sortir aucun bateau, petit ou grand, sans qu'il ait payé 5 livres, ce qui soulève de nombreuses protestations. — 24 avril 1789. Le sieur Bourgeois, premier échevin, appelle l'attention des officiers municipaux sur la situation du bien des pauvres. Ses revenus sont ordinairement de 600 setiers de blé et près de 600 livres d'argent, mais, à cause de la grêle de juillet 1788, les cultivateurs n'ont pu payer leur fermage, et la rigueur de l'hiver a multiplié la misère. On décide d'emprunter 1500 livres sur le patrimoine des pauvres pour acheter le blé nécessaire aux besoins des indigents. — 1er mai 1789. Grâce aux mesures prises pour la tranquillité du marché, tout se passe paisiblement. — 3 mai 1789. On remercie le duc d'Aumont, qui a donné des ordres pour la destruction du gibier, et on espère qu'il continuera à persévérer dans cette voie. En effet, le gibier tué (221 lièvres et un nombre indéterminé de perdrix) ne forme pas la sixième partie de ce qui s'y trouve; en deux jours, on en assommerait plus à coups de bâton qu'on en a tué à coups de fusil en une semaine. — 25 juin 1789. Les sieurs Desforges, Hébert et Boileau de Maulaville prêtent 1800 livres pour payer 5 muids de blé qui ont été achetés à Soissons pour l'approvisionnement de la ville, au prix de 330 livres le muid, et le transport de ces denrées. — 16, 17 et 23 août 1789. Organisation de la milice nationale, dont le commandant est le sieur Hébert fils, maître particulier des Eaux-et-Forêts. — 7 novembre 1789. On décide que le droit de péage dû au duc d'Orléans, qui continue d'être perçu, malgré l'arrêt de suppression du Conseil d'Etat du 10 mars 1771, ne le sera plus désormais; celui qui était perçu au profit du patrimoine est aboli d'un consentement unanime; enfin, pour celui qui appartient au duc d'Aumont, on le priera de consentir à sa suppression. — 21 novembre 1789. On décide d'envoyer une adresse aux maire et échevins de Paris, pour leur demander d'envoyer à Chauny un ingénieur hydraulicien pour étudier les obstacles qui s'opposent au développement du commerce sur la rivière d'Oise (pont de Sempigny, écroulé depuis « nombre d'années », et dont les débris rendent le passage difficile, mauvaise fixation du point d'eau des moulins de Chauny qui retient les eaux, etc.). — 7 décembre 1789. Les sieurs Flamand, lieutenant-général, et Hébert fils, maître particulier, sont délégués à Paris pour exprimer à l'Assemblée Nationale le dévouement et la soumission des habitants de Chauny, lui présenter des dons et offrandes patriotiques, et tâcher d'obtenir l'établissement d'un district et la conservation de la justice royale, etc.

BB. 34. (Liasse). — 37 pièces, papier.

1653-1654. — Extraits de délibérations. — Délibérations relatives à une députation envoyée au maréchal d'Estrées, à des travaux à faire aux fossés « joingnant le bastion du Roy », au remplacement de feu Pierre Pestel l'aîné, greffier de la ville, aux exigences des officiers et soldats du régiment d'infanterie de Clérembault et des huit compagnies de cavalerie du régiment de Créquy en garnison dans la ville, etc.

BB. 35. (Liasse). — 28 pièces, papier.

1556-1634. — Procès-verbaux de nominations d'officiers municipaux. — Juin 1556. Liste des jurés, échevins, mayeurs d'enseignes et autres officiers municipaux élus pour la présente année 1556-1557. — Mêmes listes, plus ou moins complètes, pour les années 1595-1596 à 1634-1635.

BB. 36. (Liasse). — 5 pièces, papier.

1722-1789. — Procès-verbaux de nominations d'officiers municipaux. — Juin 1722. Liste des maire, jurés, échevins et officiers divers élus pour l'année 1722-1723. — Mêmes listes (présentant quelques lacunes) pour les années 1723-1724 à 1789.

BB. 37. (Liasse). — 24 pièces, papier.

1765-1771. — Procès-verbaux d'élection de notables en vertu des édits de mai 1763 et d'août 1764. — 21-22 juin 1765. Election de diverses notabilités, nommées à raison d'un représentant par chacun des corps suivants: noblesse ; bourgeois vivant noblement ; « commençaux » ; arts libéraux ; ecclésiastiques ; notaires et procureurs ; officiers de la maîtrise des Eaux-et-Forêts ; maçons (avec les charpentiers, couvreurs, menuisiers et plâtriers) ; cordiers (avec les tisserands, manneliers, chaudronniers, chapeliers et tourneurs) ; perruquiers, bouchers ; tanneurs (avec les bourreliers, cordonniers et mégissiers) ; négociants (avec les commerçants en gros et en détail et marchands ayant boutique ouverte) ; meuniers (avec les boulangers, cabaretiers, traiteurs et pâtissiers) ; bonnetiers ; laboureurs et jardiniers ; horlogers (avec les serruriers, maréchaux et taillandiers) ; tailleurs d'habits (avec les tonneliers) ; bardeurs (cette liste ne paraît pas complète), etc.

BB. 38. (Liasse). — 6 pièces, parchemin ; 15 pièces, papier.

1535-1671. — Administration et élections municipales ; arrêts et règlements divers. — 21 juin 1535. Prestation de serment, devant le lieutenant-général du bailliage, par Jacques Pioche le jeune et Jean l'Eleu l'aîné, élus, la veille, échevins pour le Roi. — 10 mai 1542. Arrêt du Parlement ordonnant que les échevins pour le Roi seront présentés par les maire et jurés de Chauny au bailli, pour qu'il reçoive et prenne leur serment. — 4 décembre 1565. Arrêt du Parlement approuvant les élections municipales faites en la présente année, en dépit de l'opposition de François de Hangest, gouverneur de Chauny, seigneur de Genlis, et ordonnant qu'à l'avenir tous les manans et habitants de la ville (sujets du Roi et payant les subsides et charges ordinaires) contribueront à l'élection des maire et jurés, qu'en outre, les jurés seront nommés pour cinq ans, etc. — 2 octobre 1671. Arrêt du Conseil d'Etat approuvant les élections faites, les 20 et 21 septembre précédents, d'un maire, de quatre jurés, d'un procureur d'office et d'un greffier, malgré l'opposition du sieur de Sinceny, gouverneur de la ville, qui en demandait l'annulation, etc.

BB. 39. (Liasse). — 1 pièce, parchemin ; 40 pièces, papier.

1705-1772. — Administration et élections municipales ; arrêts et règlements divers. — 1er juin 1720. Ordonnance de l'Intendant Turgot, maintenant dans ses fonctions Florent Gouillart, titulaire de l'office de premier échevin de la ville de Chauny, qui a été rétabli dans tous ses droits par arrêt du Conseil du 28 juillet 1719 ; le sieur Gouillart tiendra, après le maire, le même rang et séance que tenait le premier juré électif, et dorénavant on n'élira que trois jurés au lieu de quatre. — 27 juillet 1731. Arrêt du Conseil d'Etat réglementant l'élection du maire de Chauny. — 14 février 1744. Ordonnance de l'Intendant Meliand, portant que le sieur Béguin, avocat du Roi de l'Hôtel-de-Ville de Chauny, représentera le procureur du Roi dans les bureaux ordinaires et extraordinaires dudit Hôtel-de-Ville. — 27 septembre 1772. Arrêt du Conseil d'Etat portant que, dorénavant, le corps municipal de Chauny sera composé d'un maire, de quatre jurés ou échevins, d'un procureur du Roi, d'un greffier-secrétaire et d'un receveur des deniers patrimoniaux et d'octrois, etc.

BB. 40. (Liasse). — 45 pièces, papier.

1747-1774. — Administration et élections municipales ; correspondance. — 4 février 1747. Envoi, par l'Intendant Meliand, de deux exemplaires de l'arrêt du Conseil, du 27 décembre 1746, réunissant aux corps des villes et communautés de la généralité de Soissons les offices municipaux restant à vendre de la création de novembre 1733. — 20 juin 1765. Lettre écrite de Péronne, signée Dehaussy de Robécourt, et adressée au sieur Roger de Montbrun, notaire et procureur à Chauny, au sujet « du parti « que prend l'Hôtel de Ville de Péronne sur « l'édit du mois de mai 1765 » ; on y trouve des détails sur ce qui a été fait à Saint-Quentin à propos de la même affaire. — 2 juin 1766. Lettre adressée au Contrôleur général, par les maire et jurés de Chauny, relativement aux difficultés qu'ils ont avec les officiers du bailliage, au sujet des adjudications à loyer des biens patrimoniaux. — 12 février 1772. Lettre du duc d'Aumont, annonçant aux maire et échevins qu'il est impossible de leur accorder la faculté d'acquérir la seule charge de maire, mais que la ville sera admise à acquérir tous les offices municipaux qui lui seront laissés, par modération, pour 20.000 livres en argent, etc.

BB. 41. (Liasse). — 1 pièce, parchemin ; 30 pièces, papier.

1392-1788. — Gardes-verdure ; correspondance et pièces diverses. — 16 novembre 1392. Lettres royales maintenant les maire et jurés dans le droit de nommer des « messiers, pour garder « les biens qui sont aux champs, prez, vimelois

« et autres héritages », qui pourront « prenre, « saisir, arrester et admener prisonniers ès « prisons de ladicte ville » tous ceux qu'ils trouveront « faisans domages esdiz biens ». — 6 mai 1763. Réception d'Etienne Mennessier, comme garde-verdure du faubourg de Senicourt. — 26 avril 1788. Réception de Charles Foulon comme garde-verdure du terroir de Chauny, etc.

Série CC

Impôts et Comptabilité.

CC. 1 (Registre in-f°). — 83 feuillets, papier.

1531-1532. — Compte des recettes et des dépenses faites par Jean Quillart, argentier. — Au chapitre V des recettes (amendes de police), on voit Pierre Régnier condamné à 15 sols d'amende pour avoir fait son pain de 3 deniers du poids de 8 onces au lieu de 8 onces et demie; Jehannet Le Brun, mercier, à 10 sols (dont la moitié pour l'église Saint-Martin) pour jurements et blasphèmes; Nicolas Rohart, à 8 sols, « pour avoir mené les filles joyeuses en « leur maison ès faulxbourgs Saint-Martin du- « dict Chauny », etc. On donne, aux sergents et guets de nuit, 12 sols pour avoir servi et accompagné le maire durant les trois jours de la fête de Saint-Jean Décolasse, 5 sols pour avoir fait le guet une nuit, « affin de garder les « larrons qui robboient le vin sur les chariotz « quy arrivoit audict Chauni, dont le bruit « couroit lors »; au prêtre qui a célébré la messe, tous les vendredis, dans la chapelle du beffroi, 6 livres, 5 sols. Le maire et les jurés dépensent 4 livres, 15 sols le jour du renouvellement du serment des bouchers et du bail des étaux, 4 livres, 13 sols « après le bail des prez des Navoirs », etc. On offre du vin à divers personnages de passage à Chauny (Nicolas Baufin, maire de Saint-Quentin, «Mgr de Vendôme, Mgr le Cardinal et les enffans», les archers de Soissons et de La Fère, qui étaient venus tirer l'arc à Chauny, etc.). La Reine fait son entrée dans la ville, le 20 septembre 1531: les maire, jurés et officiers du Roi portent sur sa tête « ung tabelnacle de taffetas blanc et « noir, semé de fleurs de lys et des F dessus ». A la suite des réclamations des officiers du Roi sur le pré et île des Navoirs et Petites Boucheries, le maire et le procureur de la ville vont à Paris, en février 1532, pour s'expliquer avec les commissaires enquêteurs. L'affaire n'allant pas vite, le maire et un juré repartirent, le 10 mars suivant, avec un homme de pied conduisant une jument chargée de fromages, pour présenter aux commissaires enquêteurs, et descendirent rue de la Huchette, à l'hôtellerie de l'Annonciation. Leur séjour dura douze jours, pendant lesquels ils dépensèrent 18 livres, 10 sols tournois, etc.

CC. 2. (Registre in-f°). — 80 feuillets, papier.

1533-1534. — Compte de Jean Quillart, argentier. — On offre du vin à la duchesse de Vendôme, au frère de la reine d'Angleterre qui suit la Cour, au sieur de Malleterre, beau-fils de Jean Tavernier, maître d'hôtel de Mgr de Brion, amiral de France; on répare la maison du pont des Navoirs; on fait une muraille en brique au beffroi de la ville, etc.

CC. 3. (Registre in-f°). — 101 feuillets, papier.

1535-1536. — Compte de Jean Quillart, argentier. — Les recettes montent à 598 livres, 13 sols, 9 deniers tournois. Antoine Tancquart, boucher, paie dix sols d'amende pour avoir tué « aulcunes blanches bestes, sans mercquer ne passer esgard », Jehannet Ledustre, mercier, cinq sols pour avoir tenu « bouticle et fenestre ouverte le jour de la foire ». Les dépenses s'élèvent à 650 livres, 8 sols, 6 deniers. On donne 4 sols aux hommes qui ont sonné « la blanche cloche » au renouvellement du maire, on dépense 4 livres, 16 sols pour deux cents et demi de tourteaux pour éclairer la ville pendant la fête de Saint-Jean Décolasse, 24 sols pour deux torches de cire servant à éclairer le maire quand il se promène dans la ville, pendant les trois jours de la fête, 20 sols parisis pour les « joueurs de personnaiges qui ont « esté ceste présente année à Laon et au retour ». Cette année, « partie de la compai-

« gnie du seigneur de Barbezieux, gouverneur « de l'Ile de France, avoient esté logez audict « Chauny, Laon, Noion et aultres lieux », etc.

CC. 4. (Registre in-f°). — 88 feuillets, papier.

1540-1541. — Compte de Simon Dublocq, argentier. — La Ville emprunte 50 livres à la maladredie et 47 livres, 11 sols, 3 deniers à l'Hôtel-Dieu pour le curage des noelles. L'argentier rembourse à Jacques Fremin, collecteur de la taille de la paroisse Saint-Martin, six livres tournois pour la taille de Denis Pattin, docteur en médecine, qui en avait été exempté « par don gratuite, affin d'avoir les habitants « de la ville en recommandation ». Jean Richard, juré, fait deux voyages, les 5 et 6 juin, « en la ville de La Fère, pour obtenir lettres de « Madame de Vendosme adressant à Monsieur « de la Rochepot, et l'autre à Offémont par « devers ledict seigneur Monsieur de la Rochepot, pour exempter ladicte ville des gens « d'armes dudict seigneur de la Roche du « Mayne », etc.

CC. 5. (Registre in-f°). — 100 feuillets, papier.

1546-1547. — Compte de François Tavernier, argentier. — L'homme qui avait pris à bail les pressoirs à verjus devait « fournir des gens « pour servir lesdicts pressoires, et broyer les « pommeletz quy lui seroient baillez par les « habitans ». Au chapitre II des dépenses figure une rente de 50 livres, due à Antoine Caruelle, marchand à La Fère, et une de la même somme, due à Jean Berleu, bourgeois; ceux-ci avaient prêté à la Ville, en 1543 et 1544, 600 livres et 625 livres pour l'aider à payer les 1248 livres auxquelles elle avait été taxée par le bailli de Vermandois « pour la « soulde de cincquante-deux hommes de guerre « à pied durant les mois d'avril, may, juing et « juillet (1543) »; on leur avait donné une garantie hypothécaire sur le pré des Navoirs, etc.

CC. 6. (Registre in-f°). — 86 feuillets, papier.

1553-1554. — Compte de Claude Quillart, argentier. — Le portier de la porte de la Chaussée offre à la ville 27 livres, 12 sols « pour sa bien « venue et pour aider à rediffier ladicte porte, « laquelle, par l'incursion et hostilité des ennemys advenue en ce païs au moys d'octobre « cincquante-deux, avoyt esté bruslée et ruynée ». Un serrurier fournit cinq « berlière » pour pendre « les cloches de la ville, assavoir « la blanche cloche, la moienne et les quatre « appeaulx ». Il est question d'un mandement du 24 mars 1554, après le cierge bénit. On paie 12 sols tournois pour « deux muidz de fu- « taille... pour mectre les pappiers de ladicte ville », etc.

CC. 7. (Registre in-f°). — 95 feuillets, papier.

1554-1555. — Compte de Claude Quillart, argentier. — On donne 21 sols aux charpentiers qui ont monté trois pièces d'artillerie de la ville. Des hommes vont à Saint-Quentin, Péronne, Guise, Roye, La Fère, Le Catelet, Ham, Ribemont, pour avoir des nouvelles des Bourguignons. On dépense 4 livres, 12 sols tournois « en deux pistolletz, qui ont esté donnez, l'un « au secrétaire de M. le comte Ringrant, pour « une sauvegarde... dudict conte.... affin que ses « gens de guerre pistolliers (campés à Rouy) ne « fassc aulcun dommaige aux habitans d'icelle « ville, et l'autre au serviteur du prévost du « camp dudict conte, affin de faire divertir « cent pistolliers, lesquelz vouloyent entrer « audict Chauny, et les faire passer par ail- « leurs », etc.

CC. 8. (Registre in-f°). — 80 feuillets, papier.

1555-1556. — Compte de Claude Quillart, argentier. — Jean Berleu, ancien mayeur, laisse à la ville 30 livres par testament. Le comte Ringrant, colonel des lansquenets, était à Essigny-le-Grand; on va le voir pour « aucunes affaires de ladicte ville »; on envoie des pionniers « en la ville de Guyse, pour y « pionnier »; le 8 février 1556, un héraut d'armes vient publier la trève conclue entre l'Empereur et le Roi de France, etc.

CC. 9. (Registre in-f°). — 86 feuillets, papier.

1556-1557. — Compte de Claude Quillart, argentier. — François Gouvernel, peintre, reçoit 14 livres, 2 sols pour avoir peint « soixante troys « pieds de verre blanc bordé d'anticque » et pour avoir « remis à poinct les vielles ver- « rière de la chappelle de la maison de la ville « de Chauny ». Un des jurés et le greffier du bailliage vont à Reims voir « Monsieur de « Tous, conseiller du Roy..., commissaire pour « emologuer les coustumes du bailliage de « Vermendois... pour sçavoir de luy quand il « viendroit audict Chauny pour emologuer les « coustumes du bailliage dudict Chauny ». Un maître maçon reçoit 44 sols, 6 deniers pour « ung pourtraict de ladicte ville, pour porter « au Roy, après la visitacion faicte par le Roy « de Navarre d'icelle ville, que on volloit for- « tiffier », etc.

CC. 10. (Registre in-f°). — 57 feuillets, papier.

1557-1558. — Compte de Jean Brion, argentier. — Le chiffre des non-valeurs est considérable (763 livres, 14 sols sur 841 livres, 7 sols, 3 deniers de recettes). Presque toutes les maisons sur lesquelles la ville percevait un cens furent brûlées pendant l'invasion ennemie; une partie du fourrage fut consommée par les troupes françaises en garnison dans la ville (juillet), et le reste brûlé et utilisé par les ennemis qui occupèrent ensuite Chauny, etc.

CC. 11. (Registre in-f°). — 62 feuillets, papier.

1558-1559. — Compte de Jeanne Cochet, veuve de Jean Brion, argentier. — Au chapitre des vins, on voit que « le camp du Roy passa par « ceste ville pour aller à Amyens, au mois « d'aoust dernier »; le duc de Lorraine passe par Chauny pour aller au Cateau en Cambrésis. Il est aussi question du passage de plusieurs « trompettes, canonniers, tabourins et aultres « gens, le jeudy cincquiesme jour d'apvril der- « nièrement passé, qui est le jour que on publia « la paix entre le Roy de France et le Roy « d'Espagne », etc.

CC. 12. (Registre in-f°). — 66 feuillets, papier.

1561-1562. — Compte d'Antoine Ducrocq, argentier. — La Ville emprunte sur le bien des pauvres et sur celui de l'Hôtel-Dieu. Jean Le Masson, l'un des jurés, va à Paris porter ès mains des commissaires délégués « l'advis du « Tiers Estat du gouvernement et bailliage de « Chauny ». Les non-valeurs sont revenues au taux normal, etc.

CC. 13. (Registre in-f°). — 76 feuillets, papier.

1562-1563. — Compte d'Antoine Ducrocq, argentier. — On envoie un messager à Soissons, « pour entendre des nouvelles touchans aucuns « pillardz ayant pillez plusieurs villaiges allen- « tour dudict Soissons, comme Arcy-Sainct- « Restitude et aultres semblablement »; un autre va à La Fère, avec des soldats, chercher de la poudre à canon qu'il amène au port de Chauny, etc.

CC. 14. (Registre in-f°). — 64 feuillets, papier.

1563-1564. — Compte d'Antoine Ducrocq, argentier. — Un chapitre de recettes extraordinaire mentionne encore trois retardataires pour les récoltes de 1552 et 1557. Total des recettes: 770 livres, 2 sols, 2 deniers. On paie un boucher qui a fourni des moutons aux Allemands du comte Ringrant, qui étaient à Vaux-sous-Laon. Total des dépenses : 659 livres, 12 sols, 2 deniers, etc.

CC. 15. (Registre in-f°). — 58 feuillets, papier.

1564-1565. — Compte de Jean Le Masson, argentier. — On paie 20 sols pour deux serrures à broche, garnies de clefs et de pentures, pour la halle et l'Hôtel-de-Ville ; 8 livres pour 1200 ardoises pour « racoustrer le petit clochier où « est l'horloge », etc.

CC. 16. (Registre in-f°). — 71 feuillets, papier.

1565-1566. — Compte de Jean Aubé, argentier. — Deux notaires ont 15 sols pour avoir assisté les maire et jurés dans l'inventaire des comptes qui étaient dans la chambre de la ville où « on « mect tous les tiltres, papiers et comptes »; Louis Guibon, greffier de la ville, touche 108 sols, 6 deniers qui lui étaient dus pour les frais d'un procès que ladite ville avait contre Blanchet Treny, notaire et praticien, etc.

CC. 17. (Registre in-f°). — 73 feuillets, papier.

1566-1567. — Compte de Jean Aubé, argentier. — On paie 4 livres à Hans de Federicque, capitaine et prévôt des lansquenets, mari de Marie Hermand, veuve de Louis de Salzbourg, aussi prévôt de lansquenets, qui avait jadis prêté de l'argent à la ville (argent qui était remboursé par annuités); 6 livres au Chapitre de Saint-Quentin qui lui étaient dues par ledit Hans, à cause de sa maison nommée l'Aventure, sise aux environs de Chauny, et 60 sols à la maladrerie de Chauny que devait à cet établissement ledit Hans, etc.

CC. 18. (Registre in-f°). — 107 feuillets, papier.

1567-1568. — Compte de Jean Aubé, argentier. — Les capitaines Bernard et Arragos étaient postés à Sinceny, avec leurs compagnies, « penssans entrer en garnison en ceste ville », du 10 au 14 mai 1568; la ville leur expédie des pigeons, des maquereaux, du pain blanc. Un messager est envoyé, « aux troubles dernières », au gouverneur de Soissons, « pour avoir secours

« des gendarmes estans audict Soissons, à cause « que les soldars de La Fère venoyent assiéger « ladicte ville de Chauny », etc.

CC. 19. (Registre in-f°). — 68 feuillets, papier.

1568-1569. — Compte de Jean Aubé, argentier. — On dépense 95 livres, 3 sols, dont 75 livres données par le receveur du bien des pauvres pour réparation du pont de pierre hors la porte de la Chaussée. On achète de la poudre, qui servit à faire partir des charges d'artillerie quand le maréchal de Montmorency, gouverneur de l'Ile-de-France, fit son entrée à Chauny ; on recommencera, le dimanche de la Mi-Carême, pour remercier Dieu de la victoire gagnée sur le prince de Condé, etc.

CC. 20. (Registre in-f°). — 83 feuillets, papier.

1569-1570. — Compte de Jean Ducrocq, argentier. — On achète un crucifix pour mettre en la chambre de l'auditoire, 14 fromages (payés 7 francs, à raison de 16 sols pour franc), dont 8 vont aux élus de Noyon faisant le département des tailles et 6 au payeur de la compagnie Emery, « affin de toucher deniers » pour les fournitures faites à la garnison, etc.

CC. 21. (Registre in-f°). — 75 feuillets, papier.

1570-1571. — Compte de Jean Ducrocq, argentier. — Au chapitre des officiers figure un chirurgien « commis aux pestiférez ». Passent à Chauny l'évêque de Bayeux, celui de Soissons, qui vient bénir le cimetière Saint-Martin, etc.

CC. 22. (Registre in-f°). — 70 feuillets, papier.

1570- 1571. — Double du compte précédent.

CC. 23. (Registre in-f°). — 50 feuillets, papier.

1571-1572. — Compte de Claude Tavernier, argentier. — Jean Le Masson, juré, fait un voyage à Laon, « pour la consultation du procès de Jannée Caves et Gérarde de la Haye, « suspectées sorcières » ; ces femmes étaient en prison à Chauny, où Constant Delescluze, sergent à verge et garde des geôles, leur fournit du pain du 12 septembre au 17 novembre. Il est question d'une maison que louait la ville pour y tenir « les escolles des povres gens », etc.

CC. 24. (Registre in-f°). — 51 feuillets, papier.

1572-1573. — Compte de Claude Tavernier, argentier. — Un cordonnier paie 8 sols d'amende pour avoir fait des souliers avec une semelle de cuir de cheval ; un foulon, 10 sols pour avoir joué aux cartes le dimanche. Raoul Sandra reçoit 10 livres par an « pour endoctriner la jeunesse », etc.

CC. 25. (Registre in-f°). — 46 feuillets papier.

1573-1574. — Compte de Claude Tavernier, argentier. — Dans le chapitre des amendes, on voit que le vin de « Gasconne » se vendait XIIII sols, celui d'Orléans, XII sols, celui du pays, seulement VIII et IX sols ; tous devaient être afforés, sous peine d'amende. Passent à Chauny le sieur de Bouchavesne, gouverneur de Coucy, le grand prieur, frère du Roi, etc.

CC. 26. (Registre in-f°). — 51 feuillets, papier.

1574-1575. — Compte de Quentin Allart, argentier. — Un sergent royal paie 20 sols d'amende pour avoir passé la rivière de nuit. On donne à un autre sergent royal 60 sols pour avoir aidé « à ravoir une selle et bride qui « avoient esté perdue par le Roy de Navarre, « lorsqu'il print son cheval pour courir la « poste », etc.

CC. 27. (Registre in-f°). — 76 feuillets, papier.

1575-1576. — Compte de Quentin Allart, argentier. — Nicolas Laurin, verrier, répare les verrières de la chapelle de l'Hôtel-de-Ville et fournit « vingt piedz de verrière, tant en l'audi- « toire de ladicte ville qu'en la chambre « haulte ». On offre des tartes de divers fruits à Madame de Salency, femme du gouverneur, etc.

CC. 28. (Registre in-f°). — 63 feuillets, papier.

1576-1577. — Compte de Jean Lempereur, argentier. — Le comptable va, avec le maire et le procureur du Roi, « présenter les doléances « de la ville en l'assemblée des Estat » au duc de Montmorency, qui était à Senlis. Le maire va à Laon, « pour entendre à la cotizacion des « sallaires de celuy qui a esté aux Estat à « Blois », etc.

CC. 29. (Registre in-f°). — 62 feuillets, papier.

1577-1578. — Compte de Jean Lempereur, argentier. — Un cordonnier paie 37 sols, 6 deniers pour injures proférées contre les égards des cuirs et souliers de la ville ; un boulanger, 20 sols pour avoir refusé de faire chef-d'œuvre. On offre du vin à la reine de Navarre, à la comtesse de Chaulne, etc.

CC. 30. (Registre in-f°). — 59 feuillets, papier.

1578-1579. — Compte de Philippe Masson, argentier. — Un capitaine et un sergent séjournent à Chauny pour la garde « d'icelle » durant le temps « que le camp et armée de Mon« seigneur le duc, frère du Roy, a passé allen« viron de ceste dicte ville »; ce camp empêcha la foire de Saint-Jean Décolasse. Un marchand reçoit un écu pour fourniture de nappes, serviettes, étains et verres aux repas faits après la reddition du compte précédent, le dimanche et le lundi qui ont suivi l'élection du nouveau maire, etc.

CC. 31. (Registre in-f°). — 60 feuillets, papier.

1579-1580. — Compte de Philippe Masson, argentier. — On achète une aune un tiers de drap rouge et tanné, à 6 livres l'aune, pour un « saye de colleur », à l'usage de Jean Gaudefrin, sergent et guet de la ville, etc.

CC. 32. (Registre in-f°). — 46 feuillets, papier.

1580-1581. — Compte de Philippe Masson, argentier. — On donne deux écus un tiers à un homme du Bailly qui avait logé, en sa maison, les enfants de feu François Morel, « quy estoient « malade de maladie contagieuse durant la « peste,par quoy il auroit quitté sa maison et « son jardin chargé de choux, porreaulx et « autres raves », etc.

CC. 33. (Registre in-f°). — 50 feuillets, papier.

1581-1582. — Compte d'Antoine Lebel, argentier. — On donne cent sols à celui qui a fait le rôle et l'assiette d'une crûe que le Roi a levée par lettres patentes du 30 janvier 1582, « pour « satisfaire aux despens qu'il lui a convenu « faire pour... conserver en son obéissance au« cunes villes et places du marquisat de Sa« luce », etc.

CC. 34. (Registre in-f°). — 66 feuillets, papier.

1582-1583. — Compte d'Antoine Lebel, argentier. — On offre du vin aux évêques d'Amiens et de Beauvais, 12 bouteilles au Roi « passant « sur le grand chemin, revenant de Liesse ». On fournit 1684 pains pour les Suisses qui étaient à Pont-l'Evêque, on achète du taffetas de couleur pour pendre les clefs de la ville, etc.

CC. 35. (Registre in-f°). — 31 feuillets, papier.

1582-1583. — Double du compte précédent.

CC. 36. (Registre in-f°). — 56 feuillets, papier.

1583-1584. — Compte de Jean Lempereur, argentier. La Ville emprunte 15 écus, 10 sols (45 livres) au bien des pauvres pour nettoyer la noelle des boucheries (travail qui sera fait par les pauvres). On offre 3 pots de vin à Monsieur, frère du Roi, qui passa à La Fère les 6 et 7 août; 14 à la Reine Mère et à plusieurs dames de sa suite, etc.

CC. 37. (Registre in-f°). — 62 feuillets, papier.

1584-1585. — Compte de Jean Lempereur, argentier. — Guillaume Petit a 30 sols d'amende pour avoir exposé en vente « de la chair quy « n'estoict bealle ». Denis Ragant, 60 sols pour « avoir usé de propos arrogans contre Monsieur « le Mayeur Du Jay, le voullant envoyer à la « porte », etc.

CC. 38. (Registre in-f°). — 45 feuillets, papier.

1585-1586. — Compte de François de Bouxin, argentier. — On achète, à Brétigny, 18 bottes de lin pour présenter à MM. les Trésoriers de France établis à Amiens, pour avoir leur avis sur « le reiglement et cotte des tailles des habi« tans, allencontre des habitans de Noyon,» etc.

CC. 39. (Registre in-f°). — 43 feuillets, papier.

1586-1587. — Compte de François de Bouxin, argentier. — Deux hommes vont à Coucy chercher deux « boicteaulx » que l'on conservera dans l'Hôtel-de-Ville, et qui serviront à mesurer le sel de l'impôt de la ville. On paie 4 livres pour avoir une copie du règlement du bureau des pauvres de Noyon, « affin d'establir ung « bureau desdicts pauvres à Chauny », etc.

CC. 40. (Registre in-f°). — 47 feuillets, papier.

1587-1588. — Compte de N. (1), argentier. — On achète, pour 4 livres, 4 sols, une douzaine et demie de fromages pour présenter au sieur Le Thuillier, général des réparations de Picardie, pour le disposer en faveur des habitants et essayer d'obtenir « lectres de renou« vellement des dons et octroiz de ladicte « ville », etc.

CC. 41. (Registre in-f°). — 84 feuillets, papier.

1588-1589. — Compte de N. (1), argentier. — Toussaint Potier, potier d'étain, a 30 sols pour

(1). Nom illisible en raison du mauvais état de conservation du registre.

avoir mis 50 livres de plomb en balles pour servir aux arquebuses à croc ; Toussaint Caron, dit « Grand Père », et autres, 115 sols, 10 deniers pour avoir travaillé une semaine aux fossés de la ville, etc.

CC. 42. (Registre in-f°). — 49 feuillets, papier.

1589-1590. — Compte de Jean Richard, argentier. — On livre des fagots aux soldats de la compagnie du sieur de Liancourt qui ont fait garde sur les bastillons de la ville le 26 janvier 1590 et jours suivants ; on va rompre le pont d'Ognes, ceux d'Abbécourt et ceux de Quierzy ; on achète une livre d'oing pour « engresser » l'artillerie de la ville, etc.

CC. 43. (Registre in-f°). — 44 feuillets, papier.

1590-1591. — Compte de Jean Richard, argentier — Jacob Pioche a 30 sols d'amende pour « avoir faict ses necessitez sur les rampars de « ladicte ville ». On achète deux cents de tourteaux « pour esclairer le Roy, nostre sire, quand « il est arrivé le soir audict Chauny (le 14 « novembre) », etc.

CC. 44. (Registre in-f°). — 44 feuillets, papier.

1591-1592. — Compte de Jean Richard, argentier. — On offre du vin au Roi qui était au logis du comte de Chaulnes le 26 juillet 1591. Le compte de l'argentier est arrêté en la chambre de l'auditoire par les maire et jurés, en présence du procureur d'office de la ville, du comptable, des échevins et mayeurs d'enseignes, le 19 juin 1592, etc.

CC. 45. (Registre in-f°). — 38 feuillets, papier.

1592-1593. — Compte de Jean Richard, argentier. Il n'y eut pas de foire cette année, à cause des guerres. La plupart des prés communaux ne trouvèrent pas preneurs, même pour rien, à la seule condition de faucher. On offre du vin aux élus de Noyon qui vinrent bailler les fermes le jour de Notre-Dame de septembre, etc.

CC. 46. (Registre in-f°). — 39 feuillets, papier.

1593-1594. — Compte de Jean Richard, argentier. — On donne 6 livres au laquais du Roi qui a apporté une lettre annonçant aux maire et jurés la reddition de la ville de Paris ; on fait un feu sur le marché, pour « brus« ler ung chasteau, faict de papier, que les « soldartz avoient faict », etc.

CC. 47. (Registre in-f°). — 53 feuillets, papier.

1595-1596. — Compte de Claude Lhostellier, argentier. — Un chapitre de recettes extraordinaires comporte: 1° une contribution des villages environnants, en remplacemeent des blés fournis au Roi pour le siège de Laon (1576 écus, 41 sols); 2° une série d'emprunts faits aux collecteurs du sel, au receveur du bien des pauvres, au receveur de l'aide, etc. Les recettes montent à 6.874 livres, 19 sols, 2 deniers; les dépenses et remises à 4.929 livres, 10 sols, 4 deniers, etc.

CC. 48. (Registre in-f°). — 42 feuillets, papier.

1596-1597. — Compte de Jacques Tiersonnier, argentier. — Il est question de canons qui sont, les uns sur les remparts, les autres à la halle; de 11 futailles où sont les poudres de la ville. Des médecins et chirurgiens s'assemblent pour visiter les malades et morts de la contagion à Chauny, Senicourt, faubourg Saint-Martin et autres lieux, etc.

CC. 49. (Registre in-f°). — 37 feuillets, papier.

1597-1598. — Compte de Jacques Tiersonnier, argentier. — Pierre Le Masson, marchand, paie dix écus d'amende pour avoir brisé les prisons de la ville, et s'être évadé d'icelles, avoir écrit lettres diffamatoires et avoir manqué à sa garde. On procède à la visite et à l'arpentage des nouveaux prés des Navoirs, etc.

CC. 50. (Registre in-f°). — 37 feuillets, papier.

1598-1599. — Compte de Jacques Tiersonnier, argentier. — Le gardien des Cordeliers de Noyon prêche l'Avent et touche dix écus. On dépense, rien qu'en pain, 17 livres tant au festin fait à l'Hôtel-de-Ville pour fêter la paix, qu'à la reddition du précédent compte, etc.

CC. 51. (Registre in-f°). — 35 feuillets, papier

1599-1600. — Compte de Jacques Tiersonnier, argentier. — Le maire et Jacques Parmentier vont à Paris pour la continuation des affranchissements de tailles. — Total des recettes : 948 livres, 15 sols, 4 deniers ; des dépenses et remises: 934 livres, 4 deniers, etc.

CC. 52. (Registre in-f°). — 38 feuillets, papier.

1600-1601. — Compte de Jacques Tiersonnier, argentier. — Samson Cabotin paie cent sols d'amende pour avoir blessé à sang son serviteur. Les bourgeois reçus paient 7 livres, 10 sols tant pour droits anciens qu'en remplacement du dîner qui avait lieu ordinairemeent et auquel assistaient les maire et jurés, etc.

CC. 53. (Registre in-f°). — 48 feuillets, papier.

1601-1602. — Compte de Jacques Parmentier, argentier. — Le comptable et Jean Cachet vont voir (en décembre) les élus de Noyon pour les « induire à modérer le départemcnt des tailles « de ceste ville pour l'année courante ; où es« tant, ilz auroient traicté au disner et au soup« per lesdictz esleuz, suivant la charge qu'ilz « en avoient », etc.

CC. 54. (Registre in-f°). — 41 feuillets, papier.

1602-1603. — Compte de Jacques Tiersonnier, argentier. — Il y a un chapitre spécial d'amendes pour les personnes qui ont laissé mettre le feu à leur cheminée. Scipion Favier, apothicaire, est payé 107 livres pour les drogues par lui fournies durant la contagion advenue en 1596, etc.

CC. 55. (Registre in-f°). — 37 feuillets, papier.

1603-1604. — Compte de Jacques Tiersonnier, argentier. — On envoie à Abbécourt et autres lieux chercher du poisson pour M. de Mayenne ; on achète du drap pour faire des robes aux sergents et des casaques à un déchargeur et au messager ; des soldats vont à Laon quérir un canon que le Roi avait donné aux habitants de Chauny, etc.

CC. 56. (Registre in-f°). — 35 feuillets, papier.

1603-1604. — Double du précédent compte.

CC. 57. (Registre in-f°). — 37 feuillets, papier.

1604-1605. — Compte de Jean Waubert, argentier. — Dans les recettes extraordinaires figurent 1700 livres reçues de Josias du Passage, seigneur de Sinceny, à valoir sur les 2.700 livres de dommages-intérêts des excès commis par lui et le sieur du Cauroy sur divers habitants de la Chaussée, somme qu'il a promis de verser par contrat passé entre lui et les maire et jurés le 8 novembre 1604, etc.

CC. 58. (Registre in-f°). — 48 feuillets, papier.

1604-1605. — Double du compte précédent.

CC. 59. (Registre in-f°). — 38 feuillets, papier.

1605-1606. — Compte de Jean Waubert, argentier. — Les gendarmes de la compagnie du duc de Mayenne tiennent garnison dans la ville pendant 24 jours ; on dresse un rôle de tous les habitants pour envoyer à Coucy, aux greneticrs et contrôleurs, pour qu'ils n'envoient pas en sel plus d'un demi « boicteau par teste », etc.

CC. 60. (Registre in-f°). — 47 feuillets, papier.

1605-1606. — Double du précédent compte.

CC. 61. (Registre in-f°). - 28 feuillets, papier.

1606-1607. — Compte de Jean Waubert, argentier. — On offre du vin aux sieurs de Courtanvaux et de Neuveville, cornette et lieutenant de la compagnie « Monseigneur le Dau« phin quy fut en garnison en ceste ville ». Des charpentiers réparent la maison des écoles ; on fournit des lattes pour le toit de la maison du collège, etc.

CC. 62. (Registre in-f°). — 34 feuillets, papier.

1607-1608. — Compte de Jean Waubert, argentier. — 304 marchands viennent à la foire de Saint-Jean Décolasse. On offre du vin à M. de Genlis, gouverneur ; on fait des feux de joie « pour la récréation de la Nativité de « Monsieur le duc d'Anjou », etc.

CC. 63. (Registre in-f°). — 42 feuillets, papier.

1608-1609. — Compte de Jean Waubert, argentier. — Un bourgeois est reçu et paie 6 livres tant pour droit de bourgeoisie qu'au lieu du festin accoutumé. — Les receveurs des aides versent 465 livres, 2 sols, 6 deniers pour six mois de la rente des huitième et vingtième des vins, etc.

CC. 64. (Registre in-f°). — 40 feuillets, papier.

1609-1610. — Compte de Charles Dubois, argentier. — Simon Duchesne va à Soissons saluer « Monseigneur le duc d'Ayguillon et l'as« surer que la résolution de tous les habitans « estoit de se maintenir en l'obéyssance du « Roy Loys treiziesme après le décèz de feu « Henry quatresme, son père », etc.

CC. 65. (Registre in-f°). — 34 feuillets, papier.

1610-1611. — Compte de Charles Dubois, argentier. — Comme recette extraordinaire, Pierre Parmentier, greffier du bailliage, verse 120 livres, comme reliquat du compte rendu par feu son père des deniers qu'il avait reçus, provenant des tailles de l'année 1584 ou 1585, dont le Roi avait fait don à la ville, sauf révision dudit compte, etc.

CC. 66. (Registre in-f°). — 45 feuillets, papier.

1611-1612. — Compte de Charles Dubois, argentier. — On présente du vin, par deux fois, aux sieurs de Montlouet et de Treslon, commissaires royaux pour l'exécution de l'édit « faict « en faveur de ceulx de la religion ». — Les recettes montent à 2.429 livres, 17 sols, 4 deniers, les dépenses et remises à 2.026 livres, 8 sols, 8 deniers, etc.

CC. 67. (Registre in-f°). — 42 feuillets, papier.

1613-1614. — Compte de Charles Dubois, argentier. — On achète un terrain qui servira de cimetière à ceux de la R. P. R., pour 150 livres. Vincent Bourgeois, maçon à Laon, dresse un plan de la ville et constate les réparations nécessaires aux remparts, etc.

CC. 68. (Registre in-f°). — 34 feuillets, papier.

1613-1614. — Double du compte précédent.

CC. 69. (Registre in-f°). — 40 feuillets, papier.

1614-1615. — Compte de Jean Le Masson, argentier. — On donne 36 livres à Simon Duchesne, avocat, et Antoine Segart pour leur voyage à Laon, quand « ilz ont esté députez « pour le Tiers Estat ». — Il y a 32 livres, 6 sols de déchet sur les espèces d'or reçues par le comptable (écus, ducats, pistoles, pistolets), etc.

CC. 70. (Registre in-f°). — 45 feuillets, papier.

1615-1616. — Compte de Jean Le Masson, argentier. — Deux hommes font le guet dans le clocher de Saint-Martin, « affin de veiller « à la conservation de la ville », d'août à mai ; on offre du vin à « Messieurs les princes, lors « de leur arrivée en ceste ville », etc.

CC. 71. (Registre in-f°). — 53 feuillets, papier.

1616-1617. — Compte de Jean Le Masson, argentier. — La Ville paie 42 livres, 3 sols, 6 deniers, pour sa part des frais taxé, à Me Etienne Delalain, avocat au bailliage de Laon, député du Tiers-Etat, à cause du voyage fait par lui à Paris « pour la tenue des Estats « generaulx de France » d'octobre 1614 à 1615, etc.

CC. 72. (Registre in-f°). — 62 feuillets, papier.

1617-1618. — Compte de Jean Le Masson, argentier. — Jacques de Bouxin, avocat, va à Paris pour obtenir la décharge du second paiement des tailles que l'on prétendait contre les habitants de Chauny, bien qu'ils en eussent fait le paiement par force, durant les troubles derniers, au duc de Mayenne, etc.

CC. 73. (Registre in-f°). — 59 feuillets, papier.

1618-1619. — Compte de Jean Le Masson, argentier. — Noël de Nesle, clerc de l'église d'Ognes, touche 45 sols pour avoir « racoustré « l'escripture des antiennes chartres et tiltres « faisans mention de la fondacion de la com- « mune de ladicte ville et des droictz et fran- « chises d'icelle », etc.

CC. 74. (Registre in-f°). — 78 feuillets, papier.

1619-1620. — Compte de Claude Vaillant, argentier. — On achète du ruban de soie pour pendre les clefs de la ville, afin de les présenter au Roi « s'il eust venu faire son entrée « en ladicte ville, comme on l'espéroit », et au duc de Montbazon. Le greffier criminel rédige un procès-verbal « touchant les insolences faic- « tes par les soldatz », etc.

CC. 75. (Registre in-f°). — 60 feuillets, papier.

1620-1621. — Compte de Jacques Pioche, argentier. — Le corps de garde de la tour carrée est nettoyé, et on achète 8 sols de charbon pour l'« airier ». 25 livres de corde sont employées « aux crochetz de la ville, servans pour cor- « rompre et empescher le feu de meschef quy « peult arriver aux maisons et lieux des ha- « bitans de ladicte ville », etc.

CC. 76. (Registre in-f°). — 83 feuillets, papier.

1621-1622. — Compte de Jacques Pioche, argentier. — La Ville emprunte 600 livres aux religieuses Cordelières de Chauny, en retour d'une rente de 37 livres, 10 sols. On donne au gouverneur, « pour partie de ses fournitures », 6 verres en cristal, 2 douzaines de plats, autant d'assiettes et un vase, le tout en étain, etc.

CC. 77. (Registre in-f°). — 68 feuillets, papier.

1622-1623. — Compte de Claude Roger, argentier. — L'enlèvement des ordures de la ville coûte annuellement 60 livres. Jacques Souaille, justicier pour le Roi, a 26 livres pour remboursement de ses frais pour les nouvelles mesures aux grains qu'il a fait faire, « justicié et espallé » avec les échevins, savoir : 2 « mencaultz », 2 quarterons, 2 « boicteaulx ». On dresse les rôle et assiette de l'impôt du sel pour 1623 en 4 exemplaires, etc.

CC. 78. (Registre in-f°). — 75 feuillets, papier.

1623-1624. — Compte de Claude Roger, argentier. — Le comptable va à Coucy, pour obtenir des officiers du grenier à sel une diminution de la quantité de sel qu'ils voulaient imposer aux habitants de Chauny (il leur offre « quelques perdris et lapiaulx »). Un apothicaire fournit des dragées et confitures sèches pour l'entrée de la Reine Mère et de Madame, sœur du Roi, en mai 1624, etc.

CC. 79. (Registre in-f°). — 71 feuillets, papier.

1624-1625. — Compte de Claude Roger, argentier. — Un marchand de Beauvais paie 60 sols d'amende pour être venu à Chauny, malgré « la maladie contagieuse quy estoit alors « audict Beauvais ». On pave une rue près de l'Hôtel-de-Ville pour y faire marché aux poissons, harengs et morue, etc.

CC. 80. (Registre in-f°). — 70 feuillets, papier.

1625-1626. — Compte de Claude Roger, argentier. — On dresse procès-verbal des dégâts commis par les gendarmes de la compagnie du sieur de la Curée, « du moins leurs servi- « teurs », dans les maisons et héritages des habitants des villages circonvoisins. Deux hommes passent dix jours à nettoyer le « privé » de la ville, etc.

CC. 81. (Registre in-f°). — 69 feuillets, papier.

1626-1627. — Compte de Claude Roger, argentier. — Le comptable et un juré, munis de pâtés, vont demander aux trésoriers de France, à Soissons, que dorénavant ce soient eux, et non les élus de Noyon, qui imposent à la taille les habitants de Chauny. Georges Leschevin, pauvre étudiant à Paris, reçoit un encouragement de 4 livres, 10 sols, etc.

CC. 82. (Registre in-f°). — 72 feuillets, papiers.

1629-1630. — Compte de Sébastien Roger, argentier. — Un cordonnier « en viel » a 12 sols d'amende pour avoir travaillé le jour de Saint-Mathieu et avoir fait des bottes neuves servant aux pêcheurs. On achète, au receveur de la seigneurie de Brétigny, 4.000 bottes de foin pour nourrir les chevaux des gens d'armes de la compagnie de la Reine Mère, alors en garnison à Chauny, etc.

CC. 83. (Registre in-f°). — 78 feuillets, papier.

1630-1631. — Compte de Simon de la Marlière, argentier. — Jean Le Masson, juré, passe 41 jours à Paris au sujet d'un procès qu'avaient les maire et jurés de Chauny, devant le Parlement et la Cour des Aides, contre le lieutenant-général et le lieutenant particulier dudit Chauny. — Dépenses : 4.361 livres, 15 sols, 4 deniers ; recettes : 4.317 livres, 11 sols, 10 deniers, etc.

CC. 85. (Registre in-f°). — 82 feuillets, papier.

1631-1632. — Compte de Simon de la Marlière, argentier. — 2 pêcheurs conduisent sur leur nacelle la femme et les enfants de Noël Blot, affligés de maladie contagieuse, depuis la Chaussée jusqu'aux maisons des malades pestiférés ; divers fournisseurs confectionnent des maisons ou logettes pour « retirer » les malades pestiférés, etc.

CC. 84. (Registre in-f°). — 83 feuillets, papier.

1633-1634. — Compte d'André Demory, argentier. — Un juré va à Forges, près Paris (fin juillet 1633), où étaient le Roi, le Conseil et le duc de Montbazon, pour obtenir la décharge des Ecossais qui devaient venir en garnison à Chauny. Il y a un chapitre spécial de dépenses (1.387 livres, 13 sols) pour le rétablissement de l'Hôtel de Ville, « qui menassoit « une cheute et ruyne totalle », etc.

CC. 86. (Registre in-f°). — 83 feuillets, papier.

1634-1635. — Compte de Claude Roger, argentier. — On achète, pour 49 livres, 20 douzaines de fromages de regain, à Saint-Quentin et à Guise, pour offrir à diverses personnes, en vue d'obtenir la décharge de partie du régiment du baron du Vigan en garnison à Chauny ; le 9 mai 1635, les maire et jurés vont saluer le roi à Saint-Quentin, etc.

CC. 87. (Registre in-f°). — 93 feuillets, papier.

1635-1636. — Compte de Claude Roger, argentier. — Plusieurs habitants prêtent de l'argent pour employer aux fortifications des murs et remparts. On offre du vin au sieur de Laffemas, conseiller et maître des requêtes et intendant de la justice en Picardie. On donne une pistole d'Espagne de 9 livres au fourrier du régiment des Suisses qui a fait passer et sortir de la ville 3 compagnies du régiment, sans s'arrêter ni loger, comme ils voulaient faire, à Chauny, etc.

CC. 88. (Registre in-f°). — 74 feuillets, papier.

1636-1637. — Compte de Claude Roger, argentier. — Cuiret, greffier de la Généralité de Soissons, et Giroult, l'un des trésoriers de ladite Généralité, viennent à Chauny constater les ruines causées par les troubles de l'année précédente, et dressent procès-verbal pour servir à la décharge des tailles ; on fournit fagots et chandelles aux soldats des régiments de Poitou et de Bellefonds, de juillet 1636 à janvier 1637. — Total des recettes : 6.573 livres, 17 sols, 8 deniers; des dépenses : 6.002 livres, 4 sols, 6 deniers, etc.

CC. 89. (Registre in-f°). — 74 feuillets, papier.

1637-1638. — Compte de Simon de la Marlière, argentier. — Un messager va à Laon, Marle, Ribemont et Guise pour voir Mgr d'Orgeval, intendant de la justice « en la province de l'Isle de France », et lui porter des lettres demandant la décharge de la subsistance du régiment du Plessis-Praslin ; deux députés vont à Paris (juin et juillet 1637) solliciter décharge ou diminution des 22.000 livres que le Roi exigeait des habitants, etc.

CC. 90. (Registre in-f°). — 88 feuillets, papier.

1638-1639. — Compte de Simon de la Marlière, argentier. — Le procureur du Roi, six jurés, assistés de quatre sergents du guet, vont à Magny saluer « Mgr le Cardinal » et lui faire part des « nécessitez et incommoditez » des habitants. L'argentier va à Noyon pour conférer avec les élus dudit Noyon, afin de solliciter un jugement à rendre pour l'assiette et la levée, sur les contribuables aux tailles de l'élection, de la somme de 9.600 et tant de livres que les habitants de Chauny ont paiées aux officiers et soldats du régiment de Bellefond, quand ils étaient en garnison à Chauny. On va à Soissons pour obtenir de Mgr de Caumartin la décharge du paiement, fait au sieur de Vallemont, de 5.630 livres pour la subsistance de son régiment, etc.

CC. 91. (Registre in-f°). — 91 feuillets, papier.

1639-1640. — Compte d'Antoine Bouzier, argentier. — Un messager va à Noyon, la nuit, malgré l'orage et la pluie, pour obtenir une ordonnance de Mgr de Caumartin, pour faire « retenir les soldatz en leur debvoir ». On va à Paris demander « l'eslargissement de la gar« nison du sieur de Langeron ». On paie 20 livres, 10 sols pour une couverture de Catalogne verte et deux aunes et demie de bougran, pour faire le dessus du lit du sieur de Beauvallier, sergent-major de la ville, etc.

CC. 92. (Registre in-f°). — 66 feuillets, papier.

1640-1641. — Compte de Claude Tavernier, argentier. — Quatre boulangers fournissent 768 pains, le 14 septembre 1638, pour les soldats qui sont arrivés ledit jour à Chauny, pour se rendre à Moy. Le prévôt des maréchaux de Paris et ses archers viennent informer des désordres commis par les cavaliers en garnison dans la ville. Des voituriers portent, de Chauny à Doullens, le pain et le blé nécessaires pour l'armée de Sa Majesté. Nicolas Duchesne va à Amiens pour raison de l'homicide commis par deux soldats de la garnison, etc.

CC. 93. (Registre in-f°). — 79 feuillets, papier.

1641-1642. — Compte de Jean de Bouxin, argentier. — On célèbre un service en l'église Saint-Martin, en l'honneur de feue Louise d'Ongny, vidame d'Amiens, veuve de Philbert-Emmanuel d'Ailly, dame pour moitié du domaine de Chauny. Deux jurés (avocats) vont à Paris pour solliciter le jugement du procès pendant par appel devant le Grand Conseil entre les maire et jurés, gouverneurs des biens de la maladrerie, contre le procureur du Roi en la Chambre de la Charité chrétienne, etc.

CC. 94. (Registre in-f°). — 75 feuillets, papier.

1642-1643. — Compte de Claude Guillaume, argentier. — Un charpentier fait un cheval de bois pour servir à punir les soldats du régiment du maréchal de Guidre. On dépense 857 livres, 4 sols pour meubler l'appartement du gouverneur (de Sully), 75 sols pour une somme de gros bois, pour faire un feu de joie à cause de la bataille de Rocroi, etc.

CC. 95. (Registre in-f°). — 78 feuillets, papier.

1643-1644. — Compte de Claude Guillaume, argentier. — Nicolas Duchesne, juré, va à Paris pour obtenir la décharge du régiment du duc d'Angoulême. Le maïeur va, à Laon, trouver le maréchal d'Estrées pour obtenir décharge de la garnison du quartier d'hiver. Le 16 juillet, le mayeur et Nicolas Duchesne partent à Paris « afin de rendre à Sa Majesté les « devoirs de ladicte ville » à l'occasion de son avènement, « ensemble pour obtenir la « continuation du droict d'ayde de soixante solz « pour chascune pièce de vin vendu en des- « tail audict Chaulny », etc.

CC. 96. (Registre in-f°). — 75 feuillets, papier.

1644-1645. — Compte de Charles de la Marlière, argentier. — On est obligé d'enlever plusieurs planches au pont des Navoirs pour empêcher les soldats du régiment du cardinal de Mazarin d'aller faucher l'herbe des prés des Navoirs. On arrange la couverture des trois « demeures » de la maison de santé de la Ville. Le comptable va à Noyon conférer avec les maire et échevins, afin de se concerter pour résister aux menaces que faisaient les officiers du régiment de S. A. R. de vivre à discrétion aux dépens des habitants, etc.

CC. 97. (Registre in-f°). — 73 feuillets, papier.

1645-1646. — Compte de Louis Joseph, argentier. — Charles Demory, le jeune, va à Paris, du 24 février au 22 mars, solliciter une diminution de la taxe imposée par « Nossei- « gneurs du Conseil » pour raison des dons et octrois de la ville, et il obtient diminution de moitié. — Total des recettes : 7.182 livres, 7 sols, 6 deniers ; des dépenses ; 6.836 livres, 19 sols, etc.

CC. 98. (Registre in-f°). — 78 feuillets, papier.

1646-1647. — Compte de Louis Féret, argentier. — On paie 7 livres pour plusieurs melons donnés au marquis de Genlis. On donne des confitures sèches à la princesse de Condé, arrivée à Chauny le 23 avril, 7 pots d'hypocras, demi-blanc, demi-clairet, à Madame de Longueville, le 25 avril. Les guetteurs font leur office dans le clocher de Saint-Martin du 22 octobre au 18 juin, etc.

CC. 99. (Registre in-f°). — 75 feuillets, papier.

1647-1648. — Compte de Claude Sire, argentier. — Trois tambours battent pendant deux jours pour faire faire la parade aux habitants, pour aller au-devant du maréchal d'Estrées. On achète 4 livres et demie de poudre pour donner aux pauvres qui n'avaient pas le moyen d'en acheter, pour aller en parade au-devant de Madame de Longueville, etc.

CC. 100. (Registre in-f°). — 78 feuillets, papier.

1648-1649. — Compte de Simon de la Marlière, argentier. — On offre du vin à plusieurs personnes « notables et egregieuses ». — Le juré Gossart va à Paris, pour obtenir la décharge du régiment de Navarre, et à Saint-Germain-en-Laye (février 1649), pour assurer le Roi de la fidélité des maire et jurés ; Charles de la Marlière va à Paris (novembre 1648) pour obtenir la décharge de trois compagnies du régiment de dragons allemands du cardinal de Mazarin, qui était en garnison à Chauny, etc.

CC. 101. (Registre in-f°). — 76 feuillets, papier.

1649-1650. — Compte de Claude Guillaume, argentier. — Antoine Gossart va, en août, à Compiègne, pour obtenir la décharge des compagnies des sieurs Bourdet et Fourille, en garnison à Chauny. Bernard Lhomme, ancien principal du collège, a 30 livres pour acheter des livres à distribuer à ses écoliers, pour une « action publique » qu'ils ont représentée et dédiée particulièrement aux maire et jurés, etc.

CC. 102. (Registre in-f°). — 83 feuillets, papier.

1651-1652. — Compte de Claude Cuvier, argentier. — On offre du vin à Madame de Hauterive, « gouvernante de la ville de Breda ». Les sergents à verge, herqueurs et débardeurs ont 60 sols pour avoir débarqué, sur le port du Camp Mesnard de Chauny, les six statues anciennes qui étaient dans le château de Coucy et que le duc de Montbazon avait fait enlever pour les conduire à Paris et lui être remises, etc.

CC. 103. (Registre in-f°). — 58 feuillets, papier.

1652-1653. — Compte de Jacques Souaille, argentier. — On offre du vin au sieur de Saint-Massens, venu à Chauny, en décembre 1652, pour « informer de dégasts et ruynes de ladicte « ville ». Le maire et le comptable vont à Soissons, le 21 février, pour avoir la décharge de dix compagnies du régiment d'Epagny envoyées à Chauny, au lieu de trois compagnies de cavalerie franche ; le maire y retourne, les 26 et 27 février, pour traiter, avec le sieur l'erponcher, de l'ustensile des gardes du maréchal d'Estrées venus à Chauny, en quartier d'hiver, au lieu des dix compagnies d'Epagny, etc.

CC. 104. (Registre in-f°). — 50 feuillets, papier.

1653-1654. — Compte de Claude Guillaume, argentier. — Trois personnes seulement se présentent à l'adjudication des prés des Navoirs, parce qu'il n'y a plus, dans Chauny, « de bes-« tial pour consommer le quart du foing pro-« ceddant de la despouille desdicts prés »; on fait alors couper le foin, que Charles Gobault a acheté pour 3.000 livres. Mais la ville est obligée d'en racheter la moitié pour les douze mille de foin à fournir à huit compagnies du régiment de cavalerie du duc de Créquy, en quartier d'hiver à Chauny. Un messager va porter des lettres à Turenne, campé aux environs de Gollancourt, etc.

CC. 105. (Registre in-f°). — 31 feuillets, papier.

1655-1656. — Compte de Pierre Berleu, argentier. — On paie 7 livres pour pain fourni à deux compagnies d'Italiens qui se trouvent à Chauny; 30 livres, pour bière fournie au régiment de Navaille, pour empêcher son logement en ville, ainsi qu'aux Italiens. Plusieurs gardes de M. le Cardinal logent au Lion d'Or, au Sauvage, à la Fleur de Lys, à Saint-Christophe. — Total des recettes : 3399 livres, 15 sols, 10 deniers; des dépenses: 3536 livres, 2 deniers, etc.

CC. 106. (Registre in-f°). — 29 feuillets, papier.

1657-1658. — Compte de Charles Garde, argentier. — Antoine Bottée, maître des postes, a 20 livres, pour plusieurs ports de lettres; on va à La Fère, demander à M. de Scyron la décharge des charrettes commandées pour le convoi fait au Quesnoy; le sieur Desmarets, trésorier de France, vient pour informer contre la garnison, etc.

CC. 107. (Registre in-f°). — 32 feuillets, papier.

1658-1659. — Compte de Pierre Parmentier, argentier. — On paie 66 sols pour viande fournie au commandant des troupes du maréchal de Turenne ; 7 livres, 10 sols au maître des postes, faisant moitié des 15 livres dont on est convenu avec lui « pour le rapport des gazet-« tes ». Les guetteurs font le guet dans le clocher de Saint-Martin pendant 52 semaines, etc.

CC. 108. (Registre in-f°). — 31 feuillets, papier.

1659-1660. — Compte de Claude de Théis, argentier. — François de la Marlière va à Paris solliciter la décharge des gens de guerre ; des ouvriers travaillent à « la maison de santé ». On fait un feu pour la paix. On passe dans des nacelles le régiment de Vitry lors du débordement de la rivière, etc.

CC. 109. (Registre in-f°). — 30 feuillets, papier.

1660-1661. — Compte de Claude Guillaume, argentier. — Jean Delescluze a 35 livres pour frais de son emprisonnement à Noyon, pour le don gratuit. François de la Marlière va à Paris et à Soissons, solliciter la décharge de la taille. Les deux pâtures nouvelles ne sont pas louées, sous prétexte qu'elles ont été ruinées par les gens de guerre, etc.

CC. 110. (Registre in-f°). — 28 feuillets, papier.

1661-1662. — Compte d'Arnoult Féret, argentier. — Le droit d'étallage de 7 livres, 7 sols, est réduit à 47 sols à cause des frais de levée. On paie 15 livres pour du poisson présenté au duc de Mazarin; un plâtrier travaille à la maison de M. le Gouverneur; on envoie au sieur Durand, procureur en Parlement, 6 livres pour présentation de causes, etc.

CC. 111. (Registre in-f°). — 23 feuillets, papier.

1662-1663. — Compte d'Antoine Vaillant, argentier. — On emprunte 200 livres sur le reliquat du compte de la maladrerie. On donne au sieur Sénéchal, lieutenant du duc de Mazarin, gouverneur de Chauny, 80 livres pour une année de ses gages. On dépense 928 livres, 13 sols pour la réfection de la chaussée, ruinée par les inondations de 1658, sur le refus de la duchesse d'Angoulême, engagiste du domaine de Coucy, et du seigneur de Sinceny, qui perçoivent des péages sur ladite chaussée et devraient, par suite, l'entretenir et la réparer, etc.

CC. 112 (Registre in-f°). — 24 feuillets, papier.

1663-1664. — Compte de Claude de Théis, argentier. — Le comptable paie 7 livres, 5 sols pour obtenir un monitoire pour le recouvrement de quelques papiers appartenant à la ville; il dépense 392 livres, 14 sols, 3 deniers pour un voyage à Paris, pour les affaires de la ville contre les fermiers des aides, « quy fleuroient » la moitié du revenu de la halle, « ensemble du « petit ayde ». Total des recettes: 4923 livres, 10 sols, 8 deniers; des dépenses: 3965 livres, 10 sols, 6 deniers, etc.

CC. 113. (Registre in-f°). — 21 feuillets, papier.

1664-1665. — Compte de Charles Gobault, argentier. — On dépense 100 livres pour l'embellissement du jardin des Arquebusiers. Le comptable verse 500 livres à Louis Crommelin, moitié des mille livres dues au sieur Jean Jouan, les intérêts de cette somme n'ayant pas été payés depuis 1635, etc.

CC. 114. (Registre in-f°). — 25 feuillets, papier.

1665-1666. — Compte d'Antoine Vaillant, argentier. — Dans les recettes extraordinaires figure une somme de 2625 livres pour remboursement des 750 livres que la ville avait le droit de prendre sur les fermiers des aides de l'Election de Noyon, au lieu des huitième et vingtième des vins engagés autrefois au profit de la ville. On achète, à Saint-Quentin, un service damassé qu'on envoie à Paris à une dame de qualité (Madame de Vrevin) qui s'est employée pour la ville, etc.

CC. 115. (Registre in-f°). — 29 feuillets, papier.

1666-1667. — Compte de Charles Garde, argentier. — On offre du vin au sieur de Colbert, intendant, au sieur Dorieu, intendant de Soissons. Le comptable dépense 533 livres, 15 sols pour aller à Paris, « tant pour raison des « comptes rendus en la Chambre, retirer iceux, « payer les espices et amendes... que autres « affaires ». On offre à la Reine, passant sur le grand chemin pour aller à La Fère, confitures sèches, tartes glacées, hypocras, limonades, etc.

CC. 116. (Registre in-f°). — 28 feuillets, papier.

1667-1668. — Compte de Claude Guillaume, argentier. — L'exécuteur de la haute justice de Soissons vient, en septembre 1667, pour fustiger Claudeine Carré, servante d'Antoine Pellerin; le 29 mai suivant, l'exécuteur de Laon vient aussi fustiger ladite Carré, et on donne 3 livres aux sergents à verge et du guet qui ont assisté à l'opération, etc.

CC. 117. (Registre in-f°). — 31 feuillets, papier.

1668-1669. — Compte de Charles Gobaut, argentier. — 2 chirurgiens visitent, par ordonnance, plusieurs malades de la ville; un marchand fournit des vivres à Charles Desvivier, pendant « qu'il a esté mis en un lieu séparé, « à cause de la mort précipitée de sa femme ». On remet au fermier de la halle la moitié de sa redevance (1275 livres), à cause de la peste qui a interrompu le commerce, et on dépense 488 livres, 10 sols, en préservatifs contre la contagion (drogues, vinaigres, eaux et vieux parfums), etc.

CC. 118. (Registre in-f°). — 44 feuillets, papier.

1669-1670. — Compte de Claude de Théis, argentier. — On offre du vin au marquis de Flavigny, commandant la compagnie des gendarmes du duc d'Orléans. Un imprimeur de Saint-Quentin reçoit 7 livres pour une rame de billets de santé. Deux maçons ont 4 livres pour visite des fours. On fait un feu pour « l'Exaltation de Notre Saint-Père le Pape », etc.

CC. 119. (Registre in-f°). — 27 feuillets, papier.

1670-1671. — Compte d'Antoine Vaillant le jeune, argentier. — On offre du vin aux arquebusiers de Chauny, quand ils ont apporté le bouquet général de l'Arquebuse de Montdidier; à Mgr de Colbert, maître des requêtes ordinaires de l'hôtel du Roi et commissaire départi pour l'exécution des ordres de Sa Majesté en la province de l'Ile de France, etc.

CC. 120. (Registre in-f°). — 33 feuillets, papier.

1671-1672. — Compte de Pierre Berleu l'aîné, argentier. — On donne 60 livres au lieutenant-général, pour avoir instruit le procès de Simon Ledoux, qui avait blessé plusieurs personnes, et l'avoir jugé; le messager de Noyon conduit à la Conciergerie du Palais, à Paris, le prisonnier, qui se sauva en route, etc.

CC. 121. (Registre in-f°). — 40 feuillets, papier.

1672-1673. — Compte de Jean Tavernier, argentier. — Total des recettes: 5199 livres, 19 sols, 6 deniers; des dépenses: 3794 livres, 7 sols, 2 deniers. Le compte n'est réglé définitivement qu'en 1675; le débet final est de 136 livres, 8 deniers, que l'ex-argentier conserve, pour arrérages de rentes dues à sa mère, etc.

CC. 122. (Registre in-f°). — 32 feuillets, papier.

1673-1674. — Compte d'Antoine Guillaume, argentier. — Les guetteurs ont repris leur service depuis le mois d'octobre; ils touchent 216 livres. On distribue du vin pour un feu de joie, à l'occasion de la réduction de Maëstricht. On donne 317 livres 6 sols aux voituriers qui ont conduit au Quesnoy et à Péronne des bagages et des munitions, etc.

CC. 123. (Registre in-°). — 30 feuillets, papier.

1674-1675. — Compte d'Antoine Guillaume, argentier. — On offre du vin au colonel Stoppa, commandant le régiment suisse passé à Chauny en juillet; aux commandants des régiments de Vermandois et Royal étranger, au commandant des compagnics du régiment du Roi. On achète, pour 150 livres, 2 pièces de toilette qui sont offertes à Madame Charpentier, dont le mari était commis de « Mgr de Louvoy », etc.

CC. 124. (Registre in-f°). — 28 feuillets, papier.

1675-1676. — Compte de Charles Périn, argentier. — Un procureur de Coucy a 30 sols pour l'affaire pendante en ce siège au sujet du droit de travers et vinage de Pierremande. Le greffier va, en octobre, à Paris et à Versailles pour obtenir décharge d'une partie des troupes qui doivent venir en garnison à Chauny. On achète, pour 19 livres, une douzaine de paires de gants qui seront présentés de la part de la ville, etc.

CC. 125. (Registre in-f°). — 27 feuillets, papier.

1676-1677. — Compte de Charles Périn, argentier. — L'enlèvement des immondices coûte maintenant 150 livres par an. On donne au sieur Vaillant 40 livres pour rendre au sieur Binot, avocat au Conseil, à cause des deniers qu'il a déboursés pour l'arrêt obtenu contre Elie de Driencourt, et en acompte sur les salaires à lui dus à cause du procès pendant contre les religieux de Sainte-Croix de Chauny, etc.

CC. 126. (Registre in-f°). — 27 feuillets, papier.

1677-1678. — Compte d'Antoine Guillaume, argentier. — Charles Demory fait un voyage à Paris, en mai, pour solliciter plusieurs instances contre les fermiers du domaine du Roi, pour raison de la halle, par devant « Messieurs du Trésor royal »; contre les religieux de Sainte-Croix, au Conseil, à cause de la taxe levée sur eux pour réparation des murailles de la ville, etc.

CC. 127. (Registre in-f°). — 25 feuillets, papier.

1678-1679. — Compte d'Antoine Guillaume, argentier. — Le greffier de la ville va, à Moyembric, voir l'Intendant, pour obtenir un règlement et savoir sur quel pied doit vivre la garnison. On rembourse, au maire, 715 livres, 11 sols pour voyage fait à Paris, à l'occasion du procès concernant la juridiction contre Gabriel Souaille, etc.

CC. 128. (Registre in-f°). — 25 feuillets, papier.

1679-1680. — Compte de Nicolas Guillaume, argentier. — Simon Dehagues, avocat du Roi, paie 75 sols d'amende pour un feu de cheminée qui s'est déclaré chez lui. On donne à Charles Périn, ci-devant argentier, 48 livres, 3 sols, 9 deniers, à lui dus pour reste de son compte. Claude Flameng, doreur, a 30 sols pour avoir « verny de vert et doré » les bannières du puits de la place, etc.

CC. 129 (Registre in f°). — 26 feuillets, papier.

1680-1681. — Compte de Nicolas Guillaume, argentier. — On offre du vin au doyen de Noyon qui vient bénir un cimetière à l'Hôtel-Dieu, On paie 20 livres pour des pâtés envoyés à Paris aux avocats et procureurs de la ville. Total des recettes: 5301 livres, 3 sols, 10 deniers; des dépenses: 4224 livres, etc.

CC. 130. (Registre in-f°). — 25 feuillets, papier.

1681-1682. — Compte d'Antoine Vaillant, argentier. — Il reste un reliquat de 1025 livres, 6 sols, 4 deniers après la reddition du compte. On décide alors que le sieur Vaillant gardera 300 livres pour arrérages de rentes qui lui sont dus, et qu'avec le reste il paiera diverses créances. Seulement, le 14 août 1682, on reprend là-dessus 140 livres pour les premiers frais de réjouissance pour la naissance du duc de Bourgogne. Le compte est enfin approuvé le 30 juin 1683. Le comptable ne doit plus que 76 sols, 4 deniers, qu'il remet aussitôt à l'argentier en charge, etc.

CC. 131. (Registre in-f°). — 21 feuillets, papier.

1682-1683. — Compte d'Antoine Guillaume, argentier. — Le greffier va à Soissons pour obtenir des défenses de l'Intendant de porter au greffe du bailliage le procès d'Antoine Lefebvre; la translation dudit Lefebvre dans les prisons de la Conciergerie, à Paris, après sa condamnation, avec d'autres frais concernant le même individu, coûte 220 livres, 8 sols, etc.

CC. 132. (Registre in-f°). — 26 feuillets, papier.

1683-1684. — Compte de Nicolas Guillaume, argentier. — On fournit du vin au sieur de la Grange, commandant deux brigades des gardes du Roi, venues en garnison à Chauny, le 21 février; à l'Intendant, arrivé pour visiter le pont du Pissot. On paie 23 livres, 3 sols pour 2950 petits carreaux, pour paver la maison de la halle, etc.

CC. 133. (Registre in-f°). — 26 feuillets, papier.

1685-1686. — Compte d'Antoine Guillaume, argentier. — Un messager a 20 sols pour porter, aux maires de plusieurs villages du gouvernement des mandements pour certifier le nombre des religionnaires « qui y estoient « demeurans ». On donne 200 livres au sieur de Saint-Simon, gouverneur de la ville, pour son logement, etc.

CC. 134. (Registre in-f°). — 23 feuillets, papier.

1686-1687. — Compte de Pierre Roger, argentier. — Une écritoire de table en chagrin coûte 12 livres. — Total des recettes : 3361 livres ; des dépenses : 3056 livres, 8 deniers. Plusieurs travaux sont payés ensuite sur l'excédent de 304 livres, 19 sols, 4 deniers. Le compte n'est définitivement apuré qu'en 1702, etc.

CC. 135. (Registre in-f°). — 25 feuillets, papier

1687-1688. — Compte de Charles Demory, argentier. — On laisse la jouissance des caves de l'Hôtel-de-Ville aux sergents à verge. L'aide de ville rapporte 400 livres. 20 bourgeois sont reçus et paient 65 sols de droits de réception. Les épices d'une sentence rendue en l'Election de Noyon contre quelques habitants de Chauny, coûtent 32 livres, etc.

CC. 136. (Registre in-f°). — 26 feuillets, papier.

1688-1689. — Compte de Charles Guillaume, argentier. — Dans les recettes figurent 59 livres, 18 sols, 8 deniers, versés par Nicolas Guillaume, ancien argentier, pour reliquat de son compte, rendu en 1684. Florimond de la Marlière, procureur en la Cour, reçoit 12 livres, 5 sols, 6 deniers pour consigner l'amende de l'appel contre les habitants d'Ognes, etc.

CC. 137. (Registre in-f°). — 23 feuillets, papier.

1689-1690. — Compte de Simon Vaillant, argentier. — On offre du vin aux commandant et commissaire des deux brigades des gardes du Roi, arrivées en décembre. La ville dépense 167 livres, 18 sols pour argent donné aux trois miliciens de Chauny quand ils sont entrés en campagne, leur équipement et l'enrôlement de Gueullette au lieu de Petit, mort à Metz, etc.

CC. 138. (Registre in-f°). — 26 feuillets, papier.

1690-1691. — Compte de Charles Périn, argentier. — Le maire va à Soissons communiquer à l'Intendant les vingt derniers comptes et les pièces justificatives. Un procureur de Soissons reçoit 60 sols, pour main-levée de l'ordonnance de MM. les Trésoriers de France, pour faire assigner les héritiers de Mademoiselle de Guise, pour la réparation du pont du canal, etc.

CC. 139. (Registre in-f°). — 25 feuillets, papier.

1691-1692. — Compte de Jean Waubert, argentier. — Claude de Théis, procureur du Roi des Eaux-et-Forêts, va à Paris pour obtenir décharge des 19270 livres qui ont été taxées sur la ville pour les amortissements. On donne 800 livres au maçon qui a obtenu l'adjudication de la reconstruction de la porte de la Chaussée, etc.

CC. 140. (Registre in-f°). — 23 feuillets, papier.

1692-1693. — Compte de Pierre Roger, argentier. — La halle est affermée 1200 livres, mais on accorde 300 livres de remise à cause du peu de commerce, de la rareté et chèreté des grains et du peu de dépouille. Un tailleur a 6 livres, pour avoir raccommodé les tapisseries de la Chambre du Conseil; on met en couleurs « les guides des chemins », etc.

CC. 141. (Registre in-f°). — 23 feuillets, papier.

1693-1694. — Compte de Pierre Roger, argentier. — La ville est obligée de payer à Antoine Guillaume, maire perpétuel, 300 livres que le Roi a ordonné lui être payées pour la finance dudit office par lui soldée au Roi; de même, 48 livres à chacun des deux assesseurs de la ville, à cause de la finance par eux payée au Roi en raison dudit office, de même, 150 livres au procureur du Roi, 112 livres, 10 sols, au greffier secrétaire de mairie de la ville, etc.

CC. 142. (Registre in-f°). — 23 feuillets, papier.

1694-1695. — Compte de Claude Roger, argentier. — Le compte est rendu aux maire et jurés, mais l'argentier spécifie qu'il est commis, non par eux, mais par Nicolas Veneau, chargé par Sa Majesté du recouvrement de la finance des droits attribués à la vente des offices, des revenus des biens patrimoniaux des villes et comtés du royaume. Le maire et son lieutenant vont à Soissons au sujet des désordres commis par le régiment de cavalerie de la Reine, etc.

CC. 143. (Registre in-f°). — 24 feuillets, papier.

1695-1696. — Compte de Claude Roger, argentier. — Même mention pour la commission de l'argentier, mais celui-ci ajoute qu'il a été aussi commis par les maire et jurés « à cause « de la réunion faite de ladite charge au corps « de ladite ville ». On donne 700 livres au sieur Thérion, chargé du recouvrement de l'office du receveur du bien patrimonial et des 2 sols à livre, somme à laquelle ledit office a été modéré. Un maréchal d'Abbécourt met « à « pendule l'orloge de la ville avec garantye « durant l'espace d'une année entière », etc.

CC. 144. (Registre in-f°). — 23 feuillets, papier.

1696-1697. — Compte de Simon Vaillant, argentier. — L'argentier est de nouveau commis par les seuls maire et jurés faisant moitié de 2290 livres par eux prêtées. On paie à Claude de Théis et à Antoine Tavernier 1145 livres, à la ville, suivant délibération du 20 mai 1696, et employées au paiement de la finance de l'office du receveur des biens patrimoniaux réuni au corps des habitants de la ville. On offre du vin au chevalier de Villeroy, commandant la garnison du quartier d'hiver, etc.

CC. 145. (Registre in-f°). — 24 feuillets, papier.

1697-1698. — Compte de Simon Vaillant, argentier. — Les recettes montent à 4581 livres, 19 sols, 6 deniers ; les dépenses, à 3658 livres, 1 sol, 10 deniers. Restent 923 livres, 17 sols, 8 deniers, sur lesquelles le comptable devra payer 601 livres, 10 sols, 8 deniers, dues à l'Hôtel-Dieu, qui ont été empruntées à cet établissement pour aider au paiement des non-valeurs de l'ustensile, etc.

CC. 146. (Registre in-f°). — 23 feuillets, papier.

1698-1699. — Compte de Pierre Roger, argentier. — François Esmangard de Beauval, maire perpétuel de Compiègne, achète pour 3400 livres de fourrage, destiné à la fourniture du camp de Compiègne. Le greffier va à Soissons au sujet de la tour du beffroi et de la place vague, pour y placer la nouvelle chapelle de l'Hôtel-Dieu. La Ville a des taxes à payer pour l'office de « garde scel » récemment créé pour les foires et marchés, etc.

CC. 147. (Registre in-f°). — 22 feuillets, papier.

1699-1700. — Compte de Simon Vaillant, argentier. — On offre du vin de Champagne au sieur Hourdé, secrétaire de l'Intendant. On envoie au sieur Cochin, procureur du Grand Conseil, un sac de titres de la maladrerie de Chauny, pour défendre contre les maire et échevins de La Fère, etc.

CC. 148. (Registre in-f°). — 22 feuillets, papier.

1700-1701. — Compte de Simon Vaillant, argentier. — On donne 50 livres au trésorier du Jardin de l'Arc pour la réédification dudit jardin, 12 livres au sieur de la Marlière, procureur en la Cour, pour l'affaire de la ville contre le sieur Fayard, de Sinceny. Le présent compte n'est apuré qu'en 1708, avec ceux de 1689, 1696 et 1697, et 1699, etc.

CC. 149. (Registre in-f°). — 26 feuillets, papier.

1701-1702. — Compte de Pierre Roger, argentier. — Le comptable paie 23 livres, 6 sols pour reste de la dépense faite par les PP. Missionnaires envoyés à Chauny par « Mgr de « Noyon, pour la parroisse de Saint-Martin, à la « prière de quelques personnes devostes de la « dicte parroisse ». Les recettes s'élèvent à 5.298 livres, 10 deniers, les dépenses à 4.761 livres, 12 sols, 6 deniers, etc.

CC. 150. (Registre in-f°). — 22 feuillets, papier.

1702-1703. — Compte de Pierre Mignot, argentier. — Deux notaires vont au château de Caillouël prendre connaissance « d'un plan du cours d'eau du ruisseau « de Sincheny, qui « marque son écoullement, seul et unique, par « dessous le grand pont de bois scitué sur la « chaussée de Chauny, proche du moulin de « Sincheny, écrit de la main de feu Me Charles « du Passage, vivant père dudit sieur de Caillouël, seigneur dudit Sincheny », etc.

CC. 151. (Registre in-f°). — 24 feuillets, papier.

1703-1704. — Compte de Pierre Mignot, argentier. — On paie 20 livres à Charles Berleu, receveur de l'abbaye de Saint-Eloi-Fontaine, pour vingt ans d'arrérages d'une livre de surcens sur une maison qui fut à François Frazier et à présent réduite en place devant le pont des Navoirs; 70 livres pour une pièce de toille et deux coupons présentés au sieur Hourdé, etc.

CC. 152. (Registre in-f°). — 20 feuillets, papier.

1704-1705. — Compte de Nicolas Rabeuf, argentier. — Le comptable s'intitule « receveur « par commission de la charge alternatif et demy triennal des biens patrimoniaux de la « ville de Chauny creez par édit du mois de « mars 1704, commis par Me Claude Charpen- « tier, bourgeois de Paris, en exécution de l'ar- « rest du Conseil du 29 dudit mois de mars, « chargé du recouvrement de la finance qui doit « provenir de la vente desdits offices, en atten- « dant la vente d'iceux », etc.

CC. 153. (Registre in-f°). — 20 feuillets, papier.

1705-1706. — Compte de Florent Gouillart, argentier. — Le comptable est de nouveau commis par les maire et jurés. Le maire va à Soissons demander l'autorisation d'aliéner la halle pour payer les taxes levées sur les habitants. Les recettes montent à 3702 livres, 10 sols, 10 deniers; les dépenses à 3311 livres, 16 sols, 10 deniers. Le compte ne fut apuré qu'en décembre 1717, etc.

CC. 154. (Registre in-f°). — 17 feuillets, papier.

1706-1707. — Compte de Florent Gouillart, argentier. — On fournit des bêches aux travailleurs commandés pour faire des lignes du côté de Maubeuge; la ville est obligée de contribuer, avec laboureurs et voitures, au convoi de poudre fait à Douai. On dépense 100 livres pour le repas offert à M. Fayart, de Sinceny, nouveau gouverneur, etc.

CC. 155 (Registre in-f°). — 17 feuillets, papier.

1707-1708. — Compte de Florent Gouillart, argentier. — Au chapitre I des recettes, les 4 livres de surcens sur la maison de la Chaussée disparaissent par suite de remboursement, « le « Roy s'estant emparé de ladicte maison pour « servir de place au canal de Chauny ». Le maire et son lieutenant vont à Magny pour voir le comte de Guiscard, etc.

CC. 156. (Registre in-f°). — 17 feuillets, papier.

1708-1709. — Compte de Florent Gouillart, argentier. — On rembourse 5 livres à un chirurgien qui avait acheté des remèdes pour les prisonniers de guerre; on paie 183 livres, 3 deniers pour l'étape de deux compagnies du régiment Royal-Roussillon, passé à Chauny le 8 juin 1709. — Total des recettes : 4110 livres, 9 sols, 10 deniers; des dépenses: 3366 livres, 4 sols, 3 deniers, etc.

CC. 157. (Registre in-f°). — 18 feuillets, papier.

1709-1710. — Compte de Florent Gouillard, argentier. — Au chapitre I des dépenses, on voit que la ville paie au comte de Guiscard, et non plus au Roi, divers cens à cause du domaine de Chauny. On paie 205 livres, 2 sols, 6 deniers pour location des écuries et greniers de la veuve Florent Leleu, occupés par la garnison en quartier d'hiver, etc.

CC. 158. (Registre in-f°). — 22 feuillets, papier.

1710-1711. — Compte de Florent Gouillart, argentier. — Claude Testart transporte au Quesnoy une voiture de 8 sacs d'orge. On donne à François Roger le jeune, procureur, ayant charge du marquis de Guiscard, seigneur et grand bailli de Chauny, 14 livres, 15 sols pour censive de la halle, etc.

CC. 159. (Registre in-f°). — 17 feuillets, papier.

1711-1712. — Compte de Florent Gouillart, argentier. — On paie au receveur du dizième denier 350 livres, sur lesquelles il convient de déduire 111 livres, 3 sols, 3 deniers, à prendre sur les gages dus aux officiers de la ville. — Total des recettes: 3752 livres, 10 sols, 10 deniers; des dépenses: 3935 livres, 14 sols, 10 deniers, etc.

CC. 160. (Registre in-f°). — 17 feuillets, papier.

1712-1713. — Compte de Florent Gouillart, argentier. — Le sieur Chauton, trésorier des vivres du Soissonnais, achète pour 4700 livres la totalité des prés des Navoirs. On donne au sieur Cugé, chargé du recouvrement de la finance de la charge d'avocat du Roi, 256 livres, 18 sols pour parachever celle de 1650 livres, à quoi monte la finance de cette charge, réunie à la communauté de la ville, etc.

CC. 161. (Registre in-f°). — 18 feuillets, papier.

1713-1714. — Compte de Florent Gouillart, argentier. — On vend deux arquebuses à croc crevées 97 livres, 18 sols. Madeleine Casse, veuve de Pierre Parmentier, touche 40 livres pour 8 années de surcens, dues par la ville pour la place devant le pont des Navoirs, etc.

CC. 162. (Registre in-f°). — 17 feuillets, papier.

1714-1715. — Compte de Florent Gouillart, argentier. — « Messieurs » les grenadiers à cheval donnent 661 livres, 16 sols pour la coupe de 14 faux de la première rangée des prés des Navoirs, 8 faux de la seconde et 6 faux de la troisième. Un chapitre de recettes extraordinaires comporte 468 livres, 10 sols pour remboursement de dizième des années 1712, 1713 et 1714, etc.

CC. 163. (Registre in-f°). — 23 feuillets, papier.

1715-1716. — Compte de Florent Gouillart, argentier. — Total des recettes: 4788 livres, 16 sols, 8 deniers; des dépenses: 4337 livres, 13 sols, 10 deniers. Excédent des recettes: 451 livres, 3 sols, etc.

CC. 164. (Registre in-f°). — 19 feuillets, papier.

1716-1717. — Compte de Florent Gouillart, argentier. — On paie 4 livres, 4 sols pour vin de présent fourni au feu de la Saint-Jean, allumé par M. le Grand Maître. Le sieur Guillaume, maire, touche 340 livres, savoir: 300 livres pour une année de ses gages échue au 1er décembre 1717, plus 25 livres pour un mois desdits « gros gages », et 15 livres pour six mois de gages ordinaires, etc.

CC. 165. (Registre in-f°). — 30 feuillets, papier.

1717-1718. — Compte de Florent Gouillart, et de Claude Roger, argentiers. — L'apurement des treize comptes de Florent Gouillart est prononcé le 13 juin 1718; il est reconnu devoir 100 livres (qu'il verse le 27 octobre 1719), etc.

CC. 166. (Registre in-f°). — 29 feuillets, papier.

1718-1719. — Compte de Claude Roger, argentier. — On paie 204 livres au receveur du dizième. Les recettes montent à 4210 livres, 10 deniers; les dépenses à 5078 livres, 10 sols, 10 deniers; déficit: 868 livres, 10 sols. Le compte ne fut réglé qu'en 1740 par les héritiers de Claude Roger, etc.

CC. 167. (Registre in-f°). — 20 feuillets, papier.

1719-1720. — Compte d'Antoine Tavernier, argentier. — Daniel Cathoire, procureur du Roi en la maîtrise des Eaux-et-Forêts, reçoit 300 livres pour déboursés faits à Paris, pour vaquer au remboursement de la charge d'avocat du Roi et autres affaires. Un sergent à verge a 5 livres, 15 sols pour avoir été chercher des billets de banque à Saint-Quentin, etc.

CC. 168 (Registre in-f°). — 20 feuillets, papier.

1720-1721. — Compte d'Antoine Tavernier, argentier. — Dans les recettes extraordinaires figurent 1390 livres, reçues en billets de banque, pour le remboursement de la charge d'avocat du Roi; le reste de la somme (110 livres) avait été abandonnée pour les sollicitations et les peines de celui qui procura ledit remboursement. Sur ces 1390 livres, on envoie un billet de banque de mille livres au sieur Dupuis, professeur au collège des Quatre-Nations, pour le placer sur l'Hôtel-de-Ville de Paris au denier cinquante, etc.

CC. 169. (Registre in-f°). — 20 feuillets, papier.

1721-1722. — Compte d'Antoine Tavernier, argentier. — On voit, dans les recettes extraordinaires, 11 livres, 1 sol, 3 deniers pour la rente que la ville a, conjointement avec les pauvres et l'Hôtel-Dieu, sur l'Hôtel-de-Ville de Paris, 12 livres pour une autre rente sur ledit Hôtel-de-Ville. Le compte est visé par l'Intendant de la Galaizière, le 17 juin 1733, etc.

CC. 170. (Registre in-f°). — 22 feuillets, papier.

1722-1723. — Compte d'Antoine Tavernier, argentier. — Le compte est rendu, le 28 septembre 1723, par la veuve dudit Tavernier. Elle expose que, pendant les quatre années de la gestion de son mari, il y a eu beaucoup de remises, qui, avec le déficit du compte de 1721, sont à déduire des excédents de 1720, 1722 et 1723. Restent 1412 livres, 9 sols, 1 denier, auxquels il faut ajouter ce que le comptable a reçu depuis la Saint-Jean 1723, déduction faite de ce qu'il a payé depuis cette époque. Définitivement, il reste dû 1072 livres, 19 sols, que ladite dame a payées et qui ont été mises « dans « l'armoire de la ville, jusqu'à ce qu'il y ait un « autre receveur de nommé... ».

CC. 171. (Registre in-f°). — 19 feuillets, papier.

1723, (octobre)- 1724. — Compte de Pierre Rabeuf, argentier. — Les recettes s'élèvent à 10.524 livres, 16 sols, 8 deniers ; les dépenses, à 4308 livres, 14 sols, 1 denier. Excédent des recettes: 6216 livres, 2 sols, 7 deniers, etc.

CC. 172. (Registre in-f°). — 32 feuillets, papier.

1724-1725. — Compte de Pierre Rabeuf, argentier. — Le comptable va, en poste, à Clermont, pour obtenir de l'Intendant un avis favorable au placet présenté à Mgr de Breteuil, pour obtenir la sortie de tout ou partie de la garnison. — Il y a 218 livres, 13 sols de déchet sur les espèces qu'il avait entre les mains au jour de la dernière diminution, publiée le 24 septembre, etc.

CC. 173. (Registre in-f°). — 15 feuillets, papier.

1725-1726. — Compte de Pierre Gouillart, argentier. — Le comptable se déclare commis par le Roi, de la part de Gabriel-Nicolas Bouriée, à la recette des biens patrimoniaux de la Ville. Il ne commença ses opérations que le 20 novembre; auparavant, c'était un des jurés, Eustache Desprez, qui avait fait la recette, etc.

CC. 174. (Registre in-f°). — 18 feuillets, papier.

1726-1727. — Compte de Pierre Gouillart, argentier. — Le comptable est toujours commis par le Roi. Les recettes montent à 4369 livres, 15 sols, 10 deniers ; les dépenses, à 4369 livres. Excédent des recettes: 606 livres, 15 sols, 10 deniers, etc.

CC. 175. (Registre in-f°). — 42 feuillets, papier.

1727-1728. — Compte de Pierre Gouillart, argentier. — Le comptable est toujours commis par le Roi. Le 8 novembre 1728, Gouillart demande l'apurement de ses comptes (qui est prononcé le 15) depuis 1725-1726. Il n'avait d'abord voulu rendre ses comptes que jusqu'au 1er juillet 1728, mais, sur l'injonction de l'Intendant Richer d'Aubc, qui lui accorda une remise de 6 deniers pour livre, il s'exécuta le 17 décembre 1729. Son compte va depuis l'apurement du 15 novembre 1728, tant sur les arrérages de 1725 à 1727 que sur les revenus de 1728 et autres diverses sommes, jusqu'au 31 mars 1729, date à laquelle les maire et jurés commirent à la recette, en vertu de l'arrêt du Conseil du 21 décembre 1728, qui avait réuni au corps de ville le titre de receveur des biens patrimoniaux de Chauny. Finalement, il se trouve redevable de 79 livres, 1 sol, 8 deniers, qu'il remet aussitôt à Daniel Guillaume, argentier en charge, etc.

CC. 176. (Registre in-f°). — 32 feuillets, papier.

1725-1729. — Compte d'Eustache Desprez et Pierre Rabeuf, argentiers auxiliaires. — Eustache Desprez avait été nommé argentier par les maire et jurés, le 24 juin 1725, avant que Pierre Gouillart n'eût été désigné par le Roi; il continua à effectuer des recettes et des dépenses, dont sa veuve rend compte le 29 mai 1728. Restent dues 57 livres, 17 sols, 4 deniers, qu'elle remit, le 18 janvier 1729, à Pierre Rabeuf, receveur des arrérages dus au patrimoine de la ville. Ce dernier rend compte à son tour, le 17 juin et le 19 octobre 1729, de ce qu'il a reçu et dépensé depuis le décès d'Eustache Desprez. Le reliquat (30 livres, 8 sols, 10 deniers) fut définitivement payé à Daniel Guillaume le 16 juin 1730, etc.

CC. 177. (Registre in-f°). — 30 feuillets, papier.

1729-1730. — Compte de Daniel Guillaume, argentier. — Le comptable est maintenant commis par les maire et jurés. Les réjouissances faites pour la naissance du Dauphin coûtent 616 livres, 2 sols, « tant pour la poudre à tirer « qui a été employé à l'occasion de ladite « naissance... illuminations du dedans et du « dehors de l'hostel de ville, repas donné à « l'hostel de ville à tous les corps de judicature « et anciens magistracts, rafraîchissements pré« sentés à la porte de l'hostel de ville à la « compagnie des Arquebusiers et autres qui « étoient sous les armes, vin coulé en fontaine « à ladite hostel de ville, feu de joye d'artifice « et boêtes tirées en différens jours... », etc.

CC. 178. (Registre in-f°). — 22 feuillets, papier.

1730-1731. — Compte de Louis Descarsin, argentier. — Le comptable est commis par les maire et jurés. Dans les recettes extraordinaires figurent 1800 livres, « provenans des liquida« tions des offices de receveur ancien nouveau « des octroys et deniers patrimoniaux de cette « ville, de celui de controlleur desdicts octroys, « d'assesseur de conseiller garde seel, montants « à la somme de dix mille livres », etc.

CC. 179. (Registre in-f°). — 21 feuillets, papier.

1731-1732. — Compte de Descarsin, argentier. — On paie à Sézille de Beffencourt, receveur des tailles à Noyon, 1006 livres comme acompte du montant du rachat de la charge de receveur des deniers patrimoniaux; 9 livres au sieur Turgis pour avoir fait le plan des casernes, etc.

CC. 180. (Registre in-f°). — 13 feuillets, papier.

1732-1733. — Compte de Pierre Gouillart, argentier. — Dans les recettes extraordinaires, 131 livres provenant du sieur de Forceville, trésorier du Canal de Picardie, pour une année de non-jouissance de la portion du pré des Navoirs prise par ledit Canal. On dépense 28 livres, 14 sols pour coût de l'arrêt du Conseil concernant l'octroi accordé pour la construction des casernes, etc.

CC. 181. (Registre in-f°). — 20 feuillets, papier.

1733-1734. — Compte de Pierre Rabeuf, argentier. — On dépense 230 livres pour l'habillement des huit miliciens (2 anciens et 6 nouveaux), 70 livres pour chapeaux aux mêmes et leur conduite à Soissons. François Béguin va, à Soissons, demander à l'intendant un pont sur le canal, au faubourg de Senicourt, etc.

CC. 182. (Registre in-f°). — 17 feuillets, papier.

1734-1735. — Compte de Pierre Rabeuf, argentier. — On vend au sieur de Creil, commandant de la garnison, 7369 bottes de foin à raison de 8 livres le cent. On fait des feux de joie pour la bataille de Parme et la prise de Philippsbourg. On verse 364 livres, 10 sols aux collecteurs du dizième pour dizième des biens de la ville, etc.

CC. 183. (Registre in-f°). — 20 feuillets, papier.

1735-1736. — Compte de Pierre Rabeuf, argentier. — Antoine Defémy, receveur du centième denier, reçoit 21 livres pour l'insinuation de la quittance d'indemnité due par la Ville « pour être entré dans le prez à l'Oyson ». On paie 480 livres à un barocheur pour deux années de barochage, etc.

CC. 184. (Registre in-f°). — 29 feuillets, papier.

1736-1737. — Compte de Pierre Rabeuf, argentier. — On dépense 176 livres pour loyer d'écuries pour la garnison; 30 livres pour location d'un grénier pour la garnison; 25 livres pour un autre grenier pour la même cause; 90 livres pour deux années de loyer d'écuries. Le comptable avance 333 livres, 12 sols, 6 deniers pour dépense du sol par jour, pour fourniture et logement au sujet de la garnison, etc.

CC. 185. (Registre in-f°). — 21 feuillets, papier.

1737-1738. — Compte de Pierre-Florent Gouillart, argentier. — La halle rapporte 800 livres, l'ancien droit d'aide, 300 livres, la Queue d'Oise, 100 livres, le pré à l'Oison, 70 livres, le Grand et le Petit Paissis, 180 et 108 livres, la dépouille des prés des Navoirs, 3070 livres, 15 sols, etc.

CC. 186. (Registre in-f°). — 24 feuillets, papier.

1738-1739. — Compte de Pierre-Florent Gouillart, argentier. — Le principal du collège a 116 livres (au lieu de 88). On paie 300 livres au sieur Demory, maire, 89 livres, 16 sols pour ustensile à la garnison et 171 livres, 2 sols, 6 deniers pour même cause, etc.

CC. 187. (Registre in-f°). — 23 feuillets, papier.

1739-1740. — Compte de Pierre-Florent Gouillart, argentier. — Total des recettes: 6049 livres, 10 sols, 11 deniers; des dépenses: 8560 livres, 13 sols, 7 deniers. Le déficit est couvert par les excédents des comptes précédents. Le comptable rend son compte définitif le 7 novembre 1749; on ne lui redoit plus que 4 livres, 4 sols, 8 deniers, qui lui sont payées par l'argentier Mignot, etc.

CC. 188. (Registre in-f°). — 28 feuillets, papier.

1740-1741. — Compte de Jean-François Gueullette, argentier. — On paie 500 livres à l'entrepreneur du pont de Senicourt; 50 livres au sieur Béguin, médecin; 202 livres, 10 sols au greffier de la ville; au receveur « de la subsistance des pauvres », 255 et 170 livres, etc,

CC. 189. (Registre in-f°). — 20 feuillets, papier.

1741-1742. — Compte de Jean-François Gueullette, argentier. — Le chapitre II des dépenses comprend les anciens gages des officiers de la ville. Le chapitre III, les gages des officiers en titre (300 livres au maire, 51 livres au premier échevin, 67 livres, 10 sols au greffier, 45 livres au contrôleur), etc.

CC. 190. (Registre in-f°). — 15 feuillets, papier.

1742-1743. — Compte d'Antoine Béguin, argentier. — Les recettes s'élèvent à 5520 livres, 19 sols, 4 deniers; les dépenses et reprises (1085 livres, 9 sols, 4 deniers) à 4836 livres, 4 sols, 4 deniers. Excédent: 684 livres, 15 sols, etc.

CC. 191. (Registre in-f°). — 13 feuillets, papier.

1743-1744. — Compte d'Antoine Béguin, argentier. — On dépense 120 livres pour gages du principal, 29 livres, 7 sols pour la taille de 1743 et autres impositions d'Antoine Béguin, médecin (le comptable); 15 livres, 10 sols pour indemnité au messager qui va de Chauny à Soissons, etc.

CC. 192. (Registre in-f°). — 17 feuillets, papier.

1744-1745. — Compte d'Antoine Béguin, argentier. — On paie 50 livres, 11 sols, 10 deniers au duc d'Aumont pour censives; 126 livres pour équipement de miliciens; 800 livres pour loyer d'écurie; 6 livres, 4 sols, 3 deniers pour taille et capitation de la sage-femme; 364 livres, 12 sols au collecteur du dizième, etc.

CC. 193. (Registre in-f°). — 17 feuillets, papier.

1745-1746. — Compte d'Antoine Béguin, argentier. — Les réjouissances données à l'occasion de la convalescence du Roi coûtent 127 livres. Les recettes montent à 5313 livres, 4 sols, 9 deniers; les dépenses et reprises à 6043 livres, 16 sols, 9 deniers. Déficit: 830 livres, 14 sols, etc.

CC. 194. (Registre in-f°). — 20 feuillets, papier.

1746-1747. — Compte d'Antoine Béguin et d'Antoine Mignot, argentiers. — On paie 1 livre, 6 sols pour extrait baptistaire de Charles Bichart, donné « pour homme vivant et mourant » des trois charges de jurez », contrôle de l'acte et papier timbré; 8 livres au maréchal de la brigade Dauger pour indemnité du feu et de la chandelle pour son séjour pendant le quartier d'hiver, etc.

CC. 195. (Registre in-f°). — 14 feuillets, papier.

1747-1748. — Compte d'Antoine Mignot, argentier. — On paie 308 livres à Jean-Jacques Belin pour une année de loyer de sa maison du Brouage, occupée par la garnison; 72 livres, 12 sols au sieur de Neufville pour dizième du droit de minage; 101 livres, 5 sols pour l'équipement des miliciens, etc.

CC. 196. Registre in-f°). — 14 feuillets, papier.

1748-1749. — Compte d'Antoine Mignot, argentier. — Le comptable dépense 6 livres, 11 sols avec le sieur Guillaume, le 13 juillet 1748, à l'occasion de la députation faite à Noyon pour solliciter les procès en surtaux; 7 livres, 10 sols (pour un quartier) à la femme Potel, pour son fils, étudiant au séminaire de Noyon; 291 livres pour procès contre le curé de Saint-Martin, etc.

CC. 197. (Registre in-f°). — 16 feuillets, papier.

1749-1750. — Compte d'Antoine Mignot, argentier. — On dépense 24 livres pour les prix distribués aux écoliers du collège en 1748; 12 livres données aux porteurs des trumeaux envoyés à la ville par les sieurs intéressés de la manufacture des glaces; 35 sols pour ports de lettres et pour le contrôle de l'acte de nomination d'un maître d'école à Saint-Martin, et d'un autre qui reconnaît le droit du procureur du Roi de la ville d'avoir rang et droit d'assistance aux bureaux qui se tiennent à l'hôpital, etc.

CC. 198. (Registre in-f°). — 17 feuillets, papier.

1750-1751. — Compte de Pierre Desains, argentier. — On paie 16 livres au sieur Lesèble, orfèvre, pour cachets fournis à la ville; 226 livres, 19 sols au collecteur du vingtième, et 30 livres, 12 sols pour vingtième et 2 sols pour livre du droit de minage; 1 livre, 10 sols pour les clefs présentées au duc d'Aumont, lors de son entrée comme gouverneur, etc.

CC. 199. (Registre in-f°). — 16 feuillets, papier.

1751-1752. — Compte de Pierre Desains, argentier. — On dépense 102 livres pour réjouissances à l'occasion de la naissance du duc de Bourgogne; de plus, on donne une dot de 100 livres à deux jeunes filles qui épousent Pierre Brochart et Momble Natal, et la ville paie les frais des deux mariages, etc.

CC. 200. (Registre in-f°). — 17 feuillets, papier.

1752-1753. — Compte de Pierre Desains, argentier. — Les recettes s'élèvent à 6343 livres, 4 sols, 10 deniers; les dépenses à 4761 livres, 11 sols, 6 deniers, et les reprises à 920 livres, 9 sols, 6 deniers. Excédent: 661 livres, 3 sols, 10 deniers, etc.

CC. 201. (Registre in-f°). — 16 feuillets, papier.

1753-1754. — Compte de Louis Boltée et de Jean de la Forge, argentiers. — On paie 16 livres, 8 sols, 3 deniers et 6 livres, 10 sols, 6 deniers aux collecteurs de Notre-Dame et de Saint-Martin pour non-valeurs; 12 livres à un pauvre honteux « pour l'aider à subsister »; 16 livres pour travaux aux écuries des casernes; 10 livres, 4 sols pour la messe du Saint-Esprit célébrée le jour de la nomination des échevins, etc.

CC. 202. (Registre in-f°). — 16 feuillets, papier.

1754-1755. — Compte de Jean-Claude Descarsins, argentier. — Le comptable verse 200 livres au receveur de l'Hôtel-Dieu pour les arrérages qui lui sont dus par le patrimoine; 1 livre, 4 sols comme aumône « à un parti- « culier nommé Michelot, sur le vû d'un cer- « tificat de la perte d'un vaisseau qui luy « appartenoit », etc.

CC. 203. (Registre in-f°). — 16 feuillets, papier.

1755-1756. — Compte de Jean-Claude Descarsins, argentier. — On dépense 220 livres, 9 sols pour trois habits galonnés pour les sergents de ville. A la suite du compte vient un compte spécial, celui du « produit de la réserve (du « Bailly) destinée pour l'entretien des écuries « de l'hôtel de Messieurs les gardes du corps « du Roy de la brigade de M. d'Espinchal, en « quartier en cette ville », etc.

CC. 204. (Registre in-f°). — 21 feuillets, papier.

1756-1757. — Compte de Jean-Claude Descarsins, argentier. — Le compte spécial de la réserve du Bailly comporte en recettes 400 livres, en dépenses 3320 livres, 9 sols, 9 deniers, dont une partie est payée sur le chapitre VI du compte de l'argenterie; le reste avait été alloué en dépense sur l'exercice précédent, etc.

CC. 205. (Registre in-f°). — 13 feuillets, papier.

1757-1758. — Compte de Claude Roger, argentier. — On paie 187 livres pour 11 aunes et demie de tapisserie de haute lisse placée en la Chambre du Conseil; 11 livres, 14 sols pour 13 chaises livrées pour les gardes du corps; 300 livres déboursées par le maire et M. Thierriat, à Paris, pour le procès pendant en la Cour contre la communauté des notaires, etc.

CC. 206. (Registre in-f°). — 12 feuillets, papier.

1758-1759. — Compte de Claude Roger, argentier. — L'argentier dépense 2 livres, 6 sols, 6 deniers pour droit d'entrée d'un demi-muid de vin de Bourgogne; 2 livres pour 4 bouquets de fleurs artificielles, pour la décoration de la chapelle de l'Hôtel-de-Ville; 12 livres données au voiturier qui conduit à Paris les Enfants Trouvés, pour le transport d'un vieillard infirme de l'Hôtel-Dieu de Chauny à l'Hôpital de Paris, etc.

CC. 207. (Registre in-f°). — 10 feuillets, papier.

1759-1760. — Compte de Pierre Portalès, argentier. — Les frais de justice et de procédure coûtent à la ville 608 livres, 10 sols; les taille et vingtièmes, 598 livres, 3 sols, 6 deniers; les travaux publics, 2.100 livres; les dépenses diverses, 633 livres, 1 sol, 3 deniers; le chauffage, 209 livres, 10 sols, etc.

CC. 208. (Registre in-f°). — 11 feuillets, papier.

1760-1761. — Compte de Pierre Portalès, argentier. — On donne 3 livres à un tisserand infirme pour l'aider à faire le voyage de Paris, « pour entrer à l'hôpital de Bicêtre pour y tra- « vailler en qualité de compagnon tisserand »; 9 « livres à une femme pour aller à Paris se faire « guérir de la maladie scorbutique »; 16 livres pour une année de la *Gazette de France* et 6 mois du *Courrier d'Avignon*, etc.

CC. 209. (Registre in-f°). — 20 feuillets, papier.

1761-1762. — Compte de Pierre Portalès, argentier. — La subvention donnée au principal est de 334 livres, sans compter 27 livres pour leçons particulières, à raison de 40 sols par mois, et 26 livres pour des images destinées à encourager les collégiens travailleurs. On dépense 50 livres pour un dîner, à l'occasion de l'établissement de M. le lieutenant-général, 37 livres pour le repas du feu de la Saint-Jean 1760, 38 livres pour un autre repas, à l'occasion de la victoire remportée par M. de Broglio sur les Hanovriens et Hessois, etc.

CC. 210. (Registre in-f°). — 18 feuillets, papier.

1762-1763. — Compte de Jean-Claude Descarsin, argentier. — Total général des recettes: 9.757 livres, 14 sols, 4 deniers; des dépenses et reprises: 9.856 livres, 15 sols. Déficit: 99 livres, 8 deniers. Pour le compte de la réserve, les recettes vont à 773 livres, les dépenses à 712 livres, 14 sols, 9 deniers, etc.

CC. 211. (Registre in-f°). — 19 feuillets, papier.

1763-1764. — Compte de Jean-Claude Descarsin, argentier. — 60 lampions, achetés à l'occasion de la publication de la paix, coûtent 3 livres, 15 sols; on donne 12 livres à un commerçant qui a été délivré de la servitude des infidèles, et qui a charge de racheter six personnes de sa famille, qui sont aussi en servitude ; 100 livres à un traiteur pour le repas de la publication de la paix, etc.

CC. 212 (Registre in-f°). — 25 feuillets, papier.

1764-1765. — Compte de Pierre-Samuel Portalès, argentier. — On dépense 247 livres, 18 sols pour la mise au niveau de la promenade, au bout de la rue des Juifs; 76 livres, 4 sols pour 84 tilleuls d'Hollande plantés sur cette promenade ; 12 livres de pourboire aux maçons qui ont posé la première pierre de la chapelle de l'Hôtel-Dieu. Le compte de la Réserve s'établit par 1700 livres de recettes et 1.246 livres, 5 sols, 9 deniers de dépenses, etc.

CC. 213. (Registre in-f°). — 26 feuillets, papier.

1765-1766. — Compte de Jean-Claude Descarsins, « syndic receveur des deniers patrimoniaux et d'octroi », nommé le 9 août 1765 en exécution des édits d'août 1764 et mai 1765. Son compte est divisé en trois sections : 1° Revenus patrimoniaux ; 2° Revenus de la Réserve et du petit octroi, affectés ensemble à l'entretien du corps d'écuries ; 3° Revenus de la maison et jardin de l'Arquebuse. On donne 150 livres au sieur Hordret, avocat aux Conseils, pour frais de l'appel interjeté, par le fermier des domaines, de l'ordonnance qui décharge du droit de petit scel les sentences rendues en la mairie de la ville. Total des recettes : 11.730 livres, 6 sols, 11 deniers ; des dépenses et reprises : 11.443 livres, 11 sols, etc.

CC. 214. (Registre in-f°). — 21 feuillets, papier.

1766-1767. — Compte de Jean-Claude Descarsins, receveur-syndic. — Le receveur des boursiers verse 5.030 livres, 12 sols pour le principal de la rente constituée au profit desdits boursiers, le 25 octobre 1766, par les officiers municipaux ; on reçoit 103 livres, 10 sols d'un chaudronnier pour quatre petits canons « nommés arquebuse à crocq ». Le compte est arrêté, le 16 juin 1767, en l'assemblée des maire, jurés, conseillers et notables. 200 livres de gratification sont accordées au syndic-receveur. Il garde les pièces justificatives jusqu'à ce que le compte, qui doit être présenté aussi aux officiers du bailliage, ait été arrêté par eux, etc.

CC. 215. (Registre in-f°). — 21 feuillets, papier.

1766-1767. — Double du compte précédent.

CC. 216. (Registre in-f°). — 19 feuillets, papier.

1767-1768. — Compte de Jean-Claude Descarsins, receveur-syndic. — On paie au duc d'Aumont 25 livres, 5 sols, 9 deniers pour censives, et 40 livres au receveur du domaine du Roi pour une année de cens et surcens due au domaine à cause de l'aliénation des murs et fossés de la ville (arrêt du Conseil du 5 septembre 1766). Le 21 juin, le syndic présente au bailliage un second compte, auquel est attachée la sentence d'apurement du 2 août 1768, etc.

CC. 217. (Registre in-f°). — 16 feuillets, papier.

1767-1768. — Double du compte précédent.

CC. 218. (Registre in-f°). — 24 feuillets, papier.

1768-1769. — Compte de Jean-Claude Descarsins, receveur-syndic. — Le maire ne voulant plus de ses 30 livres de gages, on décide de demander au Roi l'autorisation de convertir cette somme en une épée à poignée d'argent que le maire recevrait après son élection et qu'il aurait droit de porter toute sa vie. On paie 20 livres, 10 sols pour un service célébré en l'Hôtel-Dieu pour le repos de l'âme de sœur Jeanne Gastàl, bienfaitrice de cet établissement et des pauvres de Chauny, décédée à Paris le 9 juin 1768, etc.

CC. 219. (Registre in-f°). — 19 feuillets, papier.

1768-1769. — Double du compte précédent.

CC. 220. (Registre in-f°). — 21 feuillets, papier.

1769-1770. — Compte de Jean-Claude Desgarsins, syndic-receveur. — On rembourse à deux flotteurs deux crocs de fer à eux perdus lors du dernier incendie arrivé dans le faubourg du Brouage, le 15 mai 1769. On paie 197 livres, 6 sols pour achat à Paris (frais de transport et de correspondance) des deux épées à poignée d'argent qui seront offertes à Garde de Muret, ancien maire, et au maire actuel, le sieur Roger, etc.

CC. 221. (Registre in-f°). — 28 feuillets, papier.

1770-1771. — Compte de Jean-Claude Descarsins, syndic-receveur. — Total des recettes : 13.226 livres, 10 sols, 9 deniers ; des dépenses (8.941 livres, 13 sols, 6 deniers) et des reprises (3.929 livres, 19 sols, 4 deniers) : 12.871 livres, 12 sols, 10 deniers. Le compte, rendu le 15 juin, est signé du receveur, de quatre notables, trois conseillers, un échevin et du maire, etc.

CC. 222. (Registre in-f°). — 254 feuillets, papier.

1765-1781. — « Registre journal de recette et « dépense pour servir au syndic-receveur des « deniers patrimoniaux et d'octrois de la ville « de Chauny, en exécution des édits d'aoust « 1764 et may 1765 ». — Ce registre contient le détail des opérations financières accomplies par les receveurs-syndics de Chauny, du 31 août 1765 au 20 décembre 1781.

CC. 223. (Registre in-f°). — 101 feuillets, papier.

1765-1788. — « Registre pour servir à enregistrer les mandements et ordonnances de « l'Hôtel de Ville de Chauny, en exécution des « édits d'aoust 1764 et may 1765 ». — Ce registre contient la liste des mandats et ordonnances de paiement délivrés par le comptable, du 27 août 1765 au 8 août 1788.

CC. 224. (Liasse). — 29 pièces, papier.

1624-1628. — Pièces justificatives des comptes. — On rembourse à Claude Vaillant, bourgeois, 6 livres qu'il avait avancées pour la ville, pour les frais de deux assignations qui avaient été données la veille (3 février 1627) aux habitants, à la requête du receveur du grenier à sel de Coucy, pour n'avoir pas été « quérir « en temps et lieu le scel de l'impost du quar- « tier de janvier dernier ». François Segain va à Paris, en janvier 1628, pour les affaires de la ville contre divers. Il donne 4 livres au clerc de « Monsieur Colbert, conseiller aux requê- « tes du Pallais », pour un extrait « du pro- « cès de Messieurs contre Monsieur de Sain- « cheny », etc.

CC. 225. (Liasse). — 44 pièces, papier.

1628-1630. — Pièces justificatives des comptes. — Jacques Benoist, mayeur, et François Segain vont à Paris, en mai-juin 1628. Ils donnent « à Monsieur Lagault soixante-quatre sols, « tant pour le rembourser de trente-deux sols « qu'il avoit baillé au subject de l'assignation « donnée pour l'estat de messager, par devant « les commissaire deputtez et tenant leur siège « aux Augustins de Paris, que autres trente- « deux sols pour une requête pour ce sub- « ject... ; 12 livres à Monsieur Beschefer pour « avoir faict et dressé ung factum contre Mes- « sieurs les lieutenants... », etc.

CC. 226. (Liasse). — 64 pièces, papier.

1630-1633. — Pièces justificatives des comptes. — Pierre Sommevert, marchand, va à Paris, porter au duc de Montbazon 12 paires de pigeons vivants, achetés « au Pays Bas » ; ces pigeons causèrent une dépense totale de 80 livres. Plusieurs boulangers de Chauny fournissent 3.000 rations de pain, entre bis et blanc, du poids de deux livres chacun, pour le régiment des gardes de Sa Majesté qui a passé et séjourné à Chauny et aux environs les 3 et 7 juin 1632. On paie à plusieurs habitants 77 livres, 5 sols pour la perte du prix des pistoles délivrées par le sieur de Noyers pour le paiement du prêt des soldats du régiment de Champagne, etc.

CC. 227. (Liasse). — 153 pièces, papier ; 3 pièces, parchemin ; 1 sceau.

1634-1636. — Pièces justificatives des comptes. — Jean Berleu, serrurier, nettoie 46 mousquets à 6 sols pièce et raccommode 28 cuirasses « avec les hoscot et morilion ». On paie 64 sols pour deux lapins offerts aux officiers du Roi, de Coucy, quand ils sont venus mettre à exécution « le mandement de Sa Majesté pour « l'obtension des arbres chesne » qu'il convient d'abattre dans la forêt de Coucy pour employer aux fortifications de la ville, etc.

CC. 228. (Liasse). — 237 pièces, papier ; 1 pièce, parchemin.

1636-1638. — Pièces justificatives des comptes. — Louis Coquet, marchand, fournit pour 36 sols « ung bas de laisne » au père Capucin qui administre les sacrements aux pestiférés. On offre du vin (novembre 1737) au marquis de Labarre, qui revenait du siège de La Capelle. Simon Gossart, maire, et Charles Perin vont à Compiègne voir le Roi au sujet de la décharge du régiment de Piémont. Ils couchent à Tracy et passent le bac à Choisy ; ils sont obligés, pour voir le Roi, d'aller à Arson, où il passait une revue. Ils donnent six sols de pourboire aux serviteurs de l'hôtel de la Bouteille, etc.

CC. 229. (Liasse). — 286 pièces, papier ; 1 pièce, parchemin.

1638-1640. — Pièces justificatives des comptes. — On paie dix livres pour un brochet mesurant 35 pouces entre l'œil et la fourche, qui est donné, en novembre 1639, au duc de Chaulnes, « en recongnoissance des plaisirs et « courtoisies qu'il a faict et que nous esperons « qu'il fera ausdicts habitans pour obtenir la « descharge de la garnison que l'on dict venir « en ladicte ville ». Dans un repas maigre fourni à la ville par Jacques Delierre, pâtissier, figure un autre brochet, « la hure au bleu, le « mitan à l'assoce d'Almagne, et la queue frit- « te », etc.

CC. 230. (Liasse). — 319 pièces, papier ; 2 pièces, parchemin.

1640-1642. — Pièces justificatives des comptes. — Jacques Leclercq, tonnelier, et trois hommes touchent 11 livres tant pour avoir vidé plusieurs « boucaults » remplis de biscuits mouillés et gâtés, faisant partie d'une plus grande quantité étant dans une grange de la Chaussée et destinée pour la nourriture des armées du Roi, que pour avoir « racoustré » et relié lesdits boucaults, avoir fait sécher lesdits biscuits et les avoir remis dans les boucaults. On envoie au sieur de Noyers, secrétaire d'Etat, et au duc de Chaulnes, 4 livres de grosses pêches, des prunes et des poires, etc.

CC. 231. (Liasse). — 323 pièces, papier.

1642-1644. — Pièces justificatives des comptes. — Un messager va à Noyon pour savoir « de quelle façon les soldatz blessés des enne- « mis de la France, envoyez par Sa Majesté « depuis huict jour audict Noyon, avoient esté « receus et nouriz en ladicte ville depuis leur « arrivé en icelle ». On achète, pour dix livres, une douzaine de couteaux à manche d'ivoire, pour servir à la table du marquis de Gesvres ; un menuisier fournit une cassette pour mettre la vaisselle dudit seigneur, etc.

CC. 232. (Liasse). — 153 pièces, papier.

1644-1646. — Pièces justificatives des comptes. — Le duc d'Enghien arrive au château de Manicamp en mai 1646 ; on lui offre quatre grosses carpes, trois brochets et un barbeau, payés 12 livres. François de la Marlière est emprisonné « dans Saint-Martin des Champs, « à Paris ». Il paie 8 livres pour sa dépense, 12 livres pour le vin des prisonniers, 12 livres pour le droit de geôle, 20 livres à la personne qui a sollicité son élargissement, 75 livres à l'huissier qui l'a retiré de prison et tenu 12 jours « en sa garde », 6 livres aux notaires pour leur indemnité, en tout 158 livres, 3 sols, etc.

CC. 233. (Liasse). — 226 pièces, papier.

1646-1648. — Pièces justificatives des comptes. — Antoine Berthault, procureur d'office, touche 13 livres pour ses salaires d'avoir « faict « la coppie de l'examen à futur estant dans « le livre appelé le Livre Rouge de ladicte « ville », pour servir au procès que les maire et jurés soutiennent, « en deffendant au siège « royal dudict Chauny ellencontre de Monsieur « le procureur du Roy et des sieurs acqué- « reurs dudict Chaulny pour conserver la fran- « chise du franc alleu », etc.

CC. 234. (Liasse). — 264 pièces, papier.

1648-1650. — Pièces justificatives des comptes — On donne à Jeanne Mignot, boulangère, 60 sols, le 25 septembre 1648, pour 5 gros pains fournis « pour aider aux nourritures du régi- « ment allemand du sieur d'Erlacque, quy au- « roit logé mardy dernier dans les faulxbourgs « dudict Chauny ». Louis Maieur reçoit 9 livres pour 4 lièvres, pour faire des pâtés qui ont été donnés au greffier du Bureau des finances de Soissons et à « aulcuns de Mes- « sieurs les Trésoriers de France ». On achète à Saint-Quentin, pour 140 livres, une pièce de toile de lin à la royale, qui sera offerte à la marquise de Cœuvres, etc.

CC. 235. (Liasse). — 230 pièces, papier.

1650-1652. — Pièces justificatives des comptes. — Le mayeur, Claude Couvreur, et Claude Sire vont à Paris (juin 1651), comparaître au Conseil du Roi à propos du différend de la ville avec le sieur de Lairaudière, lieutenant du Roi à Chauny. La ville donne une indemnité à Simon Lourson, maître chirurgien, qui avait prêté sa cavale pour faire le voyage de Soissons ; on la lui a ramenée, « pleine de sang, « avec ses deux aureilles coupées... et haras- « sée de tel sorte qu'elle a esté quatre jours « sur la lictière avec un tremblement, à cause « de quoi elle a usé une peinte d'ipocrat... », etc.

CC. 236. (Liasse). — 160 pièces, papier.

1652-1654. — Pièces justificatives des comptes. — Le 25 décembre 1653, le sieur « de « l'Artest », lieutenant-colonel du régiment de M. le maréchal de Clairambault, arrive à Chauny avec plusieurs autres officiers; on leur donne, pour leur goûter, 4 pains, un pot et demi de vin, la moitié d'un morceau de bœuf et du fromage ; pour le souper, 6 pains, 2 pots de vin et la moitié d'un paleron de pourceau et un canard. Les valets ont, pour le souper, un rable de porc. Le lendemain, vendredi, le menu est maigre (omelettes, morue, salsifis, etc.), etc.

CC. 237. (Liasse). — 178 pièces, papier.

1654-1656. — Pièces justificatives des comptes. — Louis de la Marlière, juré, va à La Fère, le 11 août 1654, pour voir Saint-Martin, lieutenant de l'artillerie, « sur le subject de nos « poudre que l'on nous vouloit enlever » ; il va, le 15 septembre, à Soissons, voir le comte d'Avaux, intendant, au sujet des tailles ; le 9 décembre, à Genlis, voir M. de Scyron, au sujet des 1.400 livres qu'il avait à prendre sur les tailles ; le 6 janvier 1655, à Noyon, pour savoir la teneur des ordres obtenus par « Messieurs de Noyon » ; le 1er février 1655, à Saint-Quentin, voir M. de Castelnau pour les mousquets « qu'il nous demandoit de fournir à l'in« fanterie de nostre garnison », etc.

CC. 238. (Liasse). — 133 pièces, papier.

1656-1658. — Pièces justificatives des comptes. — De la Marlière va à La Fère, avec M. de Magny, pour parler à M. le Cardinal, afin de « nous faire descharger de l'ordre par lequel « il nous estoit mandé de recevoir mil che« vaux ». Charles Demory ne fait pas moins de cinq voyages à La Fère, en juin-juillet 1657; au 5e, il porte le procès-verbal des désordres commis par les six compagnies des gardes, etc.

CC. 239. (Liasse). — 216 pièces, papier ;
4 pièces, parchemin.

1658-1661. — Pièces justificatives des comptes. — Claude Guillaume fournit trois aunes de rubans pour les clefs qui sont présentées au duc de Mazarin, 33 livres et demie de « lesne », à 12 sols la livre, pour faire un matelas au sieur Sénéchal, lieutenant du gouverneur, avec 11 aulnes de futaine (13 livres, 4 sols), sans compter 48 sols pour fil et façon, etc.

CC. 240. (Liasse). — 185 pièces, papier ;
1 pièce, parchemin.

1661-1663. — Pièces justificatives des comptes. — Un laboureur du Pissot se fait rembourser 180 livres pour le prix des chevaux et poulains, au nombre de neuf, sur lui exécutés et vendus à la requête du receveur des gabelles à Coucy pour le fait de la commune et en vertu de la sentence de « solidité » obtenue contre tous les habitants. — Un peintre fait 6 écussons aux armes du duc de Mazarin, etc.

CC. 241. (Liasse). — 153 pièces, papier.

1663-1665. — Pièces justificatives des comptes. — On achète 3.000 d'ardoises, pour le comble du toit de l'Hôtel-de-Ville, à un marchand des environs de Rocroi (60 livres). Le jour de la reddition du compte de l'argentier, on dépense, au déjeuner, 4 livres, 16 sols, 6 deniers en pain, beurre, cerises, vin, etc.

CC. 242. (Liasse). — 200 pièces, papier.

1665-1667. — Pièces justificatives des comptes. — On envoie chercher à Soissons des confitures sèches pour présenter à la Reine, « croyant qu'elle repasseroit par ces quartiers ». On donne 60 livres de subvention aux officiers et chevaliers du jardin de l'Arc, afin d'embellir et de parachever la salle qu'ils font construire (dans le bastion d'Aumale) et pour laquelle ils ont obtenu des subsides du duc de Mazarin, « notre illustre gouverneur », etc.

CC. 243. (Liasse). — 333 pièces, papier ;
5 pièces, parchemin.

1667-1670. — Pièces justificatives des comptes. — « Madamoiselle la procureuse du Roy » (veuve Dubois) fournit le vin qui est présenté à diverses notabilités. Du 17 au 20 février 1670, le greffier fait un voyage à Villers-Cotterêts. A Blérancourt, un homme le conduit à Vic-sur-Aisne, « attendu la difficulté qu'il y avoit à « marcher à cause des neiges ». Il passe l'Aisne en bac, à l'aller et au retour. Deux hommes viennent le conduire de Bitry à Audignicourt « pendant le fâcheux temps des neiges », etc.

CC. 244. (Liasse). — 191 pièces, papier.

1670-1672. — Pièces justificatives des comptes. — Une demande en décharge d'impôts est déposée par Madeleine Mégret, veuve depuis huit ans d'Augustin Cabotin, docteur en médecine, qui a exercé à Chauny plus de 40 ans, « avec approbation de tous », mais qui a eu le malheur « de n'avoir pas espargné gran« de commodité, parce qu'il avoit le bien et « l'honneur de travailler sans beaucoup d'ata« che à ses interests ». La ville fait célébrer à Saint-Martin, un service solennel pour la mémoire du sieur de Vervins ; on brûle pour 30 livres, 18 sols, 9 deniers de cierges, etc.

CC. 245. (Liasse). — 203 pièces, papier.

1672-1674. — Pièces justificatives des comptes. — François Dubois sert de guide à des gardes du corps du roi d'Angleterre, qu'il mène aux environs de Coucy. Un menuisier touche 8 livres pour « avoir acomodez saize arquebuse à crocq, les avoir nettoier et lavez et en deschargez quelque une, et avoir faict des étriés et des cheville pour les tenir sur les bois, et avoir aussy faict quelque bacinet... », etc.

CC. 246. (Liasse). — 276 pièces, papier ; 1 pièce, parchemin.

1674-1677. — Pièces justificatives des comptes. — Claude de Théis le jeune va à Paris, pour affaires, en octobre 1674 ; pour revenir, il prend le carrosse de Beaumont (45 sols) et le coche d'eau (45 sols). Simon Dehagues achète à Paris, pour la ville, « des lunettes de longue veue pour servir au guesteur » (3 livres). On dépense 452 livres à l'occasion du passage du Roi à Chauny, le 28 février 1677, etc.

CC. 247. (Liasse). — 192 pièces, papier.

1677-1681. — Pièces justificatives des comptes. — On achète, pour présenter à l'Intendant, deux pièces de vin de Verzenay, qui coûtent 140 livres ; avec l'emballage, la voiture, le courtage, etc., ce vin revient à 162 livres, 10 sols. Antoine François conduit, avec sa charrette et quatre chevaux, le bagage du régiment de Saluce-Piémontais, de Chauny à Aubenton. On donne une collation devant l'Hôtel-de-Ville à toutes les compagnies des arquebusiers qui étaient au prix général de cette ville, etc.

CC. 248. (Liasse). — 195 pièces, papier ; 1 pièce, parchemin.

1681-1684. — Pièces justificatives des comptes. — On achète 9 aunes de serge de Saint-Lo, violette et rouge, à 6 livres l'aune, pour faire deux robes aux sergents à verge, et 2 aunes et demie de la même étoffe pour faire une casaque au garde des navoirs. — Werier, procureur à Soissons, écrit au maire, le 14 mars 1684 : « Monsieur Le Comte estant arrivé à Soissons avec les comptes de la ville et les pièces justiffícatifves pour les présenter à Monsieur l'Intendant, il a eu la disgrace de ne le poinct rencontrer, pour ce qu'il estoit party le mesme jour, du grand matin, pour Noion, pour l'establissement d'un collège, d'où il ne reviendra que jeudy prochain », etc.

CC. 249. (Liasse). — 288 pièces, papier.

1684-1687. — Pièces justificatives des comptes. — Jean Toupet, cordier, fournit pour 34 sols, 5 livres et demie de cordes pour mettre aux grandes et aux petites balances de la Ville. On répare le lavoir du Pont-Royal avec une douzaine et demie de « grosses aulnes » de la basse forêt de Coucy. On paie 12 livres une écritoire de table en chagrin pour la Ville, etc.

CC. 250. (Liasse). — 208 pièces, papier.

1687-1690. — Pièces justificatives des comptes. — On achète, pour 9 sols, une petite paire de bas destinée à un enfant orphelin que les maire et jurés « faisoient alors nourir à Guny ». On donne 2 sols aux sœurs de l'Hôtel-Dieu pour du fil bleu, pour marquer le linge du prédicateur. Le service funèbre en l'honneur de Madame de Saint-Simon, célébré dans l'église Saint-Martin, coûte 28 livres, 15 sols, etc.

CC. 251. (Liasse). — 351 pièces, papier.

1690-1693. — Pièces justificatives des comptes. — Réception de Nicolas de Beaumont, porte-sac, en qualité de milicien pour deux ans, en remplacement de Jacques Gueullette, l'un des trois soldats fournis par la ville dans la compagnie de Beauvais, qui était mort à Philippeville. On donne aux miliciens trois « grandes » paires de bas rouges, trois camisoles rouges, trois paires de grandes guêtres à boutons, trois grands havre-sacs, etc.

CC. 252. (Liasse). — 212 pièces, papier ; 1 pièce, parchemin.

1693-1696. — Pièces justificatives des comptes. — Léonard Thierry fait trois douzaines de fusées pour la réjouissance de la bataille de Nerwinden, et fournit 18 cartes (36 sols), 5 sols de soufre, un quarteron de poudre fine de 7 sols, 3 sols d'eau-de-vie, 5 sols de salpêtre, 3 sols de ficelle, 3 douzaines et demie de baguettes (6 sols), etc. Charles-Annibal Cottin, chevau-léger du Roi, seigneur d'Amblois, réclame l'argent que lui doit la ville de Chauny et dont il a besoin « pour le payement de son équipage, ayant achepté tout nouvellement

« pour douze cens livres de chevaux, dont il « doit le prix... pour faire la campagne... », etc.

CC. 253. (Liasse). — 130 pièces, papier.

1696-1698. — Pièces justificatives des comptes. — Plusieurs membres du corps de ville vont à Soissons pour être entendus en témoignage devant l'Intendant contre « les parti« culiers habitans qui sont actuellement dans « les prisons, accusés d'avoir excités en parties « les esmotions qui sont arrivées en cette ville « au sujet de l'augmentation du bled », etc.

CC. 254. (Liasse). — 164 pièces, papier ; 1 pièce, parchemin.

1698-1700. — Pièces justificatives des comptes. — Le comptable va à Soissons au sujet de la démolition de la tour du beffroi, de la percée du rempart et pour la place vague, pour y construire la nouvelle chapelle de l'Hôtel-Dieu. Langevin, huissier au Bureau des finances de la Généralité, lève la garnison qu'il avait établie en l'Hôtel-de-Ville de Chauny, etc.

CC. 255. (Liasse). — 212 pièces, papier.

1700-1702. — Pièces justificatives des comptes. — Le 13 octobre 1700, on présente à l'Intendant 2 levraults, 1 canard, 19 cailles, 19 grives, 1 bécasse et 2 dindons (en tout 22 livres, 7 sols). Léonard Thierry fournit la nourriture aux Jacobins qui ont fait la mission à Chauny pendant 43 jours (septembre-octobre 1701), à raison de 50 sols par jour pour 5 personnes, etc.

CC. 256. (Liasse). — 128 pièces, papier.

1702-1705. — Pièces justificatives des comptes. — Un ferronnier répare l'horloge de la ville; il resoude le grand et le petit coq, rompus et cassés, raccommode la noix à remonter le poids de la sonnerie, etc. Momble Courboing va à Soissons, en novembre 1703, porter un brochet à l'Intendant. Il dépense 40 sols pour le louage du cheval, plus 60 sols « pour ma despence de « moy et dudit cheval et pour ma peine », etc

CC. 257. (Liasse). — 200 pièces, papier.

1705-1708. — Pièces justificatives des comptes. — Florent Gouillart, argentier, va à Paris, en mars 1707, pour un procès de la ville (contre le sieur Dehagues de Belleville?). Le 31 de ce mois, les maire et jurés lui écrivent que l'affaire va être plaidée le lendemain, et qu'il est inutile « que quelqu'un de nous se rende « à Paris, parce que les juges de l'audience « change fort souvent et on ne les connoit pas... », etc.

CC. 258 (Liasse). — 224 pièces, papier.

1708-1711. — Pièces justificatives des comptes. — François Delécluze, chirurgien, reçoit 2 livres pour avoir pansé les prisonniers pendant les grands froids, « aux nombres de vingt « à vingt-cinq..., tant d'emplastre que onguent « pour les doip gellée et apcès qu'ils avoient ». On donne au sieur Lepage 160 livres pour 13 setiers de blé fourni pour la subsistance « des « desbris du régiment de Vandosme », à 13 livres le setier, etc.

CC. 259. (Liasse). — 202 pièces, papier.

1711-1713. — Pièces justificatives des comptes. — On rembourse à Claude Toupet 8 livres, 10 sols pour 6 tabourets qu'il a achetés pour la salle de la ville ; 13 livres, 3 sols pour la dépense « des dragons et cavaillier quy ont « esté à la suitte de M. l'Intendant, tant à « Saint-Jacques qu'aux Bons Enfans » ; 17 sols pour une aune de toile noire et blanche qui sert de guidon au clocher, etc.

CC. 260 (Liasse). — 162 pièces, papier.

1713-1715. — Pièces justificatives des comptes. — On donne à déjeuner aux sergent et brigadier des grenadiers, lorsqu'on a pris « des « filles de mauvaise vie pour mestres en pri« son ». Claude Toupet, sergent à verge, va à Noyon porter une lettre « à Me Jacobe » au sujet du prédicateur qui refusait de prêcher à Notre-Dame et à Saint-Martin le dimanche, etc.

CC. 261. (Liasse). — 184 pièces, papier.

1715-1718. — Pièces justificatives des comptes. — Denis Fournier, hôte de la Croix d'Or, fournit 8 bouteilles de vin de Champagne à 18 sols (9 livres, 4 sols). Macadré, maître apothicaire à Chauny, fait une potion « céphalique « et cordialle » pour son cousin Cabotin, composée de « confict d'hyacinthe, bézoard, or, esprit « thériacal, syrop de tunicis et les eaux spécifi« ques », au prix de 2 livres, 5 sols, ce qui n'empêche pas cet ecclésiastique de mourir le mois suivant (octobre 1716), etc.

CC. 262. (Liasse). — 225 pièces, papier.

1718-1720. — Pièces justificatives des comptes. — Daniel Cathoire, dans un voyage de Paris, dépense 19 livres, 12 sols pour un dîner offert à l'abbé Doucet, « qui est venu avec moi « chés M. de la Vrillière pour les affaires de « la ville »; 24 livres pour un « pareil repas « donné à M. Gaudron au retour de chés « Madame de Parabère, où il m'a mené plu- « sieurs fois »; 16 livres, 15 sols pour un déjeuner « avec la mesme personne et le vallet « de chambre de cette dame, un autre « jour », etc.

CC. 263. (Liasse). — 190 pièces, papier.

1720-1722. — Pièces justificatives des comptes. — On rembourse au sieur Thory, principal, 20 livres pour son voyage de Paris à Chauny, et 30 livres pour le transport de ses meubles, venus de Montdidier. Un menuisier a 3 livres, 18 sols pour avoir « raccommodé la cage où « l'on a renfermé Nicolas Camus, y avoir « fourny le bois nécessaire, même M. Guillaume « Labarre a fourny pour vingt-quatre sols de « cloux picards », etc.

CC. 264. (Liasse). — 200 pièces, papier.

1722-1724. — Pièces justificatives des comptes. — Le 6 avril 1724 est publié un arrêt du Conseil (du 4 avril) portant diminution des espèces. Le receveur perd 527 livres, 17 sols, 8 deniers sur ce qu'il a en caisse, savoir: 84 livres sur 21 louis d'or réduits de 24 à 20 livres, 127 livres, 1 sol, 6 deniers sur 110 écus et demi réduits de 6 livres, 3 sols à 100 sols, 156 livres, 5 sols, 4 deniers sur 407 pièces et trois-quarts de pièce réduites de 41 sols à 33 sols, 4 deniers, etc.

CC. 265. (Liasse). — 126 pièces, papier.

1724-1726. — Pièces justificatives des comptes. — Louis Descarsin, bourgeois, va à Fontainebleau et à Versailles pour solliciter la sortie de la garnison. Son mémoire de « frais et desboursés » s'élève à 427 livres, et se termine ainsi: « A l'égard des salaires que vous m'of- « frés pour voyages faits à Fontainebleau, à « Versailles, et séjours, je n'en demande rien, « trop heureux d'avoir pu rendre quelque « service à ma patrie, ce qui me tien lieu de « toutes récompense... », etc.

CC. 266. (Liasse). — 222 pièces, papier.

1726-1728. — Pièces justificatives des comptes. — On envoie à Prégent, secrétaire de l'Intendant, « qui a rendu service à la ville », quatre louis d'or de 24 livres. On verse 24 livres au sieur de Beaubois, avocat à Paris, qui a dressé le mémoire de « Messieurs de ville « contre Messieurs du bailliage », etc.

CC. 267. (Liasse). — 165 pièces, papier.

1728-1730. — Pièces justificatives des comptes. — François Beau, marchand à Laon, et consorts, héritiers de feue Juliette de Driencourt, réclament une rente de 195 livres, 19 sols, 6 deniers que la Ville leur doit et dont elle n'a pas soldé trois années d'arrérages, sous prétexte qu'il n'y a pas de deniers dans la caisse du patrimoine, etc.

CC. 268. (Liasse). — 225 pièces, papier.

1730-1733. — Pièces justificatives des comptes. — Rabeuf, notaire royal et procureur, va à Paris et Fontainebleau, à l'occasion du Canal de Picardie. Il part le 29 juin 1731, passe par Noyon, Compiègne, Verberie, Senlis et Louvres: il séjourne à Paris, du 1er au 7 juillet, à raison de 6 livres par jour; il va ensuite à Fontainebleau en « chaise à deux », revient à Paris, où il reste du 11 au 27, et regagne Chauny « en relay ». Son mémoire s'élève à 326 livres, 8 sols, etc.

CC. 269. (Liasse). — 132 pièces, papier.

1733-1735. — Pièces justificatives des comptes. — On dépense 279 livres pour l'habillement des deux sergents à verge, savoir: 30 livres pour deux chapeaux et deux culottes, un habit de 22 livres, 10 sols, et un autre de 19 livres, un surtout de 8 livres, 10 sols, 48 livres pour le galon, 1 livre, 8 sols pour le cuir et 50 livres, 10 sols pour le drap écarlate des bandoulières, 2 paires de bas rouges de 10 livres, 26 livres pour le fil d'or et d'argent et la soie pour les armoiries des bandoulières, 43 livres, 19 sols pour drap et fourniture des deux vestes, etc.

CC. 270. (Liasse). — 288 pièces, papier.

1735-1737. — Pièces justificatives des comptes. — Charlotte Dupuis fournit au principal des prix pour les écoliers, savoir: « un livre sur « l'ofyce de la Sainte-Vierge, qui a coutée, à « Paris, 28 sou; plus un quatechisme de Cha- « lon, de 28 sou; plus une imitation de Jésus

« avec des reflection, de 30 sou; plus un livre « d'Evangile avec des reflection, de 18 sou, et « 4 sou pour le por de ces livres », etc.

CC. 271. (Liasse). — 195 pièces, papier.

1737-1740. — Pièces justificatives des comptes — On offre un repas (réglé le 23 avril 1738) au supérieur du séminaire de Noyon, qui comporte: soupe, un plat de raie, 2 brochetons, des œufs aux morilles et deux autres plats d'œufs, raves et beurre frais, 2 brochets au bleu, 3 pilets, 2 bottes d'asperges, 6 pains, fromage et noix, 6 bouteilles de vin et des biscuits, etc.

CC. 272. (Liasse). — 258 pièces, papier.

1740-1743. — Pièces justificatives des comptes. — Lesèble, orfèvre et graveur, fournit un cachet aux armes de la ville pour cacheter les lettres (6 livres), 2 autres grands pour les sceller (12 livres) et une plaque pour mettre sur la cloche (7 livres). Claude Marcq, maître fondeur à Amiens, refond, en novembre 1740, la cloche de la ville, qui a été cassée. Deux manouvriers veillent, 2 nuits et une demi-journée, à la conservation des poudres destinées pour la Flandre, etc.

CC 273. (Liasse). — 144 pièces, papier.

1743-1746. — Pièces justificatives des comptes. — Joseph Mignot fournit une bouteille d'encre (10 sols), une pelote de ficelle (4 sols), un couteau pour couper le pain des pauvres (3 sols), 2 paires de bas à un milicien (5 livres), 2 queues en ruban au même (24 sols), 2 livres de chandelle au prédicateur (24 sols), 54 aunes de ruban pour les cocardes des miliciens (21 livres, 12 sols), etc.

CC. 274. (Liasse). — 190 pièces, papier.

1746-1749. — Pièces justificatives des comptes. — On verse 15 livres à la sœur Varet, fille de la Croix, pour envoyer au sieur Potel, son neveu, qui est entré au séminaire de Saint-Louis, et a été obligée de prendre cette somme sur le quartier de sa bourse, à cause des avances qu'on est contraint de faire en entrant audit séminaire, cette somme ayant été accordée au sieur Potel sur le patrimoine de la ville, etc.

CC. 275. (Liasse). — 228 pièces, papier.

1749-1752. — Pièces justificatives des comptes, — On rembourse 22 livres pour 12 bouteilles de Champagne qui ont été oubliées « dans l'ordonnance de la paix ». Le 15 février 1752, par ordre de l'Intendant, la ville marie deux jeunes filles et paie les frais des noces. Le receveur avance 42 livres, 6 sols pour les menues dépenses du mariage (3 livres, 12 sols pour des dragées, 2 aunes de ruban pour les jarretières, etc.). Le repas de noces, aux frais de la ville, coûta 166 livres, 16 sols, dont 60 livres pour le vin, etc.

CC. 276. (Liasse). — 202 pièces, papier.

1752-1754. — Pièces justificatives des comptes. — On achète à de Béthune, marchand pâtissier à Amiens, 3 pâtés de six canards (36 livres), « pour les distribuer aux amis de la ville à Paris ». Bourgeois, horloger, reçoit 250 livres pour réparation à l'horloge (mouvement de la minute, mouvement du carillon et mouvement de la sonnerie de l'heure), etc.

CC. 277. (Liasse). — 330 pièces, papier.

1754-1757. — Pièces justificatives des comptes — Louis Minard, « fabricateur de quadrans », reçoit 8 livres pour avoir fait les deux cadrans solaires de l'Hôtel-de-Ville et de la Croix d'Or. Le receveur est obligé de payer, à l'acquit du principal du collège, 4 livres, 6 sols, 6 deniers pour l'entrée d'un muid de vin, 46 livres, 5 sols pour prix et voiture de la même pièce, 47 livres, 6 sols que le principal devait au boucher, 78 livres, 12 sols qu'il devait au marchand de vin, au total presque tout son traitement de l'année, etc.

CC. 278. (Liasse). — 218 pièces, papier.

1757-1759. — Pièces justificatives des comptes — On rembourse à Jacques Gauthier le prix de nombreux repas fournis par lui, savoir: 25 livres pour la collation de la Saint-Jean 1758 ; 75 livres pour un repas à l'occasion du tirage de la milice (6 octobre) ; 48 livres pour celui du 23 octobre, où l'on célébra « la victoire « remportée à l'Amérique et à l'affaire de Cast « en Bretagne » ; 43 livres pour celui du 19 novembre, pour la victoire du prince de Soubise sur les Hanovriens et Hessois ; 42 livres et 46 livres pour deux autres, le 26 janvier et le 25 février 1759, etc.

CC. 279. (Liasse). — 203 pièces, papier.

1759-1761. — Pièces justificatives des comptes. — Le sieur Buhot, sculpteur, touche 120 livres pour la sculpture de la croix de pierre qui est sur la place, y compris fourniture de pierres ; 24 livres pour la sculpture en bois du devant d'autel de la chapelle de l'Hôtel-de-Ville, et 4 livres pour un tableau représentant un Christ, qu'il a fourni pour mettre au-dessus du siège de M. le Maire. Le principal écrit qu'il a acheté « un cent d'images, à deux sols « pièces, qui ont mis... le collège tout en feu, « et trente-deux illuminées..., moins bonnes, qui « cependant plaisent à quelques-uns ; elles ne « sont qu'à un sol », etc.

CC. 280. (Liasse). — 340 pièces, papier.

1761-1763. — Pièces justificatives des comptes. — On avait écrit au sieur Le Roux, ancien maire de Saint-Valéry-sur-Somme, pour lui demander s'il ne pourrait pas envoyer du poisson à Chauny. Il répond, le 16 février 1763, qu'il craint de ne pouvoir satisfaire les maire et échevins, « notre port ne fournissant « pas souvent du poisson ». Il va s'informer à Cayeux et aux environs. Quant au paiement, « nous nous arrangerons aisément », etc.

CC. 281. (Liasse). — 296 pièces, papier.

1763-1765. — Pièces justificatives des comptes. — La ville est imposée, pour le droit de minage, à 108 livres, 18 sols, savoir : 66 livres pour les deux premiers vingtièmes, 6 livres, 12 sols pour 2 sols pour livre du dizième, 33 livres pour le troisième vingtième, et 3 livres, 6 sols pour les 2 sols pour livre d'icelui; de même, elle paie 13 livres, 4 sols pour les vingtièmes du greffe, etc.

CC. 282. (Liasse). — 350 pièces, papier.

1765-1767. — Pièces justificatives des comptes. — Le sieur Thorin, greffier du Conseil pour la revente des domaines du Roi, touche 25 livres, 12 sols pour ses honoraires du contrat de vente des murs, fossés et fortifications de la ville, passé par les commissaires députés par Sa Majesté au profit des habitants de Chauny, dans le courant de l'année 1766, etc.

CC. 283. (Liasse). — 252 pièces, papier.

1767-1769. — Pièces justificatives des comptes. — On paie 7 livres, 10 sols pour trois copies collationnées « d'anciens titres gothiques, « les avoir déchiffrés, papier, controlle, scels « et honnoraires, le tout envoyé au Conseil de « M. le duc d'Orléans au sujet du droit de « vinage qui se perçoit mal à propos dans « Chauny ». Guénin, notaire, a 6 livres pour expédition, contrôle et papier d'un traité passé entre le seigneur d'Abbécourt et l'abbaye de Saint-Eloi-Fontaine, le 11 septembre 1604, concernant le point d'eau du moulin du Brouage, etc.

CC. 284. (Liasse). — 288 pièces, papier.

1769-1771. — Pièces justificatives des comptes. — On paie 6 livres pour le coût de l'adjudication du droit de stellage et tonnellage appartenant au duc d'Aumont, faite pour neuf ans aux officiers municipaux de la ville. Deux maçons, qui ont démoli la porte du Pont-Royal, reçoivent 90 livres. Un marchand forain, Renard, fournit 6 aunes de toile, au prix de 32 livres, pour faire deux paires de draps pour les prédicateurs ; ces draps seront déposés à l'Hôtel-Dieu, etc.

CC. 285. (Liasse). — 292 pièces, papier.

1771-1774. — Pièces justificatives des comptes. — On achète deux canifs de bureau à 9 livres pièce, 6 paquets de plumes pour 1 livre, 16 sols ; les prix des élèves du collège coûtent 20 livres. On donne à Marie-Anne Boutrinquien, que les officiers municipaux ont envoyée à Soissons pour assister aux démonstrations du sieur Lefot et s'instruire dans l'art des accouchements, une gratification de 24 livres. On rembourse, au 1er juillet 1773, à 1.200 livres, l'action n° 2, garnie de ses vingt coupons, etc.

CC. 286. (Liasse). — 255 pièces, papier.

1774-1778. — Pièces justificatives des comptes. — Le 9 mai 1775, le subdélégué fait délivrer par un débitant 57 bouteilles de bon cidre (à 5 sols) à la compagnie d'artillerie détachée à Chauny pour la sûreté de la ville, 85 livres et demie de pain blanc (12 livres, 16 sols, 6 deniers) et 57 livres de viande, moitié mouton, moitié bœuf (17 livres, 2 sols). Le paiement sera fait par l'étapier de la Généralité, mandé à cet effet. On donne 188 livres, 15 sols à un procureur pour les frais du procès criminel contre les « quidams qui ont des« honorés les promenades de cette ville, par « l'abbati nocturne de quantité d'arbres qui « en faisoient l'ornement », etc.

CC. 287. (Liasse). — 298 pièces, papier.

1778-1780. — Pièces justificatives des comptes. — Le sieur Midoux, marchand d'ardoises à Auvillers-les-Forges, fournit 12.600 ardoises pour 259 livres, 16 sols. On paie 3 livres pour 2 seilles fournies pour le puits de la place, 3 livres pour secours à des particuliers de Brouchy, victimes d'un incendie, 3 livres en gratification à ceux qui ont exercé les pompes de la ville, etc.

CC. 288. (Liasse). — 305 pièces, papier.

1780-1783. — Pièces justificatives des comptes. — Le 15 février 1782, Jean Grenier, meneur de nourrices à Chauny, amène à la maison de Bicêtre Louis-François-Momble Desnoyers, insensé ; la conduite coûte 30 livres. On paie 37 livres, 8 sols pour 24 billets de la loterie du rhingraviat de Grümbach, comprenant 46.000 billets et 46.503 prix et primes, placée sous le patronage de Charles-Louis-Guillaume-Théodore, rhingrave du Saint-Empire à Grümbach, etc.

CC. 289. (Liasse). — 220 pièces, papier.

1783-1785. — Pièces justificatives des comptes. — Le balayage de la place coûte une livre par mois. La ville paie, en censives et rentes (exercice 1784-1785) 270 livres, 12 sols ; en honoraires, 1.618 livres ; en frais de justice, 123 livres, 17 sols ; en entretien de la ville, 1.457 livres, 18 sols ; 27 livres, 12 sols pour bois de chauffage ; 914 livres, 17 sols, 9 deniers pour entretien des casernes, etc.

CC. 290. (Liasse). — 347 pièces, papier.

1785-1787. — Pièces justificatives des comptes. — Le receveur-syndic touche 1.612 livres, 8 sols, 6 deniers du trésorier-général de la guerre, pour le prix des ouvrages qui ont été faits pour la désinfection des écuries où ont séjourné les chevaux morveux du régiment du Roi-Cavalerie dans la ville de Chauny. Audibert, pompier à Saint-Quentin, a 24 livres pour le raccommodage de la grosse pompe. La dame Bacquia, marchande, fournit 2 bouteilles de liqueur, l'une « d'eau de caffé », et l'autre « d'huille de Vénus », à 3 livres, 10 sols chacune, etc.

CC. 291. (Liasse). — 260 pièces, papier.

1787-1789. — Pièces justificatives des comptes. — Deux barocheurs ont 80 livres pour avoir passé huit jours à enlever les glaces qui se trouvaient dans l'étendue de la ville (en janvier 1789). Louis Debrie, mégissier, garnit la porte d'entrée du prédicateur d'une « bande « de paux toute à l'autour de ladite porte » (1 livre, 16 sols). 4 terrassiers font des fossés pour le cimetière des protestants, au moulin du Brouage, en février-mars 1789, etc.

CC. 292. (Liasse). — 70 pièces, papier.

1523-1782. — Finances : objets généraux. — 1523. Procès-verbal de l'examen par Jean Mouret, greffier de la ville, des comptes « qui ont « esté rendus depuis trente ans en çà, pour sça« voir comment les relicquas desdicts comptes « avoient esté emploiez en la manière qui s'en« suict ». — En 1613, l'Election de Noyon est taxée pour la taille et les crues à 34.232 livres, 9 sols, 6 deniers, dont Noyon devait payer 4.500 livres, et Chauny 3.000 livres. — 25 juin 1705. Ordonnance de l'Intendant obligeant les échevins en titre à faire les recettes de la ville, attendu « que par l'édit de création des offices « d'échevins, il est porté qu'ils feront les mê« mes fonctions que les électifs », et que, jusqu'à présent, les échevins élus par les habitants « ont toujours eu, sçavoir le premier (qui « faisoit la fonction de lieutenant du maire « perpétuel), le soin des ouvrages publics en « la ville, et les trois autres, chacun une re« cette, qui sont celle des revenus patrimo« niaux de l'Hôtel-Dieu et d'un fond qui se « distribue annuellement aux pauvres », etc.

CC. 293. (Liasse). — 31 pièces, papier.

1649-1676. — Finances : correspondance. — 9 décembre 1649. — Une pièce, annexée à une lettre de Cuiret, greffier du Bureau des finances de Soissons, établit que les étapes de 1648 montaient à 2.296 livres, le taillon à 883 livres, 4 sols et la taille à 7.516 livres, 16 sols. — On lit à la fin d'une lettre écrite, le 22 juillet 1651, au maire de Chauny par Berlu, alors en mission à Paris : « Je vous donne advis que « Messieurs Tellier Servin et de Lionne se sont « retirez de Paris, au lieu dequels on croy que « M. le premier président, Monsieur le coadju« teur et Monsieur de Chateauxneuf prendront « leur place. Monsieur le Prince c'est trouver « hier au Palay, où Monsieur le premier pré« sident luy a demandé s'il avoit veu le Roy, « lequelle a faict réponce que, quand la Reine « lui auroit donné la satisfaction et le conten« tement de ce qu'il luy a demandé, qu'il sçau« roit bien alors son debvoir. On croy qu'il est « sorty mécontent du palais. J'ay creinte que

« toutes lesdictes affaires nous amennent de « grands troubles... », etc.

CC. 294. (Liasse). — 98 pièces, papier.

1711-1756. — Finances : correspondance. — On lit dans une lettre adressée, le 15 janvier 1719, par le maire Guillaume, à Catoire, procureur des Eaux-et-Forêts à Chauny, qui se trouvait alors à Paris : « Tous les biens que nous « possédons consiste dans les prées des Na- « voir, qui nous ont été données par Philippe « le Bel, un droit sur le vin, qui [a] été dé- « claré patrimonial par arrest du Conseil, aussi « bien que la halle, et environ 67 livres de « petit surcens..., à prendre sur différente mai- « son de la ville, pour tous lesquels biens nous « avons payés les droits d'amortissement. Il « n'i a que la halle, pour laquelle nous deb- « vons... [au seigneur de Guiscard], tous les « ans, quatorse ou quinse livres de surcens ou « censives... je ne puis pas me figurer qu'il « puisse nous obliger de luy donner cognoissan- « ce de tous nos autres biens, sur lesquels il « n'y a aucunes charges. A l'égard des biens « des pauvres et de l'Hostel-Dieu..., nous avons « faits quelques acquisitions, dont nous offri- « rons de luy en payer les droits et en passer « nouvelle recognoissance... ». — Dupuis, professeur au collège des Quatre-Nations, écrit (26 octobre 1720), au sujet de 4 billets de banque de mille livres que le maire Guillaume lui avait envoyés pour placer sur l'Hôtel-de-Ville : « Il n'y a plus à présent de débouché « pour les billets de banque qu'en les plaçant « sur les recettes provinciales au denier 50, « ou en rentes viagères au denier 25, les 25 « millions de rente au denier 40 étant rem- « plis dès samedi dernier, 19e octobre 1720. « Je garderai ces billets jusqu'à ce que vous « me marquiez ce qu'il faudra en faire... Je « gémis... sur les misères publiques et les in- « justices qui se commettent d'un bout à l'au- « tre du royaume. Je plains d'autant plus les « pauvres qui se multiplient de tous costez « que les gens de bien n'ont plus de quoi les « assister... ». — Le 6 février 1747, les maire et échevins de La-Fère envoient une boîte (sans doute comme spécimen) à leurs collègues de Chauny : « La boëte que vous recevrez est de « fer coulée : toutes les autres que nous avons « sont de mesme. Il y a plus de cent ans « qu'elles servent, et, quoyque l'on en ait fait « un usage fréquent, il n'y en a pas une qui « ait crevé... ». — Sézille de Montarlais (sans doute élu à Noyon) écrit, le 9 octobre 1756 : « ... Les Suisses sont exemts de tailles icy, en « justiffiant par eux qu'ils sont originaires de « la Suisse ; à l'égard des Genevois, je ne pense « pas qu'ils en soient exemts de même que les « Suisses, ces privilèges ne leur étant pas ac- « cordés... », etc.

CC. 295. (Liasse). — 91 pièces, papier.

1758-1779. — Finances : correspondance. — 28 janvier 1758. Govet, procureur (?) à Coucy, écrit au maire Demory : « Tous les par- « ticuliers de Chauny quy ont été condamnés « par Messieurs les officiers du grenier à sel « en retard de leurs devoirs de gabelles font « partie des ressortissans de la première classe, « qui doivent s'approvisionner de sel directe- « ment au grenier, les regrats n'étant établis « que pour les pauvres indigens et au-dessous « de trois livres de taille... ». On lit, dans une lettre du 8 mars 1760, signé « Bernier », de Noyon : « Il n'y a qu'une seulle voie de se pourvoir « quand on est trop imposé à la taille, c'est « l'opposition en surtaux... tout demandeur en « surtaux doit se pourvoir dans les trois mois « de la vérification des rolles, sinon fin de non « recevoir ». — Le 12 février 1763, le duc d'Aumont réclame au sujet d'un de ses gardes qu'on avait imposé à la taille : « ... Il peut se faire « que la chambre de la maison de Chenuau ait « servi à loger des troupes dans l'occasion, « avant qu'il ait acheté une partie de cette « maison, mais vous auriez pu, à ma considé- « ration, mettre ce logement ailleurs et ne le « comprendre que dans l'ustencille comme « grand nombre d'autres personnes de notre « ville. D'ailleurs, votre garnison est petite ; « il auroit été facile et même convenable d'en « placer au moins moitié dans vos cazernes. « Le peuple eût été soulagé, mais vous avez « préféré d'y loger les officiers pour faire « plaisir à un petit nombre des plus aisés de « vos habitants, qui auroient été dans le cas « de leur donner des chambres ; cet arran- « gement ne me paroit pas juste... ». — Hangard, vicaire-général du diocèse de Noyon, répond aux maire et jurés au nom de l'évêque, le 18 septembre 1763 : « Mgr pense que rien « ne seroit plus solide que l'employ qu'on vous « propose sur l'abbaye d'Origny, mais il craint « que vous ne vous trouviez, avant qu'il soit « peu, dans le même embarras où vous êtes

« depuis longtems pour placer votre argent. « Madame l'Abbesse se hâtera de vous rembourser... ; au lieu que si vous voulez profiter de l'occasion qu'il vous a ménagé de « placer sur le clergé, vous ne serez pas « exposés à un remboursement promt...; vous « savez combien les emprunts sont fréquents « pour le clergé », etc.

CC. 296. (Liasse). — 32 pièces, papier ; 4 pièces, parchemin.

XIVe siècle-1786. — Biens, revenus et charges de la ville. — 1413. Etat résumé des surcens, biens et charges du patrimoine de la ville de Chauny. — Dans un mémoire envoyé à l'Intendant, le 8 mai 1718, les maire et jurés établissent que le patrimoine de la ville consiste en divers surcens montant à 64 livres, 15 sols, 6 deniers; 136 faux de pré, nommées « les Navoirs », adjugées tous les ans; la ferme des poids et mesures, nommée « la Halle », adjugée tous les trois ans; un droit appelé « aide de ville » (adjugé aussi tous les trois ans), consistant en vingt sols sur chaque tonneau de vin vendu en détail, 10 deniers sur chaque muid de vin vendu en gros, etc. Il est à remarquer que lesdits prés, halle et droit d'aide ont été déclarés patrimoniaux par arrêt rendu contradictoirement au Conseil avec les fermiers des aides, le 3 mai 1664; leur produit, année commune, est de 5.051 livres, 1 sol, 8 deniers. Turgot, dans une lettre du 17 août 1775, annonce aux officiers municipaux de Chauny que « le « droit de chaussée que la ville de Chauny perçoit à son profit est compris dans la suspension ordonnée par l'arrêt du 3 juin der« nier pour ce qui concerne les bleds et fari« nes ; il ne peut y être fait d'exception sous « aucun prétexte », etc.

CC. 297. (Liasse). — 4 pièces, papier ; 5 pièces, parchemin.

1684-1693. — Arrêts du Conseil d'Etat pour la liquidation des dettes de la ville. — 21 octobre 1684. Arrêt fixant les dettes de la ville au chiffre de 30.438 livres, dont 25.220 livres de principal et 5.218 livres d'intérêts. Cette somme devra être acquittée en 21 années, savoir: les 13 premières à raison de 1940 livres chacune pour les principaux de 25.220 livres, et les 8 autres à raison de 1728 livres, 7 sols, 6 deniers chacune pour les intérêts de 5218 livres, ensemble ceux qui écherront pendant ces treize années, montant à 8.605 livres, soit en tout 13.823 livres. Il est fait défense aux maire et jurés de divertir les deniers destinés au paiement desdits créanciers, ni de les employer à autre usage, et au receveur d'acquitter leurs mandements, à peine de dépens, dommages et intérêts envers les créanciers. — Autres arrêts complémentaires des 3 juin 1687 et 6 octobre 1693.

CC. 298. (Liasse). — 81 pièces, papier.

XVIIe siècle-1775. — Dettes de la ville. — Fin du XVIIe siècle. Un état récapitulatif établit que les principaux des rentes de la ville montent à 29.520 livres, sur lesquelles on a payé, jusqu'au 1er janvier 1691, 11.436 livres, 11 sols, 4 deniers; reste dû en principal, 18.083 livres, 9 sols, 6 deniers, qui produisent, en intérêt annuel, 1.022 livres, 4 sols, 6 deniers. Il était dû, en intérêts échus au jour de l'arrêt de 1684, 5218 livres, plus 1035 livres redues d'autre part; les intérêts, jusqu'au 1er janvier 1693, montant à 9246 livres, 2 sols, 3 deniers, le total vaut 15.499 livres, 2 sols, 3 deniers, non compris 750 livres encore redues au sieur Vaillant. Comme il n'y a pas de fonds ni pour le paiement des principaux, ni pour celui des intérêts, on décide de surseoir jusqu'à ce qu'il y ait des fonds, « ou qu'il en soit autrement ordonné par « le Roy, à la paix généralle qu'il plaira à « Sa Majesté de donner ». — En 1775, il était encore dû 2222 livres, 15 sols, 1 denier, pour principal et intérêts, aux héritiers des anciens créanciers de la ville, savoir: 426 livres, 12 sols, aux demoiselles Cuvier, de Laon; 101 livres, 1 sol, aux héritiers de la demoiselle Tassart, de Noyon; 1153 livres au sieur Tavernier, de Chauny, et 542 livres, 2 sols, 1 denier, à la fabrique de l'église Saint-Martin, etc.

CC. 299. (Liasse). — 90 pièces, papier ; 2 pièces parchemin.

1638-1787. — Collecteurs des impositions; objets généraux. — 1651. Réclamation de Charles de la Marlière, qui refuse d'être collecteur de l'impôt du sel sous prétexte qu'il n'est pas marié. On lui répond qu'il est chef de famille, « gouvernant son bien, imposé aux roolles des « tailles et du sel, qu'il paye sans contradiction, « toutes fonctions d'un homme marrié », et qu'il supporte toutes les charges de la ville. — 1730. Autre réclamation de Claude Dontez, architecte entrepreneur des travaux du Roi à Chauny, qui prétend ne pouvoir faire la collecte de la taille pour l'année suivante : 1° parce qu'il y a dans la ville des bourgeois plus anciens que lui qui n'ont pas encore rempli ces fonctions ; 2° parce qu'il est chargé par l'Intendant de l'inspection et de l'entretien de la route de Noyon à Soissons, travaux qui exigent continuellement sa présence sur les lieux. — Significations diverses, faites aux collecteurs par les particuliers (1685-1787), etc.

CC. 300. (Liasse). — 76 pièces, papier.

1682-1787. — Collecteurs des impositions ; procès-verbaux de nominations. — Les élections étaient généralement faites en août ou septembre. Les habitants étaient convoqués au son de la cloche, un dimanche, à l'issue des vêpres, mais ils ne se dérangeaient pas souvent, de sorte que la nomination était remise à huitaine. En 1684, il y eut convocation, sans résultat, les 21 septembre, 1er et 8 octobre, etc.

CC. 301. (Cahiers). — 124 feuillets, papier.

1757-1759. — Rôles généraux des impositions. — Ces rôles comprennent, pour la paroisse Saint-Martin (1757) et la paroisse Notre-Dame (1758 et 1759), le nom des imposés, avec la taxe à payer pour la taille, la capitation et l'ustensile. — Pour 1758, le rôle de la taille de la paroisse Notre-Dame s'élève à 2140 livres (2089 livres, 11 sols, 9 deniers de principal, 45 livres, 13 sols, 9 deniers pour les six deniers pour livre, 4 livres, 1 sol, 3 deniers pour le droit de sceau, et 13 sols, 3 deniers pour le droit de quittance), celui de la capitation à 2292 livres, 14 sols, 6 deniers, et celui de l'ustensile à 177 livres, 17 sols, 8 deniers, etc.

CC. 302. (Cahiers). — 115 feuillets, papier.

1760-1762. — Rôles généraux des impositions. — Ces rôles comprennent, pour la paroisse Notre-Dame (1760 et 1761) et la paroisse Saint-Martin (1762), le nom des imposés avec les taxes à payer. — On voit, dans le rôle de 1761, que la taille s'élevait, pour les deux paroisses, à 5647 livres, 6 sols, 6 deniers (2280 livres pour Notre-Dame et 3367 livres, 6 sols, 6 deniers pour Saint-Martin). La capitation et annexes s'élevait à 6755 livres (2722 livres pour Notre-Dame, 4033 livres pour Saint-Martin), comprenant pour la capitation 3100 livres (et 620 livres pour les 4 sols pour livre), 2100 livres pour le quartier d'hiver, 665 livres pour l'ustensile, 240 livres pour l'habillement et l'entretien des milices gardes-côtes, et 30 livres pour le logement du commissaire provincial. — Pour 1762, le rôle de la taille de la paroisse Saint-Martin monte à 3370 livres, 17 sols, 9 deniers, et celui de la capitation à 4253 livres, 19 sols, 3 deniers, chiffres légèrement supérieurs à ceux fixés par l'Intendant et les officiers de l'élection de Noyon, etc.

CC. 303. (Cahiers). — 138 feuillets, papier.

1696-1709. — Rôles des tailles. — Ces rôles comprennent, pour les deux paroisses, le nom des imposés avec le chiffre de la taxe à payer (pour l'année 1696 seulement).

CC. 304. (Cahiers). — 138 feuillets, papier.

1712-1719. — Rôles des tailles. — Ces rôles comprennent, pour les deux paroisses, le nom des imposés seulement.

CC. 305. (Cahiers). — 167 feuillets, papier.

1720-1729. — Rôles des tailles. — Ces rôles comprennent, pour les deux paroisses, le nom des imposés avec le chiffre de la taxe à payer (pour 1726 et 1729 seulement).

CC. 306. (Cahiers). — 115 feuillets, papier.

1730-1738. — Rôles des tailles. — Ces rôles comprennent, pour les deux paroisses, le nom des imposés avec le chiffre de la taxe à payer (pour 1730, 1731 et 1736).

CC. 307. (Cahiers). — 199 feuillets, papier.

1741-1749. — Rôles des tailles. — Ces rôles comprennent, pour les deux paroisses, le nom des imposés avec le chiffre de la taxe à payer (pour 1741, 1742, 1746 et 1748).

CC. 308. (Cahiers). — 250 feuillets, papier.

1750-1759. — Rôles des tailles. — Ces rôles comprennent, pour les deux paroisses, le nom des imposés avec le chiffre de la taxe à payer (pour 1750, 1755, 1757 et 1759).

CC. 309. (Cahiers). — 172 feuillets, papier.

1760-1773. — Rôles des tailles. — Ces rôles comprennent, pour les deux paroisses, le nom des imposés avec le chiffre de la taxe à payer.

CC. 310. (Cahiers). — 17 feuillets, papier.

1676. — Rôle d'imposition pour la réparation des murailles de la ville. Les religieux de Sainte-Croix, les Minimes et les religieuses de

Sainte-Claire sont taxés à 150 livres par communauté, les curés des deux paroisses chacun à 40 livres, etc.

CC. 311. (Cahiers). — 44 feuillets, papier.

1705-1710. — Rôles des impositions levées pour rachats d'offices. — 1705. Rôle de répartition de la somme de 2200 livres restant à payer sur celle de 5940 livres qui a été taxée sur les habitants de Chauny pour la finance des offices d'assesseurs et de receveur alternatif et triennal des revenus patrimoniaux de la ville, réunis à la communauté desdits habitants. — 1710. Rôle de répartition de la somme de 1758 livres, 16 sols, faisant partie de celle de 2328 livres, 16 sols, 8 deniers qui a été taxée sur les habitants de Chauny pour la finance de l'office d'avocat du Roi en l'Hôtel-de-Ville, réuni à la communauté de ces habitants. Les privilégiés, non nobles ni ecclésiastiques, sont au nombre de dix (subdélégué, maire perpétuel, maîtres de la poste aux lettres et aux chevaux, procureur du Roi et substitut au bailliage, etc.), etc.

CC. 312. (Cahiers). — 106 feuillets, papier.

1734-1770. — Rôles d'impositions diverses. — Le premier supplément au rôle du dizième de 1731 s'élève à 7 livres, 14 sols. — En 1742, la capitation et impositions extraordinaires rapportent 4735 livres, 13 sols, 6 deniers ; en 1770, 4421 livres, 8 sols, 6 deniers, etc.

CC. 313. (Liasse). — 184 pièces, papier.

1617-1786. — Réclamations en matière d'impôts. — S. d. (après 1657). Plainte des maire et jurés contre les élus de Noyon qu'ils accusent de vouloir « écrazer... nostre ville et de la « rendre, à l'égard de Noyon, ce qu'est devenu « un Crépy à l'esgard de Laon. Ilz ne se con« tentent point que, dans Chauny, un habitant « aveq 400 escus de biens, porte autant de « taille qu'un de Noyon quy possède 40.000 « livres, qu'il n'y ayt plus un seul marchand « de grains de Chauny pour Paris... ils conser« vent contre nous une envie que, depuis quel« que temps, nous n'avons point eu de sy « fréquents passages de gens de guerre qu'eulx. « Mais nostre response est prompte, qu'aussy « Noyon n'a point esté siégé, pris, pillé, brûlé « comme Chauny, lors de la dernière guerre « de Paris, et que, sy on excepte une douzaine « de bourgeois, il y a les trois quartz du reste « dont la fortune se terminera de mourir à « l'hospital... » — 1700-1786. Significations adressées aux maire et jurés (pour être transmises aux collecteurs) par diverses personnes, en vue de se faire exempter de la taille, etc.

CC. 314. (Liasse). — 72 pièces, papier ; 5 pièces, parchemin.

1627-1640. — Prétentions formulées par Jorain et Louis de Vrevin, père et fils, lieutenants généraux au bailliage de Chauny, qui refusent d'être imposés à la taille. — 18 juin 1630. Arrêt de la Cour des Aides, déboutant Jorain de Vrevin du paiement des taxes pour les années 1624 et suivantes, qu'il réclamait aux habitants de Chauny comme ayant été levées injustement. Le procès n'était pas terminé en 1640, etc.

CC. 315. (Liasse). — 102 pièces, papier ; 15 pièces, parchemin ; 3 sceaux.

1471-XVIIIe siècle. — Taxes royales. — Mandement de François Ier au bailli de Chauny lui enjoignant d'adresser sommation aux gouverneur, échevins et receveur des deniers communs de la ville de Chauny pour qu'ils versent entre les mains de Jean Laguette, receveur général des finances extraordinaires et parties casuelles, la somme de 330 livres, 6 sols, 8 deniers tournois, représentant les droits annuels d'octroi de la ville de Chauny, qui, par ordonnance du 16 juin de la présente année, devront être employés aux réparations des fortifications de la ville (25 octobre 1541). — Requête des habitants de Chauny par laquelle ils demandent à être déchargés des droits de franc fief qui leur sont réclamés sur leurs biens patrimoniaux (1634). — Dans un rôle arrêté au Conseil d'Etat le 16 octobre 1725 (article 74), les corps et communauté de Chauny sont taxés à 1151 livres pour être confirmés dans la jouissance des deniers patrimoniaux, etc.

CC. 316. (Liasse). — 20 pièces, papier ; 11 pièces, parchemin ; 3 sceaux.

1546-1700. — Droits et finances des offices. — Lettres royales portant suppression de l'office de receveur des deniers communs de la ville de Chauny, dont était pourvu François Pieche, bourgeois et marchand (avril 1545). — Constitution de 66 livres, 13 sols, 4 deniers de rente au profit de Louis Féret, procureur, pour le remboursement de l'office de greffier de la ville, qui lui avait été cédé par Claude Féret (8 août 1642). — Remboursement à Louis Moret de la somme de 1626 livres pour l'office de greffier ancien et alternatif des rôles des tailles dont il avait été pourvu (29 janvier 1699), etc.

CC. 317. (Liasse). — 72 pièces, papier ; 8 pièces, parchemin ; 2 sceaux.

1705-1772. — Droits et finances des offices. — 5 avril 1705. Délibération au sujet de la réunion à la communauté des habitants de deux offices d'assesseurs nouvellement créés en la ville de Chauny; on décide de demander au Roi une modération considérable de la finance de ces offices. — Mémoire des maire et échevins et avis motivé d'un avocat de Paris (Couet de Montbayeux), au sujet de la réunion à la communauté de l'office de conseiller garde scel à la mairie de Chauny (1716). — D'après un rôle arrêté au Conseil, le 15 septembre 1722, la ville de Chauny est taxée à 187.330 livres pour remboursement de la finance des offices rétablis par édit d'août 1722, savoir: les offices de maire ancien et mi-triennal, de maire alternatif et mi-triennal, etc.

CC. 318. (Liasse). — 39 pièces, papier.

1660-1771. — Don gratuit. — Le 15 février 1661, la ville verse mille livres entre les mains de Jajolet, commis de l'épargne, pour le recouvrement du don gratuit, à valoir sur ce qu'elle doit pour le don gratuit. — En 1758, la ville de Chauny est taxée, par édit, à la somme de 3000 livres pour le don gratuit; les maire et échevins protestent, jugeant cette somme « exhorbitante pour une ville aussy petite, « composé seullement de 700 habitans, dont « plus de moitié sont de pauvres artisans »; ils réclament, mais au lieu d'être diminuée, leur cote est élevée à 3600 livres, « au tarif de la « déclaration du Roy du 3 janvier 1759 ». Le 30 avril 1768, la Ville n'avait encore payé que 1248 livres, 16 sols sur les trois premières années du second don gratuit, montant à 8700 livres, etc.

CC. 319. (Liasse). — 45 pièces, papier ; 5 pièces, parchemin.

1759-1764. — Compte du don gratuit. — En 1759, la recette monte à 3967 livres, 4 sols, la dépense au même chiffre, dont 3600 livres versées au sieur Le Camus, caissier des dons gratuits du royaume, 360 livres en remises accordées au comptable et aux employés qui ont été chargés de la régie et de la perception, 6 livres pour reliure de registres et 1 livre, 4 sols pour la quittance du garde du Trésor royal. —. Les chiffres sont les mêmes pour les quatre années suivantes, etc.

CC. 320. (Liasse). — 32 pièces, papier ; 3 pièces, parchemin.

1591-1665. — Gabelles. — 15 septembre 1592. Lettres royales ordonnant « qu'il sera estably « une chambre à scel » à Chauny; les habitants de la ville « et autres ressortissans audict gre- « nier à sel de Coucy, du costé de ladicte ville « de Chauny », seront tenus d'y prendre le sel qui leur sera nécessaire. — Assemblée générale dans laquelle on décide de lever sur les habitants la somme de 6.000 livres pour faire face aux dépenses qu'entraînerait le transfert projeté à Chauny du grenier à sel de Coucy (17 septembre 1652), etc.

CC. 321. (Liasse). — 60 pièces, papier ; 3 pièces, parchemin.

1636-1770. — Aides. — Sentence de Charles Demory, élu particulier à Chauny, déboutant Jacques André, fermier des aides de l'Election de Noyon, de la demande qu'il a faite du sol pour livre sur le bétail et le bois entrant à Chauny, en conséquence de la preuve faite contre lui que les villages de l'Election de Noyon sont exempts de ce droit à cause de l'équivalent qu'ils paient (9 décembre 1659). — Réclamation des maire, jurés et habitants contre les prétentions de Gabriel de Villars, ci-devant fermier général des aides de France, qui voulait jouir de la moitié de la halle de la ville (ou des loyers qui en sont perçus), ainsi que de la moitié du droit de 6 sols, 8 deniers sur chaque pièce de vin vendue en détail dans la ville (1666), etc.

CC. 322. (Liasse). — 51 pièces, papier.

1604-1788. — Procès-verbaux d'adjudication de l'aide de ville. — L'aide est affermée 325 livres en 1626, 420 livres en 1631, 250 livres en 1668, 400 livres en 1686, 305 livres en 1711, 200 livres en 1726, 200 livres en 1746, 112 livres en 1788, etc.

CC. 323. (Cahiers). — 55 feuillets, papier.

1570-1597. — Comptes de l'aide des vins rendus par Jacques Mayeur, Claude Calais, Claude Lhostellier et Jacques Tiersonnier, receveurs. — L'exercice 1570-1571 comprend 596 livres, 16 sols de recettes (dont 352 livres pour la ferme de l'aide des vins et cervoises), 540 livres, 7 sols, 8 deniers de dépenses (dont 446 livres, 5 sols, 8 deniers pour travaux aux portes et aux murailles). — Dans l'exercice 1594-1595, on trouve 522 livres, 2 sols, 6 deniers de recettes et 508 livres, 13 sols, 6 deniers de dépenses. — En 1596-1597, les recettes montent à 460 écus, 11 sols, 3 deniers, les dépenses (en grande partie relatives à des travaux de fortification) à 380 écus, 25 sols, etc.

CC. 324. (Cahiers). — 48 feuillets, papier.

1611-1620. — Comptes des deniers levés sur chaque minot de sel vendu au grenier de Coucy et accordés aux habitants de Chauny par lettres royales, rendus devant la Chambre des comptes par Jacques Pioche, Nicolas Vaillant et Antoine Gossart, receveurs dudit octroi, assistés de Robert Fontaine, procureur en la Chambre des Comptes. — Pour les années 1611 à 1614, l'octroi produit 718 livres, 2 sols, 6 deniers; les dépenses s'élèvent à 808 livres, 8 sols, 7 deniers, dont 650 livres, 1 sol passent en travaux et ouvrages divers, etc.

CC. 325. (Cahiers). — 61 feuillets, papier.

1638-1645. — Comptes du droit d'aide, dons et octrois, rendus par Charles Perin, Jacques Souaille et Martin Dehagues, receveurs dudit droit. — En 1638-1639, le droit produit 2400 livres, sur lesquelles près de 2.000 livres sont données au sieur de Vallemont, colonel du régiment en garnison dans la ville. — En 1640-1641, les recettes nominales sont de 12.760 livres, mais il y a 6020 livres de remises. On paie aux héritiers de feu Claude Vaillant 96 livres pour mettre fin à un procès qu'ils avaient intenté à la ville au sujet de l'emprisonnement subi par ledit Vaillant, qui était resté 44 jours prisonnier à Soissons, à la requête de Mgr d'Orgeval, intendant de la justice en la province de l'Ile-de-France, pour faute de paiement des 22.000 livres que le Roi avait levées sur les habitants; le major du régiment de Grancey reçoit 628 livres, 10 sols pour deux jours de subsistance des 23 compagnies dudit régiment. — Rien ne peut être perçu pour la redevance de 1644-1645, par suite de la résistance des marchands de vin, qui se sont opposés à la perception du droit et ont encore refusé d'ouvrir leurs caves pour qu'on ne sache pas la quantité de vin sujette au droit qu'ils avaient vendue au détail pendant l'année, etc.

CC. 326. (Cahiers). — 81 feuillets, papier.

1644-1657. — Comptes du droit d'entrée sur les vins, rendus par Claude Guillaume, Louis Joseph et Pierre Parmentier, receveurs dudit droit. — Pour l'exercice 1644-1647, les recettes vont à 7200 livres. La ville est obligée de payer 1073 livres, 3 sols pour les frais d'obtention des lettres d'octroi de 60 sols par pièce de vin; 2417 livres, 9 sols pour obtenir la décharge d'une taxe qui avait été mise sur les octrois des villes du royaume et la continuation dudit octroi. Elle dépense, pendant ces trois années, 24 210 livres, 15 sols pour l'entretien des gens de guerre, dont 1500 pour étapes fournies au régiment de Piémont pour l'année 1643, 1990 livres pour étapes aux six compagnies du régiment du duc de Saint-Simon, du 7 au 25 août 1644; 5300 livres aux deux compagnies du régiment de cavalerie de S. A. R., en garnison à Chauny, pour leur ustensile, du 11 décembre 1644 au 18 mai 1646; 5641 livres au régiment de cavalerie du sieur de Feuquières pour sa subsistance de 15 jours, en août 1645; 1127 livres aux officiers et cavaliers du régiment de S. A. R. qui ont tenu garnison, en 1646, pour leur subsistance pendant plusieurs jours, etc. Le compte ne fut réglé que le 2 septembre 1665. La Chambre des Comptes raya 1553 livres pour taxes et frais de voyage, et les 24.219 livres, 15 sols de dépenses militaires. — En 1656-1657, les recettes s'élèvent à 1923 livres, 4 sols, et les dépenses à 1788 livres, 9 sols, 10 deniers, etc.

CC. 327. (Liasse). — 87 pièces, papier.

1632-1788. — Octroi spécialement accordé à la ville pour la construction et l'entretien des casernes. — Au 21 août 1739, le nouvel octroi n'avait produit que 16.795 livres, 1 sol, 2 deniers, depuis le 1er octobre 1732, jour de son établissement, jusqu'au 1er juin 1738, au lieu de 22.825 livres. — 30 janvier 1740. Lettre de Bignon, intendant de Soissons, aux « officiers de ville », leur annonçant que « le Roy n'a « point aprouvé l'emplacement proposé à la « porte Notre-Dame. Le terrain seroit trop cher « à acheter, et il y auroit trop de maisons habi- « tées qu'on prendroit, ce qui feroit perdre des « habitans à la ville... » Il leur conseille de chercher un terrain dans les communaux appartenant à la ville, ou bien d'acheter un arpent à un arpent et demi de terrain, soit du côté de la porte de Noyon, soit du côté de la rivière, mais dans un endroit où il n'y aura pas de maisons et où il ne faudra pas construire sur pilotis. — 14 février 1740. Lettre de Bignon demandant aux maire et jurés de lui envoyer le compte des cinq premières années de l'octroi. — 19 septembre 1741. Copie d'une adresse des maire, échevins et habitants de Chauny envoyée au Roi pour lui demander de supprimer l'octroi au bout des dix années prévues par l'arrêt du Conseil du 9 septembre 1732, etc.

CC. 328. (Liasse). — 84 pièces, papier.

XVIIe-XVIIIe siècles. — Taxes seigneuriales. — Procès-verbal de mise en adjudication des fermes et droits de la seigneurie de Chauny appartenant au duc d'Aumont (1733); la septième ferme énumérée dans le tableau est celle « des droits de connage, qui est tel que lorsqu'une « fille se marie, sy elle passe ou rapasse la « rivière d'Oize le jour de son mariage, elle « doit au seigneur 5 sols... ». — Difficultés entre les habitants de Chauny et le duc d'Aumont, engagiste du domaine, au sujet des censives que ce seigneur prétendait être dues par le patrimoine; arrêt du Conseil d'Etat, du 14 septembre 1745, maintenant le duc d'Aumont dans le droit de péage par lui prétendu sur les bestiaux et marchandises traversant la ville de Chauny, aux charges et conditions spécifiées dans l'arrêt; délibération du bureau de la municipalité de Chauny en vue d'établir un projet de tarif nouveau pour réduire en monnaie courante les deniers qui se perçoivent au profit du duc d'Aumont (23 mars 1752), etc.

CC. 329. (Liasse). — 39 pièces, papier; 6 pièces, parchemin.

1639-1784. — Taxe dite « le grand vinage de Pierremande ». — Sentence de Robert Deune, gouverneur de Coucy, accordant aux habitants de Chauny le privilège de ne payer que le demi-vinage de Pierremande, sous condition qu'ils entretiendront la chaussée entre la ville et le pont de Girondelle (19 mai 1405). Lettres d'Isabelle de Lorraine, dame de Coucy, reconnaissant que, si elle a obtenu du bailli de Vermandois l'autorisation de faire percevoir à Chauny même le vinage de Pierremande, la perception de ce droit ne pourra porter aucun préjudice aux libertés et franchises des habitants de la ville (9 mars 1421, n. st.). — Renouvellement du tarif de la taxe appelée « le grand vinage de Pierremande » (et perçue au profit du duc d'Orléans) sur les chariots et denrées qui passent sur le pont de pierre de Chauny (1er juillet 1739). — Supplique adressée par les habitants de Chauny au duc d'Orléans pour lui demander la suppression du vinage, que la ville finit par prendre à ferme, moyennant la somme de 30 livres, le 3 octobre 1777, etc.

CC. 330. (Cahiers). — 167 feuillets, papier.

1574-1597. — Comptes des corvées et revenus extraordinaires rendus par Quentin Allart, Antoine Doulcet et Denis Blondel, receveurs. — En 1574, on répare le pont de pierre ruiné par les inondations; la réparation monte à 2.193 livres, 1 sol, 1 denier; les ressources disponibles ne s'élevaient qu'à 900 livres; le déficit est appliqué au compte de la recette des pauvres pour 1571-1572. — Le compte de 1593-1594 est relatif aux deniers provenant de la levée faite sur les habitants, chaque semaine, en remplacement des corvées; le comptable touche 2.000 livres, 1 sol et dépense 1.788 livres, 17 sols. — Le compte de juillet-novembre, en 1597, concerne le paiement des travaux faits aux fossés de la ville; le receveur se fait rembourser pour 61 livres, 3 sols, 3 deniers pour drogues qu'il a fait venir de Saint-Quentin, en 1596, lors de la maladie contagieuse, et qui ont servi à faire des onguents, savoir « triacle de Venise, opoponax, terbentine, cire « jaulne, huille d'olive et autres », etc.

Série DD

Propriétés Communales ;

Eaux et Forêts ; Mines ; Édifices ; Travaux publics ; Ponts et Chaussées ; Voirie.

DD. 1. (Liasse). — 7 pièces, parchemin ; 1 pièce, papier.

1404-1667. — Biens communaux : titres de propriété. — 3 décembre 1404. Autorisation donnée par le lieutenant de la prévôté de Chauny aux maire et jurés d'acheter une maison dans la rue Ganton pour y loger « les « fillectes communes et foles femmes qui dores « en avant repairront en ladicte ville ». — 11 août 1617. Vente par l'abbé et les religieux de Saint-Eloi-Fontaine aux maire et jurés de Chauny d'un héritage « scitué en la- « dicte ville Chaulny, vulgairement appelé « La « Biette ». — 18 avril 1667. Accord entre les maire et jurés de Chauny et François Casse, « naguère receveur de Maigny », demeurant à Noyon, au sujet d'un surcens de 78 sols que le sieur Casse devait à la ville sur une maison de la Chaussée, et qu'il n'avait pas payé depuis que cette maison avait été « reduite en « mazure, à cause de l'incendie desdits basti- « mens et autres arrivée par le siège et prise « dudit Chauny, en l'année mil six cens cin- « quante deux ». Le surcens est porté à cent sols, mais les maire et jurés accordent au sieur Casse l'endroit où étaient autrefois les petites boucheries, « pareillement demeuré vague », etc.

DD. 2. (Liasse). — 29 pièces, parchemin ; 72 pièces, papier.

1732-1788. — Biens communaux : titres de propriété. — 30 octobre 1732. Obligation par Madeleine Bottée pour un surcens de 20 sols que les maire et jurés de Chauny ont droit de prendre annuellement sur une maison de la rue Hamoise qu'elle a héritée de Jacques-Auguste Féret. — 14 janvier 1772. Bail à surcens par les maire et jurés de Chauny à Marie-Alexandre de Théis, ancien maître particulier de la maîtrise des Eaux-et-Forêts de Nantes, demeurant audit Chauny, d'un terrain au faubourg Saint-Martin de cette ville. — 21 février 1777. Bail à surcens par les mêmes à Michel-François Desnoyers, maître couvreur à Chauny, d'un terrain « faisant partie de la « demie lune en sortant à droite par la porte « du Pissot », etc.

DD. 3. (Liasse). — 4 pièces, parchemin ; 65 pièces, papier.

1661-1772. — Titres de propriété d'un surcens de trois livres dû annuellement à la ville de Chauny sur une maison près la porte du Brouage ; cette maison avait appartenu successivement à Jacques Lezé, laboureur, à son fils Jacques Lezé, tailleur d'habits, et à Jean-Louis Carlier, cordier, qui l'acheta en décembre 1772, etc.

DD. 4. (Registre in-f°). — 144 feuillets, papier.

XVIIIe siècle. — Cueilleret du patrimoine de la ville de Chauny contenant la liste des personnes redevables à l'égard de ladite ville de surcens annuels, au nombre de 220, etc.

DD. 5. (Liasse). — 5 pièces, parchemin ; 78 pièces, papier ; 1 plan.

1352-1779. — Usages et pâturages : titres de propriété, correspondance, etc. — 1352 (Mardi avant la Madeleine). Jean de Fouilloy, seigneur d'Abbécourt, maintient les habitants de Chauny dans leurs droits sur une pâture sise audit Abbécourt, lieudit « es Fericres ». — 22 avril 1599. Jean Vincent, secrétaire de la Chambre du Roi, reçoit 15 écus pour droits de confirmation des usages et pâturages appartenant aux habitants de Chauny. — 21 avril 1691. Déclaration faite par la communauté des habitants de Chauny des usages et pâturages « qui « luy appartiennent en commun ». — 18 décembre 1756. Plan de la pâture dite « le Camp Mesnard », commune entre Chauny, Sinceny et Bichancourt, etc.

DD. 6. (Liasse). — 5 pièces, parchemin ; 17 pièces, papier ; 1 sceau.

1324-XVIIIe siècle. — Prés des Navoirs : titres de propriété. — 3 mai 1324. Vidimus par le garde du scel de la baillie, établi en la prévôté de Chauny, d'une charte du roi Philippe IV, en date de juillet 1290, concédant la prairie dite « Le Navoy » aux habitants de Chauny. — Novembre 1595. Donation par le roi Henri IV aux habitants de Chauny d'une portion de prairie dans les Navoirs, provenant du redressement du cours de l'Oise. — Juin-juillet 1597. Procès-verbal d'arpentage des prés des Navoirs, par Nicolas de Remigny, mesureur et arpenteur juré, etc.

DD. 7. (Liasse). — 62 pièces, papier.

1650-1784. — Procès-verbaux d'adjudication de la coupe des prés des Navoirs (1701-1784), de celle du pré de la Queue d'Oye (1650-1781), et de celle de la Réserve du Bailly (1782).

DD. 8. (Liasse). — 2 pièces, parchemin ; 67 pièces, papier ; 1 sceau.

1378-1787. — Baux et adjudications. — 2 octobre 1411. Bail par Jean de Hangest, seigneur de « Genli et de Maigny », aux maire et jurés de Chauny, de « la demeure de la « porte de ladicte ville de Chauny, au lez de- « vers Saint-Martin, nommée la porte de Han- « gest », qui dépendait du « chastel et terre de « Genli ». — 1er août 1533. Adjudication du pressoir à verjus. — 27 juin 1777. Adjudication de la maison et des bâtiments et jardin de l'Arquebuse. — 7 mai 1784. Adjudication de l'entretien des promenades de la ville de Chauny, etc.

DD. 9. (Liasse). — 3 pièces, parchemin ; 81 pièces, papier ; 1 imprimée ; 3 plans.

1477-1789. — Travaux communaux. — 5 avril 1676. Réparations aux bâtiments de la Halle. — 10 janvier 1758. Devis des ouvrages à exécuter, dans le cours de l'année, « aux pavés « de ladite ville » ; le duc d'Aumont accorde pour ce travail « deux à trois mille de grès » à prendre dans ses bois. — 1765-1766. Adoption et exécution d'un plan pour l'embellissement de la ville ; pour y contribuer, le duc d'Aumont cède, sans indemnité, les fossés et anciennes fortifications. — 25 mai 1781. Visite des anciennes boucheries qui doivent être reconstruites. — Avril 1789. Projet d'établissement d'un nouveau jeu de paume, etc.

DD. 10. (Liasse). — 5 pièces, parchemin ; 20 pièces, papier ; 1 imprimée.

1374-1784. — Bastions, fortifications et fossés. — 13 août 1376. Vidimus par le garde du scel du bailliage de Chauny d'une charte de Philippe, duc d'Orléans, en date du 31 juillet 1372, par laquelle ce prince baille à cens aux habitants de Chauny l'endroit où étaient les murailles de la ville, pour lors détruites, et les fossés attenants. Cet endroit se trouvait « emprez les fossez du chastel dudit Chauny, « tenant au « pont des Cordiers ». — 1682. Protestation adressée à l'Intendant Le Vayer par les maire et jurés de Chauny contre les prétentions de Jean-François de Villepique, fermier des domaines du Roi, qui, sous prétexte d'un arrêt du Conseil d'Etat du 24 septembre 1678, voudrait s'approprier 4 bastions, 2 ravelins et 2 demi-lunes avec fossés, qui ont été construits aux dépens de la Ville, en vue de sa conservation. — 6 août 1714. Lettre de l'Intendant Le Pelelier informant les habitants de Chauny que le Roi les autorise à démolir la demi-lune qui couvre la porte du Pont-Royal, etc.

DD. 11. (Liasse). — 2 pièces, parchemin ; 22 pièces, papier ; 1 imprimée ; 2 sceaux.

1555-1788. — Ponts, fontaines et aqueducs, pompes à incendie. — 12 juin 1555. Les habitants de Chauny sont autorisés par le roi Henri II à construire un nouveau pont sur la rivière d'Oise (dans la Chaussée). — 1760. Pétition des habitants de Chauny à l'Intendant au sujet « des corvées à faire pour la répara- « tion du pont de pierre, proche Chauny ». — 21 mai 1770. Description des trois pompes à incendie commandées par la ville de Chauny au sieur Audibert, « pompier » à Saint-Quentin. — 26 septembre 1786. Devis de construction de l'aqueduc du Brouage, etc.

DD. 12. (Liasse). — 3 pièces, parchemin ; 45 pièces, papier.

1398-1783. — Voirie, curages, etc. — 22 mars 1398 (n. st.). Accord entre les maire et jurés de Chauny et Jean Le Ville au sujet d'une « alée ou voyerie » qui se trouvait entre sa maison et les étaux de la boucherie, et qui permettait de descendre à la noelle dite de la Boucherie. — 22 septembre 1713. Le bailli de Chauny, sur la plainte du procureur du Roi de police, ordonne de faire curer les noelles de la ville et du faubourg de la Chaussée. — 1669-1783. Procès-verbaux d'adjudication de l'enlèvement des boues de la ville, etc.

DD. 13. (Liasse). — 17 pièces, parchemin ; 20 pièces, papier ; 1 fragment de sceau.

1214-1497. — Moulins. — 1214. Confirmation par le roi Philippe-Auguste du traité conclu au mois de mai de la même année entre l'abbé et le Chapitre de Chauny et le maire et la commune au sujet de la banalité des moulins dudit Chauny, établissant les redevances que l'abbé aura le droit d'exiger et fixant dans quelles conditions les bourgeois pourront faire porter leur blé à moudre auxdits moulins. — 6 décembre 1308. Sentence arbitrale rendue par Jean Watel, chantre de Noyon, et Hue de Laon, prévôt de Chauny, dans un différend qui s'était élevé entre les maire et jurés de Chauny et l'abbé et les religieux de Saint-Eloi-Fontaine sur le droit d'ouverture et de fermeture des écluses des moulins de Chauny. — 6 novembre 1389. Sentence des requêtes du Palais interdisant aux abbé et religieux de Saint-Eloi-Fontaine d'empêcher en quoi que ce soit le libre cours des ruisseaux et noelles qui alimentent les moulins de Chauny. — 27 septembre 1417. Accord entre l'abbé et les religieux de Saint-Eloi-Fontaine et les maire et jurés de Chauny pour la fixation du point d'eau de la rivière d'Oise. — 7 septembre 1487. Sentence arbitrale rendue par Louis de Vaulevrier, gruyer de Chauny, et Jacques Dubos, bourgeois dudit Chauny, condamnant les abbé et religieux de Saint-Eloi-Fontaine au curement et à l'entretien des noelles, s'ils n'aiment mieux donner aux maire et jurés la somme de 20 livres pour une fois. — 9 juin 1488. Procès-verbal de la visite des moulins de Chauny par les maire, jurés, échevins, mayeurs d'enseignes et feustables pour constater leur situation, le nombre des vantaux, leur hauteur et largeur, etc.

DD. 14. (Liasse). — 8 pièces, parchemin ; 44 pièces, papier.

1512-1788. — Moulins. — 25 septembre 1545. Sentence des requêtes du Palais maintenant et conservant la communauté des habitants de Chauny dans la possession d'une place située vis-à-vis des moulins dudit Chauny, qui servait alors de port pour charger et décharger les marchandises, vivres et comestibles, tant pour la ville que pour Paris et autres lieux. — 12 août 1593. Sentence arbitrale rendue par Philippe Le Masson et Antoine Vrevin, anciens maïeurs de Chauny, relative à la question du curage de la noelle du Bailly, qui avait donné lieu à un procès entre Jacques Tiersonnier, fermier des moulins de Chauny, et les maire et jurés dudit Chauny. — 1640, 1643 et 1693. Consultation des sieurs Bataille et Brodeau, Chapelier et de la Marlière, avocats, au sujet du droit que donnent au meunier de Chauny les infractions faites à la banalité des moulins dudit Chauny, tant par les habitants de ladite ville que par ceux des environs. — 17 mai 1734. Nomination d'arbitres par les maire et jurés de Chauny et Antoine-Joseph de Chevrier, aumônier de la Reine, abbé de Saint-Eloi-Fontaine ; ces arbitres (de Théis et Souaille) auront à décider à quelle cause il faut attribuer l'atterrissement des noelles et aux frais de qui le curement doit être fait. — 4 mai 1747. Requête des maire et jurés de Chauny à la maîtrise des Eaux-et-Forêts dudit Chauny tendant à ce que, faute par les abbés et religieux de Saint-Eloi-Fontaine de s'être conformés au jugement de ladite maîtrise, du 5 février 1741, qui les condamnait au curement des noelles, tant dans la ville qu'au dehors, il sera procédé à l'adjudication au rabais desdits curage et réparations, etc.

DD. 15. (Liasse). — 40 pièces, papier.

1737-1742. — Contestation entre les maire et jurés de Chauny et l'abbé de Saint-Eloi-Fontaine (Jean, comte Krasinsky, grand aumônier de la reine de Pologne) au sujet des moulins de Chauny ; le sieur Lepage, fermier de ces moulins, prétendait empêcher les meuniers ou voituriers étrangers de venir à Chauny, les jours de marché, enlever les blés qu'y achètent les forains et gens de la campagne, etc.

DD. 16. (Liasse). — 3 pièces, parchemin ; 25 pièces, papier ; 1 imprimée ; 1 sceau.

1623-1624. — Réclamation portée devant le Conseil d'État par les maire et jurés de Chauny contre les agissements de César-Arnaud de Rusticis, « entrepreneur de la navigation de la « rivière d'Oyse depuis le pont de Sampigny, « en montant à Chaulny, La Ferre, Guise, jus« qu'à Herloy en Tirache », qui a « couppé « la Chaussée, qui est la basse ville et la prin« cipalle forteresse d'icelle, où est la matrice « église et première parroisse de ladite ville, « distraict partie d'icelle, et mis hors les mou« lins pour faire ung canal affin de faire pas« ser... les bateaux pour monter et descen« dre... ». L'affaire paraît terminée par un arrêt du Conseil d'État du 19 septembre 1624, ordonnant que le canal commencé par le sieur de Rusticis sera continué et parachevé. Si, dans l'espace de deux ans, les habitants de Chauny le trouvent incommode, ils pourront en faire faire un autre, « hors le pont-levis de ladite « vieille ville..., proche l'antien cannal de la« dite rivière d'Oize », etc.

DD. 17. (Liasse). — 23 pièces, papier ; 2 imprimées.

1728-1778. — Canal de Picardie. — Après 1728. Réclamation des maire et jurés de Chauny et des doyen et Chapitre de Notre-Dame de Paris contre une entreprise des directeurs du Canal de Picardie qui prétendent creuser un canal de plus de deux lieues depuis La Fère jusqu'à Chauny, au lieu d'utiliser la rivière d'Oise. Celle-ci est pourtant navigable; le fait « est constaté, depuis longtems, par la « quantité de munitions qui ont esté voiturées « de l'une à l'autre ville dans de grands bat« teaux, pendant la dernière guerre, et, tout « nouvellement, on vient de conduire, par cette « rivière, de Chauny à La Fère, douze pièces « d'artillerie, très considérables, qui avoient esté « voiturées de la même manière de La Fère « à Chauny, en l'année 1728, à l'occasion du « Congrez de Soissons ». Si ce projet était exécuté, il exposerait la ville et ses faubourgs à une ruine totale, dès la première inondation ; il lui enlèverait la plus grande partie de ses revenus, consistant dans la prairie des Navoirs, qui se trouverait coupée par le Canal ; il n'y aurait plus de communication de la rivière dans les bras qui arrosent la ville et les faubourgs, leur servent de fortification, font tourner les moulins et donnent des abreuvoirs ; il n'y aurait plus d'eau dans le bras de la rivière qui passe entre « l'hostel de Dieu » et l'hôpital, par conséquent, plus de secours en cas d'incendie ; le Chapitre de Paris serait dépouillé de la meilleure partie de son domaine de Viry, etc. Dans une réponse à cette réclamation, on prétend, au contraire, que l'Oise n'est pas navigable, qu'on vient encore de constater que sa profondeur n'est que de 2 pieds et demi à 6 pouces, tandis que le Canal doit avoir 6 pieds partout, etc. — Vers 1730. Réfutation sommaire d'un imprimé qui a pour titre : « Devis général des ouvrages à faire « au Canal de Picardie, de l'imprimerie de Jac« ques Guérin, quay des Augustins, 1730 » par un curé de la campagne. — 24 octobre 1735. Mémoire adressé au procureur général par les maire et jurés de Chauny contre les sieurs Antoine Crozat et Cie, demandant : 1° que les marchands de Chauny ne soient pas astreints à se servir du Canal pour transporter leurs marchandises, mais qu'il leur soit permis de choisir la voiture de terre, quand leurs intérêts l'exigeront ; 2° que les sieurs Crozat et Cie soient tenus de satisfaire aux obligations contractées par feu M. le duc de Guise, en rendant la rivière navigable en tout temps, de Chauny à Sempigny, hors les cas de débordement ; 3° qu'ils soient tenus également, pour les droits de péage, de se conformer aux lettres patentes du mois de juillet 1662 ; 4° que, pour l'exercice de la police, des officiers soient établis à Chauny comme à Saint-Quentin, etc.

DD. 18. (Liasse). — 78 pièces, papier.

1738-1756. — Canal de Picardie : pont de Senicourt. — Devis de construction, indemnités pour occupation de prés et de pâtures, état de paiement des voituriers qui ont apporté les matériaux, etc.

DD. 19. (Liasse). — 45 pièces, papier.

1633-1789. — Pêche et navigation. — 2 mai 1642. Adjudication du droit de pêche dans les fossés de la ville et dans la rivière dite « la

Petite Oise ». — Décembre 1669. Procès-verbal de visite de la rivière d'Oise par Jean Carpentier, maître particulier des Eaux-et-Forêts de la Maîtrise de Coucy, assisté d'autres officiers de ladite maîtrise, pour « prendre cognoissance « des obstacles que le flottage à bois perdu, que « Hugues Cousin faict journellement sur ladite « rivière, peut apporter à ladite navigation ». — 1768. Adresse des maire et jurés de Chauny au contrôleur général. On lui expose que, jusqu'à ces dernières années, il y avait deux coches d'eau sur l'Oise et l'Aisne. Le premier partait de Beaumont-sur-Oise et allait à Compiègne, puis, de là, par l'Aisne, à Soissons et au delà; le second prenait à Compiègne les voyageurs et les marchandises pour les transporter à Noyon, Chauny et La Fère; de Chauny, une voiture partait le jeudi pour Saint-Quentin et en revenait le samedi. Ce second coche a été supprimé il y a quelque temps, et tout le monde en demande le rétablissement, etc.

Série EE

Affaires militaires.

EE. 1. (Liasse). — 2 pièces, parchemin ; 57 pièces, papier ; 5 imprimés ; 2 sceaux.

1339-1711. — Affaires militaires : généralités. — 31 mars 1586. Lettres royales dispensant la ville de Chauny de fournir des vivres aux hommes d'armes en garnison à La Fère, qui est du gouvernement de Picardie, Chauny étant du gouvernement de l'Ile-de-France. — 26 janvier 1652. Lettre de Gaston d'Orléans aux mayeur et échevins de Chauny leur mandant de ne recevoir aucune garnison sans son ordre, attendu que « le cardinal Mazarin a desseing de « s'emparer de votre ville et d'y jetter des « trouppes pour vous mettre dans l'oppression « et dans le désordre ». — 8 janvier 1654. Enquête au sujet des désordres commis par les soldats du régiment de Clairambault, en garnison à Chauny. Pierre Joseph, marchand, dépose qu'il a eu à loger le sieur Hermitte, lieutenant de cavalerie, avec 6 valets, 10 chevaux et une fille habillée en garçon ; il leur a fourni les vivres, depuis le 26 décembre jusqu'au 1er janvier, avec une telle profusion qu'il a dépensé plus de 15 livres par jour. Claude Cordellier, marchand, dépose qu'il loge trois cavaliers de la compagnie du sieur Briailles, « avec une « garse, lesquels le fatiguent et usent de telles « violences... qu'il est esclave dans sa propre « maison ; et quoy qu'il ait logé commodément « lesdits cavalliers néantmoins veullent prendre « sa chambre, où il retire sa marchandise et ses « filles ». Jean Voyeux, boucher, déclare qu'il a dépensé, depuis le 27, au moins 30 livres pour la nourriture du tambour-major du régiment, qui loge chez lui. Pierre Poix, mulquinier, témoigne qu'il a eu à loger deux sergents de la compagnie-colonelle, qui, « au seul soupé de « leur arrivée, luy ont cousté 12 livres et plus, « ayant obligé le depposant d'aller chercher « chez les appoticaires, après l'heure de minuit, « des noix confites pour leur servir », etc. — 2 mai 1711. Lettre (datée de Menin) de François de Bons, directeur des contributions pour le service des Etats-Généraux des Provinces-Unies, ordonnant aux habitants de Chauny d'envoyer incessamment des députés ayant pouvoir de traiter au sujet de leurs contributions, etc.

EE. 2. (Liasse). — 122 pièces, papier ; 1 imprimé.

1620-1852. — Affaires militaires : correspondance. — 21 octobre 1649. Lettre du sieur Vaillant, en mission à Paris pour la ville, aux maire et jurés de Chauny. Il raconte qu'il a pu voir, la veille, « M. le comte de Brancas, qui « me dict qu'il ne croyoit pas avoir notre « province pour son régiment... ; nonobstant « quoy j'en doubte encor, parce que les officiers « y ont une telle habitude et conoissent telle- « ment les estres du pain, qu'ils auront peine « à le quicter, si on leurs veut donner ; ce que « je reconus en ce que ledit sieur Comte ayant « dict à Messieurs du Chastelle et Chaumont « que le Soissonnois cette année estoit misé- « rable, ils luy répondirent : « comme les autres « provinces ». Lesdits sieurs du Châtelle et « Chaumont commencèrent en suytte à invec- « tiver contre les habitans de Chaulny, les « accusans d'estre gens sans foy, qui avoient « tiré dans les rues quatre coups de fuzil sur « ledit sieur Chatelle,... que là où ils rencon- « treroient des habitans dudit lieu, ils leurs « feroyent belle feste,... à quoy je respondis « le plus accortement que je peus, ce qui n'em- « pescha pas que ledit sieur du Chatelle... ne « me dict que, sy j'eusse esté hors la maison « dudit sieur Comte, il m'auroit bien accom-

« modé, à quoy je ne respondis rien, de peur « de l'aigrir davantage...». — 16 mars 1650. Lettre du même aux mêmes, datée de Paris. Il vient de voir le sieur Péraut, trésorier de France, qui lui a demandé s'il y avait eu à Chauny des passages de gens de guerre; « à « quoy je lui répliquay que nous avions eu « deux ou trois compagnies des gardes durant « le séjour du Roy à Compiègne, que le régi- « ment de Mazarin, estant entré à main armée « dans nos fauxbourgs, les auroit entièrement « ruyné...; que le bagage des trouppes d'Erlac « y ayant esté logé par ordre de Monseigneur « le Prince, y auroit encore faict un notable « interest par le grand nombre des hommes et « chevaux qui estoyent suyvant ledit bagage... « bref, que notre ville estoit à présent si misé- « rable que les deux tiers d'icelle ne se nour- « rissoyent que de pain, de son et d'avoine...». Vaillant revoit le sieur Péraut peu de temps après, et il écrit au maire, le 22 mars: « J'ay « recognu que nous luy ferions grandissime « plaisir de luy faire tenir icy, dans quelque « panier bien accommodé, cinq ou six pièces « de gibier, comme perdrix, beccasses et plou- « viers...». — 8 février 1651. On lit dans une lettre adressée de Paris aux maire et jurés par Claude de Théis: « ... Tout estant en combus- « tion de par deçà, à cause de l'esloignement « de M. le Cardinal, qui est sorty de Paris « avant-hier, la nuict... », etc.

EE. 3. (Liasse). — 135 pièces, papier ; 1 imprimée.

1653-1684. — Affaires militaires: correspondance. — **12 février 1653.** Dehagues commence ainsi une lettre, datée de Paris, aux maire et jurés: « Je ne cognois plus rien aux parolles « de Monseigneur le mareschal d'Estré; il y a « perpétuel changement en ses propositions...». 15 février 1655. De Théis, de passage à Paris, raconte qu'il n'a pu rencontrer « M. Colbert, « lequel est à Vincennes, et ne sera icy qu'à « ce soir. Je le supplieray d'abondant, à son « retour, de solliciter son Eminence de nous « soulager, qu'il m'a dict estre advertie de tout « ce qui s'est passé, et tascheray de me gou- « verner vers ledit sieur Colbert selon son « humeur, qui est fort brusque, n'ayant la pa- « tience, le plus souvent, de m'entendre ». Il écrit le lendemain (16) qu'il a vu le jour même « M. Colbert, lequel m'a renvoyé audit sieur « Le Tellier; n'ayant tiré autre raison de luy, « je luy ay laissé un placet pour présenter à « Son Eminence, afin de pouvoir obtenir quel- « que faveur...» Le 22, il annonce que, « las « des longueurs insupportables de M. Le Tel- « lier, j'ay obligé M. Colbert, par mes impor- « tunitez, de présenter un second placet à Son « Eminence, qui nous a vallu une recomman- « dation vers ledit sieur Tellier, lequel n'avoit « veu et considéré que les mémoires que je luy « ay baillé, sans avoir pris garde à noz actes « et informations, qu'il a promis d'examiner...». Quand on pense à de « semblables menées, « après de si fréquentes sollicitations », on peut comprendre « la patience qu'il fault exercer ». Le 27, à propos de deux capitaines du régiment de la Marine dont la ville de Chauny avait à se plaindre gravement, il ajoute qu'on lui a répondu « qu'il falloit qu'ilz demeurassent dans « leurs charges, et qu'on ne les appelleroit pas « pour les mettre dans la Bastille pour notre « satisfaction; pouvantz juger par telles depes- « ches le peu de justice qu'il y a au Conseil, « et comme les gens de guerre sont espargnez, « ayantz toujours l'advantage par dessus les « peuples dans le temps où nous sommes, quel- « ques plaintes que l'on puisse faire...». — 30 avril 1655. Lettre du cardinal Mazarin au sieur de Givry, commandant du régiment de la Marine, en garnison à Chauny, blâmant les excès commis dans la ville par ses troupes. — 12 mai 1655. On lit dans une lettre de Couvreur aux maire et jurés, datée de Paris: « J'ai esté « chez M. Colbert, que je n'ai pas rencontré; « il est estrange que nous n'aions ny protection, « ny assistance de personne...». — 11 octobre 1655. De Théis écrit, de Paris, aux maire et jurés qu'il va tâcher d'avoir une lettre pour « M. Foucquet... ledit sieur Foucquet ayant « à présent la direction de tout. J'attendis hier « chez luy, toute la matinée, pour luy parler « à son retour de Saint-Mandé, mais il n'a « esté visible à personne, son secrétaire m'ayant « donné advis de différer à le voir cejourdhuy « matin, sur les neuf heures, ce que je me « dispose de faire...». — 21 avril 1656. Lettre de Parmentier, datée de Paris; il y parle, à la fin, de « Monsieur de Collebert », qu'il dit être « invisible, ayant esté dix fois ché luy « sans pouvoir luy parler. C'est un homme « qui se fait continuellement celer...». Dans une autre lettre du même mois (sans date de jour), il raconte que Pioche et lui ont été voir le sieur de Villemontée; « ... C'est ung homme sy

« brusque, et, s'il faut ainsy dire, bouru, que « l'on a très grande peine à luy dire deux pa« rolles, et particulièrement lorsque l'on luy « parle de gens de guerre... », etc.

EE. 4. (Liasse). — 101 pièces, papier ; 2 imprimées.

1715-1777. — Affaires militaires: correspondance. — 26 août 1763. Lettre du duc d'Aumont aux maire et échevins de Chauny les avertissant qu'« on ne mettra point à Chauny « l'Ecole d'Artillerie, si vous persistiés... à re« garder comme défavorable le séjour de ce « corps dans votre ville... je suis bien aise « de vous prévenir qu'on ne peut pas vous don« ner moins de quatre escadrons de cavalerie, « l'intention du Ministère étant de ne plus « disperser les corps... ». — 4 septembre 1765. Lettre de l'Intendant Meliand aux maire et échevins relative à la fourniture du bois et de la chandelle à l'escadron de dragons en quartier à Chauny. Cette fourniture (3 cordes de bois par mois pour l'escadron, du 1er novembre au 31 mars, et 7 livres et demie de chandelle, aussi par mois) sera faite au compte du Roi, mais la ville devra fournir à l'adjudicataire un emplacement pour resserrer son bois. — 31 mars 1769. Lettre des maire et échevins au duc d'Aumont. On lui fait observer que « le « sieur Favereau, auquel vous venés d'accorder « une place de garde de vos chasses, est un « marchand de grains fort aisé, qui a une « des plus belles maisons de la ville. N'est-il « pas juste qu'un homme comme luy supporte « un peu des charges de la ville, et n'a-t-il « pas tort de vous importuner, Monseigneur, « sous prétexte qu'il fournit au pavillon destiné « pour le logement de la garnison une paillasse, « un matelas, un traversin et une couver« ture?... ». — 20 novembre 1772. Lettre du duc d'Aumont aux maire et échevins: « J'avois ci« devant, Messieurs, pris pour hostel de mon « gouvernement de Chauny la maison du sieur « Claude Roger, procureur fiscal de la justice « que je fais exercer en cette ville; je l'en « avois établi le concierge, et vous l'avez fait « jouir, tant qu'il a vécu, des privilèges et « exemptions attachés à sa commission; pour « vous en marquer ma reconnoissance, j'ai dé« chargé votre hostel de ville des émoluments « de mon gouvernement. J'apprends que le « sieur Roger est mort, et je vous préviens « que je fais choix de la maison du sieur « Antoine Béguin, son successeur en l'office de « procureur fiscal de ma justice, pour l'hostel « de mon gouvernement, à l'avenir, et que je « lui ai accordé la conciergerie. Je vous prie « de le faire jouir des mêmes privilèges et « exemptions dont jouissoit le sieur Roger, son « devancier...; je fais également remise, à cette « considération, à votre hostel de ville des émo« luments attachés à mon gouvernement, etc.

EE. 5. (Liasse). — 1 pièce, parchemin ; 146 pièces, papier ; 4 imprimées.

1530-1760. — Logements et passages de troupes. — 13 octobre 1530. Attestation donnée par François d'Estavaye, guidon du duc de Vendômois, qu'il a fait les logis, à Chauny, pour dix hommes d'armes et vingt archers de la compagnie du sieur de Trecy, lieutenant général dudit duc de Vendômois. — 22 novembre 1648. Lettre de Gaston d'Orléans aux maire et jurés de Chauny, leur interdisant de loger, à l'avenir, des gens de guerre dans la maison de Louis de la Marlière. — 25 janvier 1650. Traité entre les maire et jurés de Chauny et les sieurs de Laubespin et d'Autichamp, capitaines commandant deux compagnies du régiment de cavalerie du comte d'Harcourt, qui viennent d'arriver pour tenir garnison à Chauny. — 27 février 1655. Lettres royales adressées aux conseillers du bailliage de Laon, leur ordonnant d'informer au sujet des désordres commis, à Chauny, par les officiers et soldats des vingt compagnies du régiment de la Marine, en garnison dans cette ville, qui « ont desmoly plu« sieurs maisons des fauxbourgs d'icelle..., « rompu les portes, vitres et fenestres des « maisons des eschevins..., blessé à mort le « nommé Pierre Esmerie, sergent du guet..., « tué un nommé Estienne Chastelain, habitant, « et outragé, en plusieurs rencontres, lesdits « maire et eschevins en leurs personnes... », etc.

EE. 6. (Liasse). — 66 pièces, papier ; 3 imprimées.

1761-1789. — Logements et passages de troupes. — 22 août 1708. Lettres royales ordonnant aux maire et échevins de Chauny de recevoir cent cavaliers, dragons et soldats, qui ont été faits prisonniers de guerre en Flandre. — 3 août 1722. Procès-verbal de la visite, par les maire et jurés de Chauny, de la maison de Mathieu Caudron, habitant de la ville, qui était parti avec sa femme pour ne pas avoir de troupes à loger; la porte de l'immeuble est ouverte par un serrurier, et le logis est reconnu si pauvre qu'on décide « différer encor quelque « tems à faire loger ledit Caudron ». — Février 1743. Représentations adressées à l'Intendant de Soissons par les maire et jurés de Chauny au sujet des prétentions du sieur Couillette d'Autrive, qui prétend qu'étant exempt, comme garde du corps, du logement des gens de guerre, il doit être remboursé des frais qui lui ont été occasionnés par les troupes qu'il a dû loger dans le cours de l'année précédente. Les maire et jurés observent que le sieur Couillette est « en même temps garde du corps « et laboureur... ; non seulement il est fermier « de l'abbaye de Royaumont, et, comme tel, il a « le plus gros labour de la ville et des environs; « il est encore fermier judiciaire des biens de « la succession abandonnée du sieur Couilliette, « son père. Ce sont là des actes qui dérogent à « son privilège et qui doivent, par conséquent, « le rendre contribuable à touttes les charges « de la ville... », etc.

EE. 7. (Liasse). — 34 pièces, papier.

1748-1775. — Logements de troupes: états de répartition chez les habitants. — Etablissement et répartition des logements pour le régiment de Lyonnais (1756), les dragons du Colonel-Général (1766), le détachement de Mestre-de-camp-Cavalerie (1774), le régiment de hussards Esterhazy (1775), etc.

EE. 8. (Liasse). — 26 pièces, papier ; 3 imprimées.

1718-1740. — Séjour à Chauny de la compagnie des grenadiers à cheval. — S. D. (vers la fin de 1737). Supplique adressée au cardinal de Fleury par les maire et jurés de Chauny pour demander la décharge de tout ou partie de la compagnie des grenadiers à cheval, dont la présence finira par ruiner complètement la ville. Cette troupe fut envoyée à Chauny, pour la première fois, en 1703, et, pour ne pas imposer une trop forte garnison aux habitants, la moitié de l'effectif fut dirigée sur La Fère, où elle resta jusqu'à l'établissement de l'Arsenal, époque à laquelle le sieur de Villemeur, commandant des grenadiers, obtint de loger à Chauny la compagnie entière. En 1725, le Roi déchargea la ville de la moitié de cette compagnie, qui fut envoyée à Ham; cette moitié comprenait 65 maîtres, la compagnie entière en comptant 130. Malheureusement, à la fin des campagnes de 1734 et 1735, le sieur de Creil trouva le moyen de faire revenir à Chauny la compagnie entière des grenadiers, que le Roi avait alors jugé bon d'augmenter. Depuis la paix, la compagnie, qui ne restait à Chauny que pendant les cinq mois du quartier d'hiver, ne sort plus que pour les revues du Roi. Les habitants sont obligés de leur fournir meubles, linge et ustensiles sur le pied de la maison du Roi, et de leur payer un sol par jour et par grenadier; aussi sont-ils ruinés pour la plupart; plusieurs couchent sur la paille, « ayant etez « obligez de donner leur lict ». La ville est obligée de payer, sur les deniers patrimoniaux, la location des écuries où sont largement installés les chevaux des grenadiers, des greniers et des magasins où sont conservés les fourrages; aussi n'a-t-elle plus d'argent pour réparer les édifices publics, ponts et murs, qui tombent en ruines. La ville de Chauny est la seule de la province qui soit surchargée de garnison; Soissons et Noyon, dont la population est « infiniment » supérieure à la sienne, n'ont chacune que deux brigades de gardes, dont une partie est toujours de « guet » chez le Roi. Ham n'a plus de troupes depuis plus de trois ans; il serait donc très simple d'y renvoyer la moitié de la compagnie de grenadiers, comme on a fait en 1725, ou, mieux encore, de décharger Chauny de cette compagnie tout entière, en lui assignant pour quartier Château-Thierry, ville deux fois plus grande que Chauny, « entourée « d'excellentes prairies, et où touttes les denrées « abondent », etc.

EE. 9. (Liasse). — 32 pièces, papier.

1602-1739. — Gouverneurs : correspondance et pièces diverses. — 20 janvier 1602. Lettre de Charles de Lorraine, duc de Mayenne, aux maire et jurés de Chauny, leur enjoignant de reconnaître en son absence le sieur de l'Arthusie comme gouverneur de la ville, et de lui garder la maison où il a l'habitude de loger. — 23 septembre 1615. Assemblée générale au sujet de la demande du duc de Mayenne, qui voudrait passer par Chauny, « comme estans « gouverneur de la province, et particulière-« ment de ladicte ville »; le duc ayant donné l'assurance qu'il passera « avec petit nombre « de gens, sans aulcune oppression des habi-« tans », et qu'il ne laissera pas de garnison dans la ville, la permission est accordée. —

Sans date (vers 1739). Réponse des officiers municipaux de Chauny au mémoire du duc d'Aumont, au sujet des profits du gouvernement de la ville. Ils établissent que le duc d'Aumont n'a été réellement gouverneur de Chauny que du jour de sa prestation de serment, c'est-à-dire le 20 février 1731 ; l'enregistrement de ses provisions au greffe de la mairie est du 4 juin 1731, donc les profits touchés par lui ou ses officiers jusqu'à ce jour doivent être rendus au patrimoine de la ville. Ils rappellent qu'à Noyon on n'a jamais rien payé pour le logement au comte d'Évreux, qui en est gouverneur particulier, et qu'à Laon, dont le patrimoine est au moins six fois plus grand que celui de Chauny, on ne paie au gouverneur que 50 livres par an pour tous les droits de son gouvernement, etc.

EE. 10. (Liasse). — 6 pièces, parchemin ; 59 pièces, papier ; 1 sceau.

1356-1666. — Place de Chauny : armement et fortification. — 1356. Compte spécial des sommes employées dans la présente année aux travaux des fortifications de la ville. On dépense en tout 102 livres, 3 sols, 4 deniers. Jean de Damas et « Pierre Akart, carpentiers », ont 76 sols, 10 deniers pour avoir fait 240 « piés de « palis à fermer la ville » ; Jehan Maillart a 40 sols pour son salaire de « visceter et apointier « les espringalles de la ville qui sont ès gari- « tes », etc. — 10 juin 1374. Vidimus par le garde du scel du baillage de Chauny de lettres du duc d'Orléans, en date du 16 juillet 1373, autorisant les habitants de Chauny à prendre dans la forêt de Laigle quatre arpents de bois pour les fortifications de la ville. — 17 juin 1628. Lettres de Marie de Médicis aux maire et échevins de Chauny, les priant de livrer au sieur d'Amboise, lieutenant de l'Arsenal, les canons et munitions qui ne leur sont pas indispensables pour le service de la ville (signature autographe de la Reine). — 16 août 1636. Procès-verbal constatant les réparations urgentes à faire aux fortifications de la ville. — 1er novembre 1637. Inventaire des pièces d'artillerie et munitions qui se trouvent dans la ville de Chauny, dressé par François Veau, seigneur de Lasseu, commissaire ordinaire d'artillerie, etc.

EE. 11. (Liasse). — 30 pièces, papier ; 1 imprimée.

1622-1672. — Garde des clefs et des portes de la ville de Chauny. — 8 novembre 1625. Lettres royales au sujet du différend survenu entre les maire et échevins de Chauny et le sergent-major « d'icelle, sur le faictz des clefz des « portes de ladicte ville » ; il y aura désormais, pour chaque porte, deux clefs, dont l'une restera entre les mains desdits maire et échevins, l'autre en celles dudit sergent-major. — 13 février 1631. Procès-verbal de remise de la moitié des clefs de la ville à Denis Palanson, sergent-major de Chauny, par les maire et jurés, en présence de deux notaires royaux. — 20 février 1636. Ordonnance du duc de Montbazon, gouverneur de l'Ile-de-France, prescrivant aux maire et échevins de « donner le « mot en notre absence et de celle de notre « lieutenant aux mestres de camp, capitaines et « autres officiers des gens de guerre..., de quel- « que nation qu'ils soient, et de ne désemparer « de leur dicte ville durant notre dicte ab- « sence ou celle de notre dict lieutenant, affin « de donner l'ordre ainsi qu'il est accoustu- « mé.. ». — 18 janvier 1651. Règlement fait par le sieur de Lairaudière, « commandant au « gouvernement de Chaulny..., pour la garde « et seureté de ladicte ville » ; les six compagnies des bourgeois et habitants (253 hommes) et celle de la jeunesse (77) seront fondues de manière à constituer six compagnies de 40 hommes chacune, non compris les officiers, qui fourniront toutes les nuits 15 factionnaires au bastion du Roi, 15 au bastion de Genlis, 15 au bastion d'Aumale, etc.

EE. 12. (Liasse). — 2 pièces, parchemin ; 59 pièces, papier ; 8 imprimées.

1557-1757. — Subsistances et transports militaires. — 17 juillet 1557. Lettres des commissaires généraux des vivres de l'armée du Roi aux maire et échevins de Chauny, leur demandant de fournir, chaque jour, pour l'armée qui doit être assemblée aux environs de Laon, 6.000 pains de blé méteil, froids et rassis, du poids de douze onces. — 25 mai 1594. Lettres royales adressées au maire de Chauny, l'avertissant que la ville aura à fournir 250.000 pains de munition pour l'armée qui a commencé à assiéger Laon, et qu'il ait à réquisitionner blés et farines pour cette fourniture. — 13 mai 1667. Contrat par lequel six boulangers de Chauny s'engagent à se rendre incessamment à Guise pour travailler au pain de munition pour les troupes du Roi. Ils auront 40 sols par jour jusqu'à ce qu'on les emploie, et, ensuite, ils jouiront des mêmes profits et émoluments que les autres boulangers des vivres, etc.

EE. 13. (Liasse). — 37 pièces, papier ; 3 imprimées ; 2 plans.

1726-1779. — Casernes. — 3 mai 1736. Ordonnance de l'Intendant de Soissons cassant et annulant la vente faite par les religieux de Sainte-Croix, le 8 juillet 1733, à la ville de Chauny, « de l'emplacement et bâtiment de « Sainte-Croix de cette ville », et portant qu'il sera procédé à l'estimation d'autres terrains, que lui-même a choisis, pour la construction d'une caserne destinée au logement de la compagnie des grenadiers à cheval. — 21 juillet 1736. Procès-verbal d'estimation desdits terrains. - Fin 1744. Mémoire des maire et jurés à l'Intendant de Soissons au sujet de sa lettre du 9 août précédent, dans laquelle, tout en leur promettant l'envoi du devis et de l'adjudication du corps d'écurie à construire pour les chevaux d'une brigade des gardes du Roi, l'Intendant ajoute que ces pièces ne leur seront pas très utiles, « attendu que la conduitte de cet édifice « est confiée à M. Boffran, et qu'ils ne doi« vent pas s'en meler directement ny indirec« tement ». — 7 mars 1777. Procès-verbal de visite des casernes par le sieur Avyné, ingénieur des ponts et chaussées de la Généralité de Soissons, et devis des réparations qu'il serait urgent d'y effectuer, etc.

EE. 14. (Liasse). — 31 pièces, papier.

1765-1786. — Bâtiments militaires. — Fin 1779. Lettre des maire et jurés de Chauny à l'Intendant de Soissons au sujet des réparations qu'il a demandé à la ville de faire faire au manège. Ils rappellent que la ville n'a pas contribué à la construction de ce manège en 1765, ni, depuis, aux réparations qui y ont été exécutées. Elle pourrait d'autant moins se charger de cette dépense que les charges municipales montent annuellement à 8.400 livres, et les revenus seulement à 7.522 livres, 15 sols, 10 deniers, et qu'en outre les dettes de la ville atteignent encore le chiffre de 21.046 livres, 12 sols. — 1er mai 1786. Ordonnance de l'Intendant autorisant le sieur Guelle de Rely, fournisseur des fourrages de la Grande Ecurie du Roi, à faire construire une grange dans la pâture de Chauny, nommée « le Bailly », longeant la rivière d'Oise, à la charge de payer annuellement la somme de 21 livres à la ville de Chauny, etc.

EE. 15. (Liasse). — 13 pièces, papier ; 2 imprimées.

1690-1750. — Milice : arquebusiers. — 8 août 1690. Ordonnance de l'Intendant de Soissons portant imposition sur les habitants de la ville de Chauny d'une somme de 62 livres, 8 sols pour le paiement de l'habillement des miliciens. — 4 octobre 1735. Inventaire des titres, papiers, armes et meubles appartenant à la compagnie des arquebusiers, récemment supprimée comme toutes celles de la Généralité; celle de Chauny comptait alors 24 membres, tant officiers que chevaliers, « des plus hon« nettes gens de la ville, sans aucun mélange ». — Le rôle des garçons de la ville pour la milice de 1745 comprends 21 noms, etc.

Série FF

Justice ; Procédures ; Police.

FF. 1. (Liasse). — 32 pièces, parchemin ; 1 pièce, papier ; 3 sceaux.

1282-1489. — Justice municipale : titres et privilèges. — Mars 1291 (n. st.). Lettres royales accordant aux maire et jurés de Chauny « justiciam sanguinis et melleie » (grand sceau royal sur lacs de soie rouge et verte). — 29 juin 1340. Jean de Dercy, bailli de Chauny, abandonne aux maire et jurés la cause de Jean Le Fort, bourgeois de Chauny, et de ses complices, dont il avait saisi les biens au préjudice de la charte de Chauny. — 13 mai 1346. Lettres royales mettant fin à un différend entre Béatrix de Saint-Paul, dame de Chauny, et les maire et jurés de la ville au sujet de la justice municipale. — 17 février 1405 (n. st.). Garnier Cauvin, prévôt de Chauny, renvoie devant les maire et jurés Gille de la Fontaine, habitant de Chauny, à qui il avait intenté un procès pour avoir battu Noël le Ménestrel. — 29 août 1417. Jean de Nins, prévôt de Chauny pour le duc d'Orléans, déclare qu'il n'a pas eu l'intention d'attenter aux privilèges des maire et jurés quand il a, par crainte des chevauchées du duc de Bourgogne, autorisé la tenue, à l'intérieur des murs, près de l'hôtel de l'Echiquier, de la fête foraine de la Saint-Momble, qui se tenait d'ordinaire hors les murs, près la porte Hamoise, et où se jouait le jeu « du belluc et de dez », affermé audit duc d'Orléans, etc.

FF. 2. (Liasse). — 15 pièces, parchemin ; 7 pièces, papier ; 1 imprimée ; 3 sceaux.

1506-1583. — Justice municipale : titres et privilèges. — 21 mars 1511 (n. st.). Lettres royales commettant le bailli de Laon pour connaître d'un différend survenu entre les maire et échevins de Chauny, d'une part, un juré de cette ville et l'avocat du Roi au bailliage, d'autre part. — 14 juin 1527. Confirmation par le bailli de Chauny d'un traité passé en 1401 entre les maire et jurés et le procureur de Louis, duc d'Orléans. — 1535-1536. Contestations entre les maire et jurés de Chauny et les officiers du Roi au sujet de la création des revendeurs et priseurs de biens vendus par autorité de justice. — 2 juin 1550. Lettres royales ordonnant une information au sujet du droit contesté par les officiers du bailliage aux maire et jurés de nommer à l'office de revendeur à Chauny. — 5 mai 1574. Lettres royales ordonnant d'intimer au Parlement le lieutenant général du bailliage de Chauny pour qu'il lui soit fait défense de tenir des plaids le vendredi, jour d'audience de la police municipale, et d'empêcher ainsi les procureurs et praticiens d'occuper aux audiences de la ville, etc.

FF. 3. (Liasse). — 7 pièces, parchemin ; 45 pièces, papier ; 3 imprimées.

1612-1689. — Justice municipale : titres et privilèges. — 16 mars 1624. Consultation de deux avocats de Paris au sujet des privilèges de la ville en matière de justice. Ils établissent que la juridiction des maire et jurés, « *ad* « *instar* de Saint-Quentin », est fondée sur des titres de 1167, 1186, 1213, 1289, 1295 et autres ; de plus, par obligation contractuelle avec les Rois, cette justice est tenue à titre onéreux par les maire et jurés, comme par exemple la charge de l'entretien des ponts. De nombreux arrêts ont confirmé cette juridiction, de 1348 à 1621 ; même, le bailliage a renvoyé des causes devant la juridiction de la ville, de 1354 à 1527. Lesdits maire et jurés possèdent leurs titres ; ainsi, ils sont officiers royaux et non « simples magistrat populaire », comme les maire et échevins des autres villes « qui n'ont « ville de loy » ; leurs offices ne peuvent donc pas être abolis. Les officiers du bailliage disent qu'il ne faut pas s'arrêter « à la mode du « vieulx temps », et, qu'en raison des troubles, il faut donner aux officiers royaux l'autorité des officiers populaires ; qu'il y a les ordonnances de Crémieu et de Moulins contre les municipalités, et que, dans certaines villes, les officiers royaux ont obtenu des arrêts qui leur sont favorables. La première objection est d'autant plus impertinente que Chauny a toujours été fidèle au Roi ; les ordonnances de Crémieu et de Moulins concernent les villes qui n'ont pas de contrat particulier avec le Roi, car le Roi ne peut changer ses contrats ; enfin, les arrêts obtenus pour d'autres villes ne prouvent rien pour Chauny. Mais si la ville plaide au Parlement, le résultat peut être douteux. Il est donc préférable que les maire et jurés assemblent les habitants, exposent les chicanes qui leur sont faites, déclarent préférer la démission à la soumission, et demandent à envoyer des députés à Paris qui solliciteront, dans le Conseil privé, le maintien des privilèges de Chauny. — 1684. Requête des maire et jurés à l'Intendant à propos des entreprises des officiers du bailliage, disant que « pour la petitesse de ladite ville, dont les trois quartz « et plus sont parens et alliez desdicts officiers « du baillage, et nottamment de Me Gabriel « Souaille, lieutenant-général, et une autre par- « tie soubz sa puissance et dépendance, il y « a peu de personnes qui restent pour s'op- « poser à ses desseins ». En outre, un arrêt défend aux maire et jurés de députer, sinon à leurs frais, pour solliciter ; la plupart des personnes dignes d'être députées sont parentes du sieur Souaille et ils n'ont pu trouver personne en dehors du corps de ville ; ils demandent que ce député (le maïeur Vaillant) soit remboursé de ses dépenses sur les deniers communs, etc. — Sans date (XVIIe siècle). Mémoire tendant à établir que les causes des communautés religieuses établies à Chauny relèvent de la ville, et non du bailliage, lequel ne peut connaître en première instance que des causes des maisons de fondation royale, etc.

FF. 4. (Liasse). — 2 pièces, parchemin ; 47 pièces, papier ; 7 imprimées.

1703-1788. — Justice municipale : titres et privilèges. — 11 décembre 1749. Information faite par Claude de Théis, subdélégué à Chauny, au sujet d'une requête adressée au Conseil par les officiers du bailliage, dans laquelle ils prétendent que la justice municipale peut être assimilée à celles dont la suppression a été ordonnée par l'édit d'avril 1749. Les maire et jurés ripostent en disant que la justice de la mairie est une justice patrimoniale et subalterne, et non royale. Les officiers du bailliage ont commis une grave erreur en rapprochant la fondation de la commune de Chauny de celle de la commune de Saint-Quentin (où la justice civile a été supprimée par arrêt du Parlement du 19 juin 1604) ; la ville de Saint-Quentin avait eu, en effet, une commune, mais à titre gratuit, tandis que Chauny avait acquis sa justice à titre onéreux. La preuve, c'est que les arrêts de 1570, 1607, 1628, 1630 et 1728, tous rendus en faveur de la justice civile de la mairie de Chauny, ont tous été fondés sur le titre onéreux sous lequel cette justice avait été concédée aux habitants. Il est à noter que l'office de maire a toujours été rempli par des avocats, celui de procureur du Roi ou d'office par des avocats ou des procureurs ; pour les jurés, deux se prennent dans la robe, deux dans le corps des marchands, etc. Par une lettre du 21 août 1750, le chancelier d'Aguesseau donna raison aux maire et jurés. — S. d. (après mai 1788). Mémoire signé d'un grand nombre d'habitants de Chauny et adressé sans doute à l'Intendant, au sujet de « l'ordonnance qui vient de « paraître sur l'administration de la justice ». Dans ce mémoire, les habitants se demandent ce que va devenir le bailliage de Chauny, et font valoir les avantages que présenterait leur ville pour l'établissement d'un présidial. « ...Elle « a le titre de château royal. Son bailliage est « assis dans le domaine du Roy ; c'est sa jus- « tice seigneuriale dont il se priveroit en le « supprimant... ; elle compte dans ses murs « deux paroisses considérables, un couvent de « chanoines réguliers, un couvent de Minimes, « un couvent de religieuses Cordelières, une « maison de Filles de la Croix, un Hôtel-Dieu, « un hôpital, un état militaire dont le gouver- « neur est le chef, six gardes du gouvernement, « un subdélégué, un greffier, une compagnie « d'arbalétriers, une brigade de maréchaussée « et un très beau corps de casernes pour cent « cinquante hommes de cavalerie ; un tribu- « nal des maréchaux de France, composé d'un « lieutenant, d'un conseiller raporteur, d'un se-

« crétaire greffier, d'un archer garde ; un bailliage royal, dont l'origine est pour ainsi dire « perdue dans les siècles..., dont les appels ont « ressortis jusqu'à ce moment en la Cour et « au présidial de Laon..., composé d'un grand « bailli, d'un lieutenant-général civil et criminel, d'un conseiller garde sel, de plusieurs « conseillers..., d'un avocat et d'un procureur « du Roy, d'un greffier, de deux huissiers audianciers, de sept avocats, de dix procureurs « et dix notaires ; un hôtel de ville, composé « d'un maire, de quatre échevins, d'un procureur du Roy, d'un greffier, d'un receveur « sindic et de deux sergents, lesquels maire et « échevins sont juges au civil et petit criminel..., et les appels de leurs sentences ressortissent au bailliage ; d'un tribunal de police, composé d'un lieutenant-général, d'un « procureur du Roy, d'un greffier, d'un huissier audiancier et de deux commissaires ; d'un « siège de maîtrise, composé d'un maître particulier, d'un lieutenant..., d'un procureur du « Roy, d'un garde-marteau, d'un greffier, d'un « receveur des amendes, d'un garde général, « d'un arpenteur et d'un huissier audiancier. « La ville de Chauny compte encore dans ses « murs... plus de cinq mille habitans. Plus « de cent soixante paroisses et hameaux composent son ressort », etc.

FF. 5. (Liasse). — 4 pièces, parchemin ; 88 pièces, papier ; 2 imprimées.

1714-1772. — Police municipale : titres et privilèges. — 30 juillet 1718. Le procureur du Roi au bailliage, faisant les mêmes fonctions en la police, expose que les sergents et valets de l'Hôtel-de-Ville avaient été chargés de faire la police ; mais ils s'acquittaient mal de cette tâche, consacraient leur temps aux officiers de la ville, et n'obéissaient pas au procureur du Roi de police. En outre, pour augmenter leur situation, on les avait autorisés à décharger le vin des particuliers. Mais plusieurs, à cause de leur âge ou de leur profession, n'avaient pas la force et l'expérience pour manier adroitement les tonneaux; de là, des accidents. De plus, ils ne faisaient plus de visites dans les marchés, cabarets et lieux publics. Diverses personnes se plaignirent, demandant qu'il fût interdit, sous peine de 50 livres d'amende, aux sergents de ville de faire fonction de commissaires, huissiers de police ou déchargeurs de vin, et qu'il fût nommé des personnes « de capacité « et de probité » qui prêteraient serment en la police, déchargeraient le vin et feraient fonctions d'archers pour la police; il est fait droit par le bailli à cette requête, jusqu'à nouvel ordre de Sa Majesté. — S. d. (1719). Mémoire adressé à l'Intendant de Soissons au sujet des prétentions des officiers du Roi de police. Les habitants rappellent que ces officiers n'ont jamais connu du fait de la police en première instance avant l'édit du mois d'octobre 1699. Par cet édit, le Roi créa dans toutes les villes du royaume où cette création paraissait nécessaire un office de lieutenant-général de police, qui était en réalité un démembrement des fonctions du lieutenant-général du baillage ; celui-ci n'ayant jamais eu connaissance de la police que par appel, l'officier nouveau n'a pu prétendre autre chose. Cependant, le maire de Chauny, « quy depuis 1692 avoit été rendu « héréditaire, plus respectueux et soumis aux « ordres du Roy qu'attentif aux interests de « sa charge et droits de la commune », laissa exercer la police par le nouvel officier, qui ne « tend rien moins actuellement qu'à ruiner la juridiction des maire et jurés. Il est vrai que le Roi, par son édit de 1699, a supprimé les anciens offices de police qui avaient été créés dans certaines villes par ses prédécesseurs, dont quelques-uns appartenaient à des titulaires et d'autres avaient été unis aux hôtels-de-ville ; mais les maire et jurés de Chauny n'avaient pas été privés de leur juridiction de police par cette ancienne création ; on la leur confirma, au contraire, par un jugement de 1621, en exécution d'un édit de 1620. En outre, en supprimant ces anciens offices, l'édit de 1699 n'a ôté la juridiction de police qu'aux villes où les officiers municipaux en jouissaient à titre de réunion et non à titre de patrimoine, et le Roi, en créant des officiers nouveaux, n'a pas entendu diminuer les justices patrimoniales, comme sont celles des seigneurs ou des villes à qui elles appartiennent comme patrimoine, « le « Roy ne s'enrichissant point du bien de ses « sujets ». Enfin, comme le Roi vient de rétablir, par l'édit de suppression des offices de maires, les villes et communautés dans tous les droits qu'elles avaient lors de la création desdits offices, il semble avoir consacré les droits des maire et jurés de Chauny à la juridiction de police. Il faut donc espérer que « les gens du Roy » rendront à la dite ville

« un droit que la Cour a consacré par ses ar-« rest de règlement », etc.

FF. 6. (Liasse). — 3 pièces, parchemin ; 30 pièces, papier.

1622-1632. — Contestations entre les maire et jurés de Chauny et Jorain et Louis de Vrevins, lieutenant-général et lieutenant-particulier au bailliage, au sujet de la justice municipale. — S. d. Mémoire adressé à « Nos sei-« gneurs de Parlement » par les maire et jurés pour protester contre les prétentions des sieurs Vrevin père et fils. Ces derniers voudraient que la justice municipale fût supprimée ; les maire et jurés disent, au contraire, que, s'il ne doit plus y avoir qu'une juridiction qui subsiste à Chauny, il est à souhaiter qu'on maintienne la justice municipale : « Ce sera au « soulagement du public et des particuliers, qui « seront garentis et exempts de l'oppression « qu'ils ressentent de la jurisdiction du baillia-« ge et des officiers qui l'exercent, et princi-« palement du demandeur et de Me Joran Vre-« vin, son père, lesquels administrent la jus-« tice le plus sordidement qu'il se puisse ima-« giner. Car, pour faire en sorte que rien ne « leur eschappe, l'un consulte et occupe pour « une partie, et l'aultre juge, estant chose or-« dinaire que le père juge les procez ausquelz « son fils a escrit, et le fils réciproquement « ceux ausquels le père a esté conseil, et les « parties qui veulent estre asseurées du gaing « de leur cause prennent l'un ou l'autre desdicts « Vrevins pour conseil, ce qui rend les advocats « du siège la pluspart inutiles, lesdicts Vre-« vins attirant tout à eux ... ». On ne peut pas dire, cependant qu'un seul officier est suffisant, car, « par la multiplicité des affaires qui « y sont [à Chauny], ledict Vrevin père, qui « n'eut jamais trois cents livres de rente de « succession paternelle et maternelle, se trou-« ve aujourdhuy possesseur de dix ou douze « mil livres de rente... ». De là, « les ma-« riages advantageux qu'il a donnez à plusieurs « de ses enfants qu'il a mariez, et ceste gran-« de augmentation de biens ne s'est pas faicte « sans l'apauvrissement de plusieurs et sans « qu'il y ait eu grande quantité et affluence « d'affaires pour lui apporter tant de proficts, « ce qui augmente encore touts les jours, en « sorte qu'il se trouvera que ledict Vrevin père, « seulement en espèces et visions de procès, « a touché en aulcunes années plus de douze « cens escus, oultre les émoluments qu'il a « des enquestes, informations, recolements et « confrontations, procès verbaulx, redditions de « comptes et autres actes extraordinaires ». Le père et le fils « multiplient les affaires et pro-« cès tant qu'ils peuvent, au lieu de les abré-« ger pour le soulagement et utilité des par-« ties et du public ... », etc.

FF. 7. (Liasse). — 3 pièces, parchemin ; 100 pièces, papier.

1644-1751. — Contestations entre les maire et jurés de Chauny et les officiers du bailliage au sujet de la justice municipale. — 17 février 1644. Louis Dubois, conseiller au bailliage de Chauny, défendeur, combat les raisons présentées par les maire et jurés de Chauny, demandeurs. Ceux-ci « s'efforcent de louer, avec « tous les advantages possibles, le premier es-« tablissement de la mairerie de Chaulny », comme s'il s'agissait de « l'érection d'une cour « souveraine et autant considérable ». En réalité, « la mairerie de Chaulny est semblable à « celles des villages, constituée qu'elle est par « un seigneur particulier et sa femme ». Les demandeurs ajoutent « que la qualité de maire « de Chaulny est éminente ». Mais « ce maire, « qui est le plus souvent un marchand, devroit « porter le chappeau de cardinal pour estre « traicté de la qualité d'Eminence, et les de-« mandeurs devroient tronquer et supprimer « leurs tiltres, par lesquels il se justiffie « que le maire de Chaulny est un maire « semblable à ceux de village, auquel et « aux jurés la justice moyenne seulement « est attribuée, en certains cas, concurre-« ment avec les officiers du Roy ». — 1706. Louis Dehagues, avocat, ayant accusé sa femme d'avoir détourné des biens de la communauté, avait porté la cause au bailliage; le 9 août 1706, les maire et jurés signifient à Dehagues et aux intéressés que défense est faite de poursuivre par devant le bailliage l'affaire entre ledit Dehagues et sa femme, Agnès de Théis, parce que ces derniers sont justiciables de la juridiction des maire et jurés; le 25 septembre, les mêmes demandent au Parlement de les recevoir comme opposants à l'arrêt rendu en faveur de Dehagues par ledit Parlement, arrêt qui n'aurait été rendu que parce que ledit Dehagues a caché qu'il était justiciable des maire et jurés; le 4 mars 1707, ces derniers recevaient satisfaction par une sentence de la

Cour ordonnant que Louis Dehagues et sa femme règleront leur querelle devant le maire de Chauny, etc.

FF. 8. (Liasse). — 5 pièces, parchemin ; 28 pièces, papier ; 3 imprimées.

1529-1758. — Contestations entre les maire et jurés de Chauny et les notaires de la ville au sujet des inventaires. — 15 décembre 1529. Arrêt du Parlement ordonnant que les maire et jurés feront et parferont l'inventaire des biens et succession de feu Nicaise Diré, bourgeois de Chauny, au sujet duquel il y avait instance entre eux et les officiers du bailliage. — 7 septembre 1757. Autre arrêt du Parlement ordonnant que les notaires de Chauny feront seuls, par provision, les inventaires, partages et autres actes volontaires. — 1758. Mémoire (imprimé) pour les maire et échevins de Chauny contre les notaires royaux de cette ville. Les officiers municipaux protestent contre l'arrêt de septembre 1757, et soutiennent qu'ils ont le droit de faire les inventaires, comme ayant l'exercice de la justice dans l'enceinte de la ville et dans la banlieue. Ce droit de justice n'est pas contesté par les notaires: ils prétendent seulement que les officiers municipaux ne possèdent que la juridiction contentieuse et non la juridiction volontaire à laquelle se rattachent les inventaires. Il est bien vrai qu'il y a une distinction à faire entre la juridiction contentieuse et la juridiction volontaire, mais cette distinction n'est établie que dans les justices royales; la justice des maire et jurés étant patrimoniale et subalterne, elle est soumise aux principes particuliers aux justices seigneuriales. Tout ce qu'on pourrait concéder aux notaires, c'est d'appliquer à la ville de Chauny un arrêt de règlement du 3 décembre 1569 fait pour la ville de Paris, et en vertu duquel: quand le bailliage aura apposé les scellés sur les effets de ceux qui sont soumis à sa juridiction, les notaires feront seuls les inventaires; quand les officiers municipaux auront apposé les scellés, ils pourront faire les inventaires; en tout cas, les parties intéressées pourront s'adresser directement aux notaires pour la confection des inventaires. Cette théorie s'accorde absolument avec les titres et la possession des officiers municipaux, etc.

FF. 9. (Liasse). — 1 pièce, parchemin ; 38 pièces, papier ; 1 imprimée.

1696-1783. — Contestations des maire et jurés de Chauny avec les officiers royaux au sujet du droit de petit scel et autres droits réservés par eux prétendus sur les actes émanés de la justice municipale. — 29 mai 1696. Arrêt du Conseil d'Etat déchargeant le maire Antoine Guillaume d'une taxe de 600 livres qui avait été imposée sur lui comme juge de la mairie; cet arrêt est fondé sur ce que la justice de la mairie appartient aux habitants à titre onéreux, et leur est patrimoniale. — 30 mars 1765. Requête adressée au Roi et au Conseil par les maire et jurés de Chauny. Ils rappellent que l'Intendant, par une ordonnance du 28 août 1763, les a déchargés des droits de scel qui leur avaient été réclamés par le contrôleur des actes des notaires. L'adjudicataire général des fermes a appelé au Conseil de cette ordonnance, et prétend que la justice de la mairie est royale et non patrimoniale, ce qui est faux, etc.

FF. 10. (Liasse). — 6 pièces, parchemin. 106 pièces, papier.

1348-1740. — Contestations entre les maire et jurés de Chauny et l'abbé et les religieux de Saint-Eloi-Fontaine sur divers sujets. — 13 août 1471. Sentence du bailliage de Chauny condamnant l'abbé et les religieux de Saint-Eloi-Fontaine au curement des noelles de la rivière d'Oise. — 1691. Différend entre la ville et l'abbaye au sujet du pont qui est à la porte de la Chaussée. — 1739-1740. Discussions entre les mêmes au sujet de l'entretien des vantaux et autres décharges des moulins de Chauny, etc.

FF. 11. (Liasse). — 4 pièces, parchemin ; 31 pièces, papier.

1604-1639. — Contestations entre les maire et jurés de Chauny et les seigneurs de Sinceny au sujet de pâtures. — 18 novembre 1604. Accord entre Josias du Passage, seigneur de Sinceny, et les habitants de la ville de Chauny sur la jouissance des pâtures dites « les Goulains, « Précelle et Viel Molins », situées au-dessous dudit Sinceny. — 1621-1639. Procès entre Charles du Passage, seigneur de Sinceny, et les maire et jurés de Chauny au sujet des mêmes pâtures, etc.

FF. 12. (Liasse). — 2 pièces, parchemin ; 187 pièces, papier ; 1 imprimée.

1626-1703. — Contestations entre le seigneur de Sinceny et les maire et jurés de Chauny au sujet de l'écoulement des eaux. — 1700-1703. Procès entre la ville de Chauny et Gaspard

Fayard, seigneur de Sinceny, à propos de l'écoulement des eaux par le pont de pierre, près le moulin Saint-Lazare. Le sieur Fayard prétendait que l'eau, s'écoulant par le canal creusé par l'évêque d'Uzès pour prévenir les débordements et inondations, faisait refluer les eaux jusque dans son moulin et empêchait par conséquent le cours des siennes. Les maire et jurés affirmaient, au contraire, avoir le droit de faire écouler leurs eaux par le pont de pierre, et par conséquent posséder le droit de réparer la chaussée et les ponts, ajoutant qu'un seul écoulement était plus que suffisant. Une sentence du Parlement du 23 juin 1703 porte que ledit Fayard fera écouler ses eaux par le pont de bois, et qu'alors le canal qu'il sera obligé de creuser formera une île; ainsi, les habitants de Chauny feront écouler les eaux par le pont de pierre, et n'auront plus rien à prétendre, etc.

FF. 13. (Liasse). — 19 pièces, parchemin ; 48 pièces, papier ; 2 imprimées ; 3 sceaux.

1595 1665. — Contestations entre les maire et jurés de Chauny et les fermiers des aides au sujet du paiement d'une rente due à la ville. — S. d (vers 1609). Sommaire (imprimé) du procès intenté par la ville de Chauny à Denis Feydeau, commis à l'administration des aides de France. On y observe que les habitants de Chauny ont prêté naguère au Roi 2121 écus pour le paiement des gens de guerre qui étaient en garnison dans la ville, et qu'ils lui ont fourni 28 muids de blé pour la nourriture de son armée occupée au siège de La Fère, qui furent estimés à 1600 écus. Pour le paiement de ces deux parties, revenant à la somme de 3721 écus, feu le sieur d'Incarville, commis par le Roi, après avoir vérifié la dette des demandeurs, leur a vendu les droits de huitième et vingtième des vins qui se débitent en la ville de Chauny, avec faculté de rachat perpétuel, par contrat du 30 novembre 1595. Ce contrat fut ratifié par le Roi, confirmé par arrêt du Conseil d'État de 1602 (donné contradictoirement avec le prévôt des marchands et les échevins de Paris, qui disaient avoir intérêt en cette aliénation, comme n'ayant pu être faite au préjudice de l'assignat de leurs rentes), et encore vérifié par la Chambre des Comptes à Paris, les Trésoriers de France à Soissons et les Elus de Noyon, « de sorte qu'il n'y a officiers de finance par les mains desquels ce contract « n'ayt passé ». Denis Feydeau, qui a remplacé Jean de Moissel au bail général des aides de France, refuse maintenant de leur payer la rente qui leur est due, au denier douze, pour cette somme de 3721 écus. Ils demandent donc qu'il leur serve cette rente ou qu'il les laisse jouir des droits de huitième et vingtième, etc. — 19 décembre 1609. Arrêt du Conseil d'État, condamnant Denis Feydeau à payer à la ville de Chauny 9000 livres pour le remboursement des huitième et vingtième, ou à leur en payer les intérêts au denier douze. — S. d. (après 1660). Mémoire des habitants de Chauny au sujet du remboursement qui leur est proposé de la rente qu'on leur devait pour l'engagement accordé par le Roi des huitième et vingtième; le chiffre de 2600 livres, dont on leur a parlé, paraît bien minime. Les habitants rappellent qu'après l'arrêt de 1609, Denis Feydeau leur paya une rente de 750 livres, représentant l'intérêt au denier douze des 9000 livres, somme à laquelle avait été taxé le remboursement des 3721 écus. Mais ses successeurs, adjudicataires des aides, négligèrent de payer cette rente. En 1611, les commissaires députés pour la connaissance des aides engagées et aliénées ont décidé que les habitants jouiraient de la rente de 750 livres, à condition de payer 1300 livres d'une part et 1098 livres de l'autre pour être dispensés de la réduction au denier dix-huit. Dans ces derniers temps, les adjudicataires des aides ont demandé à être déchargés de cette rente (qui n'en fut pas moins remboursée à 2600 livres seulement), etc.

FF. 14. (Liasse). — 1 pièce, parchemin ; 41 pièces, papier.

1736. — Contestation entre les maire et jurés de Chauny et le sieur Couvreur, avocat de cette ville, qui avait des prétentions à la noblesse, son aïeul ayant été anobli par Louis XIV. — 1736. Mémoire des habitants à l'encontre dudit sieur Couvreur, qui a obtenu du Roi, en octobre 1735, des lettres de surannation de noblesse, en raison de celles qui furent accordées à son aïeul, ancien maire de la ville, en septembre 1652. Il avait joint à sa demande un certain nombre de pièces justificatives, qui provoquent les réclamations suivantes: « 1° Les habitans « de Chauny n'ont pas moins d'ardeur que le « sieur Couvreur à se maintenir dans l'obéis« sance du Roi et la fidélité qu'ils luy de« voient...; la relation du siège de Chauny

« prouve la fidélité unanime de tous les habi-
« tants par la réponse faite à l'envoyé des « ennemis. Leur résolution de soutenir un siège « avec une poignée de troupes, dans une petite « ville mal fortifiée, le refus d'entendre à un « accomodement proposé de la part des enne- « mis, le deuxième jour du siège, la joye des « habitans de se remettre sous l'obéissance du « Roy, huit jours après la réduction de la « ville, les pratiques des officiers de ville avec « M. le Mareschal d'Estrées pour y parvenir, « prouvées par sa réponse du 25 juillet 1652, « le témoignage que ledit sieur Mareschal y « rend au zèle et fidélité des habitans, sont « des monumens qui prouvent que le sieur « Couvreur n'a pu se dispenser de suivre « l'exemple et le zèle de ses concitoyens; 2° Il « est faux qu'il y eût, lors du siège, différentes « factions dans la ville, au préjudice du Roy...; « 3° L'exposé du zèle qu'il a témoigné à intro- « duire dans la ville, par son autorité, les « secours qui y ont été envoyé en diverses « occasions, pour la défendre contre les des- « seins des ennemis de l'Etat, suppose que les « bourgeois, ou partie, luy ont quelquefois ré- « sisté pour empêcher l'entrée de ces secours, « ce qui est faux...; 4° On nie les prétendus « dangers courus et les prétendus mauvais trai- « tements reçus...; 5° On nie qu'il se soit « signalé au siège de Chauny plus qu'aucun « des habitans...; 6° On nie qu'il ait quitté « la ville et sa charge après sa réduction. La « ville n'ayant été que 8 jours au pouvoir des « ennemis, il luy a été facile de se faire un « mérite de sa prétendue résolution d'en sor- « tir », etc.

FF. 15. (Liasse). — 6 pièces, parchemin ; 110 pièces, papier ; 1 sceau.

1613-1617. — Contestation entre les maire et jurés de Chauny et le sieur Abraham Obgeois, au sujet d'un mur prétendu mitoyen entre l'Hôtel-de-Ville et la maison dudit Obgeois. — Décembre 1613. Une enquête à ce propos est faite par Jorain de Vrévin, lieutenant général au bailliage. Le premier témoin cité, Antoine Dennet, maréchal, âgé de 84 ans, déclare être natif de Chauny et y avoir toujours habité. Il affirme bien connaître « la maison et lieu seize « sur le grand marché, servant d'hostel de « ville, où se tiennent les assemblées des maire « et jurez..., lequel hostel de ville auroit autre- « fois servy d'Hostel Dieu, nottamment avant « les feus et incursions dernières des Bour- « guignons quy furent en l'an cinq cens cin- « quante sept... ». Depuis cette époque, l'Hôtel-Dieu a été transféré dans un « aultre lieu, « plus à l'escart », et l'ancien bâtiment a été modifié « et eslevé en édiffice, ayant sa face « regardant vers l'orient et respondant sur le « dict marché, où y a une chappelle voûtée « de pierres blanches, et au-dessus d'icelle ung « grenier et une orloge quy rellèvent ledict « bastiment au par dessus des demeures de la « dicte ville, et en la lizierre duquel, du costé « de la maison d'Abraham Obgeois... se voit « ung pignon continuel, de la longueur de trente « pieds ou environ, quy soustient et espaulle « ladicte chappelle...». Ce pignon appartient, certes, entièrement à l'Hôtel-de-Ville et n'est pas mitoyen, etc. Un autre témoin dépose qu'à « la houppe dudict pignon... a toujours esté une « cloche », appelée communément « cloche de l'Hôtel-Dieu », « encorre qu'elle serve pour les « affaires de ladicte ville ». Lui-même a souvent sonné cette cloche qui, il y a 7 ou 8 ans, a été « desmontée et vendue à l'église Nostre-Dame, où elle est encorre à présent... », etc.

FF. 16. (Liasse). — 27 pièces, parchemin ; 169 pièces, papier, 1 sceau.

1336-1783. — Contestations diverses entre les maire et jurés de Chauny et les administrations, officiers et particuliers. — 10 août 1339. Pierre Le Barbier, garde de la justice de Pierremande, reconnaît que les seigneurs de cette localité ne peuvent arrêter ni saisir pour dettes un bourgeois de Chauny, ni son mobilier traversant ladite seigneurie. — 20 août 1426. Jean de Tronquoy, prévôt de Chauny, reconnaît que c'est avec la permission des maire et jurés qu'il tient ses assises au beffroi. — 1629-1661. Procès intenté par les maire et jurés à Denis de Palanson, sergent-major et gouverneur de Chauny, au sujet du droit de pêche dans les fossés de la ville. — 1639-1640. Procès intenté par les maire et jurés de Chauny à ceux de Noyon au sujet des subsides fournis en 1637 pour l'entretien des troupes en garnison dans la région. — 17 août 1725. Signification au procureur du Roi de police d'une ordonnance de l'Intendant de Soissons, du 12 du même mois, qui fait défense audit procureur de faire aucun réquisitoire, et au lieutenant de police de rendre aucun jugement contre les maire et jurés, etc.

F. F. 17 (Liasse). — 3 pièces, parchemin; 190 pièces, papier.

1631-1744. — Assignations diverses soutenues en les Elections de Soissons et de Noyon par les maire et jurés de Chauny. — 1731. Opposition en surtaux introduite par Marguerite Demory, fille majeure âgée de 71 ans. Elle expose qu'autrefois, sur la promesse faite par les maire et échevins qu'elle serait exemptée de la taille, elle a donné mille livres pour l'établissement d'une maison de refuge pour les orphelins des deux sexes. Elle a joui de cette exemption de 1716 à 1730, époque où elle a été taxée à 30, 35 et 40 livres; elle demande la réduction de son taux à 10 livres. Oppositions analogues introduites par Thomas Pauquier, maître perruquier (1742), Jean-Baptiste Tatin, fermier des moulins de Chauny (1743), Louise Blondel, veuve de Charles de la Marlière, bourgeois de Chauny (1744), etc.

FF. 18. (Liasse). — 134 pièces, papier.

1745-1749. — Assignations diverses soutenues en l'Election de Noyon par les maire et jurés de Chauny. Oppositions en surtaux introduits par Antoine Lécuyer, fermier des moulins de Chauny (1746), François Fongaffier, maître apothicaire (1747), Claude Baudrimont, cabaretier (1748), Marie-Anne Baudier, veuve de Pierre Gueullette, conseiller du Roi (1749), etc.

FF. 19. (Liasse). — 236 pièces, papier.

1750-1756. — Assignations diverses soutenues en l'Election de Noyon par les maire et jurés de Chauny. Oppositions en surtaux introduites par Jeanne-Angélique Waubert, veuve de François Després (1750), Nicolas Marlier, ci-devant laboureur au Pissot (1750), Pierre-François Dachery, bourgeois de Chauny (1752), Antoinette Mignot, fille majeure (1754), etc.

FF. 20. (Liasse). — 1 pièce, parchemin ; 222 pièces, papier.

1757-1768. — Assignations diverses soutenues en l'Election de Noyon par les maire et jurés de Chauny. Oppositions en surtaux introduites par Jean-Henry Lejeune, marchand épicier en la Chaussée (1757), Nicolas-Eustache Le Sot de la Panneterie, marchand-blanchisseur au Pissot (1757-1762), François Bérillon, marchand de toile (1758), Antoine Leuillet, boulanger (1759), Claude Lecomte, marchand-boucher (1759). Les maire et jurés, dans leur réplique à l'assignation dudit Lecomte, le tournent un peu en dérision: « Ce particulier est, sans « contredit, âgé de 83 ans; il est veuf dès il y « a environ un an. Sa femme faisoit tout son « commerce et sa ressource. Il est d'une infir- « mité qui va jusqu'au dégoût, fait dont on « convient et dont il requiert acte; et il est « notoirement sans commerce et état, et dans « les larmes continuelles que la perte de sa « femme entraînent naturellement. Or, son im- « position étant de 63 livres..., il a donc lieu « de se plaindre... On ne peut détruire un « pareil exposé que par une dénégation nette, « formelle, précise et cathégorique, suivie d'une « preuve complette... », etc.

FF. 21. (Liasse). — 3 pièces, parchemin ; 116 pièces, papier.

1773-1776. — Assignations diverses soutenues en l'Election de Noyon par les maire et jurés de Chauny. Oppositions en surtaux introduites par Jean de la Forge, notaire et procureur (1773), François Bourzat, Corbeix Carpet, dit Marin, marchand-épicier, natif « du mont Sax « connexé, diocèse de Genève » (1774), François Manchon de Maguy, receveur des consignations au bailliage de Chauny, et sa femme Marie-Louise Garde (1776), etc.

FF. 22. (Liasse). — 2 pièces, parchemin ; 162 pièces, papier.

1595-1787. — Poursuites exercées par les maire et jurés de Chauny contre les débiteurs de la ville, de l'Hôtel-Dieu ou des pauvres, savoir: André Segain, marchand (1630), Jean Desjardins l'aîné (1662), Quentin Rohart, avocat à Saint-Quentin, exécuteur testamentaire de feu François Robois (1705), Claude Grégoire, laboureur en la Chaussée (1762), etc.

FF. 23. (Liasse). — 2 pièces, parchemin ; 105 pièces, papier.

1736-1781. — Poursuites exercées par les maire et jurés de Chauny contre plusieurs débiteurs des pauvres: Louis et Claude Marin père et fils, laboureurs à Marest (1736-1758), et Antoine-François Debrie, laboureur à Ognes (1781).

FF. 24. (Liasse). — 1 pièce, parchemin ; 130 pièces, papier.

1641-1778. — Affaires judiciaires : correspondance. — 18 août 1702. Lettre datée de Paris et adressée aux échevins de Chauny par le sieur

Guillaume, maire, qu'on avait envoyé en mission pour régler un procès que la ville avait contre le seigneur de Sinceny (voir FF. 12). Il raconte qu'il vient de voir deux avocats de Paris, « des plus fameux; ils voulurent bien « que je leur fissent un récit de nostre affaire, « où je leur proposés toutes les objections du « sieur Fayart. Ils me dirent qu'il avoit trop « d'argent; qu'ils ne trouvoient pas la moindre « difficulté; que les juges de la Table de Mar- « bre estoient accoutumées à faire de pareille « pas de clair. J'en ait encore veu d'autres, « qui m'ont dit la mesme chose... » Dans une autre, non datée, qui est sans doute de février 1717, il envoie au procureur de la ville de Chauny, à Paris, le sieur Aulas, un acte de délibération concernant « l'affaire des officiers « du bailliage. Nostre compagnie est composé « de six personnes, sçavoir: du maire, du « lieutenant de maire, trois eschevins et du « procureur du Roy. Il est vrai que l'acte n'est « signé que de quatre, parce que le premier « eschevcins n'a pas été apellé à l'assamblé, « étant suspect parce qu'il est proche parent « du lieutenant général du baillage et frère « du greffier de ce siège, le deusiesme, qui est « procureur, nous a prié de le dispenser de « signer, de crainte de desplaire audit lieutenant « général...». Le 6 août 1718, il écrit (de Chauny) au même procureur Aulas, à propos de la procession qui va avoir lieu, selon un usage immémorial, le 29 du même mois, jour de la foire, et à laquelle assistent seuls, en cérémonie, les officers de l'Hôtel-de-Ville, accompagnés des valets de ville; cet usage s'est maintenu, « mesme depuis la création des offices de po- « lice...; nous apprenons que lesdits officiers « de police prétendent y assister et prendre « la droite sur nous. Il s'agit de sçavoir si nous « sommes en droit de les en empescher...». Le 11 février 1719, il écrit encore au sieur Aulas au sujet d'un arrêt qui vient d'être signifié à la ville de Chauny : « Le sieur de Guni se « flate d'en obtenir des deffences en vingt- « quatre heures, et, comme il est fort allerte », il est à craindre qu'il donne « sa requeste d'o- « position », et, s'il a un rapporteur « à sa « devotion », qu'il obtienne « du jour au lende- « main mainlevé des deffences, sans que nous « ayons le temps de nous deffendre... Je vous « prie de ne pas balancer de donner un louis « d'or neuf au secrétaire du raporteur, pour « tâcher qu'il puisse tourner l'affaire de tel « manière qu'il soit débouté de son opposition, « et que le tout soit joint; et que, si il y réusit, « de luy prometre de luy en donner encor un « autre...» Quelques jours après, il annonce à Aulas qu'il y a douze jours, « on a affiché « la nuit à ma porte et à celle des principaux « habitans de cette ville, un libelle absolument « injurieux », qui ne peut avoir pour auteurs que les officiers de police; plainte a été portée au lieutenant criminel. Guillaume ajoute: « Le « sieur de Guny est parti samedy dernier pour « Paris; il a dit publiquement qu'il obtiendroit « aussitost son arrivé un arrest pour nous met- « tre à la raison; c'est un jactancieux, que « nous méprisons très fort et que nous n'apré- « hendons pas ». Le 2 août 1719, il se plaint, dans une lettre probablement aussi destinée à Aulas, « que nous (ne) puissions espérer au- « cunes justice des juges, qui accordent tout à « la faveur, sans considérer le bon droit des « parties. Vous avés esté tesmoin de ce qui « s'est passé, samedy dernier, au jugement de « nostre affaire contre les officiers de police...; « on a à peine écouté nostre advocat... ». — 20 juin 1758. Dans une lettre adressée à Demory, maire de Chauny, le sieur Carbon, de Paris, l'informe qu'il a appris « que le loup « des environs de Soissons recommençoit son « train, qu'il avoit étranglé un petit garçon « à Chacrise et poursuivi trois autres...; heu- « rement qu'ils ont été secourus prompte- « ment... », etc.

FF. 25. (Registre in-f°). — 262 feuillets, papier.

1486-1506(1). — Justice municipale: audiencier. — 1er juin 1487. Enregistrement, au greffe de la justice municipale, des « ordonnances et « estatus jà pieçà faictes en la ville de Chauny « sur le fait du mestier de parmenterie et de « nouvel renouvellées à la requeste et diligence « des compaingnons parmentiers dudit Chau- « ny ». — Mai 1493. « Coppie des lettres missi- « ves envoyées par le Roy à Monsseigneur le « bailli de Vermendois touchant la paix, ensem- « ble de la publication de la paix publiée à « Senlis » ; cette paix fut publiée à Chauny le 29 mai. — 3 juin 1493 (lundi). « Aujourduy... « le Roi Charles, fils du feu Roy Loys, fist son « entrée en la ville de Chauny, auquel fu fait « ung tabernacle de taffetas changeant de pers « et jaune, dessoubz lequelz il ala depuis la

(1) Lacunes de septembre 1487 à mai 1492, de juillet 1493 à juin 1500, de juillet 1501 à mai 1505.

« porte Hamoyse jusques à l'église Notre-Da- « me dudict Chauny... ». — 30 avril 1501. Pierre Le Cueillier, chirurgien à Noyon, vient déclarer qu'il a visité Jean Escarcel, qui était « soupçoné de estre entechié de lieprc », et qu'il l'a trouvé « du tout entechié de la dicte « maladie ». — 3 mai 1501. Il est décidé qu'on se défera du blé qu'un marchand de Paris, nommé Sauvagol, a fait payer à la ville 8 sols le setier. Défense est faite à tous de vendre du blé, « hors jour de marchié », jusqu'à ce que ce blé ait été vendu, etc.

FF. 26. (Registre in-f°). — 170 feuillets, papier.

1518-1533 (1). — Justice municipale : audiencier. — 31 août 1518. Katerin Le Masson, marchand drapier, demande qu'on lui rende les 7 pièces de drap qu'on a récemment saisies chez lui, sous prétexte de malfaçon. — 8 mai 1523. Adrien Cauchon, boulanger, dont le serviteur était malade de la peste, est banni de la ville pour 40 jours, pour avoir vendu du pain malgré la défense qui lui avait été faite. — 21 mars 1533. Jean Houllier, boulanger, qui a fait son pain de 2 deniers du poids de 12 onces et demie, au lieu de 15 onces et demie, poids fixé par l'essai des boulangers, est condamné à 10 sols d'amende, etc.

FF. 27. (Registre in-f°). — 190 feuillets, papier.

1540-1547 (2). — Justice municipale : audiencier. — 7 mai 1541. Pacquot Delectre est demandeur en dommages intérêts contre Gervais de la Croix. — 23 février 1542. Nicolas Dupré, marchand à Soissons, qui a vendu à Mathieu Bideleu, marchand à Chauny, un tonneau de vin pour 18 livres tournois, lui adresse une sommation à fin d'enlèvement du tonneau et de paiement de ladite somme. — 27 juin 1547. Enregistrement des lettres de réception de maîtres tisserands obtenues par Nicolas Lecat, Grégoire Bichart et Jean Tabart, etc.

FF. 28. (Registre in-f°). — 298 feuillets, papier.

1645-1657 (3). — Justice municipale: audiencier. — 6 novembre 1651. Louis Leborgne, écolier juré en l'Université de Paris, renonce à la succession de son père, André Leborgne. — 13 octobre 1656. Déclaration par Jean Carlier, notaire et procureur, qu'il se porte appelant du jugement rendu, le 28 juillet, contre lui, au profit de Gabriel Souaille et consorts, — 18 mai 1657. Emancipation de François Roger, praticien à Paris, âgé de « dix-neuf à vingt ans » — 26 mai 1657. La communauté des maîtres cloutiers et ferronniers de Chauny plaide contre Pierre Mennesson, aspirant à la maîtrise, etc.

FF. 29. (Registre in-f°). — 420 feuillets, papier.

1657-1664 (1). — Justice municipale: audiencier. — 26 avril 1658. Louis Gervaise, marchand à Paris, demeurant faubourg Saint-Germain, rue de Seine, « au Rosier Croissant », renonce par procureur à la succession de sa sœur, Anne Gervaise. — 1er juin 1663. Remy Vivien est demandeur en retrait lignager contre Martin Debagues, notaire et procureur royal. — 18 juillet 1663. Louis Féret le jeune, aspirant à la maîtrise en pharmacie, demande à exécuter son chef-d'œuvre ; il devra, pour cela, faire la démonstration des drogues simples et confectionner les remèdes que lui ont idiqués les maîtres apothicaires de Chauny, savoir « l'ellectuaire le- « nitif fin, la composition du *De succo roza- « rum*, l'emplastre de *diachilum magnum cum « gommis* et l'unguent *Apostolorum*..., le tout « suivant la description du Codex de Paris... ». — 5 octobre 1663. La communauté des confrères de saint Côme et de saint Damien est demanderesse contre Philippe Caudavaine, défendeur, etc.

FF. 30. (Registre in-f°). — 332 feuillets, papier.

1664-1668 (2). — Justice municipale: audiencier. — 5 août 1665. Jean Rousset, proyer à Senicourt, consent à être condamné à payer et à livrer à Claude Baudrimont, boucher à Chauny, la quantité de 12 setiers de blé, pour terminer leur procès au sujet d'une cavale que le boucher avait confiée au proyer et que celui-ci avait laissé noyer. — 21 février 1668. Nicolas Lourson, chirurgien à Chauny, curateur d'Antoine Fournier, est d'avis que ledit Fournier reçoive le remboursement de 15 livres de surcens que lui doit Jacques Laurent, demeurant à Crépy, cette somme lui étant nécessaire pour payer ce qui reste dû de son apprentissage du métier de tanneur, etc.

(1) Lacune de mai 1519 à mars 1523, de juillet 1523 à mai 1532.

(2) Lacunes de juillet à novembre 1541 et de juillet 1542 à mai 1547.

(3) Lacune de septembre 1645 à juin 1654.

(1) Lacune de janvier 1660 à octobre 1661.

(2) Lacune de décembre 1665 à juin 1666.

FF. 31. (Registre in-f°). — 332 feuillets, papier.

1668-1669. — Justice municipale: audiencier. — 28 juillet 1668. Jean Desjardins, maître couvreur, et sa femme, Adrienne Mignot, assignent en réparation d'honneur Marie Bellin, veuve de Pierre Memesson, maître forgeron, qui les a insultés, le traitant de fripon et de voleur, et sa femme de chienne de p... — 14 juin 1669. Jean Deslandres, maître plâtrier, plaide contre Barthélemy Poncet, compagnon plâtrier qui a refusé récemment de travailler pour lui, disant qu'il allait passer les fêtes et qu'une fois les fêtes passées, il reviendrait « pour achever l'attellier entrepris », etc.

FF. 32. (Registre in-f°) — 356 feuillets, papier.

1673-1677. — Justice municipale : audiencier. — 14 juillet 1673. Philippe Caudavaine, docteur en médecine, est demandeur contre les dames de la Charité de Chauny. — 2 octobre 1676. Louise Demaire, domestique de Louis de la Marlière, ancien mayeur, est insultée par Antoine Desviviers, cabaretier au faubourg Saint-Martin de Chauny, et sa femme. — 14 mai 1677. Marguerite Hamon, veuve de Jean Delécluze, réclame à la succession de son mari les bijoux qu'elle avait avant son mariage, savoir « ung « Saint-Quentin d'or, garny d'une perle », plusieurs bagues et un cachet également en or, etc.

FF. 33. (Registre in-f°). — 220 feuillets, papier.

1709-1723. — Justice municipale : audiencier. — 18 décembre 1711. Michel Gluet d'Espinville, prévôt de l'église cathédrale d'Uzès et chapelain de la chapelle de la Résurrection de l'église Notre-Dame de Chauny, est demandeur contre les héritiers de feu Michel Carpentier, laboureur au Pissot. — 4 octobre 1715. Françoise de Bonnaire, veuve de Charles de la Marlière, conseiller au bailliage de Péronne (lui-même fils de feu Charles de la Marlière, bourgeois dudit Péronne), réclame diverses créances à Marie Wisbecq, veuve de Charles Lambin, mégissier à Chauny. — 5 juillet 1720. Claude-Joseph-François Le Couvreur, avocat, sa femme, Marie-Catherine Berthe, fille de Jean-Baptiste Berthe, seigneur de Villers-Bocage, et nièce de Madeleine Vaillant, femme séparée de François Danré, écuyer, offrent de rembourser à Pierre Lepage, fermier des moulins de Chauny, le prix d'une maison qu'il a achetée desdites dames Berthe de Villers et Danré, etc.

FF. 34. (Registre in-f°). — 304 feuillets, papier.

1723-1744 (1). — Justice municipale : audiencier. — 9 février 1725. Coups et injures échangés entre Claude Mennessier, laboureur au Pissot, et Claude Diu, domestique du sieur de la Panneterie, demeurant audit faubourg du Pissot. — 5 novembre 1728. Louis Couillette de l'Isle, demeurant en la blanchisserie d'Ognes, paroisse et faubourg Saint-Martin de Chauny, est condamné à payer une rente de 8 livres à Charles-Louis Pelleton du Mesnil, demeurant à Noyon, fils de feu Etienne Pelloton, avocat audit lieu (lui-même fils de feu Gilles Pelloton, maire de Noyon). — 4 décembre 1739. Jacques Lamart, maître couvreur en tuile et ardoise, est condamné à « sortir sa famille et meubles » d'une maison appartenant à Jean-François Adam, receveur de l'abbé de Nogent, demeurant à Trosly, faute de paiement du loyer. — 15 novembre 1743. Charles Marquette, avocat du Roi au bailliage de Laon, héritier de sa feue mère Françoise Gossart (elle-même unique héritière de feu son père Claude Gossart), est demandeur contre Marguerite Begard, veuve de Simon Rivage, tailleur d'habits à Chauny, et consorts, etc.

FF. 35. (Registre in-f°). — 254 feuillets, papier.

1744-1769 (2). — Justice municipale: audiencier. — 23 décembre 1746. François Manchon, seigneur de Magny, bourgeois de Chauny, est en désaccord avec Philippe Buhot, sculpteur sur bois à Coucy-le-Château, à propos de divers travaux de sculpture que ledit Buhot devait exécuter dans la maison du sieur Manchon. — 22 novembre 1748. Enregistrement du diplôme de licencié en médecine délivré, en 1740, par la Faculté de Douai, à Charles-François Von Miltag, dit « Midy ». — 14 septembre 1753. Jeanne Duparcq, veuve d'Antoine Pauquy, cabaretière à Chauny, est condamnée à payer 30 livres à Jeanne-Françoise Le Comte, demeurant audit Chauny, veuve de Jacques Lauverjat de Montigny, ancien capitaine des portes de la ville de Ham. — 13 janvier 1761. Demande en renonciation de la communauté de biens formée par Geneviève Delaforge, contre son mari, Claude Macadré, apothicaire, qui, par sa mauvaise conduite et la fréquentation des cabarets, s'est

(1) Lacune d'octobre 1738 à juin 1739.

(2) Lacunes d'octobre 1756 à mai 1761, d'août 1762 à juillet 1763, de mai 1765 à juin 1768.

« plongé dans les horreurs de la débauche », etc.

FF. 36. (Registre in-f°). — 114 feuillets, papier.

1769-1787 (1). — Justice municipale : audiencier. — 26 juillet 1771. Charlotte Martin, veuve Lièvre, et son fils Augustin Lièvre, messagers de Chauny à Soissons, avaient été chargés par Madeleine Diu, fille retirée en la maison de force de Soissons, de remettre un paquet de hardes à sa sœur, Marie Diu, veuve de Pierre Witasse, lessiveuse, demeurant ci-devant à Chauny, et actuellement à la buerie du sieur Cottin, à Saint-Quentin ; ce paquet ayant été enlevé auxdits Lelièvre, par Charles Witasse, manouvrier à Senicourt, celui-ci est condamné à le restituer. — 18 août 1775. Louis-Marie, duc d'Aumont, demeurant à Paris, en son hôtel, rue de Beaune, faubourg Saint-Germain, paroisse Saint-Sulpice, forme opposition, par procureur, à la saisie réelle d'une maison à Chauny, dépendant de la succession vacante de feu Pierre-Gabriel Caboche. — 11 août 1786. Le sieur Nicolas, dit « Migaye », est condamné à 22 livres, 12 sols, 6 deniers d'amende pour avoir tenu de mauvais propos contre la réputation de Marie-Rose Turgis, etc.

FF. 37. (Registre in-f°). — 152 feuillets, papier.

1673-1677. — Justice municipale: audiencier de l'extraordinaire. — 21 avril 1674. Pierre Béguin, brigadier de la compagnie du sieur Hautemand, du régiment de Condé, en garnison à Trosly, est demandeur contre Charles de Quierzy, cavalier de la même compagnie, actuellement forgeron en la chaussée de Chauny. — 11 juillet 1674. Antoine Desviviers, hôte des *Trois Rois* au faubourg Saint-Martin, se plaint que, le dimanche 8, plusieurs personnes, étant de garde à la porte de la Chaussée, ont crayonné sur le mur trois figures et, au milieu, une potence sous laquelle on avait mis son nom avec sa qualité, et l'inscription: « c... et pendu », etc.

FF. 38. (Registre in-f°). — 288 feuillets, papier.

1702-1741. — Justice municipale : audiencier de l'extraordinaire. — 27 mai 1709. Quentin Watier, blanchisseur à la buerie du faubourg du Brouage, près Ognes, se plaint de ce qu'on lui ait volé, dans la nuit du samedi précédent, dix pièces de toile demi-Hollande qui étaient étendues sur le pré de ladite buerie. — 25 septembre 1719. Nomination de tuteur et curateur à la mineure Marie Guilbert, fille de feu Jean Guilbert. — 3 avril 1731. Angélique Berlen, veuve de Jean Waubert, est condamnée à faire curer les fossés fermant les prés qui lui appartiennent au faubourg de Senicourt, sur la plainte de Nicolas Le Sot de la Panneterie, maître de la grande blanchisserie du Pissot. — 17 juin 1739. Enquête sur la faiblesse d'esprit et l'état d'enfance dans lesquels serait tombée Marie-Françoise Dupuis, veuve de Pierre Witasse, etc.

FF. 39. (Registre in-f°). — 148 feuillets, papier.

1741-1777 (1). — Justice municipale : audiencier de l'extraordinaire. — 16 octobre 1743. Démêlé entre Antoine Regand, curé de Frières, et Michel Marquet, maître menuisier en la Chaussée de Chauny, au sujet d'un chambranle de cheminée sans aubier que ce dernier devait livrer audit sieur curé. — 25 février 1746. Règlement de la succession de Salomon Cochon de la Brosse, directeur de la poste aux lettres de Chauny, sur la demande de sa veuve Anne Delescluze, directrice de ladite poste, et de sa fille Anne, veuve de Jean Villain, ancien commis des glaces de la manufacture royale de Saint-Gobain — 18 avril 1764. Émancipation de Pierre-Mathieu Courboin, fils de feu Pierre Courboin, laboureur en la Chaussée, âgé de 19 ans. — 27 octobre 1777. Jean-Louis Lecomte, boucher et loueur de chevaux, est condamné à payer 9 livres à Charles Delavière, cabaretier à Chauny, pour la nourriture d'un cheval qui est resté en fourrière chez ce dernier et que ledit Lecomte a reconnu lui appartenir, etc.

FF. 40. (Registre in-f°). — 73 feuillets, papier.

1712-1727 (2). — Justice municipale: registre des tutelles, curatelles et émancipations. — 28 février 1714. Nomination de tuteur et curateur à Salomon et Anne, enfants mineurs de feu Pierre Cochon de la Brosse, directeur des postes de Chauny. — 11 décembre 1721. Émancipation de Marie-Françoise-Martine (18 ans), Hilaire (17 ans), et Marie-Jeanne (15 ans), enfants de feu Martin Mauturier, tailleur d'habits, etc.

(1) Lacunes d'octobre 1776 à novembre 1778, de janvier 1782 à avril 1784.

(1) Lacunes de juillet 1746 à février 1748, d'avril 1749 à novembre 1750, d'octobre 1754 à novembre 1755, d'octobre 1761 à août 1772.

(2) Lacune de janvier 1718 à novembre 1721.

FF. 41. (Registre in-f°). — 398 feuillets, papier.

1642-1660. — Justice municipale : registre de présentation aux causes. — 10 septembre 1655. Jacques Charmoluc, actuellement novice au couvent des Cordeliers de Noyon, émancipé sous l'autorité de son curateur Louis Ledin, receveur des consignations au bailliage, est demandeur contre ses oncles Claude de Théis, avocat, Simon de la Marlière, marchand, et consorts. — 9 août 1657. Brice Lemaire, d'Abbécourt, réclame à Jacques Roux un veau que celui-ci lui aurait pris ; Roux prétend que, le dimanche 29 juillet précédent, ayant entendu dire que les ennemis allaient arriver à Chauny, il a quitté la ville pour sauver ses bestiaux, auxquels s'est mêlé ledit veau, qu'il a trouvé « au delà de « Manicamp, jà habandonné do tous les ha- « bitans... », etc.

FF. 42. (Registre in-f°). — 501 feuillets, papier.

1660-1668. — Justice municipale : registre de présentation aux causes. — 1er août 1661. Antoine Sagnier, curé de Saint-Martin, est demandeur contre Augustin Cabotin, capitaine de la jeunesse. — 12 août 1667. Jean Acatbled plaide contre Jean Waubert et Arnoul Féret, experts nommés d'office pour l'estimation de la nourriture et de l'entretien de sa fille, Catherine Acatbled, émancipée et jouissant de ses droits, etc.

FF. 43. (Liasse). — 1 pièce, parchemin ; 33 pièces, papier.

1621-1695. — Justice municipale : affaires diverses. — 23 juillet 1621. Procès-verbal est dressé contre Roch Gambet, curé de Notre-Dame, et quatre prêtes habitués en ladite église qui n'ont pas voulu assister à une procession solennelle célébrée, le 4 courant, en l'église Saint-Martin. — 11 avril 1642. Inventaire après décès fait au domicile de Philbert Giot, le jeune, ancien marchand à Chauny. — Août 1693. Pierre Lelong, jeune homme à marier, actuellement au service du comte de Saint-Simon, est demandeur en résolution de vente contre Barthélemy Lalondre, marchand mercier, etc.

FF. 44. (Liasse). — 67 pièces, papier.

1713-1720. — Justice municipale : affaires diverses. — 24 janvier 1714. Emancipation de François Waubert, fils de feu Jean Waubert, marchand bourgeois de Chauny. — 22 mai 1715. François Gaucher, marchand forain, demande et obtient l'autorisation d'informer contre Florent d'Hubert, aussi marchand. — 23 mars 1718. Inventaire après décès fait au domicile de feue Marguerite Gobault, veuve d'Antoine Vaillant, etc.

FF. 45. (Liasse). — 71 pièces, papier.

1721-1722. — Justice municipale : affaires diverses. — 6 octobre 1721. Partage de la succession de Florent Leleu, marchand à Chauny, et de Marie Devillers, tous deux défunts. — 11 février 1722. Inventaire après décès fait au domicile de Charité Quinquet, fille majeure, demeurant à Chauny. — 8 mai 1722. Vente sur licitation d'une maison à Chauny, rue du Bloc, à Mathieu-Bonaventure de Précelle, conseiller en la Cour des Monnaies de Paris, fils de feu Mathieu de Précelle, ancien président en l'Election de Noyon, etc.

FF. 46. (Liasse). — 70 pièces, papier.

1723-1725. — Justice municipale : affaires diverses. — 17 avril 1723. François Delescluze, maître chirurgien, dont le fils François, âgé de 14 ans, a été grièvement blessé à la tête « d'un coup de gré » par le jeune Denis, fils de François Mennessier, maître maçon, dépose une plainte sur laquelle il sera informé. — 7 mai 1725. Demande introduite par Daniel Guillaume, marchand, en vue de faire nommer des experts pour la visite d'une maison qu'il vient d'acheter et qui est en mauvais état, etc.

FF. 47. (Liasse). — 83 pièces, papier.

1726-1727. — Justice municipale : affaires diverses. — 18 janvier 1726. Adjudication pour 4 ans de nourriture et entretien de Marie-Jeanne Damien, âgée de onze ans ; son père, Isaac Damien, marchand bonnetier, est déclaré adjudicataire au prix de 50 livres par an. — 7 février 1726. Inventaire après décès fait au domicile de Marie-Louise Moret, veuve de Pierre Desains, marchand. — 17 mars 1727. Plainte déposée par Nicolas Le Sot de la Panneterie, marchand-blanchisseur au Pissot, contre le sieur Babelard, mégissier et fermier du travers de la porte du Pissot, qui l'a insulté et lui a déchiré ses habits, etc.

FF. 48. (Liasse). — 94 pièces, papier.

1728-1730. — Justice municipale : affaires diverses. — Juin 1728. Information au sujet de 103 balles de soude appartenant à la manufacture des glaces de Saint-Gobain, qui étaient arrivées à Chauny en mauvais état. — 21 mars 1730. Vente de meubles après décès faite au domicile de Charles Cronier, bourgeois de Chauny. — 3 novembre 1730. Adjudication des droits de marché dépendant de la succession de François Leblanc, laboureur au Pissot, etc.

FF. 49. (Liasse). — 1 pièce, parchemin ; 85 pièces, papier.

1731-1733. — Justice municipale : affaires diverses. — 23 juillet 1731. Inventaire et prisée de meubles faits au domicile de feu Louis Bernard de la Ferrières, marchand à Chauny. — 11 janvier 1732. Claude Deherbe, bourgeois de Chauny, demande levée des scellés apposés, le 9, au logis de Marie-Anne Rambure, veuve de Martin Mauturier ; la défunte avait fait le 8, veille de sa mort, un testament devant le curé de Saint-Martin, en présence de témoins. — 1er septembre 1733. Vente au domicile de feue Florence. Demory, fille majeure, demeurant à Chauny, etc.

FF. 50. (Liasse). — 1 pièce, parchemin ; 76 pièces, papier.

1734-1736. — Justice municipale : affaires diverses. — 28 août 1734. Inventaire fait au domicile de feu Charles Berleu, avocat à Chauny, sur la demande de sa veuve, Marie-Charlotte Brugniart. — 13 juillet 1735. Lettres de chancellerie accordant à Daniel Guillaume, marchand à Chauny, l'autorisation de n'accepter que sous bénéfice d'inventaire la succession de son cousin germain Antoine Guillaume, ancien maire de la ville ; lesdites lettres furent enregistrées au greffe de la mairie le 29 novembre suivant. — 24 août 1736. Réception de Claude Mennessier, laboureur au Pissot, comme garde du gouvernement de l'Ile-de-France en résidence à Chauny, en vertu de la commission à lui accordée par le comte d'Evreux, gouverneur de la province, etc.

FF. 51. (Liasse). — 43 pièces, papier.

1737-1738. — Justice municipale : affaires diverses. — 2 octobre 1737. Catherine et Marie-Louise Paillette, âgée de 18 et 17 ans, filles de feu Jean Paillette, marchand-boucher, et de Catherine Griffon, demandent à être émancipées sous l'autorité d'un curateur. — 21 novembre 1737. Inventaire des meubles délaissés par Angélique Berleu, veuve de Jean Waubert, bourgeois de Chauny. — 20 septembre 1738. Le procureur d'office assigne les parents de Michel, Claude et Marie-Anne, enfants de Charles Denizel, marchand boucher à Chauny, et de feu sa femme Marie-Anne Nocq, en vue de leur nommer tuteur et curateur, etc.

FF. 52. (Liasse). — 53 pièces, papier.

1739-1740. — Justice municipale : affaires diverses. — Mars 1739. Enquête sur certains faits et articles reprochés par Jeanne Desjardins, veuve de Jean Guillaume de la Barre, demeurant à Chauny, à Marie-Madeleine Guillaume, femme de François Roger, notaire royal audit Chauny. — 14 juillet 1739. Partage et division de deux héritages plantés d'arbres fruitiers, situés à Chauny, entre Charles Fauchon, jardinier, et Jean Desbruyères le jeune, charpentier, tous deux demeurant en la Chaussée. — 23 août 1740. Nomination de tuteur et curateur à Marie-Jeanne Gobert, fille de Simon Gobert, garde des moulins de Chauny, et de Marie-Jeanne Dubois, tous deux défunts, etc.

FF. 53. (Liasse). — 41 pièces, papier.

1740. — Justice municipale : succession Jean Couillette. — 20 avril 1740 et jours suivants. Vente des meubles délaissés par Jean Couillette, inspecteur des haras du Soissonnais, ci-devant marchand blanchisseur au Pissot, à la requête de Quentin-Benjamin Coulliette, garde du corps du Roi, et de Marie-Anne et Louise-Angélique Coulliette, demeurant à Saint-Quentin, etc.

FF. 54. (Cahiers in-f°). — 630 feuillets, papier.

10 mars 1740. — Justice municipale : apposition de scellés au domicile de feu Jean Couillette, inspecteur des haras du Soissonnais.

FF. 55. (Liasse). — 1 pièce, parchemin ; 320 pièces, papier.

1711-1747. — Justice municipale : pièces produites pour la liquidation de la succession Couillette. — Les funérailles de Jacques Couillette, père dudit Jean Couillette, célébrées en janvier 1724, avaient coûté 699 livres, dont 44 livres, 5 sols au clergé de Sainte-Croix, 21 livres au clergé de Notre-Dame, 113 livres pour fourniture de cire, 137 livres, 19 sols à Daniel Guillaume pour fourniture de deuil, etc. — Jean Couillette était en relations commerciales avec les sieurs de Valicourt de Palmer, de Londres ; son compte chez eux s'établissait (fin 1729) par un débit de 35.725 livres, 9 sols, et un crédit de 35.220 livres, 12 sols. — 7 février 1737. Le sieur Frevaux, de Saint-Quentin, rend compte aux sieurs Couillette et Crommelin, ses associés dans la recette de l'abbaye d'Homblières, de sa gestion depuis 1729 jusqu'au 30 septembre 1736. La recette s'élevait à 112.216 livres 18 sols, 7 deniers, et la dépense à 108.481 livres, 13 sols, 6 deniers, etc.

FF. 56. (Liasse). — 96 pièces, papier.

1741-1743. — Justice municipale : affaires diverses. — 15 septembre 1741. Nomination d'experts pour le partage des biens de la succession de Charles Tondu d'Héronval et Madeleine Vinchon, tous deux défunts. — 21 septembre 1741. Interrogatoire de Marie-Anne Walier, veuve Broudon, pensionnaire chez les religieuses de Sainte-Claire, convaincue de démence. — 4 octobre 1743. Adjudication des droits de marché dépendant de la succession de Jean Dulaut, laboureur au Bailly, etc.

FF. 57. (Liasse). — 48 pièces, papier.

1744-1745. — Justice municipale : affaires diverses. — 17 octobre 1745. Vente des meubles délaissés par André de Santilly, prêtre, principal de collège. Les œuvres de Cicéron sont adjugées à une livre ; un Tacite, en français, au même prix ; les Vies des Saints, in-folio, à 5 livres, 1 sol ; les caratères de Théophraste, à 24 sols ; les Fables de La Fontaine, à 12 sols ; un Térence, à 15 sols ; 5 cartons « en manuscripts « de philosofie », à 21 sols, etc.

FF. 58. (Liasse). — 41 pièces, papier.

1746-1747. — Justice municipale : affaires diverses. — 6 août 1746. Procès-verbal de l'ouverture, à la requête de Thomas Paugny, perruquier à Chauny, d'un vieux coffre de cuir appartenant à Pierre Paillette, vivant tanneur en ladite ville, par lui laissé à la garde de Louis Vallet. — 28 juillet 1747. Estimation, partage, division et subdivision des « mises en cou- « vraines » qui se trouvent sur les marchés de terre dépendant de la communauté d'entre Nicolas Morlière, laboureur au Pissot, et feue Catherine Carpentier, sa femme, etc.

FF. 59. (Liasse). — 61 pièces, papier.

1748-1749. — Justice municipale : affaires diverses. — 16 mai 1748. Information « des vie, « mœurs et religion » de Pierre Rabeuf, garde-marteau de la maîtrise des Eaux-et-Forêts de Chauny, pourvu de la charge de procureur du Roi en la mairie de ladite ville. — 31 mars 1749. Partage des immeubles dépendant de la communauté d'entre Pierre Lepage l'aîné, ancien receveur de l'abbaye de Saint-Éloi-Fontaine, et feue Félicienne Rabeuf. — 9 juin 1749. Information contre Louis Lepage, laboureur à la Chaussée, accusé de violences contre sa femme, etc.

FF. 60. (Liasse). — 72 pièces, papier.

1750-1752. — Justice municipale : affaires diverses. — 20 février 1751. Interrogatoire subi par Louis-Claude Courboin, voiturier par terre, demeurant en la Chaussée de Chauny, à la requête de ses frères et sœurs, qui prétendaient que leur mère l'avait avantagé, avant sa mort, à leur détriment. — 23 août 1752. Procès-verbal de visite par experts de trois chaudières défectueuses de fer fondu, fabriquées par Nicolas Raux, maître de forges à Signy-le-Petit, pour le compte de Nicolas-Eustache Le Sot de la Panneterie, marchand-blanchisseur au Pissot. — 9 décembre 1752. Inventaire de meubles fait au domicile de feu Armand Descarsin, notaire et procureur au bailliage, etc.

FF. 61. (Liasse). — 47 pièces, papier.

1753-1754. — Justice municipale : affaires diverses. — 22 juin et 20 août 1753. Apposition, reconnaissance et main-levée de scellés, et vente des meubles délaissés par Anne Frazier, veuve de Pierre Hacherel, dit Marville, marchande en la Chaussée ; une pièce d'eau-de-vie contenant 38 veltes est vendue 170 livres. — 13 novembre 1754. Apposition de scellés au domicile de feu François Fongaffier, maître apothicaire, etc.

FF. 62. (Liasse). — 82 pièces, papier.

1755-1756. — Justice municipale: affaires diverses. — 7 août 1755. Apposition de scellés au domicile de feu Angélique Waubert, veuve de François Desprez, ancien receveur des gabelles à Aubenton. — 12 mars 1756. Information faite à la requête de Pierre-Charles Châtelain et Charles Le Roux, marchands à Compiègne, et Antoine Lescuyer, receveur de l'abbaye de Saint-Éloi-Fontaine, contre les personnes qui ont détourné des objets mobiliers de la succession de Nicolas Delettre, marchand épicier à Chauny. — 30 septembre 1756. Acte d'émancipation de Jean-Claude et André Cagniart, enfants de Claude Louis Cagniart, charron au faubourg Saint-Martin, et de feue Marie-Madeleine Delavière, etc.

FF. 63. (Liasse). — 111 pièces, papier.

1757-1759. — Justice municipale : affaires diverses. — 16 juin 1758. Interrogatoire subi par Marie Quillet, femme de Jean Henry l'aîné, demeurant en la Chaussée, à la requête de son ancienne servante Marie-Catherine Barbier, avec laquelle elle était en discussion. — 17 août 1759. Adjudication, en la mairie de Chauny, de la jouissance des deux tiers d'une maison appartenant aux enfants mineurs de feu Jean Hadingue, maître tisserand en la Chaussée, etc.

FF. 64. (Liasse). — 110 pièces, papier.

1760-1764. — Justice municipale : affaires diverses. — 4 juin 1760. Visite par des maçons et autres ouvriers d'une grange dans la rue de l'Hôtel-Dieu, pour constater les réparations à y faire, sur la requête de Jean-Charles Henry, marchand, en qualité d'acquéreur de Charles Guillaume et consorts. — 21 mai 1763. Enquête faite sur la demande de Marie-Anne Sommevert contre son mari, Joseph Mignot, marchand à Chauny, accusé d'inconduite et de voie de fait sur elle et ses enfants. — 23 mai 1764. Apposition de scellés chez Marie-Anne Matte, ancienne servante du curé de Caumont ; les scellés furent « croisés » par les officiers du bailliage, etc.

FF. 65. (Liasse). — 127 pièces, papier.

1765-1769. — Justice municipale : affaires diverses. — 31 octobre 1766. Apposition de scellés au domicile de feu Lamoral-Eugenne Flahaut, docteur en médecine. — 17 décembre 1768. Inventaire fait au domicile de feu Jean-Charles Henry, marchand de grains, demeurant en la Chaussée. — 28 avril 1769. Emancipation de Marie-Jeanne-Françoise Pipet, fille mineure de Jean-Baptiste Pipet, compteur du port de Chauny, et de feue Marie-Françoise Gautier, etc.

FF. 66. (Liasse). — 132 pièces, papier.

1770-1773. — Justice municipale : affaires diverses. — 22 mars 1770. Caution donnée par Jean-Claude Belin de Bonival, greffier de la Maîtrise de Chauny, à Angélique-Marguerite Bibaut, veuve de Nicolas-Toussaint Dehagues, de Conflans, ancien procureur du Roi au bailliage, dans un procès qu'elle soutient contre Pierre-Simon Favereau, huissier en la police dudit Chauny. — 19 juillet 1771. Enquête sur une contestation entre Pierre Meniolle, perruquier à Chauny, et Jean-Baptiste Darsonville, marchand fruitier à Faillouël, à qui ledit Meniolle réclamait de l'argent pour les frais d'apprentissage de son frère. — 14 janvier 1772. Acte de tutelle d'Angélique-Constance, fille mineure de feu Antoine Lhoste, ancien avocat du Roi de la ville et mairie de Chauny. — 17 septembre 1773. Vente sur licitation d'une maison sise à Chauny, rue des Juifs, et appartenant à Claude Lecomte, marchand boucher audit Chauny, etc.

FF. 67. (Liasse). — 102 pièces, papier.

1774-1777. — Justice municipale: affaires diverses. — 22 juin 1775. Nomination d'un curateur à Véronique Henry, fille émancipée de feu Jean-Charles Henry, pour parvenir à son mariage projeté avec Jean-Claude-Eloi Verlon, procureur au bailliage de Noyon. — 4 mars 1777. Visite par experts de l'appartement occupé dans la maison de Pierre Paron, boulanger à Chauny, par César O'Caroll, ancien capitaine au régiment irlandais de Berwick, pour constater si les dégradations qu'on y remarque proviennent du fait dudit O'Caroll. — Juin et juillet 1777. Adjudication d'empouilles faite à la requête des tuteur et curateur de l'enfant mineur de feu Nicolas Caura, laboureur en la Chaussée de Chauny, etc.

FF. 68. (Liasse). — 130 pièces, papier.

1778-1782. — Justice municipale: affaires diverses. — 12 et 14 janvier 1779. Requête, information et interrogatoire pour parvenir à l'interdiction de Marie-Madeleine-Suzanne Guérin, fille majeure, « imbécile ». — 19 avril 1779. Information faite à la requête de Marie Cooke, femme de René du Moulin de la Fosselière, ancien blanchisseur et actuellement maître de la manufacture royale de faïence au faubourg Saint-Martin de Chauny, au sujet de la cession de la « blanchirie », dite d'Ognes, faite anciennement par le sieur de la Fosselière père à son fils. — 14 juin 1782. Procès-verbal de vente des matériaux de la maison de feu François Delescluze, tombée de vétusté, etc.

FF. 69. (Liasse). — 1 pièce, parchemin ; 135 pièces, papier.

1783-1786. — Justice municipale: affaires diverses. — 17 et 29 mars 1783. Apposition de scellés au domicile de feu Antoine Mignot, ancien notaire et procureur à Chauny. — Avril 1786: Enquête au sujet de la trouvaille d'une somme d'argent. Cette trouvaille remontait au mois de juillet de l'année précédente. Le sieur Moinet, aubergiste et voiturier, et son fils, en chargeant des décombres dans un tombereau sur un terrain appartenant à Claude Anciau, bourgeois, et son fils Louis, situé derrière les maisons de Saint-Denis, dit « Bossus », et de Prudhomme, avaient trouvé plusieurs écus de six livres, ce qui amena de vives discussions entre le marchand qui avait employé Moinet père et fils, les témoins de la découverte, etc.

FF. 70. (Liasse). — 97 pièces, papier.

1786-1789. — Justice municipale: affaires diverses. — 2 mars 1788. Apposition de scellés au domicile de feue Marie-Jeanne Demory, veuve de Claude Jousset, dit « de la Sonde », « médecin d'urine », décédé à Pariolle, près Orléans. — 12 octobre 1788. Apposition de scellés au domicile de feu Nicolas-Eustache Le Sot de la Panneterie, bourgeois de Chauny. — 19 mars 1789. Apposition de scellés au domicile de feue Marie-Madeleine Berleu, veuve de Florimond-Antoine Tavernier, ancien procureur du Roi de la Maîtrise des Eaux-et-Forêts de Chauny, etc.

FF. 71. (Registre in-f°). — 298 feuillets, papier.

1628-1632. — Police municipale: audiencier. — 18 mai 1628. Réception d'Isaac Guilbert comme maître tailleur. Chef d'œuvre: faire « deux « robbes..., l'une servant à ung homme d'esglise « et l'autre à ung juge, une aultre robbe servant « à ung escollier, avec ung manteau de quatre « aulnes d'estoffes... et ung chapperon servant « à ung homme d'esglise... ». — 3 juin 1628. Claude Barbier, maître potier d'étain, fait pour son chef-d'œuvre « ung chandellier de salle « d'estain ». — 29 septembre 1628. Réception de Nicolas Théroueune comme maître tisserand. Chef-d'œuvre: « ... Une pièce de nappe, conte- « nant une aulne et demye de large, fil de « lin en trente-six, façonnée d'une roue Sainte- « Catherine ». — 29 novembre 1628. Réception de Nicolas Lourson comme maître chirurgien. — 27 décembre 1628. Enregistrement d'un règlement municipal « pour raison du taux, vente « et débit de la bière quy sera faicte, vendue « et débitée en ladicte ville... ». — 15 février 1629. Réception d'Antoine Dury comme maître maçon. Chef-d'œuvre: construire « une croix « d'augive de pierre blanche ralongée ». — 3 avril 1629. Réception de Catherin Jourdain comme maître cordonnier « en viel ». Chef-d'œuvre: faire « une paire de vielz solliez, usage d'hom- « me, aveq une paire de solliers liégez, viels « neux, usage de femme ». — 11 avril 1629. Copie d'un règlement « sur le faict de la bou- « cherye », édicté par les maire et jurés de Chauny, le vendredi 19 septembre 1410. — 7 mai 1629. Réception de Jérôme Caura comme pâtissier et cuisinier. Chef-d'œuvre: faire une tarte de crème frite remplie de prunelle, une pièce de biscuit dressée avec un pâté d'assiette; larder deux tourtes et un lapin avec une paire de poules. — 14 décembre 1630. Philibert Berthault fait six petits pains blancs pour être reçu maître boulanger. — 26 mars 1632. Jean Rondeaux a 60 sols d'amende pour avoir reçu dans sa maison une femme du village de Camelin qui était infectée de la maladie contagieuse, et acheté du chanvre provenant de la maison de cette femme. — 7 avril 1632. Prestation de serment des bouchers, etc.

FF. 72. (Registre in-f°). — 382 feuillets, papier.

1668-1700 (1). — Police municipale: audiencier. — 12 avril 1669. Règlement et ordonnance concernant les menuisiers. — 17 avril 1671. Le procureur d'office observe que depuis la prise de la ville par les Espagnols, en 1652, tous les chevaux de la ville et du voisinage ayant été emmenés par l'ennemi, on s'est servi de bourriques pour les voitures, notamment pour le transport « des fagotz et bourées », et les voituriers en ont profité pour diminuer les fagots, où il n'y a plus qu'une « poignée de bois »; il demande, par suite, qu'il leur soit défendu de vendre et débiter du bois de corde n'ayant pas 3 pieds de long, et les fagots « dits bourrées », n'ayant pas 7 paumes de grosseur et 4 pieds de longueur, sous peine de dix livres d'amende: sentence conforme est rendue. — 31 juillet 1671. La communauté des cordonniers « en viel » plaide contre Jacques Hennique, maître cordonnier en la Chaussée, chez lequel on a saisi des vieux souliers à raccommoder; le défendeur objecte que ces souliers n'ont pas été raccommodés, mais déchirés pour être appliqués avec des clous sur des souliers neufs, et il n'est condamné qu'aux frais et dépens, soit

(1) Lacunes de juin 1672 à décembre 1673 et d'octobre 1677 à août 1678.

5 sols. — 23 février 1674. Défense à Catherine Mignot, veuve de Thierry Prudhomme, commise au bureau des postes de Chauny, de percevoir sur les lettres allant à Paris ou en venant, ou partant dans d'autres directions, à une distance de 25 lieues, un droit supérieur à un sol pour les lettres simples, deux sols pour les doubles, et quatre sols de l'once pour tous paquets excédant le double. — 28 juin 1675. Défense est faite aux marchands drapiers, merciers et autres de vendre le dimanche, aux barbiers « de faire le poil », etc. — 14 février 1679. Jean Paillette et Pierre Noyeux sont autorisés comme bouchers de carême; ils vendront de la viande aux seuls malades et non aux autres, notamment à ceux de la R. P. R. Les autres bouchers ne pourront ni tuer, ni vendre pendant ce temps. — 30 décembre 1679. Enregistrement des statuts renouvelés de la communauté des maîtres tailleurs d'habits. — 17 avril 1680. Catherine Mignot, veuve Prudhomme, est condamnée à 60 sols d'amende pour avoir vidé les eaux et immondices « de ses plains » dans la grande rue, « qui en est encore toutte remplie et infectée ». — 9 juillet 1682. Les deux égards de menuiserie déclarent qu'ils ont remarqué dans leur visite chez Claude Racine, maître menuisier à Chauny plusieurs ouvrages défectueux en ce que le bois est, pour la plus grande partie, de l'aubier, notamment à « une « frize d'assemblage... et à deux autres mor- « ceaux d'assemblage d'embas de lambris fait « pour l'église d'Offoy... ». — 19 novembre 1682. Règlement municipal pour l'enlèvement des boues et immondices. — 8 janvier 1686. Réception de Pierre Catoire et de Gobert Delamarre comme maîtres couvreurs. Chef-d'œuvre: couvrir d'ardoise chacun moitié d'un chapiteau de la maison occupée par Nicolas Lhoste, marchand; tourner et souder chacun un tuyau de plomb de trois pieds de long. — 19 décembre 1687. Claude Chenu, organiste de Saint-Martin et joueur d'instruments, est autorisé et admis à « faire l'exercice de lieutenant du Roy des « violons » dans l'étendue de la ville, faubourgs et banlieue. — 19 décembre 1692. Installation d'Antoine Guillaume, avocat à Chauny, pourvu de l'office de conseiller-maire par lettres patentes du mois précédent. — 23 janvier 1693. Enregistrement des lettres patentes par lesquelles les sieurs Pierre Roger, notaire et procureur, et Simon Vaillant, bourgeois, ont obtenu chacun un office de conseiller assesseur de la ville et mairie de Chauny. — 28 avril 1693. Enregistrement des statuts du corps des marchands lingers et toiliers récemment organisé à Chauny. — 24 décembre 1698. Taxe du pain blanc de 12 onces à 2 sols, 6 deniers, et du pain bis de 16 onces à la livre à 2 sols la livre, le blé valant 7 livres, 5 sols le setier. — 11 juin 1700. Enregistrement des lettres patentes accordant à Charles Garde, avocat, l'office de lieutenant-général de police de la ville de Chauny, créé par édit d'octobre 1699, etc.

FF. 73. (Registre in-f°). — 146 feuillets, papier.

1700-1715. — Police municipale: audiencier. — 4 novembre 1700. Claude Warnet est reçu maître mulquinier. Chef-d'œuvre: « pezer, met- « tre une pièce de fil sur le moulin, et..... « travailler à la tissure d'une pièce de toille « en dix ». — 2 avril 1701. Réception de François Souillart et Simon Rivage comme maîtres tailleurs. Chef-d'œuvre: pour l'un, faire une robe de docteur, une soutane à usage de prêtre et un « pattallon »; pour l'autre, un justaucorps à la mode, à 16 plis, une robe de palais et un camail. — 20 avril 1701. Simon Camus est reçu maître taillandier. Chef-d'œuvre: renchausser une grande hache à charpentier. — 8 juin 1702. Réception de quatre maîtres charcutiers. Chef-d'œuvre: fendre un porc à l'échine, lever chacun un lez de côtelettes avec la longe et le jambon de derrière, le tout tenant ensemble, sans rompre le pendant du lard, lever le paleron et le jambon de devant, sans aussi rompre le pendant du lard. — 5 juillet 1702. Charles Desviviers le jeune est reçu maître boucher. Chef-d'œuvre: tuer un mouton et un veau, les habiller et fendre en deux, dépecer un quartier de veau et de mouton et les lever selon la mode de Chauny. — 9 décembre 1702. Jean Langlet est reçu maître maçon. Chef-d'œuvre: construire une chape de four avec thuillot et la chausse dudit four de briques. — 22 janvier 1703. Henri Colinet est reçu maître cloutier-ferronnier. Chef-d'œuvre: forger un clou à crochet, fait d'une chaude, un clou à ferrer, un clou picard, un autre demi-picard, un clou à bande, deux clous à bateaux, un aigu et l'autre « à clin », une chevillette à nacelle avec une penture et un gond, une bande à roue, un fer à charrue, un fourchet, un moufle à charrue, une « louce » ferrée et un « til » de gouvernail. — 10 mars 1703. François Preudhomme est reçu maître corroyeur. Chef-d'œuvre: corroyer la moitié d'un demi-cuir gras. — 30 avril 1703. Jean Dethouy est reçu maître queslier et tourneur. Chef-d'œuvre: faire un rouet tourné de bois de prunier avec la layette. — 5 juin 1703. Antoine Groisilier est reçu maître tisserand de toile ouvragée et de toile simple et unie. Chef-d'œuvre: compter et marquer un rot en treize, ourdir, lisser et travailler à la tissure d'une pièce serviette de grandes roses et de feuilles de chêne couchées, et aussi travailler à la tissure d'une pièce de toile simple et unie. — 11 septembre 1703. Louis Prudhomme est reçu maître cordonnier « en viel ». Chef-d'œuvre: faire une paire de souliers vieux neufs, pour homme et une autre pour femme. — 28 novembre 1703. François Martin est reçu maître maréchal. Chef-d'œuvre: forger quatre fers à cheval et ferrer un cheval des quatre pieds, renchausser un fer à charrue et barrer une veine. — 23 juin 1705. Le pain est taxé à 15 deniers pour le pain mollet de 12 onces et la livre de tourte blanche, un sol pour la livre de pain bis blanc des tourtonniers, et 9 deniers pour la livre de pain bis. — 24 août 1705. Pierre Follet le jeune est reçu maître charpentier. Chef-d'œuvre: faire un verain. — 8 octobre 1705. Claude Damien est reçu maître bonnetier. Chef-d'œuvre: un petit bas d'enfant enjolivé de chaînette bleue. — 28 juillet 1706. Enregistrement des statuts et règlements des mulquiniers édictés le 9 août 1585. — 9 août 1706. Philippe Toupet est reçu maître cordier. Chef-d'œuvre: un cordeau à tendre à bécasse. — 16 septembre 1706. Nicolas Choquart est reçu maître charron. Chef-d'œuvre: construire un suivant de charrue. — 8 janvier 1707. Règlement général de police pour toutes les branches de l'administration. — 16 juillet 1707. Jean Rozel est assigné pour avoir râpé du tabac dans l'église des PP. Minimes, pendant la messe, le 29 juin, fête de Saint-Pierre. — 20 février 1708. Réception de quatre maîtres chaudronniers qui sont dispensés du chef-d'œuvre, vu leur connaissance du métier. — 16 juillet 1710. Réception de Philippe Le Clerc comme maître tonnelier. Chef-d'œuvre : faire et construire un baril « à scyer ». — 13 novembre 1710. Réception d'Hugues Paroche comme maître boulanger. Chef-d'œuvre: faire du pain mollet. — 22 novembre 1712. Henri Huille est reçu maître couvreur. Chef-d'œuvre: faire « un demy impe- « rialle » et un tuyau tourné et soudé. — 25 septembre 1713. Règlement pour le curage des noelles, etc.

FF. 74. (Registre in-f°). — 168 feuillets, papier.

1715-1744. — Police municipale: audiencier. — 3 août 1715. Il est interdit à Nicolas Lhoste, marchand-épicier-droguiste, de vendre des drogues, simples ou composées, concernant la pharmacie; il pourra, par contre, débiter celles dont on se sert pour accommoder les aliments, ou pour des usages distincts de la pharmacie, telles que girofle, muscade, fleur de soufre, alun, sucre, gingembre, huile d'olive, litharge, mine de plomb, sang de dragon, encre, confitures sèches, gomme arabique, huiles diverses, etc. — 3 septembre 1716. Pierre Melot est reçu maître charpentier. Chef-d'œuvre: « trasser » une rampe d'escalier. — Novembre 1716. Charles Bichard est reçu maître chapelier. Chef-d'œuvre : faire un chapeau demi-castor. — 29 octobre 1718. Quentin Compère, garçon cordonnier, est assigné pour avoir manqué de respect à Philippe Théry, commissaire, en chantant, le jeudi précédent, dans le jardin de l'Arc, une chanson commençant par ces mots: « M. le Commissaire », etc. — 28 janvier 1719. Antoine Sarrazin est reçu maître tisserand. Chef-d'œuvre: marquer un rot en vingt-deux, marquer et lisser dessus et ourdir. — 22 février 1719. Joseph Desprez est reçu maître mulquinier. Chef-d'œuvre: faire une toile en onze, ourdir une pièce de fil, savoir « combien il faut « de portée de fil pour faire un quart », aussi combien il faut de fil pour faire un quart et demi, et mettre une pièce de fil sur le « molinet ». — 1er mars 1725. Pierre Dacheux est reçu maître cuisinier, pâtissier et rôtisseur. Chef-d'œuvre: faire une étuvée de carpe. — 28 avril 1742. Règlement pour la communauté des bardeurs de la ville de Chauny, etc.

FF. 75. (Registre in-f°). — 132 feuillets, papier.

1747-1789 (1). — Police municipale: audiencier. — 6 mai 1747. Il est informé contre les boulangers et tourtonniers de la ville qui ont refusé de cuire et de fournir le pain au public à cause de la diminution survenue dans le prix du pain, par suite de la taxe faite le 3 courant. Tous sont condamnés à l'amende, et on leur enjoint d'avoir leurs boutiques suffisamment garnies de pain, sous peine d'interdiction. — 2 décembre 1747. Taxe de la viande à 5 sols la livre. — 11 mars 1758. Interdiction aux colporteurs de vendre dans la ville aucune

(1) Lacune de novembre 1760 à mars 1784.

marchandise concernant la pharmacie, draperie, épicerie, mercerie, etc. — 19 mars 1768. Interdiction aux cabaretiers de vendre vin, bière ou cidre au détail, sans en avoir obtenu permission écrite. 29 personnes, ayant sollicité et obtenu cette permission, se présentent le 7 mai, et prêtent serment de fidélité aux ordonnances de police. — 11 avril 1778. Il sera fait incessamment, pour la mesure des grains, de nouveaux étalons qui contiendront, mesurés à la raclé, ce que les anciennes matrices contenaient, grains sur bords. — 2 avril 1785. Défense est faite d'allumer des feux de joie et de tirer des feux d'artifice, si ce n'est en cas de réjouissances publiques, la veille de la Saint-Jean et lors des processions du Saint-Sacrement. — 30 janvier 1786. Information sera faite contre le fils de Thomas Lecomte, boucher, et celui du sieur Hubert, marchand, qui, la veille, jouaient dans le cimetière de l'église Saint-Martin et y faisaient tant de bruit qu'ils interrompirent le prêtre qui y célébrait la messe paroissiale, etc.

FF. 76. (Liasse). — 6 pièces, parchemin ; 68 pièces, papier ; 3 fragments de sceau.

1404-1718. — Police municipale: affaires diverses. — 1409. Deux jurés, commis par la ville, font une enquête qui aboutit au renouvellement de l'interdiction faite aux bouchers de tuer des moutons ou des brebis sans qu'ils aient été visités par les « esgardeurs » de la ville. — 11 février 1621. Jean Pacquet, ministre du culte calviniste, vient déclarer qu'il y a deux ans et demi environ qu'il est venu fixer sa résidence à Chauny, en remplacement du sieur Boucher. — 15 juillet 1708. Information sera faite contre le scandale causé le même jour dans l'église Saint-Martin par Claude Waubert, fils de Jean Waubert, bourgeois de Chauny, etc.

FF. 77. (Liasse). — 98 pièces, papier.

1721-1749. — Police municipale: affaires diverses. — 30 juin 1721. Information contre Marie-Anne Gingembre, « fille âgée », accusée de se livrer à la prostitution. — Février et avril 1731. Plainte contre plusieurs particuliers qui avaient injurié et maltraité les commissaires de police dans l'exercice de leurs fonctions. — 13 octobre 1745. Procès-verbal de saisie chez Nicolas Bernard, marchand de toiles à Péronne, par Pierre Crommelin, inspecteur des manufactures en Picardie, de plusieurs pièces de toile qui avaient été blanchies à Chauny, chez le sieur Nicolas Le Sot de la Panneterie, et ne portaient pas la marque de ce blanchisseur; cette infraction aux règlements valut une amende de cent livres au sieur de la Panneterie. — 2 mars 1749. Le lieutenant-général de police ordonne d'assigner les sieurs Jean de la Forge et Florimond Daugy, huissier et sergent au bailliage, qui ont refusé de se joindre à lui pour la publication de la paix, etc.

FF. 78. (Liasse). — 127 pièces, papier.

1755-1787. — Police municipale : affaires diverses. — 8 mars 1757. Sentence ordonnant aux habitants de Chauny ayant chez eux des pigeonniers et des pigeons « volets » de déclarer la quantité de pigeons qu'ils possèdent. — Juin et juillet 1765. Information contre des particuliers qui avaient tiré un grand nombre de coups de fusil, la nuit, au sujet d'un baptême. — Juin et juillet 1777. Contestation entre le fermier de la halle et Pierre Demarquette, marchand d'avoine, qui refusait de payer les droits fixés par les tarifs pour le mesurage des grains. — 1er mars 1784. Information contre Pierre Marquet, maître menuisier et aussi charcutier, qui, en temps de carême, a introduit deux porcs dans la ville. Le procureur du Roi requiert que ces animaux soient confisqués et distribués aux pauvres de l'Hôtel-Dieu et de l'Hôpital, etc.

FF. 79. (Liasse). — 1 pièce, parchemin ; 95 pièces, papier.

1522-1786. — Police municipale ; ordonnances et rapports. — 1522-1782. Extraits d'ordonnances et règlements concernant la police. — 1718-1781. Rapports de gardes verdure et de commissaires de police. Etienne Mennessier, garde verdure du terroir de Chauny, trouve un troupeau de dix vaches pâturant sur une pièce de terre, vis-à-vis la Demi-Lune, appartenant au sieur de la Panneterie (25 novembre 1766); Nicolas Rivière, commissaire de police, dresse procès-verbal pour avoir trouvé, la veille, dans une auberge du Pissot, divers individus jouant au « jeu de noir et blanc », au mépris des ordonnances qui défendent ce jeu (26 septembre 1774), etc. — 1761-1786. Procès-verbaux de visite des fours et cheminées, etc.

Série GG

Cultes ; Instruction ; Assistance Publique.

GG. 1. (Cahiers in-4°). — 374 feuillets, papier.

1596-1654 (1). — Actes des baptêmes de la paroisse Saint-Martin de Chauny. — Curés: Feuillette, Delescluze, Daullé, Carpentier. — 31 octobre 1596. Baptême de Charles, fils de Jean Vinchon. Parrains: Hilaire Dubois, procureur du Roi, et André Segain. — 22 mars et 8 avril 1597. Parrainage de Jean de Bellotte, écuyer, capitaine de la garnison de Chauny, et de Jérôme Duval, aussi en garnison à Chauny, capitaine en chef au régiment du sieur de Plinville. — 10 juillet 1597. Baptême de Marie, fille d'Antoine d'Estormel, gouverneur de Chauny, et de Madeleine de Blanchefort. Parrain et marraine: Michel d'Estormel et Marie de Créquy, dame de Saint-Genvry. — 13 avril 1598. Baptême de Claude, fils de Jean Roger, écuyer, capitaine de la garnison. Parrains: Charles d'Estormel, colonel d'un régiment de gens de pied en garnison à Chauny, et François de Bonneuil, aussi capitaine. — 18 août 1598. Sont parrains d'un fils du sieur de Surville (Antoine d'Estormel): Louis de Barbançon, seigneur de Varennes et de Canny, et Gilles Brûlart, seigneur de Genlis. — 25 novembre 1598. Baptême d'Antoine, fils d'Hilaire Dubois, procureur du Roi, et de Louise de Montigny. Parrains: Antoine de Montigny, élu pour le Roi à Noyon, et Joachim Peaucelet. — 18 août 1599. Parrainage d'Antoine Benoist, greffier pour le Roi et tabellion. — 11 février 1600. Baptême de Catherin, fils de Denis de la Marlière, avocat, et d'Antoinette Huttin. Parrains: Jean Richart et Catherin de la Marlière, avocat. Marraine: Jacqueline Duriez. Sage-femme (1): Jeanne Quierzy. — 13 juin 1600. Baptême de Charles, fils de Sébastien Berleu et de Poncette Brouet. — 30 décembre 1600. Baptême de Françoise, fille de Jean Lourson et de Marie Petit. Parrain: Jean Parmentier. Marraines : Françoise Gaudelfrin et Suzanne Petit. — 24 mars 1601. Baptême de Jacques, fils de Claude Cuvier et Marie Blondel. Jean Demory est l'un des parrains. — 7 mai 1601. Baptême de François, fils de Jean Waubert et de Madeleine Tiersonnier. — 29 mai 1601. Antoine Deullin, curé de Sinceny, est mentionné dans l'acte. — 14 juillet 1601. Parrainage de Sébastien Leschevin, curé de Notre-Dame de Chauny. — 29 juillet 1601. Baptême de Louis, fils de Charles de Théis et de Florence Vaillant. Parrains: Florimont d'Ardre, baron de Malberg, et Claude Bottée. Marraines: Charlotte de Moys et Marguerite de Gorrin. — 19 septembre 1601. Parrainage de Simon Thoubart, curé d'Ognes. — 12 décembre 1601. Baptême de Claude, fils de Valentin Dehagues et de Marie Pioche. — En 1601, le curé enregistre 75 baptêmes (65 en 1615, 65 en 1630). — 7 février 1602. Baptême de Charles, fils de Jacques de Bouxin, avocat, et d'Anne de Vrely. Parrains: François de Bouxin et Charles Dubois. — 12 août 1602. Parrainage de Charles Brûlart, fils de « M. de Genlis ». — 30 décembre 1602. Baptême de Nicole, fille d'Antoine Gossart et de Marie Pioche: Parrain:

(1) Les années 1596 à 1599 manquent à la collection municipale.

(1) Pendant toute la période de 1600 à 1634, le nom de la sage-femme qui a présenté l'enfant à l'église est indiqué pour chaque baptême.

Antoine de Vrevin. — 24 février 1603. Baptême de Claude, fille d'Hilaire Dubois et de Louise de Montigny. Parrains: Jorain de Vrevin, lieutenant-général au bailliage de Chauny, et Claude de Montigny. Marraines: Marie Martine et Jeanne Tavernier. — 6 avril 1603. Baptême de Charles, fils de Jacques Wrier, conseiller du Roi, et de Barbe Gilles. — 10 mai 1603. Baptême de Nicolas, fils de Simon Duchesne, avocat, et de Renée-Henry. Gérard Quierru, procureur, est l'un des parrains. — 27 juin 1604. Baptême de Madeleine, fille de Denis de la Marlière, avocat, et de Reine de Théis. — 16 août 1604. Baptême de Florence, fille de Catherin de la Marlière le jeune, avocat, et d'Antoinette Benoist. — 8 décembre 1604. Baptême de Claude, fils de Jean Couvreur, procureur et notaire, et de Barbe Lhostellier. — 9 et 16 novembre 1605. Parrainage de Valentin Dehagues, notaire et procureur, et de Jean Carlier, procureur. — 9 avril 1606. Baptême de Gabrielle, fille d'Antoine Berleu, et de Gabrielle Cachet. Parrain: Nicolas Berleu. — 21 avril 1607. Baptême d'Elisabeth, fille de Pierre Pestel, notaire et procureur, et d'Elisabeth Quierru. — 20 juin 1607. Baptême d'Antoine, fils de Nicolas Bouzier, maître particulier des Eaux-et-Forêts, et d'Antoinette de Vrevin. Parrain: Antoine Bouzier. Marraine: Catherine Le Tratte. — 4 août 1607. Parrainage de Florimond Brûlart, fils de Gilles Brûlart, seigneur de Genlis et gouverneur de Chauny. — 20 novembre 1607. Baptême de Madeleine, fille de Pierre Parmentier, greffier au bailliage, et de Jacqueline de Théis. — 11 janvier 1608. Parrainage de Jean Dupont, curé de Vouël. — 7 décembre 1608. Baptême de Florent, fils de Jacques Parmentier, avocat, et de Barbe Picart. — 21 janvier 1609. Baptême d'Antoine, fils d'Antoine Gossart le jeune, notaire et procureur, et de Marie Defémy. Parrain: Guillaume Defémy. — 13 novembre 1609, 11 et 17 février et 5 avril 1610. Parrainage d'Horace Treny, receveur du domaine à Chauny, de Pierre du Passart, écuyer, d'André Demory, conseiller du Roi, et de Jean Le Masson, avocat. — 27 octobre 1610. Baptême de Catherine, fille de Jacques de Bouxin et d'Anne de Vrely. Parrain: Louis de Gossart, seigneur de Hammecourt. — 21 janvier 1611. Baptême de Marie, fille de Simon de la Marlière et de Louise de Théis. — 2 décembre 1611. Parrainage de Louis de Vrevin, lieutenant particulier au bailliage de Chauny. — 19 décembre 1612. Baptême d'Antoinette, fille de Jacques Benoist, avocat, et de Jeanne Tiersonnier. Parrain: Antoine Gossart l'aîné, procureur et notaire royal. — 27 octobre 1613. Baptême d'Etienne, fils de Valentin Férot et de Suzanne Godefroy. Parrain: Esdras Dufrin, seigneur de Tincourt. — 8 et 21 novembre 1614. Parrainage de Jean Fiévet, chanoine de Notre-Dame de Noyon, et de Jean Lempereur, avocat. — 14 février 1615. Baptême de Valentin, fils d'André Segain, contrôleur pour le Roi à Chauny, et de Louise Rigault. — 11 octobre 1615. Baptême de Marie, fille de Claude Vaillant et de Marie de Vrevin. — 28 février 1616. Baptême d'Antoinette, fille de Jacques de la Marlière et de Jeanne Parmentier. Parrain: Denis de la Marlière, avocat et maïeur de Chauny. — 3 août 1616. Baptême de Marie, fille de Jean Boulanger, notaire et procureur, et de Jacqueline Duriez. — 17 août 1616. Baptême de Louis, fils de Louis Féret, procureur, et d'Antoinette Lepaintre. L'un des parrains est Jean Quierru, procureur. — 21 août 1616. Parrainage de Louis de Montigny, archidiacre de Noyon. — 22 janvier 1617. Baptême de Gabrielle, fille de Pierre Le Masson, gruyer pour le Roi, et de Marie Le Dossu. Parrain: Catherin de la Marlière, avocat et « adjoint du procureur du Roi ». — 13 avril 1617. Baptême de Charles, fils de Nicolas Gobault, apothicaire, et de Marie Favier. — 10 mai 1617. Baptême d'Antoinette, fille de Louis Parmentier, greffier pour le Roi à Chauny, et de Marie de la Marlière. — 6 octobre 1617. Baptême de Marie, fille de François de Théis, grenetier au grenier à sel de Coucy, et de Louise Tavernier. Parrain: Jean Tavernier. — 4 novembre 1617, 31 janvier et 16 avril 1618. Parrainage d'Antoine Berthault, procureur, de Jean de Bouxin, notaire royal, et de Jacques Parmentier, avocat au siège royal à Laon. — 24 avril 1618. Baptême de Louise, fille de « M. du Plessacq », lieutenant du gouverneur de Chauny, et de Marie Destienne. Parrain: « M. de Lisserolle », gouverneur de Coucy. Marraine: Louise d'Ongny, épouse de M. le vidame d'Amiens. — 21 juillet 1618. Baptême de Marie, fille d'Adrien de la Marlière, élu à Chauny, et de Louise Moisel. — 30 août 1618. Baptême d'Anne, fille de François Guibon, notaire et procureur, et de Suzanne de Bouxin. — 6 décembre 1618. Baptême de Madeleine, fille d'Ezéchiel Féra, sergent royal, et de Madeleine Guibon. — 27 novembre 1619. Parrainage de Pierre Cornet, sergent royal. — 16 mai 1620. Baptême de Marguerite, fille de Nicolas Vaillant, commissaire d'artillerie, et de Françoise Richart. Parrain : Charles Parmentier, secrétaire du prince de Condé. — 11 juillet 1620. Baptême de Madeleine, fille de Jean Berleu et d'Elisabeth Deslimon. — 10 août 1620. Parrainage de Claude Cuvier, marchand juré. — 2 octobre 1620. Baptême de Marie, fille de Philippe Macadré, apothicaire, et de Françoise Rohart. — 25 janvier et 17 mars 1621. Parrainage de Jacques Huzet, avocat à Soissons, et de Sébastien Roger, avocat. — 28 septembre 1621. Baptême de Madeleine, fille de Jean de Bouxin, notaire royal, et d'Anne Gossart. — 5 octobre 1621. Baptême de Françoise, fille de Charles Garde, docteur en médecine, et de Marguerite Muyau. Parrain: Antoine Muyau, docteur en médecine à Saint-Quentin. — 16 mai 1622 (1). Baptême d'Hélène, fille de Simon Rivage et de Madeleine Thobot. Parrain: Denis Ballivert, sieur de Fontenet. Marraine: Madeleine de Folleville, femme de « M. de Sinceny ». — 27 mai 1622. Baptême d'Antoine, fils de Jacques Souaille, notaire et procureur, et de Marie de la Marlière. Parrain: Antoine Souaille. — 10 juin 1622. Baptême de Charles, fils de Louis de Théis et de Marie de la Marlière. Parrain: Adrien Charmoluc, grenetier à Compiègne. — 20 novembre 1622. Baptême de Pierre, fils de Denis de Palanson, sergent-major de Chauny, et de Marguerite Leconte. Parrain: Pierre Le Normand, seigneur de la Bataillière. Marraine: Anne de Sorel. — 26 décembre 1622. Baptême de Charles, fils de Charles Demory, avocat, et de Marguerite Vaillant. — 23 février 1623. Baptême de Louise, fille de Nicolas Vaillant, maïeur de Chauny, et de Françoise Richart. Parrain: Antoine Vaillant, élu à Péronne. Marraine: Louise Witasse. — 5 mars 1623. Parrainage d'Antoine Simblimont, curé de Rouy. — 20 août 1623. Baptême d'Anne, fille de Martin Dehagues, procureur, et de Marguerite Cossart. Parrain: Quentin Pioche. — 21 septembre 1623. Parrainage de Claude Maloizelle, curé de Marest. — 9 novembre 1623. Baptême de Marie, fille de Jean Carlier, procureur, et de Marie Pioche. — 20 février 1624. Baptême de Guislaine, fille de Barthélemy Forment et de Marie Bonin. Parrain: Guillaume Ducastel, avocat à Saint-Quentin. — 19 octobre 1624. Baptême de Françoise, fille de Jacques Treny et d'Hélène Sézille. Parrain: Adrien Treny, curé de Béthancourt. — 25 octobre 1624. Baptême de Louis, fils d'André Leborgne, greffier du bailliage, et de Marie Sire. — 2 décembre 1624. Parrainage de Jacques Le Vachon, commissaire d'artillerie, seigneur de la Peraudière. — 26 décembre 1624. Baptême de Jean, fils d'Auguste Cabotin, docteur en médecine, et de Madeleine Mégret. Parrain : Jean Mégret, apothicaire. — Familles Bichart, Crindal, Delaporte, Grozeillier, Lefranc, Tabary, etc.

(1) A partir de 1622, il n'y a plus qu'un parrain et qu'une marraine pour chaque enfant.

GG. 2. (Cahiers in-4°). — 352 feuillets, papier.

1625-1646. — Actes des baptêmes, mariages et sépultures de la paroisse Saint-Martin de Chauny. — Curés: Carpentier, Sagnier. — 9 mars et 30 août 1625. Parrainage de « noble « homme » Charles de Molien, commis pour M. l'abbé de Genlis, et de François Bovelle, trompette de Monsieur de la Curée. — 24 décembre 1625. Baptême de Pierre, fils de Pierre Défémy, notaire royal, et d'Elisabeth Pestel. — 29 novembre 1626, 8 février et 5 avril 1627. Parrainage de Jérôme Belin, abbé commendataire de Vermand, de Louis Belin, maïeur de La Fère, et d'Antoine Yvart, curé de Benay. — 2 mars 1628. Baptême de Françoise, fille de François Joly et d'Anne Connart. Parrain: François Brûlart, chevalier de Malte. Marraine: Jeanne de la Fons, femme de « M. de Sorel ». — 28 août et 13 octobre 1628. Parrainage de Jean Lefebvre, curé d'Ognes, et d'Antoine de Vrevin, chanoine de la cathédrale de Noyon. — 12 février 1629. Décès (à Appilly) de Pierre Le Masson, gruyer à Chauny. — 16 mai 1629. Baptême de Marie, fille de Charles Garde. Parrain: Simon Gossart, procureur et garde du scel royal. — 8 juillet 1629. Est marraine, Gabrielle d'Ardre, veuve de Charles de Haraucourt, baron de Chamblay. — 21 septembre 1629. Baptême de Marie, fille de Jean Demory, greffier pour le Roi à Chauny, et de Madeleine Parmentier. — 12 novembre 1629. Parrainage de Nicolas Martin, principal du collège. — 3 janvier 1630. Baptême de Jeanne, fille de Jean Couvreur, procureur et notaire, et de Barbe Lhostellier. — 17 juillet 1630. Baptême de Nicolas, fils de Nicolas Vaillant, commissaire d'artillerie, maïeur de Chauny. — 1er mars 1631. Baptême de Madeleine, fille de Jacques Leclercq. Parrain : Charles Perin, procureur et notaire, et substitut du procureur du Roi. — 14 avril 1632. Baptême de Françoise, fille d'Antoine Bouzier, maître particulier des Eaux-et-Forêts, et de Claude de la Fons. Parrain: Philippe de la Fons, lieutenant général à Saint-Quentin. — 15 décembre 1632. Baptême de Marie, fille de Louis de Théis. Parrain: Claude de Théis, avocat. Marraine: Marguerite de la Marlière. — 5 janvier 1633. Baptême de Pierre, fille illégitime de Gilles Brûlart, seigneur de Genlis, et de Barbe Nattier. — 12 février 1633. Parrainage de René Brûlart, baron de Bissy. — 12 mars 1633. Baptême d'Antoine, fils d'Antoine Vaillant, avocat, et de Marie de la Marlière. — 12 juillet 1633. Baptême d'Antoinette, fille de Charles de la Marlière, avocat, et d'Antoinette Benoist. — 4 septembre 1633. Baptême de Marguerite, fille d'Antoine Dubois, conseiller du Roi et son avocat à Chauny, et de Madeleine de Martigny. Parrain: Hilaire Dubois, procureur du Roi. — 16 octobre 1633. Parrainage de Louis Camus, curé d'Abbécourt. — 24 décembre 1633. Baptême de Catherine, fille de Catherin de la Marlière et de Madeleine Palmiseur. Parrain: Nicolas Duchesne, avocat. — 8 juillet 1634. Baptême de Marguerite, fille de Nicolas Lourson, chirurgien, et de Marguerite Mignot. — 29 novembre 1635. Baptême de Claude, fils d'Augustin Cabotin, docteur en médecine, et de Madeleine Mégret. Parrain: Claude Féret, procureur. — 17 mai 1636. Décès (subit) de Jorain de Vrevin, lieutenant général, âgé de 84 ans. — 10 août 1636. Baptême de François, fils de Charles Batrelle, écuyer, et de Françoise de Lignières. Parrain: François Lespignoy, curé de Flavy-le-Martel. — En novembre 1636, le curé enregistre 37 décès (dont celui du P. Paulin, correcteur des Minimes), presque tous causés « par la contagion ». — 14 mars 1637. Baptême de Florence, fille de Claude de Théis, avocat, et de Marie Waubert. — 22 août 1637. Décès, « à la maison de santé », de la femme de Jean Wion le jeune. — Une note, à la fin du registre de 1637, indique qu'il est mort près de 200 personnes de la maladie contagieuse en 1636-1637. — 17 et 18 février 1638. Décès, après 9 ou 10 jours de maladie, de Marie de Vrevin et de son mari Claude Vaillant, juré. — 23 mai 1638. Parrainage de Mathieu Maresse, conseiller du Roi, élu en l'Election de Guise et « houspilleur des forêts » du Boulonnais et pays reconquis. — 11 juillet 1639. Baptême de Simon, fils de Martin Dehagues, notaire et procureur, et de Marguerite Gossart. Parrain: Simon Donfrère, notaire royal à Saint-Quentin. — 2 octobre 1640. Baptême d'Anne, fille de Charles Demory, avocat, et de Marguerite Vaillant. Parrain: Guillaume Demory, aussi avocat. — 7 juin 1642. Décès d'Antoine Jourdain, tué au Pissot par des soldats du régiment d'Harcourt logés à Vouël. — 9 juin 1642. Baptême de Charles, fils d'André Demory, lieutenant criminel en l'Election de Noyon, et de Françoise Vaillant. Parrain: François Waubert, conseiller du Roi et chanoine de l'église collégiale Saint-Fursy de Péronne. — 18 novembre 1642. Décès d'André Demory, élu particulier et maïeur de Chauny, capitaine des arquebusiers. — 23 mars 1645. Baptême d'Antoine, fils de Denis Fournier, sergent royal, et de Marie Boulanger. — 13 juin 1645. Parrainage de Michel Boucher, bourgeois de Paris. — 5 septembre 1645. Baptême de Charlotte, fille de Claude Pestel, notaire et procureur, et de Marie Perin ; le même jour, Louis Boussart, prêtre chanoine d'Origny, est parrain de Louise, fille de feu Roland Boussart, receveur de Thenelles, et de Louise Vaillant. — 28 septembre 1645. Baptême de Jean, fils d'Antoine Demory et de Marguerite Sézille. Parrain : Jean Sézille, receveur des gabelles à Noyon. — 1er octobre 1645. Baptême de Théophile, fils de Nicolas Duchesne, juré de la ville, et d'Anne Defémy. — 7 octobre 1645. Baptême de Florent-Louis, fils de Pierre Parmentier, receveur du domaine, et d'Antoinette de la Marlière. Parrain : Florent Parmentier, substitut du procureur général du Roi. — 18 octobre 1645. Baptême de Claude, fils de Claude Féret et de Catherine de Bouxin. — 24 février 1646. Baptême de Louis, fils d'Arnoult Féret, apothicaire, et de Marie Boucher. — 13 mars 1646. Baptême de Françoise, fille de Pierre Pestel, notaire et procureur, et d'Anne de Vaulx. — 26 avril 1646. Baptême de Louis, fils d'Antoine Vaillant, avocat et docteur en médecine, et de Marie de la Marlière. — 15 mai 1646. Baptême d'Antoinette, fille d'Antoine Dubois et de Madeleine de Martigny. Parrain : Claude Tavernier, maïeur de Chauny. — 2 juillet 1646. Décès (à Paris) de Louis de Vrevin, ancien lieutenant-général. — 9 juillet 1646. Baptême de Pierre, fils de Pierre Defémy, notaire et procureur, et d'Elisabeth Pestel. — 17 août 1646. Parrainage de Jacques du Passage, seigneur d'Autreville. Familles Baudrimont, Cauré, Demilly, Froissart, Poulet, Ringat, etc.

GG. 3. (Cahiers in-4o). — 298 feuillets, papier.

1647-1676. — Actes de baptêmes, mariages et sépultures de la paroisse Saint-Martin de Chauny. — Curés : Sagnier, Vaillant. — 4 mars 1647. Baptême de Marguerite, fille d'Antoine Boulanger, notaire et procureur, et de Suzanne Lempereur. — 4 avril 1647. Baptême de Françoise, fille d'Antoine Gossart, juré de la ville, et de Marie Allart. — 24 janvier 1648. Décès d'Antoine Berthault, procureur au bailliage et procureur d'office de la ville. — 18 février 1648. Baptême de Louise-Chrétienne, fille d'Henri d'Amerval, seigneur de la Neuville-Bosmont, et d'Angélique de Bouchart. Parrain : Louis de Bouchart. — 6 avril 1648. Parrainage de Jean Février, seigneur de Francœur, maréchal des logis de M. le maréchal de Roquelaure. — 1er juin 1648. Décès de la dame Lescalopier, « aux religieuses de Sainte-Claire « de ceste ville, s'y estant retirée pour y vivre « en closture le reste de ses jours, estant mè« re de la mère abesse dudit lieu ». — 4 décembre 1648 et 8 février 1649. Parrainage de Jean de Bouxin, notaire royal, et de Claude Caillet, chirurgien. — 17 février 1649. Baptême de Jacques, fils de Pierre Parmentier et d'Antoinette de la Marlière. Parrain : Gabriel Geffrin, avocat à Noyon. — 10 mars 1649. Baptême de Marie-Françoise, fille de Florent Goulliart. Parrain : Bernard Ménestrel, marchand de la ville de Dreux. — Mai-juin 1649. Baptême de plusieurs enfants dont les parents habitaient les paroisses d'Ognes, de Béthancourt, de Remigny, de Montescourt-Lizerolles, et se trouvaient « refugiez en ceste ville ». Pierre Belier, curé de Montescourt, est parrain de l'un d'eux. — 15 septembre 1649. Baptême de Charles, fils de Charles Cœurderoy et de Jeanne Le Masson. Parrain : Jacques Cœurderoy, docteur en médecine à Coucy. — 14 octobre 1649. Baptême de Claude, fils de Claude Couvreur, avocat et maïeur de Chauny, et de Martine Pelleton. — 19 novembre 1649. Décès de Jacques Paillette, boucher, blessé, l'avant-veille, d'un coup de pistolet par un cavalier de la garnison logé chez le sieur Arnoult Féret, apothicaire. — 8 mars 1650. Baptême d'Hubert, fils de Claude Guillaume, juré, et de Gabrielle Berleu. — 13 septembre 1650. Baptême d'Antoine, fils de Simon Lourson, maître chirurgien, et d'Angélique Desain. — 16 novembre 1650. Baptême de Florimond-François, fils de Charles Pioche, avocat, et de Suzanne Potier. Parrain : Florimond Brûlart, seigneur d'Abbécourt, fils de Florimond Brûlart, marquis de Genlis. — 30 novembre 1650. Parrainage de Charles Cœurderoy, receveur au grenier à sel de Coucy. — En 1650, le curé enregistre 108 baptêmes (73 en 1652). — 18 mars 1651. Baptême de François-Thimothée, fils de Louis Boucher, seigneur de la Cour des Prés, et de Catherine Vaillant. — 2 avril 1651. Parrainage de Louis Dubois, lieutenant général civil et criminel et prévôt par réunion au bailliage de Chauny. — 6 août 1651. Décès de Charles Garde, docteur en médecine. — 15 novembre, 14 et 26 décembre 1651. Parrainage de Martin Dehagues, procureur et notaire et ancien juré de la ville, de François Precelle, ancien juré, et de « noble garçon » Charles de Héricourt. — 7 février 1652. Décès de Louis de Sorel, seigneur d'Ugny, réfugié à Chauny. — 2 mars 1652. Baptême d'Augustin, fils de Louis Pelletier, maître apothicaire, et de Marguerite Cabotin. Parrain : Augustin Cabotin, docteur en médecine. — 10 avril 1652. Baptême de Philippe, fils de Philippe Caudavaine, docteur en médecine, et de Martine Philippe. Parrain: Charles Perin, procureur et ancien juré de Chauny. — 10 avril 1652. Parrainage d'Eustache de Burcourt. — 5 mai 1652. Baptême d'Anne-Marguerite, fille de Louis Féret, notaire et procureur, et d'Anne Fricant. Parrain: Jacob Fricant, avocat à Compiègne. — 19 novembre 1652. Décès de Sébastienne de Buyre, veuve Brochart, de la Chaussée, « ré« fugiée depuis le siège des Bourguignons, avec « ses sœures, en ceste paroisse ». — 29 avril 1653. Baptême de Pierre, fils de Pierre Pestel, procureur et juré de la ville, et de Marie Demory. — 3 juillet 1653. Baptême de Marie-Madeleine, fille d'Antoine Gobault, marchand apothicaire, et de Marguerite Dutem. Parrain: Nicolas Gobault, marchand apothicaire. — 12 octobre 1653. Parrainage de Charles Gobault, juré de Chauny. — 19 mars 1654. Baptême de Jacques, fils naturel de Jacques de la Motte, capitaine au régiment de Clairambault. — 10 mai 1654. Baptême de Louis, fils de Louis Le Dieu et de Françoise Charmolue. Marraine : Marguerite de Bouchart, veuve de Jacques de Sorel, seigneur d'Ugny. — 20 juillet 1654. Décès (au Pissot) de Thomas Babillot, frappé d'un coup de couteau « par un homme « hugenot ». — 5 septembre 1654. Sépulture (dans l'église de Sainte-Croix) de Louis de Sorel, mort la veille à Péronne; il avait été blessé, le 25 août précédent, au siège d'Arras. — 27 janvier 1655. Baptême de Jacques, fils de Jean Guillon et de Marie Dehagues. Parrain : Jacques Souaille, procureur et notaire royal. — 14 février 1655. Baptême de Jean-Charles, fils de Jean Richart et de Marguerite Demory. Parrain : Charles Demory, avocat, ancien maïeur. — 1er janvier 1656. Décès d'Antoine Bouzier, seigneur d'Estouilly. — 6 novembre 1656. Baptême de Charlotte, fille de Jérôme Vingmille, lieutenant au régiment italien, et de Marguerite Roussel. Parrain : Charles Beaurisy, capitaine. — 2 septembre 1658. Baptême de Martine, fille de Philippe Macadré, apothicaire, et de Marguerite Berleu. Parrain : Philippe Calandré, curé de Caumont. — 30 juillet 1662. Baptême de Claude-Charlotte, fille de Nicolas de la Barre et de Louise Rivage. Parrain : Louis de Sorel. Marraine : Charlotte de Blécourt, marquise de Genlis. — Octobre 1665. Régularisation du baptême de Marie-Madeleine, âgée de 11 ans, fille de Charles de la Motte, seigneur de Ville et de Madeleine de Sons. — 31 octobre 1667. Baptême d'Antoine, fils de Nicolas Fagart, marchand-tavernier. Parrain : Isaac de Lannoy. — 16 janvier 1668. Mariage de Clotus Diré, fils de Claude Diré, procureur à Saint-Quentin, et de feue Jeanne Pezé, avec Catherine Savary, fille de feu Jean Savary, greffier en l'Election de Chauny, et d'Antoinette Sézille. — 6 février 1668. Mariage de Jérôme Angot, fils de Germain Angot, marchand-chapelier à Paris, faubourg Saint-Marceau, paroisse Saint-Médard, avec Gabrielle Berleu, fille de Pierre Berleu, marchand de bois. Est présent : Guillaume Michelin, marchand-tanneur audit faubourg Saint-Marceau. — 3 mars 1668. Baptême de Simon, fils de Simon Dehagues, avocat, et d'Anne de Chilly. — 4 mars 1668. Décès de Claude, âgé d'un mois, enfant naturel de Louise Cocu qui a été « abusée... par Jacques d'Hest, valet d'un lieu« tenant du régiment Lyonnais ». — 17 mars 1668. Décès de Claude Cuvier, ancien juré et greffier de la ville. — 21 mars 1668. Baptême de Françoise, fille de Gabriel Souaille, président-lieutenant-général au bailliage, et de Madeleine de Théis. — 13 avril 1668. Baptême d'Hubert, fils d'Antoine Gossart, notaire et procureur, et de Marie Couturier. Parrain : Charles Couturier, receveur d'Abbécourt. — 4 mai 1668. Baptême de Marie-Madeleine, fille de Jean Guillaume, marchand, et d'Antoinette Perin. Parrain : Charles Guillaume, fils d'Antoine Guillaume, aussi marchand. — 17 mai 1668. Baptême de Claude, fils de Claude de Théis le jeune, avocat, et de Françoise Joly. Marraine : Anne Joly, femme de Gabriel Geffrin, avocat et maire de Noyon. — 2 juillet 1668. Baptême de Claude-François, fils de Nicolas Vaillant maître des Eaux et Forêts, élu particulier, et de Marie Couvreur. Parrain : Antoine Vaillant, avocat et maïeur de Chauny. — 10 juillet 1668. Baptême de Louis, fils de Louis Parmentier, greffier de la ville, et de Jeanne Duchesne. Parrain : Claude Duchesne, bourgeois de Paris, fils d'Antoine Duchesne, avocat et commissaire examinateur à La Ferté-Milon, et d'Anne Sconin. Marraine : Madeleine Casse, femme de Pierre Parmentier, receveur du domaine de Chauny. — 9 août 1668. Baptême de Laurent, fils de Claude Carlier, marchand, et de Louise Savary. Parrain : Théodore Carlier, orfèvre à Laon, fils de Jean Carlier, marchand à Laon. Marraine : Marguerite Desirée, femme de Charles Sonnet, procureur au présidial de Laon. — 11 août 1668. Baptême de François, fils de Michel Carpentier, hôtelain. Marraine : Marguerite Hénon, femme de Jean Delescluze, marchand mercier. — 20 août 1668. Mariage de François Culmé, fils de feu François Culmé, maître chirurgien à Vervins, avec Anne Fournier, fille de feu Denis Fournier, sergent. Sont présents : Antoine Culmé, marchand à Guise, Antoine Huet, chirurgien à Laon, Antoine Cuvier, marchand à Laon, etc. — 24 août 1668. Décès de Jacques Souaille, contrôleur au domaine de Chauny. — 5 décembre 1668. Baptême de Barbe fille de Michel Le Maistre, marchand. Parrain : Nicolas Vaillant, capitaine au régiment de Normandie, « noble pour ses bienfaits », sieur d'Aizecourt. — En 1668, le curé enregistre 111 baptêmes, 20 mariages, 68 décès. — 14 janvier 1669. Mariage de Pierre Berleu, fils de Pierre Berleu, marchand, et de feue Gabrielle Angrand, avec Anne Demory, fille de Charles Demory et de Marguerite Vaillant. — 19 mars 1669. Décès de Claude Caillet, maître chirurgien. — 28 juin 1669. Baptême de Jean-Gabriel, fils de Gabriel Souaille. Parrain; Jean-Baptiste d'Hervilly, seigneur de Beaumont-en-

Beine. Marraine : Angélique de Fabert, femme de Claude Brûlart, marquis de Genlis, colonel du régiment d'Artois. — 23 juillet 1669. Baptême de Charles, fils de Claude de Théis et de Françoise Joly. Marraine : Marie-Madeleine Penicher, femme de Charles Edmond, commissaire au Châtelet de Paris. — 5 août 1669. Baptême de Florent-Charles, fils d'Antoine Defémy et de Marguerite Charmolue. — 1er décembre 1669. Parrainage d'Antoine de Vrevin, abbé commendataire, de l'abbaye de Saint-Pierre-les-Selincourt. — 4 décembre 1669. Baptême de Louise-Florence, fille d'Antoine Guillaume, marchand-drapier, et de Florence Dalincourt. Parrain : Charles Guillaume, fils de Claude Guillaume, marchand. Marraine : Marie Grandin, femme de Nicolas Guillaume, marchand. — Une note, à la fin du registre de 1669, constate qu'il était déjà « mangé aux souris » en 1758. — 19 janvier 1671. Baptême de Catherine, fille d'Abel Maréchal, maître de la bucrie de Chauny, et d'Anne Brunel. Parrain : Pierre Magnier, mulquinier, de la paroisse Saint-Maurice de Noyon. — 9 février 1671. Mariage de Philippe Caudavaine, docteur en médecine, veuf de Martine Philippe, avec Florence de Théis, fille de Claude de Théis et de Marie Waubert. — 7 mars 1671. Baptême de Michelle-Antoinette, fille de François Roger, procureur au bailliage et greffier de la ville, et de Michelle Dehagues. Marraine : Florence Charmolue, femme de Louis Le Dieu, receveur des consignations. — 13 juin 1671. Baptême d'Antoine, fils de Jean Tavernier, bourgeois, et de Marie Dorigny. Parrain : Antoine Tavernier, fils de feu Claude Tavernier. Marraine : Louise de Y, fille de feu Claude de Y, procureur du Roi à Saint-Quentin. — 20 juin 1671. Baptême de Claude, fils de Claude Hauet, sergent de la compagnie du régiment du Roi. Parrain : Jean Carlier, procureur. — 10 juillet 1671. Décès (à Béthencourt) de Jean Guillon, receveur de la seigneurie dudit lieu. — 18 juillet 1671. Décès (à 15 jours), de Charles-Honoré, fils de Pierre Leduc, faiseur de rots à tisserands. — 21 décembre 1671. Décès de Jean Richart, bourgeois. — 22 décembre 1671. Baptême de Jeanne-Honorée, fille de Claude Precelle, bourgeois, et de Gabrielle Pillé. Parrain : Claude Tavernier, chanoine à Nesles, sous-diacre. — 30 décembre 1671. Baptême de Jean-Claude, fils de Claude Carlier, praticien, et de Louise Savary, Marraine : Françoise Carlier, fille de feu François Carlier, apothicaire à Laon. — 14 janvier 1672. Baptême d'Agathe, fille de Pierre Parmentier, garde-marteau de la maîtrise de Chauny, et de Madeleine Casse. Parrain : ierre Devaulx, bailli du comté de Noyon. — 13 février 1672. Baptême de Marguerite-Louise, fille de François Louppe, Espagnol de nation, sergent au régiment de Crussol. — 10 mars 1672. Décès de Marie de la Marlière, veuve de Louis de Théis. — 28 mars 1672. Abjuration de Jacques de la Simonnière, âgé de 20 ans, natif de Saumur, lieutenant au régiment des Vaisseaux, fils de Louis de la Simonnière, écuyer du duc de Montausier, et d'Aimée Carpentier. — 26 avril 1672. Inhumation de Jean de la Comble, âgé de 27 ans, « après avoir esté passé par les armes « dans le régiment de Crussol uquel il estoit ». — 13 juillet 1672. Baptême de Jean-Jacques, fils de Jacques Gossart, notaire, et de Madeleine Le Masson. — 3 novembre 1672. Baptême de François, fils de Philippe Caudavaine, médecin, et de Louise Mangin. Parrain : Médard Dehaussy, avocat et bourgeois de Noyon. — 25 novembre 1672. Décès de Claude Couvreur, avocat, ancien maïeur. — 6 décembre 1672. Mariage de Jean Boulanger, capitaine de Magny, avec Catherine Acatbled, fille de Jean Acatbled, maître de l'hôtellerie de Saint-Jacques, en présence des sieurs Despons, gentilhomme de la duchesse de Picquigny, et de Croix, procureur du Roi au bailliage de Ham. — 15 janvier 1673. Baptême de Madeleine, fille d'Antoine Vaillant et de Marguerite Gobault. Parrain : Antoine Cordelier, avocat à Noyon. — 17 janvier 1673. Mariage de Luc Deschartres, taillandier, de la paroisse Saint-Pierre, proche la citadelle de Laon, fils de Jérôme Deschartes, marchand de Laon, avec Madeleine Macadré, veuve de Thomas Vitoux. — 23 février 1673. Parrainage de François Charmolue, écuyer, seigneur de l'Arbroye. — 10 avril 1673. Est marraine : Louise, fille de Louis de Héricourt, seigneur de Wassigny, lieutenant au régiment royal, et de Catherine de Lavergne. — 5 mai 1673. Baptême de Reine, fille de Thomas Sarrazin, murquinier. — 8 novembre 1673. Décès de Claude Guillaume, veuf de Gabrielle Berleu. — 4 décembre 1673. Mariage de Claude-Antoine Dartrois, conseiller et avocat du Roi à Saint-Quentin, fils d'Antoine Dartrois, ancien maïeur de Saint-Quentin, avec Louise de Y, fille de feu Jean de Y. Sont présents: François Prévôt, lieutenant en l'Election de Saint-Quentin, Antoine Vaillant l'aîné et le jeune, etc. — 1er février 1674. Baptême de Jean, fils de Jean de Loche, soldat de la compagnie de Saint-Amand du régiment royal. — 19 mars 1674. Mariage de Charles de la Marlière, avocat à Paris, fils de Charles de la Marlière, avocat, avec Catherine Vaillant, fille d'Antoine Vaillant, médecin. Sont présents : Florimond de la Marlière, procureur au Parlement de Paris, Louis de la Marlière, frère et oncle du marié, etc. — 6 juin 1674. Baptême d'Anne, fille de Pierre Bresche, gendarme de Flandre, et de Marie Lègue. — 5 août 1674. Abjuration d'Anne Objoy, fille de feu Isaac Objoy, maître armurier à Chauny, et d'Esther Semmery ; la nouvelle catholique épousa, le 16 août suivant, Melchior Defémy, fils de Nicolas Defémy, notaire et procureur à Soissons, et de Marie Desbeine. — 10 octobre 1674. Baptême d'Anne-Françoise, fille de Pierre Legrain, docteur en médecine, et d'Anne Dupont. — 26 novembre 1674. Mariage de Louis Bottée, procureur, fils de feu Louis Bottée et de Jacqueline Rossignol, avec Marie Féret, fille de Claude Féret et de Catherine de Bouxin, tous deux défunts. — 10 mai 1675. Abjuration d'Abel Lautier, soldat du régiment du Roi, natif de Dieulefit, en Dauphiné. — 17 juin 1675. Décès de Charles de la Marlière, avocat, ancien mayeur de Chauny. — 7 juillet 1675. Décès de Françoise Vaillant, veuve de Jacques Demory. — 19 juillet 1675. Baptême de Marie-Catherine, fille d'Isaac Damien, tricoteur. — 15 août 1675. Baptême de Charles, fils de Philippe Caudavaine et de Louise Mangin. Parrain : Charles Belin, de La Fère, secrétaire du comte de la Bourlie, lieutenant-général de l'armée du Roi, gouverneur et grand bailli de Sedan. — 17 août 1675. Parrainage de Florimond Gaudier, sieur de l'Espine, receveur de Béthancourt. — 6 septembre 1675. Décès d'Antoine Vaillant, ancien mayeur, veuf de Marie de La Marlière. — 17 septembre et 28 octobre 1675. Parrainage d'Artus Timmermans, dit « Carpentier », maître d'hôtel du marquis de Genlis, et de Charles du Clozel, écuyer, seigneur de Mondescourt et Waripont. — 27 janvier 1676. Mariage de Jean Delescluze, receveur des traites foraines, fils de feu Jean Delescluze, avec Marguerite Maréchal, fille de Quentin Maréchal. — 13 avril 1676. Mariage de Louis, comte de St-Simon, colonel de chevau-légers en garnison à Saint-Quentin, avec Louise de Sorel, veuve de Jean-Baptiste d'Hervilly, seigneur de Beaumont-en-Beine. — 11 juin 1676. Décès de Charles Gobault, veuf de Catherine Dubois. — 15 juin 1676. Baptême de Pierre, fils de Clotus Diré, sergent royal, et de Catherine Savary. Parrain : Pierre Roger, procureur et notaire. — 10 août 1676. Mariage de Jean Prevost, fils de Daniel Prevost, marchand, avec Madeleine Dericq, âgée de 14 ans, fille de feu Jean Dericq, maître de la grande buerie. — 18 août 1676. Décès de Jean-Baptiste, enfant, fils de Mathieu Cuvier, docteur en médecine à Laon, et de Geneviève de la Campagne. — 16 novembre 1676. Mariage de Nicolas Lhoste, marchand-drapier à Laon, fils de feu Pierre Lhoste, avec Jeanne Roger, fille de Philippe Roger et d'Elisabeth Palmiseur, tous deux décédés. — 19 novembre 1676. Sont parrain et marraine : Simon-Martin de la Bonardière, intendant de la maison de Genlis, et Marguerite Vincent, femme d'Alexandre de Monelle, écuyer, seigneur de Flammecourt. — 22 novembre 1676. Baptême d'Anne, fille de Martin Lelong, maître d'école. — 7 décembre 1676. Décès de François Waubert, « demeurant « en la maison bleue de Senicourt ». — Familles Boutin, Delettre, Nattier, Parmentier, Racine, Sarrazin, etc.

GG 4. (Cahiers in-4°). — 326 feuillets, papier.

1677-1710. — Actes des baptêmes, mariages et sépultures de la paroisse Saint-Martin de Chauny. — Curés : Vaillant, Labbé. — 5 janvier 1677. Décès de Madeleine Mégret, veuve d'Augustin Cabotin, enterrée en présence de Jean Cabotin, curé de Gibercourt. — 25 janvier 1677. Mariage de Pierre Pesteau, sieur de la Pierre, gendarme du Roi, veuf de Catherine Val, de la paroisse Saint-Martin de Soissons, avec Madeleine Delescluze, dame du Sauvage, veuve de Claude Masse. — 20 février 1677. Baptême de Charles-François, fils de Charles Caillet, maître chirurgien, et de Françoise-Antoinette Quinquet. Parrain : Pierre Paisteau, maître de l'hôtellerie du Sauvage. — 16 avril 1677. Décès de Charles Demory, ancien maïeur de Chauny, veuf de Marguerite Vaillant. — 25 juin 1677. Mariage de Charles Gobault, maître apothicaire, veuf de Marguerite Dutem, avec Catherine Godard, fille d'Innocent Godard. — 26 août 1677. Baptême de Gabriel, fils de Simon Dehagues et d'Anne de Chilly. Parrain : Jean Lenoir, avocat en Parlement, tuteur de

Mademoiselle de Genlis. — 21 septembre 1677. Mariage de Jean Waubert, fils de Jean Waubert et d'Angélique-Marie Precelle, tous deux défunts, avec Angélique-Charlotte Berleu, fille de Pierre Berleu, marchand et de feu Barbe Perin. — 21 septembre 1677. Décès de Marie Couvreur, femme de Nicolas Vaillant. — 25 décembre 1677. Baptême de Marie-Françoise-Louise, fille de Claude-François Couvreur, avocat, et de Marie-Louise Caudavainie. — En 1677, le curé célèbre 85 baptêmes, 18 mariages, 74 enterrements. — 13 mai 1678. Baptême de Marie-Madeleine, fille de Louis Bottée, notaire et procureur, et de Marie Féret. — 1er juin 1678. Décès de Martin Dehagues, veuf de Marguerite Gossart. — 13 juin 1678. Baptême de Marie-Charlotte, fille de feu Charles Caillet (mort le 10). — Marraine : Marie-Gabrielle de Baranton, fille d'Adolphe de Baranton, écuyer. — 6 janvier 1679. Décès de Jeanne Souaille, veuve de Nicolas Pillé, marchand bourgeois. — 14 janvier 1679. Décès de Jacques Belin, marchand bourgeois. — 19 février 1679. Baptême de Pierre, fils de Jean Mayet, soldat du régiment de la Vieille Marine. Parrain : Pierre Baudelot, seigneur de Champvallon, capitaine audit régiment. — 17 mai 1679. Baptême de Louise, fille de Jean Samson, commis aux aides, et de Catherine de Clérembault. Parrain : Jean de l'Estang, intéressé aux aides en la Généralité de Soissons. — 22 mai 1679. Baptême de Marguerite-Louise, fille de François Roger, notaire et procureur. Parrain : Louis de Sorel, seigneur d'Ugny-le-Gay. — 11 septembre 1679. Mariage de Florent Goulliart, marchand, fils de feu Florent Goulliart et de Jeanne Pillé, avec Elisabeth-Marguerite Pestel, fille de feu Pierre Pestel et de Marie Demory. — 5 octobre 1679. Décès de François Precelle, marchand bourgeois. — 29 octobre 1679. Décès de Madeleine de Martigny, veuve d'Antoine Dubois. — 5 février 1680. Baptême de Claude-François, fils d'Antoine Gossart, notaire et procureur, et de Marie Couturier. — 15 mars 1680. Baptême de Gabrielle, fille de Jacques Macadré, maître apothicaire, et de Marie Chastelain. Parrain : Augustin Cabotin, avocat. — 22 avril 1680. Parrainage d'Eloi Sézille, receveur des décimes à Noyon. — 26 avril 1680. Décès de Marguerite Mignot, femme de Nicolas Loursou, chirurgien. — 27 mai 1680. Baptême d'Adrien-Louis, fils de Louis Le Masson, avocat, et de Louise Sconin. — 25 juin 1680. Mariage de Jean Belin, marchand, fils de feu Jacques Belin, marchand, et de Marie Le Masson, avec Marguerite Guillou, fille de feu Jean Guillou et de Marie Dehagues. — 8 juillet 1680. Baptême et décès de Marie, fille de Jean Dautemare, marchand à Paris, et de Marie Belin. — 15 juillet 1680. Décès de Marie Dorigny, veuve de Jean Tavernier, marchand. — 24 juillet 1680. Parrainage de Claude Degrain, notaire royal à Magny. — 27 juillet 1680. Décès de Jean Billot, dit La Touche, garde des gabelles, enterré en présence de Charles Payen, commandant de la brigade de Chauny. — 20 août 1680. Baptême de Pierre-Florent, fils de Florent Goulliart et de Marguerite-Elisabeth Pestel. Parrain : Pierre Pestel, ecclésiastique, principal du collège. 26 août 1680. Mariage de Jacques Dominé, commis dans les intérêts du Roi, natif de Vitry-le-François, fils de feu Jacques Dominé, avec Marie Carlier, fille de feu Raulin Carlier, maître-cordier. — 28 octobre 1680. Décès de Catherine Tabary, fille de Pierre Tabary, bourgeois de Saint-Quentin, et de Catherine de la Marlière. — 29 octobre 1680. Baptême d'Anne-Claude, fille d'Arnoul Féret, maître apothicaire, et d'Antoinette Mignot. Parrain : Charles Meniolle, bourgeois de Noyon. — 25 décembre 1680. Décès de Jacques Gossart, notaire et procureur. — 5 mai 1681. Mariage de Jean-Baptiste-Joseph Berthe, avocat, de la paroisse Saint-Michel d'Amiens, fils de feu Jean Berthe et de Madeleine de Théis, avec Catherine Vaillant, fille d'Antoine Vaillant. Sont présents : les deux beaux-frères du marié, Jean-Baptiste Caron de Choqueuse, conseiller au présidial d'Amiens, et Adrien Picquet, lieutenant particulier audit présidial. — 17 juin 1681. Mariage de François Quinquet, marchand, fils de feu Jean Quinquet, aussi marchand, avec Agnès de Théis, fille de Claude de Théis et de Marie Waubert. — 10 juillet 1681. Décès de Pierre Rivage, sergent royal. — 1er août 1681. Baptême de Marguerite, fille d'Antoine Mignot, marchand, et de Marie Denu. Parrain : Charles Guillaume le jeune. — 27 septembre 1681. Baptême de Gabriel, fils de Gabriel Souaille, président-lieutenant-général au bailliage, et de Madeleine de Théis. — 11 octobre 1681. Baptême d'Anne-Marguerite, fille de Pierre Mignot, marchand, et d'Anne Lefebvre. — 2 décembre 1681. Décès de Yon Bruin, allemand, postillon chez le comte de Saint-Simon. — 29 janvier 1682. Baptême d'Antoine, fils de Charles Guillaume, marchand, et de Jeanne Allart. Parrain : Claude Guillaume, fils d'Antoine Guillaume. — 29 janvier 1682. Décès de Charles Le Masson, marchand bourgeois. — 27 février 1682. Baptême de Jean-François, fils de Claude Guillaume, marchand, et de Marie-Madeleine Dachery. Parrain : Jean Guillaume, marchand. — 8 avril 1682. Baptême de Charles-Michel, fils de Jean-Dominique de Vignières, receveur des aides, et de Marguerite Landry, morte la veille. Parrain : Charles de Renouard, conseiller du Roi. Marraine : Marguerite Lamiraut, veuve de Jean Landry, receveur général des droits aliénés dans la Généralité d'Orléans. — 30 septembre 1682. Baptême de Nicolas, fils de Léonard Thierry, commis des gabelles, et de Marie de Joncourt. Parrain : Nicolas Guillaume, marchand. — 27 octobre 1682. Décès de Claude Carlier, greffier en l'Election. — 12 novembre 1682. Régularisation du baptême de Claude-François (baptisé à Anizy, par la sage-femme, le 23 décembre 1674), fils de Gabriel du Boulet, seigneur de la Brosse, Locq, etc., et de Marie de Bovelle. Parrain : Claude-François de Lameth, seigneur de Pinon. Marraine : Angélique de Fabert, femme de François d'Harcourt, comte de Sézanne, lieutenant-général pour le Roi au gouvernement de Normandie. — 29 décembre 1682. Décès d'Arnoul Féret, maître apothicaire. — 27 janvier 1683. Décès d'Anne Fricant, femme de Louis Feret. — 10 février 1683. Baptême de Claude-Antoine, fils d'Antoine Dollé, maître tricoteur. Parrain : Claude-Louis, fils d'Alexandre de Monelle, seigneur de Flamecourt. Marraine : Marie Le Bœuf, femme d'Antoine Bottée, sergent royal. — 18 mai 1683. Baptême de Joachim, fils de Claude Descarsin, marchand, et de Jeanne Féret. Parrain : Florent de Driencourt, marchand à Anizy. — 6 juin 1683. Baptême de Théophile, fils de Jacques Dagneau, maître mulquinier, et d'Antoinette Le Clerc. Parrain : Théophile Bouzier d'Estouilly, seigneur de Sinceny et Autreville, maître des Comptes. Marraine : Florimonde de Tournay, femme de Nicolas Vaillant, auditeur des Comptes. — 15 juin 1683. Parrainage d'André « de Derich », flamand, blanchisseur à la grande buerie, et de Charles Guillaume, fils de Nicolas Guillaume. — 3 août 1683. Mariage de Philippe-Louis de Sorel, seigneur d'Ugny-le-Gay, fils de Louis de Sorel et de Claude de Mailly, défunts, avec Marie-Marguerite Merelessart, fille d'Eustache de Merelessart, gouverneur du Pont de l'Arche, seigneur de Leschelle, et de Marguerite de Sorel, aussi défunts. — 8 novembre 1683. Mariage de Jean-Dominique de Vignières, receveur des aides, veuf de Marguerite Landry, avec Florence Le Dieu, fille de Louis Le Dieu. — 22 décembre 1683. Décès de Philippe Caudavaine. — 22 janvier 1684. Décès d'André Carré, portier à la porte du Pissot. — 23 janvier 1684. Baptême d'Antoine-Charles-François, fils de Simon Vaillant, marchand, et de Marie-Marguerite Garde. Parrain : Charles Garde, avocat. — 15 mars 1684. Décès de Claude Precelle, bourgeois. — 30 avril 1684. Décès d'Antoinette de la Marlière, veuve de Pierre Parmentier. — 28 mai 1684. Régularisation du baptême d'Angélique-Marie-Marguerite (baptisée à la maison le 13 décembre 1683), fille de feu Jean du Passage, seigneur de Sinceny et gouverneur de Chauny, et d'Angélique de Comptes. — 6 juin 1684. Décès de Nicolas Lourson, maître chirurgien. — 27 juin 1684. Baptême de Marie-Antoinette, fille de Clotus Diré. Marraine : Catherine Garde, femme de François Dorigny, avocat à Saint-Quentin. — 2 juillet 1684. Parrainage de Pierre Dorigny, président-lieutenant-général au bailliage de Saint-Quentin. — 26 septembre 1684. Baptême de Louis-Pierre Sixte, fils de Louis Hirault le jeune, maître chirurgien, et de Toinette Boucher. — 9 novembre 1684. Décès de Marie Dehagues, femme de Florimond Gaudier. — 12 novembre 1684. Baptême de Pierre, fils de Pierre Le Masson, greffier au grenier à sel, et de Marie-Françoise Lebon. Parrain : Nicolas Duflos, maître apothicaire à Laon. — En 1684, le curé enregistre 86 baptêmes, 11 mariages et 90 décès. — 5 février 1685. Baptême d'Ambroise-Claude, fils d'Ambroise Ponthieu, seigneur de Villette, et de Marie Lenain. — 11 février 1685. Décès de Marie de la Campagne, femme de Jean-Charles Demory, receveur d'Abbécourt. — 14 février 1685. Décès de Marie Waubert, femme de Claude de Théis. — 8 avril 1685. Baptême d'Urbain, fils de Charles Marga, docteur en médecine, et de Marie Berleu. Parrain : Urbain Marga, officier de la Dauphine. — 30 avril 1685. Mariage d'Antoine Béguin, docteur en médecine, fils d'Antoine Béguin, marchand, et de feue Marie Fabre, avec Marie Richart, fille de feu Jean Richart et de Françoise Demory. — 21 mai 1685. Mariage de Jacques Werier, bourgeois de Chauny, veuf de Frontenette Lefebvre, avec Jeanne Dizant, native de Fesmy-l'Abbaye, au diocèse de Cambrai, fille de Jean Dizant. — 16 septembre 1685. Baptême de Claude Moutain, fils de Louis Bottée et de Marie Féret. Parrain : Claude Forestier, avocat à La Fère. Marraine : Elisabeth Bottée, fille de feu Pierre Bottée, seigneur de Lavaqueresse, contrôleur général des finances aux Généralités d'Amiens et de Soissons. — 12 décembre 1865. Baptême de Pierre-Théophile, fils de Claude-François Couvreur et de Marie-Louise Caudavaine. Parrain: Pierre Sublet de Romilly, chevalier de Saint-Jean de Jérusalem. — 17 janvier 1686. Baptême de Jean-Charles, fils de Martin Redon, fermier des Regrats dans la Généralité de Soissons, et de Charlotte Châtelain. — 12 février 1686. Baptême de Pierre-François, fils de Jean-Charles Richard, marchand, et de Marie Le Givre. Parrain : Pierre Le Givre, lieutenant en la maréchaussée de Soissons. — 3 mars 1686. Baptême de Louise, fille de Jacques Couillette, marchand, protestant converti depuis trois mois, et de Marthe Cottin. — 23 mars 1686. Mariage d'André Compagnon, receveur des aides, fils de François Compagnon, juge prévôt à Verd en Champagne, et de feue Anne Pelletier, avec Florence Lefebvre, fille d'Augustin Lefebvre, marchand, et d'Anne Masson, défunts. — 20 juin 1686. Décès de Louise Savary, veuve de Claude Carlier, greffier en l'Election. — 19 août 1686. Mariage de Louis Martinsart, de la paroisse Saint-Jacques de Saint-Quentin, fils de Louis Martinsart, marchand, et de Marguerite Couvry, avec Anne Caillet, fille de feu Claude Caillet, maître chirurgien. — 10 novembre 1686. Baptême de Marguerite, fille d'Abraham Villebroucq, blanchisseur au Pissot, autrefois de la R. P. R., et d'Antoinette Leclerc. Parrain : André Dericq, aussi blanchisseur. — 23 décembre 1686. Baptême de Gabrielle, fille de Claude Chenu, organiste. — 26 février 1687. Décès d'Agathe Parmentier, femme de Pierre de Corosse, natif du royaume de Perse. — 3 mars 1687. Décès de Claude Cordelier, marchand bourgeois. — 19 avril 1687. Baptême de Louise-Charlotte-Madeleine, fille de Louis de Grammont, seigneur d'Erlon, et d'Angélique de Comptes. — 6 mai 1687. Décès de Nicolas Boucher, petit clerc de la paroisse, âgé de 76 ans. — 24 juin 1687. Baptême de Marie-Françoise, fille de Léonard Thierry, sergent de la ville. — 11 août 1687. Baptême de Nicolas-François, fils de Jean-Charles Richard. Parrain : Nicolas Vaillant, capitaine au régiment de Normandie, en garnison à Rocroy. — 12 septembre 1687 Décès d'Antoine Deféмy, ancien juré de la ville et syndic de la paroisse. — 28 décembre 1687. Parrainage de Jean Gérard, lieutenant d'Ugny-le-Gay. — 12 janvier 1688. Baptême de Jeanne-Françoise, fille de Jean-François de Saint-Paul, maître pâtissier, et d'Anne Gé. Parrain : Brice Gé, maître boulanger. — — 5 février 1688. Baptême de Jean-Gabriel, fils de Charles Mangin, notaire royal, et d'Olympe Rondel. — 16 février 1688. Mariage de Jean Belin, marchand bourgeois, veuf de Marguerite Guillou, avec Madeleine Roger, fille de François Roger, notaire et procureur, et de Michelle Dehagues. — 20 février 1688. Décès d'Antoine Defémy, ancien juré de la ville. — 9 avril 1688. Décès de Nicolas Vaillant l'aîné, bourgeois. — 22 juin 1688. Mariage de Jean Bourdon, greffier des bailliage et prévôté de Pierrefonds, veuf de Marie Champion, avec Anne Mangin, fille de feu Jacques Mangin, marchand à Chauny, et de Louise Savary. — 13 septembre 1688. Décès d'Abraham Villebrouc, dit « Pain blanc », natif d'Harlem, en Hollande, blanchisseur au Pissot. — 28 septembre 1688. Mariage de Simon Barbier, chirurgien, natif de Coucy, fils de feu Philippe Barbier, avec Marguerite Caillet, fille de feu Claude Caillet — 27 janvier 1689. Baptême d'Antoine, fils de Nicolas Leblond, maître chirurgien, et de Marie Moislin. — 9 mars 1689. Baptême de Louise-Florence-Antoinette, fille de Jean-Dominique de Vignières, directeur des domaines du Roi à Nantes, et de Florence Le Dieu. — 15 mai 1689. Parrainage d'Armand Duflos, marchand à Paris. — 7 juillet 1689. Décès de Jeanne Duchesne, femme de Louis Parmentier. — 9 juillet 1689. Décès de Jeanne Favier, veuve de Claude Cuvier, ancien juré. — 22 août 1689. Décès de Louise de Sorel, femme de Louis, comte de Saint-Simon, grand bailli de Chauny. — 30 octobre 1689. Régularisation du baptême de Madeleine-Louise, fille de Pierre de Corosse, noble persan naturalisé français, et de feue Agathe Parmentier (ondoyée à Paris, le 30 juin 1681, par Blampignon, curé de Saint-Merry). Parrain : Louis Parmentier, ancien greffier du bailliage. Marraine : Madeleine Casse, femme de Pierre Parmentier, garde-marteau en la maîtrise de Chauny. — 20 janvier 1690. Baptême de Françoise-Louise, fille de Clotus Diré. Marraine : Anne Le Roy, femme de

Charles Pioche, marchand brasseur à La Fère. — 25 février 1690. Décès de Louis Fére, ancien procureur au bailliage. — 9 mars 1690. Mariage de Jacques Belin, juge des traites foraines de Chauny, Noyon et La Fère, fils de Jacques Belin et de Marie Le Masson, défunts, avec Françoise-Marguerite Gouille, fille de feu Jacques Gouille, receveur des tailles de la ville de Rouen. Assiste au mariage : Charles Belin, ancien mayeur et substitut du procureur du Roi au bailliage de Coucy. — 30 mars 1690. Décès de Louis Pelletier, maître apothicaire. — 22 avril 1690. Décès de Claude de Théis, âgé de 84 ans. — 14 août 1690. Décès d'Antoine, enfant, fils de feu Antoine Bourguignon, greffier au bailliage de Compiègne, et d'Olympe Rondel. — 18 septembre 1690. Baptême de Madeleine-Charlotte-Barbe, fille de Charles Gossart, procureur, et de Madeleine-Cécile Carlier. Parrain : Charles Gossart, fils de feu Jacques Gossart, notaire et procureur. — 29 octobre 1690. Décès de Dominique Truffier, écuyer, seigneur de Mastan. — 10 janvier 1691. Décès de Marie Carpentier, sage-femme de la paroisse, veuve de Jean Wisbecq, âgée de 90 ans. — 22 janvier 1691. Mariage d'Antoine Guillaume, avocat, fils d'Antoine Guillaume, ancien juré, avec Anne-Louise Dehagues, fille de Simon Dehagues. — 5 février 1691. Mariage de Jean-Baptiste Cabaret, fils de feu Jean Cabaret, maître apothicaire à Rozoy, avec Marie-Madeleine Mignot, fille d'Antoine Mignot et de feue Marie Denu. — 28 février 1691. Décès de Pierre Berleu, marchand bourgeois. — 9 avril 1691. Baptême d'Antoinette-Marguerite-Charlotte-Françoise, fille d'Antoinette Defémy, notaire et procureur, et de Charlotte Perin. — 12 juillet 1691. Décès de Jeanne Pillé, veuve de Florent Gouillard. — 7 août 1691. Mariage d'Antoine Bottée, de la paroisse Saint-Montain de La Fère, fils de feu Louis Bottée, marchand, avec Marie Redon, fille de Martin Redon, receveur du domaine. — 7 août 1691. Mariage de Nicolas Villette, de la paroisse Saint-Michel de Laon, fils de feu Charles Villette, conseiller du Roi, élu à Laon, et de Marguerite Aubert, avec Jeanne Parmentier, fille de Louis Parmentier et de feue Jeanne Duchesne. — 10 septembre 1691. Mariage d'Antoine Tavernier, de la paroisse Notre-Dame, veuf de Michelle Bazin, avec Marie Dubois, fille de feu Antoine Dubois, procureur du Roi au bailliage. — 26 octobre 1691. Décès de Marie Mangin, veuve d'Antoine Defémy, sergent royal. — 2 novembre 1691. Décès de Martine Pelleton, veuve de Claude Couvreur, ancien maïeur. — 5 novembre 1691. Mariage de Claude Roger, fils de François Roger et d'Anne-Michelle Dehagues, avec Marie-Madeleine Connart, fille de feu Claude Connart. — 18 février 1692. Mariage de François Danré, Procureur du Roi au Bureau des finances de Soissons, fils de Charles Danré, ci-devant procureur du Roi audit Bureau, et de feue Jeanne Racquet, avec Madeleine Vaillant, fille d'Antoine Vaillant. Sont présents : Christophe Racquet, chanoine de l'église cathédrale de Soissons, avocat du Roi du Bureau des finances ; Robert Racquet, président trésorier de France audit Bureau, oncle et cousin du marié ; Louis Vaillant, docteur de la maison et Société de Sorbonne, doyen de l'église cathédrale de Noyon. — 17 septembre 1692. Décès de Jean Acatbled, maître chirurgien. — 15 octobre 1692. Décès de Louis de la Marlière, sergent royal. — 1er janvier 1693. Baptême d'Antoine, fils d'Antoine Hallade, laboureur à Senicourt. Parrain : Louis Delalande, gendarme bourguignon, logé chez ledit Hallade. — 3 février 1693. Mariage de Pierre Cochon, commissaire des vivres, natif de Lyon, fils de Salomon Cochon, visiteur de la douane à Lyon, avec Barbe Hirault, fille de Sixte Hirault, maître chirurgien et directeur des postes de Chauny. — 8 mars 1693. Décès de Marie de Favin, fille de Jean de Favin, seigneur d'Huet, et de Suzanne Coquilliette. — 24 mars 1693. Baptême de Madeleine-Charlotte, fille de Claude Caillet, maître chirurgien, et de Charlotte Le Gorju. Parrain : Charles Le Gorju, receveur des consignations à Coucy. — 9 mai 1693. Mariage de Louis Le Hantier, seigneur du Parcq, gendarme bourguignon, natif de Saint-Agnan de Ferrières, diocèse de Séez, avec Marguerite Cocu, fille de feu Louis Cocu, laboureur à Senicourt. — 9 juin 1693. Mariage d'Antoine-Fulgence Le Féron, greffier de la ville de Compiègne, fils de feu Fulgence Le Féron, avec Madeleine Gossart, fille de feu Jacques Gossart. — 1er septembre 1693. Baptême d'Angélique, fille de Claude Guillaume, marchand, et de Madeleine Dachery. — 14 septembre 1693. Mariage de Pierre Murra, maître chirurgien à Esmery, natif d'Aston, dans le comté de Foix, fils de feu Jean Murra, avec Marguerite Thuillier, fille d'Hubert Thuillier, seigneur d'Hauteville, brigadier des gendarmes de la garde du

Roi. — 14 octobre 1693. Décès de Louis Bottée, notaire et procureur. — 16 janvier 1694. Décès d'Anne Richard, femme de Charles Rivage, procureur. — 30 janvier 1694. Mariage de Claude Demory, de la paroisse Notre-Dame, fils de Charles Demory, ancien maïeur, avec Jeanne Parmentier, fille de Louis Parmentier. — 11 février 1694. Décès de Florence Charmolue, femme de Louis Le Dieu. — 22 février 1694. Mariage de Charles Cabotin, de la paroisse Notre-Dame, fils de Charles Cabotin, notaire royal, avec Antoinette Leleu, fille de feu Artus Leleu. — 5 juillet 1694. Décès d'Antoine Vaillant, ancien maïeur. — 6 juillet 1694. Décès de Philippe Caudavaine, commissaire d'artillerie, fils de feu Philippe Caudavaine. — 12 juillet 1694. Décès d'Augustin Cabotin, avocat. — 27 juillet 1694. Mariage de Lazare Seguin, commis des aides, natif d'Arnay-le-Duc, en Bourgogne, fils de Nicolas Seguin, notaire et procureur, avec Marie-Louise Poyer, fille de feu Antoine Poyer, prévôt royal à Crépy-en-Laonnois. — 14 août 1694. Baptême d'Antoine François, fils d'Antoine-Fulgence Le Féron et de Madeleine Gossart. — 1er septembre 1694. Décès de Louis Parmentier, ancien greffier au bailliage. — 14 septembre 1694. Baptême de Simon-Joseph, fils de Simon Dehagues, avocat, lieutenant des Eaux-et-Forêts, et de Jacquette-Madeleine Marchand-Dumée. — 3 novembre 1694. Mariage de Nicolas Daugy, natif de la ville de Beauvais, paroisse Saint-Sauveur, fils de feu Jean Daugy, avec Jeanne-Honorée Précelle, fille de feu Claude Précelle. — 3 décembre 1694. Baptême et décès d'Anne-Madeleine, fille de Charles Beleu, procureur du Roi en la mairerie, et d'Anne-Madeleine Durand. — En 1694, le curé enregistre 11 mariages, 73 baptêmes et 170 décès (56 d'individus au-dessous de 8 ans, 21 de 8 à 20 ans, 38 de 21 à 45 ans, 50 de 46 à 70 ans, 3 de 70 à 80 ans, 2 dont l'âge n'est pas indiqué). — 24 janvier 1695. Décès de Catherine Gossart, femme de Charles Gobault. — 4 février 1695. Décès de Marie Couturier, femme d'Antoine Gossart. — 13 mai 1695. Décès de Melchior Deféмy, veuf d'Anne Objois. — 9 juillet 1695. Décès de Marie-Françoise Poulain, femme de François Louvel, gendarme du Roi. — 16 août 1695. Mariage de François Roger, fils de François Roger, notaire et procureur, et de Michelle Dehagues, avec Marie-Madeleine Guillaume, fille de Jean Guillaume. — 24 janvier 1696. Mariage de François-Ignace Robert, de la paroisse Saint-Etienne de Saint-Mihiel, en Lorraine, chirurgien major dans le régiment de Villeroy, fils de Claude Robert, marchand, avec Anne-Claude Féret, fille de feu Arnoul Féret. — 12 février 1696. « A esté consacré le maistre « autel de cette paroisse par l'illustrissime et « révérendissime Charles de Brûlart de Genlis, « archevêque et prince d'Embrun, où il y a « eu grand concours de peuple, fort édifié de « la piété de ce grand prélat qui l'avoit fait « desja paroistre le vingt-neufvième de jan- « vier, en donnant le sacrement de la confirma- « tion et la tonsure, et le dix-septième jour de « décembre de l'année mil six cent quatre vingt « et quinze, en conférant tous les ordres sacrez « aux séminaristes de Noyon qui s'estoient « transporté à Chauny pour les recevoir dans « cette paroisse, Monseigneur de Noyon estant » absent ». — 26 février 1696. Décès de Pierre Sommevert, marchand bourgeois. — 12 avril 1696. Parrainage de Jean Cléret, seigneur de Jussieu, capitaine au régiment de Villeroy. — 29 avril 1696. Décès de Madeleine Cousin, veuve de Vincent Durand, avocat. — 25 mai 1696. Mariage de Jean-Baptiste Duchauffour, de la paroisse Saint-Pierre de Verberie, veuf de Marie Baugras, avec Louise Le Dieu, fille de Louis Le Dieu, receveur des consignations. — 3 juin 1696. Baptême de Marie-Anne-Charlotte fille de Charles Gobault le jeune, apothicaire, et de Marie-Anne Lalouette. — 18 juin 1696. Mariage d'Antoine Gossart, huissier audiencier, fils d'Antoine Gossart, notaire et procureur, avec Anne Grégoire, veuve de Denis Fournier, hôte de la Croix-d'Or. — 2 août 1696. Baptême de Salomon, fils de Pierre Cochon et de Barbe Hirault. Parrain: Salomon Cochon, aïeul de l'enfant, commissaire en chef des vivres à Landrecies. Marraine: Marie Reneufve, veuve d'Abel Dobsent, marchand à Noyon. — 28 septembre 1696. Sépulture de Jean Gossart, âgé de 18 ans, fils de Guillaume Gossart, marchand verrier, assassiné le 20, dans le bois de Beaumont. — 12 décembre 1696. Décès de Gabriel Souaille, lieutenant général au bailliage de Chauny. — 17 janvier 1697. Mariage de Claude de Théis le jeune, avocat, fils de Claude de Théis, procureur du Roi en la maîtrise des Eaux-et-Forêts, avec Louise Roger, fille de François Roger. — 20 janvier 1697. Baptême de Marie-Madeleine, fille de François Connart, contrôleur des exploits, et de Barbe Périn. —

1er juillet 1697. Baptême de Claudine-Françoise-Louise, fille de Claude de Théis et de Louise Roger. — 31 août 1697. Baptême de Jean-Baptiste, fils de Charles Cabotin, marchand, et d'Antoinette Leleu. Parrain: Charles Perin le jeune, substitut du procureur du Roi au bailliage. — 7 janvier 1698. Baptême de Françoise, fille naturelle de François Richard, marchand, et d'Anne Rivage (mariés le 22 juillet suivant à Paris, paroisse Sainte-Geneviève des Ardents). — 13 janvier 1698. Décès de Claude-François Le Couvreur, maître des Eaux-et-Forêts. — 8 février 1698. Baptême de Marie-Claude, fille de Louis Garde, maître des Eaux-et-Forêts, et de Marie-François Le Couvreur. Marraine : Marie Dubois, veuve de Charles Garde. — 13 mars 1698. Baptême de Louis-Antoine, fils d'Antoine Broutet Duval de Reigny, architecte des bâtiments du Roi, receveur des bois de Coucy, et de Marie-Marguerite Bediou du Mesnil. — 21 mars 1898. Parrainage de Jacques de la Bonderie, seigneur de Maumont, brigadier des chevau-légers d'Orléans. — 29 mars 1698. Décès de Marie Le Masson, veuve de Jacques Belin. — 1er mai 1698. Décès de Jacques Macadré, maître apothicaire. — 26 juin 1698. Mariage de Gaspard de Gaufreville, gendarme des chevau-légers d'Orléans, de la paroisse Saint-Sulpice de Paris, fils de François de Gaufreville, avec Marie-Françoise Lebon, veuve de Pierre Le Masson, marchand. — 10 septembre 1698. Baptême de Louis-François, fils de Louis Le Hantier, écuyer, et de Marguerite Cocu. — 15 septembre 1698. Mariage d'Antoine Mignot, fils d'Antoine Mignot, marchand, et de feu Marie Denu, avec Françoise Dufour, native de La Fère, fille de feu Claude Dufour. — 19 octobre 1698. Baptême de Luce, fille d'Antoine Guillaume, maire perpétuel de Chauny, et de Marie-Françoise Berthoult. — 25 février 1699. Baptême de Joseph, fils naturel de Jean-Baptiste Estieu, gendarme des chevau-légers du duc d'Orléans, et de Madeleine Duparc. — 25 septembre 1699. Décès d'Elisabeth Desviviers, femme de Jacques Tournadre, chaudronnier au Brouage. — 13 novembre 1699. Baptême de Louise-Florimonde, fille de François Duplessis, gendarme des chevau-légers d'Orléans, et de François Godefroy. Parrain : Barthélemy Bacquet, sieur de Lannoy, maréchal des logis des chevau-légers d'Orléans. — En 1699, le curé enregistre 8 mariages, 94 baptêmes, 50 décès. — 11 janvier 1700. Mariage de Nicolas-Vincent de Villici, chevau-léger d'Orléans, seigneur de Tourville, fils de Didier de Villici, grand bailli du marquisat de Fauquemont, en Lorraine, avec Michelle Roger, fille de François Roger. — 15 janvier 1700. Baptême de Marie-Jeanne-Françoise, fille de François Robert et d'Anne-Claude Férêt. — 2 avril 1701. Baptême de Félicienne-Charlotte, fille de Nicolas Rabeuf, marchand, et de Charlotte Dufour. Parrain : Jacques Coppeau, marchand à La Fère. — 27 août 1701. Baptême de Claude-Marguerite, fille de Claude de Théis, avocat, et de Louise Roger. Parrain : Louis Dehagues, avocat. — 30 mars 1702. Baptême de Françoise-Jeanne-Hélène, fille d'Isaac-Florent de la Haye, contrôleur des aides et receveur des bois des forêts de Coucy, et d'Hélène Barreau. Parrain : François Desprez le jeune. — 24 novembre 1702. Baptême de Charles, fils de Louis-Nicolas de Hangest, seigneur de Beaulieu, capitaine au régiment de Ponthieu, et de Marie-Françoise de la Garenne. — 13 avril 1703. Baptême de Marie-Anne, fille de Charles Gobault, maître apothicaire, et de Marie-Anne Lalouette. — 29 mai 1703. Décès d'Antoine Deſémy, notaire et procureur. — 16 janvier 1704. Baptême de Charlotte-Geneviève, fille de Pierre Gueullette, procureur au bailliage, et de Marguerite Perin. Parrain : Jean Gueullette, notaire et procureur au bailliage de Noyon. — 18 septembre 1705. Baptême de Pierre-Joseph, fils de Joseph Motté, grenadier à cheval au service du Roi, et d'Anne Ancelin. — 12 février 1706. Baptême de Simon-Claude, fils de François Roger le jeune, procureur au bailliage, et de Marie-Madeleine Guillaume. — 19 mai 1707. Baptême de Radegonde-Charlotte, fille de Charles Berleu, procureur du Roi en la mairie de Chauny, et de Marie-Charlotte Brugniart. — 16 juillet 1708. Mariage de Claude-Charles Marquette de Marly, lieutenant criminel au bailliage de Laon, fils de feu Charles Marquette et de Florimonde Leclerc, avec Marie-Marguerite Vaillant, fille de Simon Vaillant, conseiller du Roi en la mairie de Chauny, et de Marie-Marguerite Garde. — 17 octobre 1708. Décès de Pierre Parmentier, garde-marteau de la maîtrise. — 11 février 1709. Mariage de Pierre-Antoine Cottin de Riquerval, fils de Daniel Cottin, marchand à Bohain, avec Louise Coulliette, fille de Jacques Coulliette, lieutenant en la mairie de Chauny. — 8 février 1710. Baptême de Jean-Baptiste, fils de Charles Poitevin, seigneur de Guny, procureur du Roi en la police, et de

Jeanne Patizel. — 3 juin 1710. Mariage de Philippe Thiry, greffier de la subdélégation au département de Péronne, fils de feu Philippe Thiry, avec Elisabeth-Geneviève Defémy, fille de feu Antoine Defémy. — Familles Bove, Canet, Dantart, Fondrillon, Leleu, Poix, etc.

GG. 5. (Cahiers in-4o). — 304 feuillets, papier.

1711-1730. — Actes des baptêmes, mariages et sépultures de la paroisse Saint-Martin de Chauny. — Curés: Labbé, Delassalle, Devinx. — 7 mars 1711. Baptême de Jean-François, fils de Pierre Gueulette et de Maria-Anne Boudier — 10 mars 1711. Mariage de Jean Cottin de Paris, fils de Jean Cottin, docteur en médecine, avec Jeanne Coulliette, fille de Jacques Coullette — 26 septembre 1711. Décès de René Crosnier, seigneur de la Giraudais, commissaire garde-magasin en la ville de Chauny. — 18 octobre 1711. Décès d'Antoine Guillaume, âgé de 86 ans — 10 avril 1712. Décès de Jeanne-Honorée de la Marlière, femme de Charles Le Tellier, commandant sur la rivière d'Oise. — 13 septembre 1712. Mariage de Claude Macadré, maître apothicaire, fils de feu Jacques Macadré, avec Antoinette Caudavaine, fille de feu Philippe Caudavaine. — 8 octobre 1713. Décès de Claude Le Comte, greffier en la mairie de Chauny. — En 1713, le curé enregistre 61 baptêmes, 13 mariages et 40 décès. — 8 juillet 1714. Décès (à 84 ans) de Nicolas Vaillant, sieur d'Aizecourt, enterré dans l'église de Sainte-Croix. — 14 janvier 1715. Décès de Claude de Théis, ancien procureur du Roi en la maîtrise. — 3 août 1715. Baptême de Marguerite, fille de Charles Guillaume, marchand bourgeois, et de Marie-Marguerite Gouillart. Parrain : Pierre Gouillart, greffier au bailliage. — 8 novembre 1716. Baptême d'Anne-Thérèse, fille de Claude de Théis et de Louise Roger. Parrain : Charles Bonnet, seigneur de Gault, lieutenant de la compagnie des grenadiers à cheval. — 3 avril 1717. Baptême de Louis-François, fils de Laurent Chocque, notaire et procureur, et de Marie-Charlotte Caillet. — 11 avril 1717. Décès d'Anne de Chilly, femme de Simon Dehagues. — 25 avril 1717. Décès de Jacques Belin, président juge des traites à Chauny. — — 13 juin 1718. Décès de Florence Le Dieu, femme de Jacques Nony, sieur de Briffault, lieutenant des chasses et des plaisirs du Roi. — 5 juillet 1718. Mariage de Robert Lalot, receveur des aides, veuf de Suzanne Leclerc, avec Marie-Anne Bournigalle, veuve de Charles Lhuillier, sieur du Clos, chirurgien, demeurant au bourg de Ciré, en Touraine. — 27 octobre 1719. Baptême de Julitte, fille de François Delescluze, maître chirurgien, et de Charlotte-Elisabeth de Driencourt. — 11 juin 1720. Mariage de Jean-Baptiste de la Cour, contrôleur au grenier à sel de Soissons, homme veuf, de la paroisse Saint-Léger, avec Marguerite-Charlotte Rivage, fille de feu Charles Rivage. — 17 décembre 1720. Baptême de Gabriel, fils de Gabriel Souaille, seigneur de Chamboreau, et de Marguerite-Berthe de Villers. — 9 février 1721. Baptême de Catherine-Thérèse, fille d'Antoine Defémy, notaire et procureur, et de Suzanne Sensse. — 20 octobre 1721. Mariage de Salomon Cochon de la Brosse, fils de feu Pierre Cochon de la Brosse, directeur des postes, avec Anne Delescluze, fille de François Delescluze, maître chirurgien. — 2 janvier 1722. Décès de Florimond Souaille, lieutenant général civil et criminel au bailliage de Chauny. — 14 juillet 1722. Mariage de Simon-Joseph Dehagues, fils de Simon Dehagues, conseiller en la maîtrise de Chauny, avec Marie-Madeleine Witasse, fille de Pierre Witasse, bourgeois. — 15 décembre 1722. Mariage de Pierre Rabeuf, procureur au bailliage fils de Nicolas Rabeuf, garde-marteau en la maîtrise, avec Jeanne Guillaume, fille de feu Charles Guillaume, marchand. — 6 janvier 1723. Baptême de Marie-Geneviève, fille de François-Claude-Joseph Le Couvreur, avocat, et de Marie-Catherine-Berthe de Villers. — 12 juillet 1723. Mariage de Jean-Jacques Belin, procureur du Roi en la police, veuf de Marguerite Rose Segny, avec Marie-Madeleine Roger, fille de Claude Roger. — 19 janvier 1724. Décès de Jacques Couillette de l'Isle, maître de la buerie du Pissot, après avoir abjuré dans les derniers jours de sa maladie. — 1er août 1724. Décès de Simon Dehagues, procureur du Roi au bailliage. — 4 avril 1725. Baptême d'Antoine-Hilaire-Charles, fils d'Antoine Tavernier, officier de S. A. R. feu le duc d'Orléans, et de Marguerite Perin. — 12 novembre 1725. Décès de Claude Guillaume, marchand bourgeois. — 28 novembre 1726. Décès d'Artus Leleu, ancien garde du Roi. — 6 décembre 1726. Décès de Marie Blondel, femme de Louis Châtelain, écuyer, aide de camp des armées du Roi. — 14 avril 1727. Baptême de Charles-Joseph Hacquot de Vinay, fils de Bertrand-Albert Hacquot de Vinay, huissier en la Cour des Monnaies, et de Marie-Jeanne Jottier de Mengin. Marraine : Marie-Catherine Jottier de Mengin, femme de Claude Tupigny, chirurgien à Ham. — 24 novembre 1728. Baptême de Jean-Louis, fils de Jean Bourdon, commis aux aides. Parrain : Louis Bertrand, fils de feu François Bertrand, huissier au bailliage de Coucy. Marraine : Anne Mangin, veuve de Jean Bourdon, greffier au bailliage de Pierrefonds. — 10 février 1729. Mariage de Claude Roger, notaire royal et procureur, fils de Claude Roger, ancien procureur, avec Florence-Charlotte Thomas, fille de feu Jacques Thomas, bailli général de la ville et marquisat de Nesle, et de Marie Demory. — 21 février 1729. Mariage de Louis-François Fouquier, fils de Louis Fouquier, marchand et ancien échevin de Saint-Quentin, et de Françoise Dorigny, avec Jeanne Guillaume, fille de Simon-Daniel Guillaume, marchand et juré de Chauny, et de Françoise Roger. — 1er mars 1730. Décès d'Anne-Jeanne Couillette, nouvelle convertie, âgée de 61 ans, fille de feu Daniel Couillette, marchand blanchisseur. — 22 avril 1730. Sont parrain et marraine (par procuration) : Philippe-François de Flavigny, fils de Philippe-Florimond de Flavigny, seigneur de Liez, Geneviève de Caulaincourt, fille de Louis-Armand de Caulaincourt, seigneur d'Eppeville, marquis de Caulaincourt. — 10 juillet 1730. Mariage de Pierre Despagne, maître chirurgien, fils de feu Pierre Despagne, ancien échevin de la ville de Ham, et de Jeanne Bonnart, avec Jeanne Liart, native de Guise, veuve de François Bouillette, garde de la connétablie et maréchaussée de France. — 9 décembre 1730. Décès de Florent Gouillart, officier chez le Roi. — Familles Dumont, Henne, Hery, Mennessier, Sézille, Walmé, etc.

GG. 6. (Cahiers in-4o). — 317 feuillets, papier.

1731-1745. — Actes des baptêmes, mariages et sépultures de la paroisse Saint-Martin de Chauny. — Curés : Devinx, Bourlon. — 5 mars 1731. Décès de Clotilde, nourrisson de l'Hôpital des Enfants Trouvés de Paris. — 22 juin 1731. Baptême de Marie-Anne-Madeleine, fille de Guillaume Roger, procureur, et de Marie-Anne Vinchon. Parrain : François Roger, ancien procureur et notaire. Marraine : Marie Perin, veuve de Nicolas Vinchon, notaire et procureur au bailliage de Péronne. — 19 février 1732. Mariage de Pierre-François Dachery, fils de Michel Dachery, receveur des traites à Saint-Quentin, avec Angélique Guillaume, fille de feu Claude Guillaume. — 12 mai 1732. Mariage d'Adrien Dachery, marchand orfèvre à Saint-Quentin, fils de Michel Dachery, avec Geneviève-Charlotte Gueullette, fille de Pierre Gueullette. — 2 août 1732. Décès de Simon Dehagues, lieutenant des Eaux-et-Forêts. — 15 septembre 1732. Mariage de Pierre-Théophile Le Couvreur de Selaine, fils de feu Claude-François Le Couvreur, avec Marie-Antoinette Le Sueur, fille de Julien Le Sueur, procureur au Parlement de Paris. — 21 octobre 1732. Décès de Louise Le Dieu, veuve de Philippe-Léonard de Senlis, ancien médecin de la feue reine. — 8 novembre 1732. Décès de François-Nicolas Verly, natif de la ville de Fribourg, en Suisse, sous-lieutenant au régiment suisse de Bezenval. — 9 novembre 1732. Décès de Pierre Gueullette, notaire et procureur. — 5 janvier 1733. Baptême de Marie-Madeleine, fille de Nicolas-Toussaint Dehagues de Conflans, procureur du Roi au bailliage, et d'Angélique-Marguerite Bibaut. Parrain : Charles-Bénigne Bigaut, porte-manteau ordinaire du Roi. — 14 septembre 1733. Mariage de Charles-François de Vauix, subdélégué à Noyon, avec Marie-Louise de Théis, fille de Claude de Théis. — 27 septembre 1733. Décès de Jean Guillaume, marchand et ancien échevin. — 9 février 1734. Mariage de Florimond-Antoine Tavernier, fille de feu Antoine Tavernier, avec Marie-Madeleine Berleu, fille de feu Charles Berleu. — 18 octobre 1734. Mariage de Claude-Arnould-Joseph Demory des Gravières, fils de feu Claude Demory, avec Madeleine-Charlotte de Théis, fille de Claude de Théis. — 17 novembre 1734. Mariage de Pierre-Charles Gueullette, secrétaire en chef de la ville et mairie de Chauny, fils de feu Pierre Gueullette, avec Françoise-Marie-Louise Choque, fille de Laurent Choque et de Marie-Charlotte Caillel. — 28 février 1735. Décès (subit) de Marie-Marguerite Revillon, femme de Nicolas Le Sot, sieur de la Panneterie, avocat en Parlement. — 4 avril 1735. Décès d'Antoine Guillaume, ancien maire perpétuel de Chauny. — 5 août 1735. Baptême de Jacques-Auguste-Louis, fils de Pierre Théophile Le Couvreur, sieur de Selaine, et de Marie-Antoinette Le Sueur. Parrain : Jacques-Auguste Le Sueur, garde des archives de S. A. le duc de Bourbon. Marraine : Marie-Louise Le Couvreur, femme de Louis Garde, maître des Eaux-et-Forêts. — 22 avril 1736. Baptême de Marie-Marguerite-Charlotte, fille de Claude Guillaume, premier échevin, et de Jeanne Devillers. — 19 juin 1736. Mariage de François Manchon de Magny, fils d'Erme-François Manchon Dorange, seigneur de Magny à la Fosse, et de Louise Ponthieu, avec Louise Garde, fille de Louis Garde, seigneur de Muret. — 26 juillet 1736. Décès d'Antoine Lourson, ancien officier du Roi, âgé de 87 ans. — 27 juillet 1736. Baptême de Charles-Louis, fils de Claude-Arnould-Joseph Demory des Gravières et de Marie-Madeleine-Charlotte de Théis. — 17 septembre 1736. Décès de Marie-Madeleine Caillet, veuve de Pierre Roger. — 8 janvier 1737. Décès de Pierre Gouillart, ancien bourgeois et juré. — 9 mars 1737. Baptême de Louis-Jean-Constant, fils de Claude-Constant Garde de Muret, maître particulier des Eaux-et-Forêts, et de Marie-Françoise Charpentier. Marraine: Marie-Anne de Courteville, veuve de Jean Charpentier, bailli de Wailly. — 9 décembre 1737. Baptême de Marie-Thérèse, fille de Florimond-Antoine Tavernier, bourgeois, et de Marie-Madeleine Berleu. — 3 février 1738. Décès de Claude Roger, ancien procureur au bailliage. — 29 novembre 1738. Mariage de Guillaume-François Quandet de la Chenal, sous-brigadier des fermes, fils de feu Jean Quandet de la Chenal, ancien maire de la ville de Rocroy, avec Marie-Anne-Florence Leleu, fille de feu Florent Leleu, bourgeois, et veuve de Salomon-Robert Andrieux, commis aux aides. — 31 janvier 1739. Baptême de François, fils de Claude-Louis Béguin, marchand, et de Barbe Lepage. — 21 juin 1739. Décès de François Roger, ancien notaire et procureur. — 17 septembre 1739. Décès de Charles Perin, ancien substitut au bailliage. — 9 février 1740. Mariage de Médard Guénin, notaire royal et procureur, fils de feu Simon Guénin, receveur de la seigneurie de Lannoy, avec Marie-Charlotte Connart, fille de feu François Connart, ancien receveur des consignations au bailliage. — 10 mars 1740. Décès de Jean Couillette, inspecteur général des haras du Roi de la Généralité de Soissons, veuf de Marie Crommelin, après avoir abjuré dans les derniers jours de sa maladie. — 7 juillet 1740. Décès (subit) de Jeanne Waubert, âgée de treize ans, fille d'Antoine-François Waubert, receveur des fermes du Roi. — 14 décembre 1740. Décès de Nicolas Rabeuf, ancien garde-marteau de la maîtrise. — 25 mars 1741. Baptême de Louise-Eléonore, fille de Claude-Arnould-Joseph Demory des Gravières. Parrain: Louis-François Dartois, avocat du Roi au bailliage de Saint-Quentin. — 2 mai 1741. Mariage d'Henri-Timothée Desforges, seigneur de Beaumé, fils de feu Charles-François Desforges, lieutenant civil et criminel au bailliage de Ribemont, seigneur en partie de Lavaqueresse, et de Madeleine de Langellerie, avec Marie-Marguerite-Gabrielle Souaille de Chamoreau, fille de Gabriel Souaille de Chamoreau, seigneur de Tincourt. — 15 mai 1741. Mariage de Claude-Louis Guillaume, fils de Claude Guillaume, premier échevin de Chauny, avec Françoise-Constance Guillaume, fille de feu Simon-Daniel Guillaume, marchand. — 23 octobre 1741. Mariage de Claude Mégret, capitaine d'infanterie, fils de feu Claude Mégret, conseiller au bailliage de Saint-Quentin, avec Anne-Thérèse de Théis, fille de Claude de Théis. — En 1741, le curé enregistre 56 naissances, 13 mariages, 60 décès. — 5 mars 1742. Baptême de Marie-Charlotte-Pélagie, fille de Médard Guénin et de Marie-Charlotte Connart. — 28 mars 1742. Baptême de Gabriel-Henry, fils d'Henri-Timothée Desforges et de Marie-Marguerite Gabrielle Souaille. Marraine : Marie-Madeleine-Catherine de Gaudry, femme d'Antoine de Caritat, seigneur de Condorcet, capitaine de cavalerie au régiment de Barbançon. — 28 juillet 1742. Décès de Jean-François Gueullette, notaire et procureur. — 12 mai 1743. Décès de Claude-François-Joseph Le Couvreur, écuyer, ancien maire de Chauny. — 14 août 1743. Baptême de Daniel, fils de Claude-Louis Guillaume Deprié, marchand drapier, et de Françoise-Constance Guillaume. — 9 octobre 1743. Baptême de Louis-Armand, fils d'Armand Descarsin, notaire royal et subsitut au bailliage, et de Barbe Desains. — 10 décembre 1743. Décès d'Antoine-Claude-François Tavernier, officier de feu S. A. R. le duc d'Orléans. — 29 décembre 1743. Décès (à 85 ans) de Mathias Thizon, ancien maréchal des logis des gendarmes de Flandre. — 7 janvier 1744. Mariage de Nicolas-Eustache Le Sot de la Panneterie, fils de Nicolas Le Sot de la Panneterie, avocat, avec Marie-Madeleine-Thérèse-Firmine Roger, fille de Jean-Baptiste Roger, greffier au bailliage d'Amiens, et de Marie-Madeleine-Thérèse Boucher. — 13 janvier 1744. Mariage de Jean-Claude Descarsin, notaire royal à Saint-Quentin, fils de Louis Descarsin, officier du duc de Berry, avec Catherine-Thérèse Defémy, fille d'Antoine Defémy, notaire et procureur. — 22 juin 1744.

Mariage de Pierre-Samuel Portalès, receveur du marquisat de Guiscard, fils de feu Samuel Portalès, lieutenant de carabiniers, natif de la paroisse d'Aix-en-Othe avec Jeanne-Rose Belin fille de Jean-Jacques Belin. — 16 août 1744. Baptême de Marie-Marguerite-Constance, fille de Claude-Constant Garde de Muret et de Marie-Marguerite-Louise Gallois. — 4 mai 1745. Décès de Marie-Marguerite Garde, veuve de Simon Vaillant, gentilhomme de la vénerie du Roi. — 5 novembre 1745. Baptême de Jeanne-Suzanne, fille de François Delescluze, maître chirurgien, et de Cécile Bucquet. — Familles Boucher, Canivet, Demizelle, Froment, Gosset, Legret, etc.

GG. 7. (Cahiers in-4°). — 368 feuillets, papier.

1746-1757. — Actes des baptêmes, mariages et sépultures de la paroisse Saint-Martin de Chauny. — Curés : Bourlon, Desprez. — 8 avril 1746. Baptême de Jean-Jacques, fils de Louis Carrier, receveur des aides, et de Marie-Antoinette-Françoise Delacour. — 7 octobre 1746. Baptême d'Emmanuel-Joseph, fils de Joseph Moyen, contrôleur général des aides des Généralités d'Amiens et de Soissons, et de Michelle Rose. Parrain : Emmanuel-Paul Fournier, contrôleur des aides à Noyon. — 14 janvier 1747. Décès de Nicolas Le Sot de la Panneterie, maire alternatif de Chauny. — 7 février 1747. Mariage d'André-Jean-Henri Charpentier, fils de feu Jean Charpentier, avec Elisabeth-Marie-Geneviève Gouillart, fille de Pierre-Florent, officier chez le Roi. — 23 janvier 1748. Mariage de Jean-Louis Boujot, notaire et procureur, fils de feu Jean Boujot, notaire et procureur à Vailly, avec Marie-Madeleine Waubert, fille d'Antoine-François Waubert. — 26 février 1748. Mariage de Jacques Maquaire, notaire et procureur, fils de feu Jacques Maquaire, avec Jeanne-Louise de la Marlière, fille de feu Charles de la Marlière, bourgeois. — 15 mars 1748. Baptême de Louis-Charles-François, fils de Pierre-Charles Garde de Matigny, lieutenant général de police, et de Marie-Françoise Romain. — 5 novembre 1748. Mariage de François Laurendeau, veuf de Marie-Louise Carlier, receveur des aides, avec Marguerite Choque, fille de Laurent Choque, ancien notaire et procureur. — 22 janvier 1749. Décès de Louis Garde, veuf de Marie-Louise-Françoise Le Couvreur. — 5 février 1749. Mariage de Thomas-Alexandre Gueulette, receveur particulier des maîtrises de Chauny, La Fère et Saint-Quentin, fils de feu Pierre Gueullette, avec Jeanne-Thérèse Desprez, fille de feu François Desprez, receveur des gabelles à Aubenton, et de Jeanne-Angélique Waubert. — 30 juin 1749. Mariage de Claude-Antoine Richard, docteur en médecine à Noyon, fils de feu Claude-Adrien Richard, avec Jeanne-Honorée Béguin, fille de feu Charles-Antoine Béguin, docteur en médecine. — 1er août 1749. Baptême de Marie-Josèphe-Henriette, fille d'André-Jean-Henry Charpentier, avocat, et d'Elisabeth-Marie-Geneviève Gouilliart. — 25 février 1750. Décès de Claude de Théis, subdélégué, âgé de 82 ans. — 1er mai 1750. Baptême de René-Pierre-Jacques, fils de René Dumoustier de la Fosselière, marchand blanchisseur, et de Marie Cooke. Parrain : Pierre-Jacques Dumoustier de Vastre, écuyer, demeurant à Saint-Quentin. — 13 septembre 1750. Baptême de Mathieu-Pierre, fils de Mathieu Pasquier Franquet, procureur, et d'Anne-Marguerite Féret. — 27 octobre 1750. Décès de Pierre-Florent Gouilliart. — 15 avril 1751. Décès d'Antoinette, âgée de six ans, pensionnaire de la Communauté des Filles de la Croix, fille de Nicolas de la Martinière, émailleur ordinaire et pensionnaire du Roi, de la paroisse Sainte-Croix en la Cité de Paris. — 21 avril 1751. Baptême d'Eustache-Roland-Roger, fils de Nicolas-Eustache Le Sot de la Panneterie et de Marie-Madeleine-Thérèse-Firmine Roger. — 10 octobre 1751. Baptême de Claude-Louis, fils de Jacques Maquaire et de Jeanne-Louise de la Marlière. — 27 novembre 1752. Mariage de Louis-Claude de Rouvroy, fils de feu Louis-Romuald de Rouvroy, arpenteur royal, avec Marie-Charlotte Choque, fille de feu Laurent Choque. — En 1752, le curé enregistre 52 baptêmes, 8 mariages, 46 décès, dont 7 nourrissons de l'Hôpital des Enfants Trouvés de Paris. — 21 mars 1753. Décès de Louis Descarsin, veuf de Marie-Louise Meurice. — 27 novembre 1753. Mariage de Jean-Louis Macqueret, fils de feu Nicolas-Philippe Macqueret, receveur de M. de Flavigny, de la paroisse de Liez, avec Marie-Madeleine Béguin, fille de Claude-Louis Béguin, contrôleur du greffe de la ville et mairie. — 10 mars 1754. Décès de Louis-François Bottée, ancien procureur au bailliage. — 30 juin 1754. Décès de Constant-Eléonore Le Couvreur de Saint-Pierre, commissaire d'artillerie, âgé de 28 ans, fils de feu Claude-François-Joseph Le Couvreur,

— 16 décembre 1754. Décès de Jeanne Heroux, veuve de Marin Loreiller, ancien officier au grenier à sel de Paris. — 5 février 1755. Mariage de Pierre-Marie Caillet, notaire et procureur au bailliage de Noyon, fils de feu Pierre Caillet, greffier de la maîtrise de Noyon, avec Marie-Anne-Madeleine Roger, fille de Guillaume Roger, notaire et procureur à Chauny. — 27 février 1755. Baptême de Florent-Eustache, fils d'Antoine Lhote, avocat du Roi en l'Hôtel-de-Ville de Chauny, et d'Anne-Jeanne de Rouvroy. Parrain : Florent-Louis-Joseph Gouillart, procureur en la maîtrise de Chauny. — 28 avril 1755. Décès de Marie-Françoise de la Garenne, veuve de Louis-Nicolas d'Hangest, seigneur de Beaulieu-en-Thiérache. — 21 juillet 1756. Mariage de Jean-Louis-Bernard de Frezals de Bourfaud, âgé de 48 ans, brigadier des gardes du corps du Roi, natif de la paroisse Saint-Nicolas de Braine, fils de feu Bernard de Frezals, avec Angélique-Marie-Madeleine Dehagues de Conflans, fille de Nicolas-Toussaint Dehagues, sieur de Conflans, lieutenant en la maîtrise. — 12 décembre 1756. Baptême de Charles-François, fils de Lamoral-Eugène Flahault, docteur en médecine, et de Thérèse Truy. — 19 janvier 1757. Mariage de Jacques-Hyacinthe-Charles de Beaufort, capitaine au régiment de Picardie, demeurant à Noyon, fils de feu Nicolas de Beaufort, lieutenant général audit Noyon, avec Jeanne-Thérèse Desprez, demeurant à Coucy, veuve de Thomas-Alexandre Gueullette. — 14 mai 1757. Mariage de Jean Dumoustier, natif de Loudun, y demeurant, fils de feu Jean Dumoustier, greffier au grenier à sel dudit Loudun, avec Louise-Gertrude Deféмy, fille d'Antoine Deféмy. — 26 novembre 1757. Baptême de François-Bernard, fils de Louis-Bernard de Frezals de Bourfaud et d'Angélique-Marie-Madeleine Dehagues de Conflans. Parrain : Bernard de Frezals, ancien directeur du droit de confirmation, demeurant à Comminges, oncle de l'enfant. — Familles Baquia, Carlier, Delorme, Dupuis, Nocq, Tabary, etc.

GG. 8. (Cahiers in-4°). — 361 feuillets, papier.

1758-1768. — Actes des baptêmes, mariages et sépultures de la paroisse Saint-Martin de Chauny. — Curé : Desprez. — 10 février 1758. Baptême de Marie-Louise-Gertrude-Constance, fille de Jean Dumoustier et de Louise-Gertrude Deféмy. — 3 janvier 1759. Baptême de Charles-Louis, fils de Simon-Pierre-Louis Béguin, notaire et procureur, et de Jeanne-Françoise Roger. Parrain : Jean-Charles-Mathieu Mortier, seigneur de Montigny, inspecteur du canal de Picardie. — 26 avril 1759. Mariage de Jean-Claude Belin de Bonival, greffier de la maîtrise, fils de Jean-Jacques Belin, avec Marie-Catherine de la Marlière, fille de feu Claude-Louis de la Marlière. — 16 septembre 1759. Décès de Marie-Elisabeth (8 ans et demi), pensionnaire chez les Filles de la Croix, fille de Guillaume Waubert, maître tailleur, demeurant en la paroisse de Saint-André-des-Arts de Paris. — 27 mai 1760. Baptême de Jean-Baptiste-Joseph-Augustin, fils d'André-Joseph Vitart, receveur et contrôleur des actes, et de Marie-Françoise-Geneviève Le Cerf. — 17 septembre 1760. Baptême de Pierre-Louis-Emmanuel, fils de Pierre Rabeuf, notaire et procureur, et d'Agnès-Henriette-Natalie-Joseph Mutte. — 21 novembre 1760. Décès de Jean-Jacques Belin, âgé de 79 ans. — 26 août 1761. Mariage de Pierre Desmarquette, écuyer, fils de Pierre Desmarquette de la paroisse de Saint-Riquier, au diocèse d'Amiens, avec Madeleine de la Forge, fille de Jean de la Forge, marchand. — 7 juillet 1762. Décès de Marie, en nourrice à Chauny, fille de Jacques Fabre, porteur d'eau, demeurant chez M. Demon, chandellier, rue et montagne Sainte-Geneviève, paroisse Saint-Etienne-du-Mont, à Paris. — 2 octobre 1762. Décès de Marguerite Dulait, âgée de 87 ans, veuve de Louis de la Faure, écuyer, demeurant en la communauté des Filles de la Croix. — 12 avril 1763. Mariage de René-Bernard Huart, officier d'infanterie, fils de feu François Huart, marchand en gros, avec Jeanne-Marguerite de Froidour, fille de feu Joseph de Froidour, seigneur de Pont-Saint-Mard. — 27 février 1764. Baptême de Calixte, fille de Jean-Baptiste-Claude Le Couvreur, seigneur de Saint-Pierre, et d'Anne-Jeanne Guillaume Depriez. — 24 juillet 1764. Mariage de Michel-Jean-Baptiste Hébert, écuyer, fils de feu Jean-Baptiste Hébert, receveur général et payeur des rentes de l'Hôtel-de-Ville de Paris, avec Marie-Madeleine-Constance Garde de Muret, fille de Claude-Constant Garde de Muret. — 12 juin 1765. Mariage de Florent-Louis-Joseph Gouillart, procureur en la maîtrise, fils de feu Pierre-Florent Gouillart, avec Anne-Françoise-Charlotte Guillaume Depriez, fille de feu Claude-Louis Guillaume Depriez, marchand. — 2 juillet 1765. Mariage de François-Joseph Macqueret de Verly, lieutenant général au bailliage de Chauny, fils de Pierre-Joseph Macqueret, ancien maire de Ribemont, avec Marie-Constance-Rose Portalès, âgée de 15 ans, fille de Pierre-Samuel Portalès, bourgeois de Chauny. — 7 août 1765. Mariage de Nicolas de Marly, notaire et procureur, fils de feu Charles de Marly, marchand, avec Elisabeth-Antoinette Mignot, fille de Joseph Mignot, ancien marchand. — 30 décembre 1765. Décès de Pierre Morial, âgé de 18 ans, « pensionnaire aux écoles de cette ville », fils de Pierre-Grégoire Morial, notaire royal à La Fère. — En 1765, le curé enregistre 74 naissances, 12 mariages, 48 sépultures, dont 2 nourrissons de l'Hôpital des Enfants Trouvés de Paris. — 2 février 1766. Baptême de Constant-Alexandre, fils de Jacques-Hyacinthe-Charles de Beaufort et de Jeanne-Thérèse Desprez. — 16 avril 1766. Baptême de Florent-Louis-Joseph, fils de Florent-Louis Goüillart et d'Anne-Françoise-Charlotte Guillaume Depriez. — — 18 avril 1766. Décès de Pierre-Théophile Le Couvreur, seigneur de Selaine. — 26 octobre 1767. Mariage de Montain Cœurderoy, capitaine de grenadiers, au régiment de Conty, fils de feu Montain Cœurderoy, aussi capitaine de grenadiers, avec Marie-Louise Le Couvreur, fille de feu Pierre-Théophile Le Couvreur. — 3 décembre 1767. Décès de Marie Le Bègue, femme de Claude-Joseph Thierrat, procureur du Roi en la mairie et garde-marteau de la maîtrise. — 7 mai 1768. Baptême d'Euphrosine-Caroline, fille de Jean-Charles Bayard, principal du collège, et de Marie-Madeleine-Jeanne de la Fosse. — 24 juillet 1768. Baptême de Charles-Aubin, fils de Michel-Jean-Baptiste Hébert, maître des Eaux-et-Forêts, et de Marie-Madeleine-Constante Garde de Muret. — 9 septembre 1768. Décès de Claude-Arnould-Joseph Demory des Gravières, bourgeois et l'un des notables de la ville. — Familles Canoine, Delafosse, Desoye, Pauquy, Quaquerelle, Rayé, etc.

GG. 9. (Cahiers, in-4°). — 268 feuillets, papier.

1769-1779. — Actes des baptêmes, mariages et sépultures de la paroisse Saint-Martin de Chauny. Curé : Desprez. — 27 janvier 1769. Décès de Charles Guillaume, officier chez le Roi, âgé de 94 ans, veuf de Marie-Marguerite Goüillart. — 25 février 1769. Baptême de Madeleine-Geneviève-Sophie, fille de Jean-Hilaire Desains, notaire et procureur, et de Geneviève Lemercier. — 3 mars 1770. Baptême d'Antoinette-Victoire, fille de Montain Cœurderoy et de Marie-Louise Le Couvreur. Parrain : Claude-Théophile Le Couvreur, lieutenant criminel au bailliage, gouvernement et prévôté de Roye. — 5 juin 1770. Baptême de Marie-François-Alexandre, fils de Michel-Jean-Baptiste Hébert. Marraine : Marie-Anne-Marguerite Hébert, femme d'Antoine Bourdelet, écuyer, demeurant à Paris, place du petit Carroussel, paroisse Saint-Germain-l'Auxerrois. — 20 septembre 1770. Décès de Louise Ponthieux, femme en secondes noces de Barthélemy-Gilles de la Loëre, seigneur de Saint-Gilles, ancien commandant de Saint-Jean d'Angely. — 10 juillet 1771. Mariage de Jean-François Gellé, greffier du bailliage, fils d'Antoine Gellé, laboureur à Guiscard, avec Suzanne-Thérèse Descarsin, fille de Jean-Claude Descarsin, ancien notaire, actuellement receveur-syndic. — 6 novembre 1771. Baptême d'Emélie, fille de Pierre-Louis Bottée, marchand, et de Barbe Grevin. — 11 juin 1772. Mariage d'Henry-Charles-Théodore Taconnet, bourgeois de Noyon, fils de feu Claude-Charles Taconnet, notaire et procureur audit Noyon, avec Gabrielle Pierrette, âgée de 16 ans. — 26 avril 1773. Décès de Claude Guillaume, ancien lieutenant de maire, âgé de 89 ans. — 9 novembre 1773. Mariage de Jean Legrand, procureur à Noyon, fils de feu Joseph Legrand, notaire royal, avec Marie-Agnès-Henry, fille de feu Jean-Charles-Henry, marchand. — 3 janvier 1774. Décès de Louis-Claude de Rouvroy, receveur des amendes de la maîtrise. — 30 avril 1774. Décès d'Antoine-Charles Deféмy, ancien notaire. — 20 juillet 1775. Décès de Marie-Thérèse, en nourrice à Chauny, fille de Pierre Fournel, maître tailleur, demeurant à Paris, rue de la Vieille-Monnaie, paroisse Saint-Jacques La Boucherie. — 10 novembre 1775. Baptême de Constant-Jean-François, fils de Jean-François Gellé et de Suzanne-Thérèse Descarsin. Parrain : Jean-François Guénin, notaire et procureur. — En 1775, le curé enregistre 66 baptêmes, 13 mariages, 60 décès, dont celui d'un nourrisson de l'Hôpital des Enfants Trouvés de Paris et celui d'un autre petit Parisien. — 2 juillet 1776. Mariage de Pierre-Antoine-Laurent Gueullette de Pontaine, avocat et premier échevin de Chauny, fils de feu Pierre-Charles Gueullette, avec Jeanne Guillaume Depriez, fille de feu Louis-Claude Guillaume Depriez. — 8 novembre 1776. Décès d'Antoine-Hilaire-Charles Tavernier, âgé de 53 ans, fils de feu Antoine Tavernier. — 24 septembre 1777. Mariage d'Henri-Artus Josselin, maître en chirurgie, chirurgien-major de la compagnie de l'Arquebuse de Saint-Quentin, fils de feu Alexandre Josselin, maître en chirurgie, avec Marie-Anne-Claire Tavernier, fille de feu Florimond-Antoine Tavernier. — 18 novembre 1777. Mariage de Pierre-Joseph Vallée, docteur en médecine, fils de Pierre-Joseph Vallée, avec Thérèse-Constance-Charlotte Le Sot de la Panneterie, fille de Nicolas-Eustache Le Sot de la Panneterie, marchand blanchisseur. — 19 novembre 1777. Mariage de Claude-Guillaume Depriez, négociant, fils de feu Claude-Louis-Guillaume Depriez, avec Adélaïde-Claude-Louise Garde de Matigny, fille de Pierre-Charles Garde de Matigny. — 27 mars 1778. Baptême de Louis-Stanislas, fils de Pierre-Louis Bourgeois, notaire et procureur, et de Jeanne-Euphrosine Maquaire. — 14 juillet 1778. Décès de Jean Roger, ancien juré de Chauny. — 27 avril 1779. Mariage de Claude-Antoine-Tristan Legros, garde du corps du Roi, fils de Nicolas-Antoine-Xavier Legros, avec Françoise-Angélique-Madeleine Richard, fille de feu Claude-Antoine Richard, docteur en médecine. — 3 juillet 1779. Baptême de Constant-Marie-Timothée, fils de Timothée-Guillaume Desforges, lieutenant des maréchaux de France, et de Catherine-Françoise-Constance Garde de Matigny. — 21 octobre 1779. Baptême d'Antoine-Marie-Thérèse-Louise, fille d'Eustache-Roland-Roger Le Sot de la Panneterie, marchand blanchisseur, et de Marie-Anne-Marguerite-Elisabeth Mauroy. — 21 novembre 1779. Baptême de Marie-Rose-Antoinette, fille de Jean-Claude Belin, de Bonival et de Marie-Anne Nicque. — Familles Baquet, Cagniart, Delafosse, Delandre, Mennessier, Têtart, etc.

GG. 10. (Cahiers in-4°). — 345 feuillets, papier

1788-2 novembre 1792. — Actes des baptêmes, mariages et sépultures de la paroisse Saint-Martin de Chauny. Curé: Desprez. — 17 février 1780. Décès de Marie-Anne Quinquet, veuve de François Chollet, notaire royal à Soissons. — 23 août 1780. Mariage de Jean Métivet, bourgeois de Paris, veuf d'Antoinette Simard, avec Louise-Adélaïde Demarly, fille de feu Henri Demarly, huissier en la maîtrise, et de Marie-Madeleine Evrard. — 21 novembre 1780. Baptême de Louis-Marie-François, fils de François Delescluze, maître chirurgien, et de Marie-Claude Boucher. — 1er février 1781. Baptême d'Anne-François-Edme, fille de Charles-François Demory des Gravières, lieutenant-général au bailliage, et de Barbe-Edmée-Constance Boileau. — 22 février 1781. Décès de Pierre-Antoine-Laurent Gueullette de Poulainé. — 12 mai 1781. Baptême de Constance-Catherine-Adèle, fille de Pierre-Joseph Vallée et de Thérèse-Constance-Charlotte Le Sot de la Panneterie. — 15 avril 1782. Mariage d'Edme-François-Marie Boileau de Maulaville, contrôleur ordinaire des guerres, fils d'Anne-François Boileau de Maulaville, écuyer, avec Antoinette-Edmée-Marie-Victoire Tavernier d'Heppe, demeurant en la communauté des dames de la Congrégation de Soissons, fille de Claude-Antoine-Florimond Tavernier et de Marie-Jeanne-Adrienne Moreau de Chevremont, tous deux défunts. — 8 août 1782. Décès (à 10 ans) de Charles-François Demory des Gravières. — 28 novembre 1782. Décès de Claude-Constant Garde du Muret, ancien maire de Chauny, âgé de 78 ans. — 20 mai 1783. Baptême de Jean-Pierre, fils de Pierre-Nicolas Favereau, premier huissier audiencier en la maîtrise de Chauny, et de Marie-Louise-Eléonore Bottée. — 17 janvier 1784. Décès de Pierre-Charles Garde de Matigny, veuve de Marie-Françoise Romain. — 2 juin 1784. Décès (à 82 ans) de Guillaume Roger, ancien maire de Chauny. — 7 juin 1784. Baptême de Geneviève-Adélaïde, fille de François-Nicolas Chollet, greffier de la maîtrise, et de Marie-Madeleine Delanchy. — 3 juillet 1784. Baptême d'Anne-Marie-Charlotte-Olympe, fille d'Edme-François-Marie Boileau de Maulaville et d'Antoinette-Edmée-Marie-Victoire Tavernier. — 20 juin 1785. Mariage de Jacques-Etienne Vanel, maître d'écriture et de musique, de la paroisse Saint-Eustache de Paris, fils de Nicolas-Henri Vanel, bourgeois de Paris, avec Félicienne-Julie de la Croix, fille de feu Jean de la Croix, manouvrier. — 15 août 1785. Décès de Josèphe-Thérèse, âgée de six ans, fille de Joseph-Christophe Bettally, négociant, actuellement à Londres, et de Marie-Josèphe Mozanna. — 24 janvier 1786. Décès de Marguerite, en nourrice à Chauny, fille de Melchior Martin, marchand limonadier, demeurant à Paris, rue de l'Arcade, au coin de celle de l'Egout, paroisse Sainte-Madeleine-la-Ville-l'Evêque de Paris. — 8 juin 1786. Décès de Jean-Louis-Bernard de Frezals de Bourfaud, brigadier des armées du Roi, veuf d'Angélique-Marie-Madeleine Dehagues de Conflans, âgé de 79 ans. — 25 mai 1787. Décès de

Marie-Marguerite-Gabrielle Souaille de Chamoreau, femme d'Henri-Thimothée Desforges, seigneur de Vassens. — 18 novembre 1787. Baptême de Louis-Antoine-Joseph, fils de Michel-Joseph-Daniel Cordier de Croust, ancien officier d'infanterie, résidant à Mons-en-Laonnois, et de Marie-Antoinette-Radegonde-Rosalie Compère. — En 1787, le curé enregistre 54 baptêmes, 15 mariages et 44 décès, dont 7 nourrissons de l'Hôpital des Enfants Trouvés de Paris. — 7 janvier 1788. Mariage de Constant-Jean-Baptiste-Louis Hébert, maître particulier des Eaux-et-Forêts à Chauny, âgé de 23 ans, fils de Michel-Jean-Baptiste Hébert, avec Antoinette-Victoire Cœurderoy, fille de feu Montain Cœurderoy. — 15 janvier 1788. Décès de Louis-Joseph Legrand, bailli général du duché de Villequier. — 20 janvier 1788. Décès de Catherine-Françoise-Constance Garde de Matigny, femme de Timothée-Guillaume Desforges. — 17 mars 1789. Baptême de Pierre-Hilaire, fils de Firmin-Adrien Le Sot de la Panneterie, dit « de la Cressonnière », et de Josèphe-Célestine Dochez. — 26 octobre 1789. Mariage de Pierre-Marie Aubrelicque, docteur en médecine à Noyon, fils de feu François Aubrelicque, aussi docteur en médecine, et de Catherine-Françoise Gueullette, avec Marie-Anne-Elisabeth-Emilie Demarly, fille de Nicolas Demarly, notaire royal et juré. — 8 décembre 1789. Baptême de Félicienne-Josèphe-Marie, fille de Pierre-André-Nicolas-Joseph-Antoine Bourgeois du Tronquoy, receveur des domaines, et de Marie-Catherine Joly. Parrain: Charles Bourgeois de Noyeux, contrôleur des domaines à Laon. — 4 juillet 1790. Décès de Marie-Anne Vinchon, veuve de Guillaume Roger, ancien maire de Chauny. — 9 août 1790. Baptême d'Antoinette-Marie-Catherine-Gabrielle-Alexandrine, fille d'Edme-François-Marie Boileau de Maulaville, premier officier municipal, électeur du département. Parrain : Antoine-Edme-Marie-Claude Tavernier d'Heppe, officier de la garde nationale. Marraine: Antoinette-Victoire Cœurderoy, femme de Constant-Jean-Baptiste-Louis Hébert, colonel commandant de ladite garde nationale. — 20 octobre 1790. Mariage de Charles-Joseph Bucquoy, maître en pharmacie, fils de feu Jean-Joseph Bucquoy, fermier de la terre de Malvaux, paroisse de Nampcelle, avec Marie-Louise-Victoire Dauthuille, fille de Nicolas Dauthuille, ancien échevin de Chauny. — 3 janvier 1791. Mariage de Charles-François-Michel Reneufve, juge au tribunal dudit Noyon, fils de Jean-Michel Reneufve, bourgeois de Noyon, avec Françoise-Charlotte Gouillart, fille de Florent-Louis-Joseph Gouillart. — 7 avril 1791. Baptême de François-Joseph-Mathurin, fils de Louis-Joseph Marcel, secrétaire de l'abbé de Choiseul, et de Marie-Félicité Dubreuil. — 27 novembre 1791. Décès (à l'Hôtel-Dieu) de Jacques Herpin, volontaire de la quatrième compagnie du bataillon de la Sarthe, en garnison à Chauny, habitant de la ville de Bazoche. — 8 janvier 1792. Baptême d'Armand-Fidèle-Constant, fils de François-Nicolas Chollet, notaire royal et directeur de la poste aux lettres, administrateur du département de l'Aisne. — 16 octobre 1792. Baptême d'Abel-François, fils de Pierre-Louis Bourgeois, avoué au tribunal de Coucy, et de Jeanne-Euphrosine Macquaire. — Familles Bourdon, Dochez, Lescareux, Tourier, Vivien, Willaume, etc.

GG. 11. (Cahiers in-4°). — 366 feuillets, papier.

1668-1693. — Actes des baptêmes, mariages et sépultures de la paroisse Notre-Dame de Chauny. Curés : d'Antecourt, Humblot. 11 mai 1668. Baptême de François, fils de Charles Demory, marchand de grain, et de Françoise Carlier. — 7 janvier 1669. Baptême de Barbe, fille de Charles Perin, grand marguillier de Notre-Dame de Chauny, et de Madeleine Lourson. — 23 et 24 août 1669. Baptême et décès de Gabrielle, fille de Jacques de l'Etoile, sieur de Vallemont, lieutenant au régiment royal d'infanterie, et de Marie Herbé. — En 1670, le curé enregistre 19 mariages, 84 naissances, 124 sépultures, en tout 227 actes. — 19 mars 1671. Sépulture de Dominique Bibolet, savoyard, décédé à l'Hôtel-Dieu. — 11 janvier 1672. Baptême de Claude-François, fils de Charles Vinchon. Parrain: Claude-François Couvreur, avocat. — 10 avril 1672. Baptême et abjuration d'Antoine Brunelle, soldat du régiment de Crussol, en garnison à Chauny, natif de Domessargues, en Languedoc, près la ville d'Uzès. — 11 avril 1672. Baptême de Marguerite, fille de Charles Perin, substitut du procureur du Roi. Parrain: Charles Berleu, avocat. — 28 février 1673. Mariage de Florentin de Driencourt, fils de Gaspard de Driencourt, de la paroisse d'Anizy-le-Château, avec Elisabeth Descarsin, fille de Joachim Descarsin. — 26 septembre 1673. Décès de Catherine-Théodore, fille de François Guitard, caporal dans la compagnie colonelle du régiment d'Artois, « présentement de la Couronne ». — 19 février et 29 mars 1674. Décès, à l'Hôtel-Dieu, de Michel de la Grange, soldat au régiment du Roi, et d'Antoine Forque, sergent au régiment de la Couronne. — 3 septembre 1674. Baptême d'Antoine, fils d'Eloi Meunier et d'Elisabeth Hébert. Parrain: Antoine de Boisdavid, lieutenant général des armées du Roi, gouverneur du Catelet. — 29 janvier 1675. Mariage de Nicolas Lecomte, fils de feu Nicolas Lecomte et d'Anne Bottée, avec Marie Sire, fille de feu Claude Sire et de Marie Carlier. — 16 août 1675. Parrainage de Michel Chevalier, écuyer, seigneur de Ronguiat. — 18 août 1676. Baptême de François, fils de Nicolas Lecomte et de Marie Sire. Parrain: François de Court, commandant pour le Roi à La Fère. — 19 mars 1677. Baptême de Claude, fils de Jacques Lhéritier, seigneur de la Renaudière, et de Suzanne Julien. — 21 novembre 1678. Mariage d'Antoine Geoffroy, fils de feu Christophe Geoffroy, avec Anne Liétault, fille de Michel Liétault, lieutenant du premier chirurgien du Roi à Chauny. — 13 septembre 1679. Mariage de Louis de la Marlière, fils de feu François de la Marlière, avec Louise Lemaire, fille de feu Pierre Lemaire. — 20 novembre 1679. Mariage de Simon Vaillant, fils d'Antoine Vaillant et de Marie de la Marlière, tous deux défunts, avec Marie-Marguerite Garde, fille de Charles Garde, docteur en médecine, et de Marie Dubois. Sont présents: les trois frères du marié, Antoine, marchand, Charles, curé de Saint-Martin de Chauny, et Claude, lieutenant général à Péronne ; François Muyau, président en l'Election de Saint-Quentin, etc. — 27 mars 1680. Baptême de Marie-Françoise, fille de Nicolas Lecomte. Parrain: André Leborgne, notaire et procureur. — 19 octobre 1685. Abjuration de Judith Leleu, âgée de 68 ans, veuve de Louis Jourdieu, bourgeois de Chauny, et de son fils Louis Jourdieu. Les nouveaux convertis sont aussitôt baptisés. Les parrains et marraines sont: Claude de Théis, ancien mayeur de Chauny, et Simon Dehagues, avocat du Roi au bailliage; Louise de Sorel, comtesse de Saint-Simon et Madeleine de Théis, femme de Gabriel Souaille, lieutenant général au bailliage. — 10 juillet 1690. Mariage d'Antoine Defémy, notaire et procureur, fils de feu Antoine Defémy, avec Charlotte Perin, fille de Jean Perin, aussi notaire et procureur. — 1er avril 1691. Baptême de Catherine-Charlotte, fille de Louis Féret et de Marguerite Bardoulet, Parrain. Charles Garde, avocat en Parlement. — 11 août 1692. Baptême de Marie-Madeleine, fille d'Antoine Tavernier et de Marie Dubois. Parrain: Antoine Tavernier. — 1er décembre 1692. Inhumation de Pierre de Hainault, écuyer, gendarme de la compagnie du duc d'Anjou, en présence de François Durand, seigneur de la Martinière et de Brocqueville. — 1er septembre 1693. Baptême de Marie-Madeleine, fille de Pierre de Massary et de Françoise de Grenot. — Familles Bigand, Camus, Deguise, Desvivières, Lescareux, Pipet, etc.

GG. 12. (Cahiers in-4o). — 371 feuillets, papier.

1694-1717. — Actes des baptêmes, mariages et sépultures de la paroisse Notre-Dame de Chauny — Curés: Humblot, Delavallée. — 14 septembre 1694. Sépulture de Charles Demory, ancien maïeur, enterré en présence de ses fils Claude et Louis Demory. — 5 mars 1696. Mariage de François Connart, de la paroisse Saint-Martin, avec Barbe Perin, fille de Charles Perin, notaire. — 13 juillet 1696. Baptême de Marie, fille de Jean Waubert et d'Angélique Berleu. Parrain: Jean Waubert. — 23 janvier 1697. Baptême de Jacques, fils de Crépin Perche, lieutenant au régiment du duc de Villeroy, et de Charlotte Redon. Parrain: Jacques de la Batte, écuyer. — 30 avril 1697. Baptême de Marie-Anne-Charlotte, fille de Louis de Boniolle, écuyer, et de Marguerite Devaux. — 23 septembre 1697. Mariage de Pierre Gueullette, procureur au bailliage, avec Marguerite Perin, fille de Charles Perin. — 27 juillet 1698. Baptême de Claude-Marguerite-Madeleine, fille de Charles Perin, substitut du procureur du Roi, et de Marguerite Dequin. Parrain: Nicolas Vinchon, notaire et procureur au bailliage de Péronne. — 15 septembre 1698. Baptême de Pierre, fils de Pierre Hacherel, gendarme, et d'Anne Frazier. — 13 avril 1699. Sépulture de Louis Féret, âgé de 55 ans. — 4 août 1699. Baptême de Jeanne, fille d'Etienne-Valentin Dehagues, lieutenant de carabiniers, et de Jeanne Bendier. — 3 et 4 mai 1700. Abjuration de Louis Digand, Judith Foulon, Jacques Couillette sa femme Marthe Cottin et leur fille Anne, Marie Jourdieu veuve de Louis Maillart, et ses filles Madeleine et Suzanne. — En 1702, le curé enregistre 74 baptêmes, 14 mariages, 49 sépultures. — 1er juin 1703. Parrainage de

Simon Sézille, conseiller du Roi, receveur des tailles en l'Election de Noyon. — 3 mai 1704. Sépulture d'André Leborgne, âgé de 82 ans. — 25 décembre 1705. Sépulture de Marguerite Redon, âgée de 24 ans, fille de Martin Redon, fermier des regrats, et de Charlotte Châtelain — 4 mai 1706. Baptême de Jean-François, fils de François Desprez et de Jeanne-Angélique Waubert. Parrain: Jean Belin. — 11 juillet 1707. Sépulture de Crépin Perche de la Ferté, premier lieutenant au régiment de Villeroy. — 16 janvier 1709. Sépulture de Marie Dubois (âgée de 83 ans), veuve de Charles Garde, maître des Eaux-et-Forêts, enterrée en présence de ses deux fils, Louis, maître des Eaux-et-Forêts, et Charles, lieutenant de police. — 3 février 1710. Mariage de Pierre Guillaume, capitaine général des gabelles de France, avec Louise-Antoinette Plaquet. — 30 septembre 1711. Sépulture de Charles Perin, notaire royal et syndic de la paroisse. — 12 juillet 1712. Baptême de Joseph, fils de feu Nicolas Colfaux, employé des gabelles, et d'Anne Maillard. — 22 août 1713. Sépulture de Jean Waubert, marchand bourgeois. — 14 janvier 1714. Baptême de Pierre Simon, fils de Simon Henniel et de Félicienne Lepage. — 24 avril 1714. Mariage de Claude Waubert, fils de feu Jean Waubert, avec Marguerite-Françoise Thomas, fille de feu Jacques Thomas, lieutenant général du marquisat de Nesle. — 20 août 1717. Baptême de Louis-Pierre, fils de Daniel Cathoire, procureur du Roi de la maîtrise, et d'Anne-Catherine Hennicque. Parrain : Pierre Cordier, conseiller du Roi, maire alternatif de la ville de Nesle. — Familles Bailly, Bigand, Desprez, Guilbert, Quillet, Vitoux, etc.

GG. 13. (Cahiers in-4°). — 335 feuillets, papier.

1718-1734. — Actes des baptêmes, mariages et sépultures de la paroisse Notre-Dame de Chauny. — Curés: Delavallée, Huart. — 12 juin 1718. Décès de Marie Dubois, femme d'Antoine Tavernier, ancien juré de la ville et officier de S. A. R., régent du royaume. — 6 août 1718. Décès (à l'hôtellerie de Saint-Nicolas) de Jean-François Dorigny, greffier en chef de la juridiction consulaire et ancien échevin de Saint-Quentin. — 3 février 1719. Décès de Charles Garde, lieutenant général de police. — 15 avril 1720. Mariage d'Antoine-Charles Béguin, docteur en médecine, fils de feu Antoine Béguin, aussi docteur en médecine, avec Marie-Jeanne-Françoise Waubert, fille de Claude Waubert. — 10 juillet 1720. Sépulture dans le cimetière de la paroisse, vis-à-vis le Dieu de pitié, de Jean Papon (noyé en se baignant), grenadier du Roi à cheval, natif de « Fellon », en Alsace, proche Belfort. — 29 mars 1721. Décès de Denis Daudin de la Vallée, ingénieur ordinaire du Roi. — 20 novembre 1721. Décès de Gaspard Villain, employé à la manufacture des glaces de Saint-Gobain. — 28 avril 1722. Mariage d'Antoine Tavernier, officier du feu duc d'Orléans, fils de feu Antoine Tavernier, avec Claude-Marguerite Perin. — 27 février 1723. Décès de Jeanne Le Borgne, veuve d'Antoine Jottier, prévôt royal de Landrecies. — 27 avril 1723. Mariage de Jacques Lauverjat de Montigny, sous-brigadier des grenadiers à cheval du Roi, fils de feu Gabriel Lauverjat, procureur en l'election de Bourges, avec Jeanne-Françoise Lecomte, fille de feu Nicolas Lecomte. — 17 juin 1723. Baptême de Charlotte-Antoinette-Marguerite-Madeleine, fille d'Antoine Tavernier et de Claude-Marguerite Perin. — 5 octobre 1723. Mariage d'Ambroise Le Page, fils de Pierre Le Page et de Félicienne Rabeuf, avec Marie-Madeleine Mignot, fille de Jacques Mignot, et de Marie-Angélique Paillette. — 25 janvier 1724. Décès de Pierre Chevalier, capitaine général des fermes du Roi au département de Soissons. — 19 février 1725. Baptême de Marie-Madeleine, fille de Martin Féret, marchand tanneur, et de Marie-Madeleine Connart. Parrain : Claude Roger, ancien procureur. — 15 août 1727. Décès de Daniel Catoire, procureur du Roi en la maîtrise, âgé de 45 ans. — 27 novembre 1727. Mariage de Jean Bourdon, fils de feu Jean Bourdon, greffier au bailliage de Pierrefonds, avec Angélique Barbier, veuve de François Bertrand, marchand à Coucy. — 3 novembre 1728. Baptême de Martin, fils de Claude Vernier, domicilié à Marly, diocèse de Paris, à présent au port de Chauny. — En 1728, le curé enregistre 58 baptêmes, 11 mariages et 63 décès. — 26 novembre 1729. Mariage de Louis Le Page, fils de Pierre Le Page, avec Madeleine Testart, fille de Claude Testart. — 27 mars 1730. Baptême de Charles-Marie-Dominique, fils de Charles-Dominique Sauvage de la Boissière, écuyer, et de Marie-Madeleine Moillet. Parrain: Charles Demory, procureur du Roi au bailliage de Saint-Quentin. — 25 avril 1731. Baptême de Marie-Catherine, fille de Pierre-Edme Moreau, procureur du Roi en la maitrise, et de Marie-Catherine Binet. Parrain: Edme Moreau, écuyer, demeurant à Fismes. — 8 mars 1733. Décès d'Anne Delanchy, veuve de Charles Clauet, bourgeois de Paris. — 21 septembre 1734. Baptême de Louis-Edme-Adrien, fils de Pierre-Edme Moreau. Parrain: Louis Souillart, ancien conseiller et échevin de la ville de Péronne. — 8 décembre 1734. Décès, à 40 ans, d'Antoine-Florimond Tavernier. — Familles Chandelet, Derlon, Duchesne, Flamant, Follet, Noyeux, etc.

GG. 14. (Cahiers in-4o). — 282 feuillets, papier.

1735-1750. — Actes des baptêmes, mariages et sépultures de la paroisse Notre-Dame de Chauny. — Curés : Huart, de Cageul de Liancourt, Devillers. — 23 juillet 1735. Baptême de Jeanne-Françoise-Charlotte, fille de Charles Demory, procureur du Roi au bailliage de Saint-Quentin, maire perpétuel de Chauny, et de Jeanne Petit. Parrain : François Petit, docteur en médecine à Soissons. — 7 avril 1737. Baptême de Françoise-Louise, fille de François Manchon de Magny, seigneur de Villette, et de Louise Garde. — 14 juillet 1738. Décès de Charles Tondu d'Héronval, laboureur, âgé de 72 ans. — 13 octobre 1738. Décès de Marie-Catherine Binet, femme de Pierre-Edme Moreau. — 17 septembre 1739. Décès de Charles Perin. — 7 novembre 1740. Décès de Pierre-Gaspard, enfant, fils de Joseph-Lambert Lesèble, orfèvre. — 29 mai 1743. Mariage de Louis Carrier, receveur des aides, fils de feu Louis Carrier, archer en la maréchaussée de Château-Thierry, avec Marie-Antoinette-Françoise Delacourt, fille de Jacques Delacourt, receveur des fermes. — 7 février 1744. Décès de Marie-Catherine, enfant, fille de Denis Dericq, clerc de la paroisse. — 14 septembre 1745. Décès de Madeleine-Elisabeth, fille d'Antoine Béguin, greffier du marquisat de Guiscard, et d'Anne-Elisabeth Rossignol. — 26 mars 1746. Sépulture de Claude Waubert, ancien receveur des traites, veuf de Marie Tissart, âgé de 94 ans. — 8 octobre 1747. Baptême de Marie-Françoise-Suzanne, fille de Félix Tribalet et de Jeanne-Françoise-Suzanne Lauverjat de Montigny. — 4 août 1749. Baptême de Jean-Charles, fils de François Laurendeau, receveur des aides. — En 1750, le curé enregistre 56 baptêmes, 3 mariages, 44 décès. — Familles Béguin, Grozillier, Hallade, Huille, Mourel, Rondeau, etc.

GG. 15. (Cahiers in-4o). — 270 feuillets, papier.

1751-1763. — Actes des baptêmes, mariages et sépultures de la paroisse Notre-Dame de Chauny. — Curés: Devillers, Rousseau, Bernard. — 22 décembre 1752. Décès (à 21 ans) de Louis-François-Antoine-Côme de Rainneville, fils d'Antoine de Rainneville, maître chirurgien, et de Marie-Anne Debrie. — 30 septembre 1753. Naissance et décès, chez le sieur Deduc, son oncle, directeur de la poste, d'un fils de Charles-François Delescluze, ancien officier du prince d'Orange, domicilié à La Haye. — En 1756, le curé enregistre 61 baptêmes, 12 mariages et 74 décès, dont 13 de nourrissons de l'Hôpital des Enfants Trouvés de Paris. — 26 juillet 1757. Mariage d'Anne-François Boileau de Maulaville, procureur au grenier à sel d'Auxerre, fils de feu Pierre Boileau de Maulaville, bourgeois dudit Auxerre, avec Marie-Catherine Moreau, fille de Pierre-Edme Moreau, lieutenant général au bailliage de Chauny. — 19 juin 1758. Baptême de Barbe-Aimée-Constance, fille des précédents. — 19 mars 1760. Baptême de Claude-Louis, fils de Jean-Claude Belin de Bonival, greffier de la maîtrise, et de Marie-Catherine de la Marlière. — 11 mai 1762. Mariage de Claude-Antoine-Florimond Tavernier, officier de feu le duc d'Orléans, fils de feu Antoine Tavernier, avec Marie-Jeanne-Adrienne Moreau, fille de Pierre-Edme Moreau, seigneur de Chevremont. — Familles Boulnois, Boutrinquien, Goudemant, Nitart, Prévost, Tondu, etc.

GG. 16. (Cahiers in-4o). — 328 feuillets, papier.

1764-1777. — Actes des baptêmes, mariages et sépultures de la paroisse Notre-Dame de Chauny. — Curé: Bernard. — 22 novembre 1764. Décès de Charles-Louis Demory, maire perpétuel de Chauny. — 21 décembre 1764. Décès de Jeanne-Françoise Lecomte, veuve de Jacques Lauverjat de Montigny, capitaine des portes du château de Ham. — 15 janvier 1766. Mariage d'Ambroise-Anne Hardy, sculpteur en marbre, fils de feu Jean-Baptiste Hardy des Molières, bourgeois de Paris, avec Marie-Anne Vitoux, fille de Jean Vitoux, marchand épicier tisserand. — 21 mai 1766. Baptême d'Antoine-Louis-Nicolas, fils de Nicolas Demarly, notaire et procureur, et d'Elisabeth-Antoinette Mignot. — 6 février 1769. Mariage de Charles-Henry Poreaux, marchand, fils de feu Jean-Pierre Poreaux, fabricant en toiles, de la paroisse

Sainte-Pécinne de Saint-Quentin, avec Marie-Marguerite Desains, fille de Claude-Barthélemy Desains, marchand à Chauny. — En 1771, le curé enregistre 56 baptêmes, 15 mariages, 56 décès, dont 2 de nourrissons de l'Hôpital des Enfants trouvés de Paris. — 26 octobre 1772. Mariage de Pierre-Henri Jouannot, ouvrier faïencier de la manufacture de Sinceny, natif de la paroisse de Saint-Sever, faubourg de Rouen, en Normandie, avec Marie-Gabrielle Vin, fille de feu Dominique Vin, garde du duc d'Orléans. — 30 mai 1774. Mariage de Charles-Louis Demory, sieur des Gravières, fils de Claude-Arnould-Joseph Demory, avec Jeanne-Françoise-Charlotte Demory, fille de feu Charles-Louis Demory. — 25 janvier 1775. Mariage de François-Nicolas Chollet, notaire royal à Soissons, paroisse Saint-Vast, veuf de Marie-Anne Aubry, et fils de feu François Chollet, ancien notaire audit Soissons, avec Marie-Madeleine Delanchy, fille de Jean-Louis Delanchy, laboureur. — 1er août 1775. Baptême d'Henri-Charles, fils de Charles-Louis Demory des Gravières et de Jeanne-Françoise-Charlotte Demory. Parrain : Alexandre-François Petit, maître particulier des Eaux-et-Forêts de Soissons. — 18 août 1776. Baptême de Georges, fils de Georges Weber, hussard de la lieutenance-colonelle du régiment d'Esterhazy, en garnison à Chauny, et de Salomé Cremer, tous deux du diocèse de Strasbourg. — 3 octobre 1776. Décès de Marie-Antoinette, en nourrice à Chauny, fille de Jean Quervelle, négociant, demeurant rue du faubourg Montmartre, paroisse Saint-Eustache, à Paris. — Familles Carlier, Caura, Daubenton, Dethouy, Fouquet, Quenneva, etc.

GG. 17. (Cahiers in-4°). — 333 feuillets, papier.

1778-4 novembre 1792. — Actes de Baptêmes, mariages et sépultures de la paroisse Notre-Dame de Chauny. — Curé : Bernard. — 18 mai 1778. Décès, à 84 ans, d'Anne Delescluze, femme de Jean-Baptiste Deduc, directeur de la poste aux lettres et commis en la manufacture royale des glaces de Saint-Gobain au magasin de Chauny. — 4 mai 1779. Baptême de Louis-Sébastien, fils de Charles-Sébastien Dupuis, notaire et procureur, et de Marie-Louise Favereau. — 10 avril 1780. Mariage de Charles-François Demory des Gravières, lieutenant général au bailliage, fils de feu Claude-Arnould-Joseph Demory, avec Barbe-Edmée-Constance Boileau, fille d'Anne-François Boileau de Mauville. — 12 janvier 1781. Décès de Pierre-Edme Moreau. — 17 avril 1784. Décès de Jacques-François-Jean-Marie, enfant, fils de François-Nicolas Chollet, greffier en chef de la maîtrise et directeur de la poste aux lettres. — 6 juillet 1785. Mariage de Louis-Théodore Fouquet, huissier en l'Amirauté, fils de Jean-Joseph Fouquet, premier huissier audiencier au bailliage, avec Marie-Michelle Caura, fille de Jean-Louis Caura, laboureur, marguillier. — 6 décembre 1786. Mariage de Jean-Baptiste-Remy Legrand, garde-marteau de la gruerie du duché de Villequier-Aumont, fils de Jean-Baptiste Legrand, notaire audit Villequier, avec Adélaïde-Justine Baudry, fille de Simon-Louis Baudry, fermier des moulins banaux de Chauny. — 14 décembre 1786. Décès de Louis-Joseph, nourrisson, fils d'Athanase-André-Joseph Carlin, menuisier, demeurant rue Bidet, faubourg Montmartre, paroisse Saint-Eustache. — 6 mars 1787. Décès de Jeanne-Charlotte-Suzanne Lauverjat de Montigny, veuve de Félix Tribalet, ancien procureur du Roi au grenier à sel de Coucy-le-Château. — 15 octobre 1788. Mariage de Charles-Jean-Baptiste Desprez, fils de feu Claude-Charles Desprez, officier de Monsieur, de la paroisse de Merlieux, avec Constance-Françoise Desprez, fille de feu Jean-Charles-François Desprez. — En 1789, le curé enregistre 60 baptêmes, 6 mariages et 73 décès, dont 10 de nourrissons de l'Hôpital des Enfants Trouvés de Paris. — 8 janvier 1790. Décès, à 91 ans, de Marguerite Fondrillon, veuve de Jean-Gédéon Alleaume, officier de l'Hôtel des Invalides. — 29 juin 1791. Baptême de Jean-Charles-Valentin, fils de Charles-François Demory de Neuflieux, ancien échevin de Chauny, et d'Anne-Claire-Victoire Meniolle, d'Espinoy. Parrain : Marie-Valentin Menielle d'Espinoy, ancien valet de chambre de la Reine, demeurant à Noyon. — 4 janvier 1792. Décès de Jean-Joseph Fouquet, huissier du juge de paix, ancien échevin de la municipalité. — 12 octobre 1792. Baptême de Marie-Josèphe, fille de Marc-Antoine-Louis-Melchior Poulle, administrateur du district de Chauny. — Familles Binet, Courboin, Cudebout, Dautremepuis, Gibier, Moyat, etc.

GG. 18. (Cahiers in-4°). — 144 feuillets, papier.

1680-1759. — Actes des sépultures de l'Hôtel-Dieu de Chauny. — 16 septembre 1680. Bénédiction du cimetière de l'Hôtel-Dieu ; Antoine Rozain y est enterré le premier (20 septembre).

— 9 décembre 1690. Décès de la sœur Marie Tousson, fille de la Charité, enterrée dans la chapelle. — 24 novembre 1695. Décès de Guillaume d'Harcourt, natif de Guines, âgé de 24 ou 25 ans, cavalier au régiment de Villeroy. — En 1702, le chapelain enregistre 12 décès. — 8 septembre 1709. Décès de Saint-Martin, soldat du régiment de Vendôme, venu depuis quelques jours pour recruter ledit régiment. — 3 décembre 1709. Décès de la sœur Honorée Bailleul, qui avait « servi les pauvres malades » pendant quarante ans. — 28 novembre 1712. Décès de Pierre Pichon, palefrenier du comte de Canillac, commandant des mousquetaires noirs. — 4 septembre 1718. Décès de Michel Liétault, maître chirurgien, âgé de 84 ans. — 18 avril 1724. Décès, après 4 ans et demi de résidence à l'Hôtel-Dieu, de Jean La Fontaine, natif de la paroisse Saint-Etienne-du-Mont de Paris. — En 1732, le chapelain enregistre 9 décès. — 1er août 1740. Décès de Pierre Dubois, porte-sac et commissaire de police, âgé de 76 ans. — 8 janvier 1749. Décès de Gabriel Laluyé, manouvrier, de la paroisse Saint-Victor de Prouvais, diocèse de Reims. — 2 août 1755. Décès de Jean-Louis Chaselot, dit Saint-Louis, soldat de la compagnie de Queyssac au régiment de Condé-Infanterie. — Familles Béguin, Desmarest, Lhote, Toquenne, etc.

GG. 19. (Cahiers in-4°). — 136 feuillets, papier.

1760-1er juillet 1792. — Actes des sépultures de l'Hôtel-Dieu de Chauny. — 10 décès sont relevés en 1762. — 20 novembre 1765. Bénédiction de la chapelle, qui vient d'être reconstruite. — 22 janvier 1770. Décès de Louis Jacquemard, dragon au régiment du Colonel-Général, compagnie de Foucauld. — 15 août 1778. Sépulture de Marie-Catherine Sézille, femme de Pierre Canoine, manouvrier, trouvée noyée dans le bras de rivière qui passe le long des Navoirs. — 9 septembre 1782. Décès, par accident, du nommé La Forêt, cavalier du régiment de Royal étranger, compagnie de Baillet, en garnison à « Riblemond ». — 3 octobre 1790. Décès de Marie-Jeanne Lefranc, enfant de l'Hôpital des Enfants Trouvés de Paris. — En 1791, le desservant (vicaire de Saint-Martin) enregistre 5 décès. — Familles Boucher, Crapet, Gardé, Lièvre, etc.

GG 20. (Cahiers in-4°). — 63 feuillets, papier.

1767-an V. — Déclarations de grossesse et de naissances d'enfants naturels. — Déclarations de grossesse faites par Marie-Charlotte Gengemme, âgée de 34 ans (7 septembre 1768), Marie-Florence Guérin, fille de François Guérin, cordonnier (2 juillet 1778), Marie-Louise-Agathe Gosse, fille de feu Jean-Louis Gosse, cabaretier (22 novembre 1789), etc. — 12 mai 1784. Marie-Thérèse Carlier, veuve Dupuis, sage-femme jurée, vient déclarer la naissance d'une fille naturelle, née d'une personne en pension chez elle, et dont elle ne peut dire le nom : cette enfant doit être envoyée à l'hôpital de Noyon. — 24 juillet 1784. Déclaration par la même d'une fille naturelle de Félicienne-Emilie Lescart, que la mère a l'intention d'envoyer à l'hôpital de Noyon, etc.

GG. 21. (Liasse). — 2 pièces, parchemin ; 45 pièces, papier.

1306-1749. — Affaires ecclésiastiques. — 6 août 1515. Approbation donnée par Robert Gannot, gardien des Cordeliers de Noyon et curateur des religieux « de la tierce ordre » de Saint-François en la province de France, de l'établissement, dans la ville de Chauny, de 12 religieuses cordelières chargées du soin des malades. — 1693-1695. Démêlés de la municipalité de Chauny avec l'évêque de Noyon relatifs au traitement et au logement du prêtre qui venait prêcher à Chauny l'Avent et le Carême. — Sans date (1713). Mémoire (imprimé) pour les curé et marguilliers de la paroisse Notre-Dame de Chauny contre l'évêque d'Uzès, en qualité d'abbé de Saint-Eloi-Fontaine, et Jean-Baptiste-Robert Demay, prieur conventuel de cette abbaye et soi-disant titulaire d'un prieuré simple établi en l'église Notre-Dame. On rappelle que, dès le Xe siècle, l'église Notre-Dame était paroisse et collégiale séculaire. — Entre 1123 et 1125, sous l'épiscopat de Simon de Vermandois, évêque de Noyon, les chanoines séculiers qui la desservaient adoptèrent la règle de Saint-Augustin ; à la suite de l'établissement de cette conventualité, le nouvel abbé et une partie de ses religieux se transportèrent au lieu appelé Saint-Eloi-Fontaine, par permission donnée par l'évêque Baudoin, en 1154. L'autre partie resta à Chauny, pour y desservir l'office canonial et la paroisse ; elle garda la conventualité jusqu'en 1150 environ, puis il n'y eut plus qu'un curé dans la paroisse, qui continua à être nommé curé de Notre-Dame, et il n'était nullement question alors d'un prétendu prieuré de Notre-Dame, distinct de la cure ; on sait que les curés de l'ordre de Saint-Augustin sont qualifiés, d'ordinaire, « prieurs-curés », et leur bénéfice « prieuré-cure », mais il y a là qu'un seul et même titre. Ce n'est qu'à partir de 1645 qu'on voulut séparer la cure et le prieur, etc.

GG. 22. (Cahiers in-4o). — 218 feuillets, papier.

1520-1573. — Comptes de fabrique de l'église Saint-Martin. — 1520-1521. Au Chapitre des ouvrages faits au chœur de l'église, on voit que le « conducteur dudict ouvraige » était « Maistre Alexandre »; Adrien Liégeois, entailleur, a 10 sols pour avoir faict « ung angle pendant « pour l'un des autel de derrière le cœur ». — 1533-1534. Le chapitre VII des recettes comporte une recette extraordinaire, « pour le don « de user de laict et burre durant le karesme, « par... Monseigneur l'évesque et comte de « Noion ». Les paroisses des doyennés de Chauny, Noyon, Vendeuil et Saint-Quentin fournirent 114 livres, 8 sols, 5 deniers. Au chapitre II des dépenses figurent des maçons et manouvriers qui ont travaillé à « faire les clerc« voyes du cuer de ladict eéglise.., les pe« tits capiteaulx et admortissemens, [et ont] « couvers le cueur... ». Le chœur fut regratté vers la Chandeleur, les cloches relevées pendant la semaine sainte. Au chapitre III, Antoine Blenville, fils de Mathieu Blenville, verrier à Saint-Quentin, fournit 6 verrières « nommées les Oz », pour 15 livres ; Pierre Brouillet, ardoisier, a 35 livres, 10 sols pour avoir couvert 80 toises du chœur. — 1551-1552. Un chapitre des recettes comprend la vente des bois et pierres provenant des vieux pilliers démolis, un chapitre des dépenses est relatif aux pierres amenées pour « l'edifficacion » de « qua« tre pilliers et arches ». — 1568-1569. On donne au curé Jean Renard 12 livres « pour son « presbitaire, que les paroissiens luy ont accor« dé pour l'an Vc LXVII et LXVIII ». — 1572-1573. On dépense 440 livres, 17 sols, 10 deniers en réparations à l'église, etc.

GG. 23. (Cahiers in-4o). — 301 feuillets, papier.

1586-1598. — Comptes de fabrique de l'église Saint-Martin. — 1586-1587. Les quêtes faites dans l'église et les dons divers produisent une somme de 720 livres, 4 sols, 1 denier sur un total de 939 livres, 1 sol, 9 deniers. Les dépenses s'élèvent à 916 livres, 4 sols, 2 deniers. — 1593-1594. Dans les dépenses figurent 4 sols, « pour demy lot de vin pour communier, le jour de la Circoncision Notre-Seigneur, « aulcunes paroissiens ». — 1594-1595. On prend à intérêt la somme de cent écus pour subvenir « à la construction du clocher d'icel« le [église] »; on dépense en réparations à l'église 1553 livres, 6 deniers. — 1597-1598. Pierre Leulier, verrier, a cent sols pour avoir refait la verrière proche des fonts, etc.

GG 24. (Cahiers in-4o). — 42 feuillets, papier.

1570-1588. — Comptes de la confrérie de Saint-Martin. — 1570-1571. La recette s'élève à 48 livres, 9 sols, 5 deniers ; la dépense (obits, messes pour les confrères et consœurs décédés, etc.) à 51 livres, 6 sols, 8 deniers, etc.

GG. 25. (Liasse). — 1 pièce, parchemin ; 20 pièces, papier.

1589-1760. — Instruction publique. — 7 janvier 1589. Sentence du Parlement confirmant par provision la nomination du principal du collège faite par les maire et jurés. — 23 avril 1650. Demande adressée aux maire et jurés de Chauny par Florimond de Bouxin, prêtre, en vue d'obtenir la place de principal du collège. — 23 juin 1714. Ordonnance de l'évêque de Noyon invitant les maire et jurés de Chauny à lui présenter des candidats, parmi lesquels il choisira un principal, en remplacement du sieur Delay, décédé, etc.

GG 26. (Liasse). — 48 pièces, papier.

1705-1786. — Bourses fondées par l'abbé d'Estouilly : objets généraux. — On lit dans une lettre de l'abbé d'Estouilly, en date du 1er janvier 1715 : « J'ay donné à la Maison de Sor« bone, pour estre mis dans la bibliothèque..., « où il est déjà placé, le *Thesaurus antiquita« tum romanarum, graecorum, italicarum*, etc., « en 30 volumes in-folio, que l'on a agréé una« nimement ». — 30 novembre 1730. Consultation d'avocat, signée : Dehéricourt, relative au testament d'Antoine Bouzier d'Estouilly, docteur et senieur de la maison et société de Sorbonne, en date du 10 octobre 1713, par lequel il a fondé, en la ville de Chauny, deux bourses pour faciliter aux pauvres étudiants les moyens de servir l'église dans l'état ecclésiastique, ou le public dans les fonctions civiles. — S. d. (avant 1740). Poésie, en français et en latin, composée en l'honneur de l'abbé d'Estouilly, par Charles-Jean-Jacques Belin, boursier etc.

GG. 27. (Liasse). — 5 pièces, parchemin ; 144 pièces, papier.

1679-1790. — Biens des boursiers : titres de propriété. — 19 septembre 1679. Vente de terres et de prés, dans le voisinage de Ham, à Antoine Bouzier d'Estouilly, abbé commendataire de l'abbaye de Notre-Dame de La Capelle, par Charles Langlois, seigneur de Brouchy, et sa sœur Marie-Françoise. — 28 juin 1748. Adjudication à Antoine Degagny, laboureur à Sommette, de terres à Brouchy, Sommette et Eaucourt, appartenant aux boursiers de Chauny. — 3 février 1761. Arrêt du Conseil d'Etat portant permission aux maire et échevins de Chauny de vendre de vieux arbres qui se trouvaient dans les bois des boursiers, etc.

GG. 28. (Liasse). — 7 pièces, parchemin ; 202 pièces, papier ; 1 sceau.

XVIIIe siècle. — Biens des boursiers : contestations et procès divers. — Procès soutenus par les maire et échevins de Chauny, relativement aux biens des boursiers de la ville, contre Jacques de Langlois, seigneur de Brouchy (1718), le même et le Chapitre de l'église cathédrale de Paris (1722), Nicolas Boully, marchand de bois à Frières (1731), etc.

GG. 29. (Liasse). — 49 pièces, papier.

1724-an XII. — Comptes des biens des boursiers. — 1737-1738. Les recettes s'élèvent à 565 livres, 16 sols, dont 477 livres, 16 sols pour les biens appartenant aux boursiers à Ham, Viry et les environs; les dépenses, à 437 livres, 12 sols, dont 400 livres aux deux boursiers ; les remises, à 90 livres. — En 1761, on vend pour 5.459 livres de bois. — 1782-1783. Les recettes montent à 1.270 livres, 17 sols, 9 deniers; les dépenses, à 1.087 livres, 8 sols, dont 1.000 livres aux deux boursiers ; les remises à 86 livres, etc.

GG. 30. (Liasse). — 490 pièces, papier.

1717-1791. — Pièces justificatives des comptes des biens des boursiers. — En 1722, on paie au sieur Dupuis, ancien recteur de l'Université de Paris, 300 livres de reste des 700 livres avancées par lui pour les droits d'amortissement dus au Roi pour les biens des boursiers. — Le receveur du dixième denier de la paroisse de Sommette, pour l'année 1744, reçoit 2 livres, 12 sols du sieur Sauvage, pour un pré qu'il tient des boursiers de Chauny. — Le collecteur du dixième de la paroisse de Brouchy, pour 1762, touche 6 livres, 12 sols à l'acquit des boursiers. — 15 novembre 1780. Certificat d'assiduité donné par Caboche, principal du collège de la Marche, et Jacquin, professeur de rhétorique, à Charles-François-Constant Desprez, étudiant en rhétorique audit collège, boursier de la ville de Chauny, etc.

GG. 31. (Liasse). — 8 pièces, parchemin ; 16 pièces, papier.

XIIIe siècle-1765. — Hôtel-Dieu, maladrerie et hôpital : objets généraux. — S. d. (XIIIe siècle). Signification de procureur relative aux droits appartenant à la maladrerie de Chauny dans le bois de Forestel. — 1365. Etat des redevances en nature et en argent dues « à la « hostellerie de Chauny ». — 23 août 1405. Etat dressé par Jean de Laffau, ancien administrateur de l'Hôtel-Dieu, des titres et documents pouvant servir à l'administration de l'établissement. — S. d. (XVIe siècle). Inventaire des titres de la maladrerie. — 13 juillet 1601. Procès-verbal de visite de la maladrerie de Chauny par les maire et jurés. — 1741. Règlement pour l'administration de l'Hôpital ou maison de refuge. — 1764. D'après un état envoyé au contrôleur général, le 10 octobre, l'Hôtel-Dieu de Chauny possédait un revenu de 1.348 livres, 9 sols, 4 deniers en argent, de 326 setiers de blé et de 20 setiers d'avoine. Les charges à acquitter sur les revenus s'élevaient à 277 livres, 9 sols, 10 deniers argent et 2) setiers et demi d'avoine. Il n'y avait aucune dette exigible, etc.

GG. 32. (Liasse). — 2 pièces, parchemin; 60 pièces, papier.

1748-1751. — Contestation entre les maire et jurés et les officiers du bailliage au sujet de l'administration de l'Hôtel-Dieu et des biens des pauvres. Dans un mémoire adressé, le 27 février 1749, au Parlement par les officiers du bailliage, le curé de Saint-Martin et les administrateurs bourgeois de l'Hôpital de Chauny, ceux-ci exposent leurs griefs contre les maire et jurés. D'après eux, ces derniers se seraient emparés, en 1552, de la maison qui servait de retraite aux malades, et en ont fait servir les matériaux à la construction de l'Hôtel-de-Ville, qui avait été incendié « dans le tems des « guerres ». Il ne resta plus que l'emplacement de cet Hôtel-Dieu, et, pendant 98 ans, les maire et échevins touchèrent les revenus de l'établissement. En 1650, grâce à une charitable personne, un nouvel Hôtel-Dieu fut construit, « sous les ordres des maire et échevins ». Plus tard, lorsque le Roi eut réuni les biens des maladreries aux hôpitaux du royaume, il semblait qu'en vertu de la déclaration du 12 décembre 1698, les officiers de justice, les curés des paroisses et les bourgeois et habitants eussent le droit de prendre part à l'administration de l'Hôtel-Dieu et des biens des pauvres, mais ils ne purent y arriver devant l'opposition des maire et échevins. Plus tard encore, fut institué l'Hôpital ou maison de refuge; et cette fois, les officiers du bailliage, les curés et les bourgeois furent associés à l'administration de cette maison. Ils en profitèrent pour demander aux maire et échevins, en 1739, de les admettre dans le gouvernement des biens de l'Hôtel-Dieu et des pauvres, mais ceux-ci s'y refusèrent encore énergiquement. De là, l'instance en cours. — A leur tour, les maire et échevins répliquent qu'ils ont été toujours regardés comme les seuls administrateurs de l'Hôtel-Dieu et des biens des pauvres, etc.

GG. 33. (Liasse). — 43 pièces, parchemin; 33 pièces, papier ; 1 sceau.

1361-1785. — Hôtel-Dieu et maladrerie : titres de propriété. — 25 janvier 1371 (n. st.). Vidimus, par le garde du scel du bailliage de Chauny, du testament fait en faveur de l'Hôtel-Dieu de Chauny par Gobert Le Merchier, de Chauny, en octobre 1369. — Mars 1379 (n. st.). Amortissement par Blanche de France, duchesse d'Orléans, dame de Chauny, des biens laissés à l'Hôtel-Dieu par Guillaume Labbé et sa femme Aelips, bourgeois de ladite ville. — 11 mai 1397. Sentence des maire et jurés de Chauny adjugeant à l'Hôtel-Dieu la propriété des deux murs de pierre se trouvant entre ledit Hôtel-Dieu et la maison du Chevalet. — 7 mai 1398. Achat par les administrateurs de l'Hôtel-Dieu de Chauny d'un terrain près de l'église et du cimetière Saint-Martin de ladite ville, pour y établir le cimetière dudit Hôtel-Dieu. — 10 avril 1467. Bail par les maire et jurés de Chauny à Agniès Blondel, demeurant à Bailly-les-Chauny, d'une pièce de terre audit Bailly, appartenant à l'Hôtel-Dieu. — 1659-1785. Procès-verbaux d'adjudication de terres à Abbécourt, Marest en environs, appartenant à la maladrerie, puis à l'Hôtel-Dieu de Chauny, etc.

GG. 34. (Liasse). — 13 pièces, papier.

1545-1737. — Hôtel-Dieu, maladrerie et hôpital : extraits de comptes. — 1576-1610. Extraits des comptes de l'Hôtel-Dieu. — 1607-1608 (copie postérieure). Compte de la maladrerie. Les recettes montent à 346 livres, 2 deniers, les dépenses à 326 livres, 5 sols, 5 deniers. Le service célébré pour la fête de la dédicace de l'église de la maladrerie (le jour de Sainte-Euphémie) par le clergé de Notre-Dame, qui s'est transporté à ladite maladrerie, « distante de Chau« ny de demye lieue », coûte 32 livres, 3 sols; on donne à deux lépreuses 60 livres chacune pour leur pension ; on répare la cense de Saint-Ladre et les maisons des lépreux qui avaient été ruinées par les guerres ; on donne à Antoine Coulard, principal du collège et chapelain de la maladrerie, 37 setiers de blé pour sa pension, etc.

GG. 35. (Liasse). — 180 pièces, papier.

1641-1668. — Hôtel-Dieu : pièces justificatives des comptes. — En 1651, le comptable donne au sieur de Lairaudière, lieutenant pour le Roi au gouvernement de Chauny, 150 livres pour aider à payer les 400 livres que ledit lieutenant a exigées pour décharger la ville de ce qu'il prétendait lui être dû en raison de sa charge « de gouverneur et cappitaine dudit « Chauny ». — Du 24 juin 1652 au 18 septembre 1653, le clergé de Notre-Dame enterre 33 pauvres de l'Hôtel-Dieu, et touche 7 sols, 6 deniers par pauvre. — En 1655, on célèbre deux obits, l'un pour Colart le Miroirier et l'autre pour Antoinette Benoist, bienfaiteurs de l'Hôtel-Dieu, tous deux défunts. — En 1658, Sixte Hirault panse « un pauvre garçon blessé de cin« quante blessures », etc.

GG. 36. (Liasse). — 359 pièces, papier.

1674-1699. — Hôtel-Dieu : pièces justificatives des comptes. — Arnoult Féret, apothicaire, fournit, le 26 août 1674, un clystère laxatif de 16 sols, le 28 et, le 29, deux clystères « réytéré » du même prix, pour la même malade. — 17 juin 1676. Le receveur a l'ordre de payer à l'agent du sieur du Clozel, seigneur de Mondescourt et Crépigny, 25 livres tournois pour l'indemnité duc auxdites seigneuries, à cause des biens donnés à l'Hôtel-Dieu de Chauny par François Mahieu. — 4 juin 1685. Le chirurgien Liétault commence à panser « un enfant à « Jean Nicolas de la playe de la taille pour « la pierre, qu'il faut penser du moins 5 sepmaines »; le 10 juin, il applique une ventouse « sur le sternon » à une petite fille « espagnolle ». — Les sieurs Guillaume et Lecomte vont à Noyon, le 14 juin 1699, pour voir l'évêque et obtenir de lui « la permission de « poser l'Hostel de la nouvelle chapelle de l'Hostel-Dieu à l'Occident, et de déléguer une « personne pour bénir ladite chapelle », etc.

GG. 37. (Liasse). — 280 pièces, papier.

1700-1733. — Hôtel-Dieu : pièces justificatives des comptes. — 1716-1717. On fait raccommoder « plussieur chèse de commodités ». — 1726-1727. On achète à Jean Guillaume, marchand, 2 onces de cannelle fine à 15 sols l'once, 16 livres et demie de sucre à 17 sols, une livre de poivre à 32 sols, 5 pintes d'eau-de-vie à 12 sols, etc. — 1731-1732. La morue est payée 5 sols la livre, le raisin en grappes 12 sols la livre, les figues 14 sols la livre, les harengs un sol pièce, le fromage de Hollande 10 sols la livre,, etc. — Claude Lecomte, boucher, fournit, pendant les deux années 1731-1732 et 1732-1733, 3.800 livres de viande à 1 sol la livre, etc.

GG. 38. (Liasse). — 442 pièces, papier.

1735-1768. — Hôtel-Dieu : pièces justificatives des comptes. — En 1748, on dépense 20 livres pour réparer « le domage que la grêle « avait causé à nos vitres ». — La viande du Carême coûte 52 livres en 1758. — En 1763, le receveur verse à Pierre Rabeuf, receveur des seigneuries de Viry, Noureuil et Senicourt, appartenant au Chapitre cathédral de Paris, 27 livres, 10 sols, 10 deniers pour remplacer des redevances en nature dues par l'Hôtel-Dieu. — En 1767, on paie 22 livres, 6 sols, 3 deniers pour la taille, capitation et rejet dus par le sieur Delescluze, chirurgien, qui visite journellement les malades (y compris la capitation de son domestique), etc.

GG. 39. (Liasse). — 1 pièce, parchemin;
300 pièces, papier.

1769-1790. — Hôtel-Dieu : pièces justificatives des comptes. — 19 novembre 1769. L'entrée d'une pièce de vin, du type « Laon », au bureau de la Chaussée, coûte 3 livres, 18 sols. — 1771. On achète au sieur Dupré, négociant à Beauvais, 257 aunes et demie de serge d'Aumale vert de Saxe, à 40 sols l'aune, pour faire 16 lits neufs à l'Hôtel-Dieu. — Le garde-vente du sieur Tronsson, maître de la verrerie royale du Vivier, reçoit 108 livres pour fourniture de six cordes de gros bois. — En 1790, l'Hôtel-Dieu était taxé à Caillouël pour 3 livres, 3 sols, 9 deniers d'impositions ; à Caumont, pour 1 livre, 4 sols, 9 deniers; à Neuflieux, pour 6 livres, 1 sol; à Marest, pour 3 livres, 11 sols, 6 deniers; à Abbécourt, pour 11 livres, 3 sols, 11 deniers; à Viry, pour 34 livres, 3 sols, 3 deniers; à Ognes, pour 8 livres, 3 sols, 6 deniers; à Chauny, pour 35 livres, 10 sols, 6 deniers, etc.

GG. 40. (Liasse). — 1 pièce, parchemin;
38 pièces, papier.

1376-1739. — Biens des pauvres : inventaires de titres et déclarations de propriétés. — 1410. Etat du revenu des pauvres et des charges afférentes aux diverses propriétés. — 13 mars 1520. Inventaire des titres et documents concernant les biens des pauvres. — 1571. Déclaration des propriétés appartenant aux pauvres faite au lieutenant-général du bailliage par les maire et jurés de Chauny. — 20 janvier 1739. Déclaration au terrier du duc d'Aumont pour les biens appartenant aux pauvres de Chauny, etc.

GG 41 (Liasse). — 16 pièces, parchemin;
8 sceaux.

1258-1296. — Biens des pauvres : titres de propriété. — Novembre 1266. Jean, fils de feu Aélis de Tharegny, jadis mairesse (majorisse) d'Ognes, s'engage à donner annuellement un muid de blé aux pauvres de Chauny (sceau de l'officialité de Noyon). — 1269. Donation par voie d'échange faite par Emmeline Le Wine, femme de Robert Fanniaus, d'une redevance de 24 setiers de blé aux pauvres de Chauny. — Mars 1289 (n. st.). Testament de Lambert Reboules, léguant aux pauvres de Chauny un muid de blé de rente et deux setiers de terre au terroir d'Ognes. — Novembre 1296. Lettres du Roi Philippe IV approuvant l'amortissement des biens légués depuis quarante ans aux pauvres de Chauny, moyennant l'acquit d'un droit de 117 livres, 18 deniers (grand sceau royal de cire verte sur lacs de soie verte et rouge), etc.

GG. 42. (Liasse). — 31 pièces, parchemin ; 3 pièces, papier; 4 sceaux.

1313-1490. — Biens des pauvres : titres de propriété. — Mai 1313. Jean Le Borgne, seigneur d'Ognes, se reconnaît débiteur envers les pauvres de Chauny d'une somme de 100 livres parisis, pour prêt de pareille somme que lui ont fait les échevins de cette ville. — Décembre 1332. Vidimus par la chancellerie royale des lettres, en date du 26 mars 1331 (n. st.), par lesquelles Robert de Condé, bailli de Vermandois, reconnaît avoir reçu des échevins de Chauny 30 livres pour l'amortissement des biens légués depuis 40 ans aux pauvres de la ville. — 7 février 1378. (n. st.). Lettres royales rappelant divers documents relatifs à l'amortissement qui vient d'être accordé à la ville de Chauny pour les biens donnés depuis 40 ans aux pauvres dudit Chauny, moyennant le paiement d'une somme de 24 francs d'or (grand sceau royal de cire verte sur lacs de soie verte et rouge). — 24 février 1447. (n. st.). Amortissement consenti par le duc d'Orléans des biens et héritages légués depuis 60 ans aux pauvres de Chauny, mais seulement durant l'existence de Simon Nevelet, bourgeois dudit Chauny, accepté comme homme vivant et mourant, etc.

GG. 43 (Liasse). — 23 pièces, parchemin; 4 pièces, papier.

1512-1598. — Biens des pauvres: titres de propriété. — 19 septembre 1515. Bail par les maire, jurés et échevins de Chauny à Jean Bacquet, laboureur à Abbécourt, d'une terre à Ognes appartenant aux pauvres. — 10 février 1552. Bail par les mêmes à Jean Drouart, Jean de Laon et Antoine de Laon, tous trois laboureurs, de terres à Chauny et à Ognes, appartenant aux pauvres de Chauny. — 9 juin 1590. Bail par les mêmes à Jean Aubry, marchand à Amigny, d'une pièce de pré sise en la prairie de Rouy, etc.

GG. 44 (Liasse). — 22 pièces, parchemin; 42 pièces, papier.

1601-1694. — Biens des pauvres: titres de propriété. — 3 mai 1605. Bail par les maire et jurés de Chauny à Antoine Bigant, laboureur à Abbécourt, de terres à Ognes, Abbécourt, Marest et Neuflieux, appartenant aux pauvres. — Septembre 1673. Mise en adjudication par les maire et jurés de Chauny de diverses pièces de terre à Chauny, Ognes et Caumont, appartenant aux pauvres. — 28 décembre 1679. Les trompettes-jongleurs de Chauny ne s'étant pas rendus cette année « au debvoir par eux... « deubz » aux officiers du bailliage, la redevance dont ils jouissaient sur les moulins de Chauny est confisquée au profit des pauvres, etc.

GG. 45. (Liasse). — 50 pièces, papier.

1732-1789. — Biens des pauvres: titres de propriété (terroir de Chauny). — S. d. (vers 1768). Supplique adressée à l'Intendant de Soissons par les maire et jurés de Chauny, rappelant qu'en 1745 ils ont donné à surcens une pièce de terre, appartenant aux pauvres, à Nicolas Le Sot de la Panneterie. La succession de ce dernier étant très obérée, son fils unique y a renoncé: le curateur de ladite succession a, pour la décharger, déguerpi et abandonné aux pauvres ladite pièce de terre en 1749. Mais le fermier prétend qu'il est dû pour ce déguerpissement un droit d'amortissement dont les demandeurs sollicitent la décharge, etc.

GG. 46. (Liasse). — 159 pièces, papier.

1665-1792. — Biens des pauvres, titres de propriété (environs de Chauny). — Baux, adjudications et pièces diverses concernant les propriétés appartenant aux pauvres de Chauny dans les faubourgs et les environs de cette ville, etc.

GG. 47. (Liasse). — 1 pièce, parchemin; 167 pièces, papier.

1541-1792. — Biens des pauvres: titres de propriété (localités diverses). — Baux, adjudications et pièces diverses concernant les propriétés appartenant aux pauvres de Chauny à Amigny, Marest, Neuflieux, Ognes, Viry, etc.

GG. 48. (Cahiers in-4°). — 358 feuillets, papier.

1623-1641. — Comptes des biens des pauvres. — 1623-1624. Les recettes et surcens en deniers montent à 123 livres, 3 sols, 3 deniers; la location des prés et autres héritages, à 121 livres, 12 sols, 6 deniers; les redevances en blé, à 365 setiers, 2 boicteaux, en avoine; à 418 setiers et demi, deux boicteaux, etc. Total des recettes: 840 livres, 15 sols, 9 deniers. En dépense, le chapitre des surcens et redevances dus par les héritages des pauvres monte à 259 livres, 3 sols, 6 deniers, dont 200 livres pour salaire du principal du collège; le chapitre des deniers donnés et « aulmosnez pour Dieu » s'élève à 780 livres, 16 sols, 6 deniers: sur cette somme, on distribue des secours à environ 120 nécessiteux (vieillards, veuves chargées d'enfants, orphelins mis au métier, voyageurs, etc.); on achète de l'avoine pour nourrir les chevaux des gens d'armes en garnison dans la ville ; on fait nettoyer « le privé » du collège, etc. Total des dépenses et remises: 1088 livres, 10 sols, 2 deniers. — 1636-1637. Un chapitre de dépenses est relatif à la « maladie contagieuse » qui a sévi dans la ville et les faubourgs (1196 livres, 10 sols). — 1639-1640. Sur le chapitre des dons et aumônes, on paie 6 livres pour pain, vin et viande fournis par Nicolas Duchesne, avocat, à 7 soldats du régiment de Langeron; on donne 30 livres aux Minimes de Chauny pour « la confection d'une chasuble » avec les armoiries de la ville, etc. — 1640-1641. Deux malades reçoivent 110 sols pour les frais du voyage qu'ils « espéroient » faire à Saint-Germain-en-Laye, où se trouvait le Roi, pour se faire toucher de lui, « à cause du mal des escrouelles qu'ils avoient », etc.

GG. 49. (Cahiers in-f°). — 403 feuillets, papier.

1649-1659. — Comptes des biens des pauvres. — 1649-1650. Le comptable avance, le 1er mai 1650, cent livres, qui sont aussitôt données aux officiers et soldats des deux compagnies suisses arrivées ledit jour à Chauny pour y prendre étape. — 1650-1651. On donne aux Dames de la Charité de la ville 8 setiers de blé pour les faire convertir en pains qui seront distribués aux pauvres le jeudi absolu et le jour de la fête de saint Thomas. — 1654-1655. Deux pauvres seulement sont régulièrement secourus pendant l'année; on fait remise au receveur d'une grande partie des récoltes, en raison du passage des gens de guerre. — 1658-1659. Les échevins dépensent 15 livres, tant dans la visite par eux faite dans la ville et les faubourgs, que durant la distribution de blé faite par eux aux pauvres, le jour de Saint-Thomas, etc.

GG. 50. (Cahiers in-f°). — 248 feuillets, papier.

1659-1683. — Comptes des biens des pauvres. — 1660-1661. On donne des secours, pour diverses causes, à 80 personnes environ; un « pauvre officier de cavallerye » reçoit 60 sols pour « subvenir à ses nécessitez ». — 1664-1665. François Racine, cordelier, reçoit 16 livres pour « ses nécessitez et vestemens ». — 1666-1667. Dans ce compte figurent des travaux faits aux murailles et au pavé de la ville, d'autres exécutés à l'Hôtel-Dieu, etc. — 1682-1683. Les recettes et surcens en deniers montent à 125 livres, 6 deniers; le louage des prés, à 233 livres; les rentes léguées tant par feu Jean de Vrevin, avocat, que par les héritiers de feu Jorain de Vrevin, lieutenant général, à 227 livres, 10 sols; les surcens en blé (et argent), à 72 setiers et 26 livres; les blés de muyage, à 730 setiers et demi, etc. En dépenses, les rentes vont à 609 livres, 10 sols, dont 300 livres au principal, 120 livres à François Lefebvre, maître écrivain, et 135 livres au prédicateur de l'Avent et du Carême; les dons et aumônes à 627 livres, 5 sols et 130 setiers et demi de blé (une centaine d'individus sont secourus), etc. Total des recettes: 611 livres, 10 sols, 6 deniers, et 802 setiers et demi de blé; des mises et remises: 1.269 livres, 3 sols, 6 deniers argent, 130 setiers et demi de blé et 36 setiers et demi d'avoine, etc.

GG. 51. (Cahiers in-f°). — 282 feuillets, papier.

1701-1715. — Comptes des biens des pauvres. — 1703-1704. On paie la pension de plusieurs garçons et filles mis au métier du murquinier, de tisserand, de cordonnier, etc., de couturière en drap et en linge, etc. ; on donne un secours à la femme du milicien Hallu. Les biens des pauvres sont annuellement redevables aux chanoines de Notre-Dame de Paris, seigneurs de Viry, d'une rente de 36 setiers et demi d'avoine — 1710-1711. On distribue, pendant l'année, aux pauvres 83 setiers de blé (y compris 28 setiers réduits en pains) et 674 livres, 9 sols, 6 deniers, en argent, sans compter 31 livres pour les enfants mis en apprentissage. — 1712-1713. Martine Desroyers, de Pierremande, a 5 livres pour la nourriture « à la mammele » de l'enfant de Marie Leduc. Les frais de l'instance des pauvres contre Simon Ferier, maître perruquier, et sa femme, Anne Sire, fille de Claude Sire, montent à 100 livres, 17 sols. — 1712-1713. On trouve, pour la première fois, dans ce compte les dépenses causées par l'établissement « de « la maison de retraitte commune aux pauvres « enffans orphelins de ladite ville », etc.

GG. 52. (Cahiers in-f°). — 310 feuillets, papier.

1715-1730. — Comptes des biens des pauvres. — 1715-1716. Au chapitre I des mises, Pierre Marival, « maître d'escolles », touche 40 livres et 50 setiers de blé pour une année de gages; au chapitre III, on voit deux gratifications, l'une de 15, l'autre de 10 setiers de blé, données au maître et à la maîtresse d'école de la paroisse Notre-Dame. — 1719-1720. Une cinquantaine de personnes sont secourues; les dépenses relatives à la maison des orphelins montent à 211 livres, 16 sols et 160 setiers de blé. — 1723-1724. On dépense 286 livres, 3 sols pour le « rétablissement du collège ». — 1729-1730. Au chapitre V des recettes figure une somme de 125 livres, 10 sols, 3 deniers « à « compte sur le payement à faire depuis l'ar- « rest du Conseil d'Estat du six octobre 1693 « sur trois mille six cens livres, à quoi monte « le principal de la rente de deux cens livres « dues auxdits pauvres par laditte ville, pour « tourner en déduction sur les intérests, attendu « que le principal est éteint », etc.

GG. 53. (Cahiers in-f°). — 258 feuillets, papier.

1730-1750. — Comptes des biens des pauvres. — 1731-1732. Les recettes en deniers montent à 112 livres, 11 sols, 6 deniers; le louage des prés, à 271 livres; les surcens en blé et argent à 26 livres et 72 setiers de blé; les blés de muyage, à 645 setiers de blé, un boisseau et 33 livres en argent, etc. En dépense, le chapitre des aumônes s'élève à 12 livres et 10 setiers et demi de blé (on compte six enfants mis au métier et 17 nécessiteux secourus), celui de la maison de refuge à 480 setiers de blé et 421 livres, 7 sols, etc. Total des recettes : 480 livres, 16 sols argent et 859 setiers, 5 boisseaux de blé; des dépenses: 655 livres, 11 sols, 6 deniers argent et 555 setiers et demi de blé. — 1741-1742. Le chapitre des dons et aumônes s'élève à 553 livres, 18 sols, 6 deniers argent et 315 setiers de blé. — 1746-1747. Les recettes comprennent cinq chapitres: recettes en deniers (112 livres, 11 sols, 6 deniers); louage de prés (284 livres); surcens (blé et argent) (62 setiers de blé et 26 livres); blés de muyage (31 livres et 168 setiers et demi, un boisseau); arrérages divers (472 livres, 5 sols). Total en argent: 928 livres, 16 sols, 6 deniers; en blé: 531 setiers. Les dépenses comportent aussi cinq chapitres: traitements et gratifications du principal et des maîtres d'école (115 livres et 89 setiers de blé); dons et aumônes (206 livres, 11 sols et 473 et demi de blé); frais divers (62 livres, 16 sols, dont 34 livres aux échevins des pauvres); reprises en argent (404 livres, 11 sols, 6 deniers, dont tout le premier chapitre des recettes); reprises en blé (112 setiers trois quarts, un boisseau). Total en argent: 818 livres, 18 sols, 6 deniers; en blé: 675 setiers un quart, etc.

GG. 54 (Cahiers in-f°). — 386 feuillets, papier

1753-1789. — Comptes des biens des pauvres. — 1762-1763. On donne de l'argent ou du blé à 18 pauvres pour la nourriture ou de leurs enfants ou de divers nourrissons; on secourt un pauvre honteux; il faut 401 setiers de blé pour la nourriture des « enfans au metier et autres ». — 1767-1768. On donne 6 livres à une femme pour l'aider à faire le voyage de Paris « pour se faire guérir de la vue ». — 1777-1778. On livre 376 setiers et demi de blé à Lévêque, boulanger des pauvres, pour le pain à fournir auxdits pauvres et aux enfants au métier. — 1780-1781. Recettes. Chapitre I. Reliquat en blé : 23 setiers. Chapitre II : Redevances en blé: 568 setiers et demi, 4 boisseaux. Chapitre III: Surcens en blé: 61 setiers et demi. Chapitre IV: Redevances en avoine: 32 setiers. Chapitre V: Redevances en argent: 508 livres, 5 sols. Chapitre VI : Surcens en argent: 259 livres, 19 sols, 6 deniers. Dépenses. Chapitre I: Charges en blé: 77 setiers et demi, 2 boisseaux deux tiers. Chapitre II. Aumônes en blé et blé restant dans le grenier: 502 setiers et demi, 6 boisseaux. On donnait aux garçons en apprentissage 8 livres de pain par semaine, et six aux fille ; on compte 23 garçons secourus et 24 filles. Les pauvres (au nombre de 70) recevaient 4 livres de pain par semaine, etc. Chapitre III : Charges en argent : 300 livres. Chapitre IV: Aumônes en argent: 394 livres, 18 sols. On donnait généralement 3 livres par mois à chaque indigent. Total des recettes en blé : 653 setiers, 4 boisseaux ; la dépense et la reprise (72 setiers et demi, 4 boisseaux) atteignent le même chiffre. Il y a balance pour la recette et la reprise en avoine (32 setiers). Les redevances et surcens en argent vont à 768 livres, 4 sols, 6 deniers; les dépenses et reprises (108 livres, 13 sols, 6 deniers) en argent à 803 livres, 11 sols, 6 deniers. Déficit: 35 livres, 7 sols, etc.

GG. 55. (Liasse). — 10 pièces, papier.

1527-1623. — Extraits des comptes des biens des pauvres. — Ces extraits (très incomplets) ont été produits à l'appui de diverses contestations ou réclamations: ils ne renferment généralement qu'un seul article du compte.

GG. 56. (Registre in-f°). — 10 feuillets, papier.

1741. — Compte de l'imposition spéciale levée sur les habitants de Chauny pour la subsistance des pauvres. — Cette imposition, levée pendant six mois à partir du 1er février 1741, produisit 7740 livres, 2 sols, 6 deniers. La dépense (et reprise) s'éleva à 6797 livres, 14 sols, 7 deniers, dont 6427 livres, 14 sols, 6 deniers furent distribués en pain et 116 livres, 8 sols en argent.

GG. 57. (Liasse). — 233 pièces, papier.

1617-1620. — Pièces justificatives des comptes des biens des pauvres. — 23 février 1618. Daniel Mailly, sergent du guet, reçoit deux setiers de blé comme indemnité pour le voyage qu'il a fait à Paris pour porter au duc de Mayenne des lettres des maire et jurés. — 30 avril 1618. Certificat des échevins de la ville de Chauny attestant que le receveur des pauvres a livré 109 setiers, 3 quarterons de blé qui ont été donnés aux pauvres le jour du jeudi absolu. — 1er juin 1618. Revente des grains des pauvres, Hôtel-Dieu et Maladrerie aux receveurs de ces établissements au prix de 62 sols le setier pour le blé, et de 20 sols pour l'avoine. — 1er juin 1619. On paie aux religieux de l'abbaye de Saint-Eloi-Fontaine 18 livres de rente à cause de la cession par eux faite de l'héritage de la Biette que les maire et jurés de Chauny ont donné aux PP. Minimes pour y établir leur couvent, etc.

GG. 58. (Liasse). — 191 pièces, papier.

1628-1631. — Pièces justificatives des comptes des biens des pauvres. — 13 février 1630. Nicolas Marcoult, tailleur d'habits, reçoit 18 livres restant à payer des 36 livres auxquelles ont été fixés la pension et l'apprentissage de Claude, fils d'Antoine Guibon. — Mars 1630. André Demory, juré, fait un voyage à Paris et à Fontainebleau au sujet de la décharge des gens d'armes de la Reine Mère, que le Roi avait envoyés à Chauny pour y tenir garnison. — 12 mai 1630. On donne 15 sols à un pauvre genthilhomme natif de Fougères en Bretagne (Antoine de Hubert, seigneur du Plessis) pour l'aider à regagner son pays. — Le rôle des pauvres secourus régulièrement en 1629-1630 comprend 32 noms: ils recevaient de 2 à 8 sols tous les lundis, etc.

GG. 59. (Liasse). — 234 pièces, papier.

1634-1636. — Pièces justificatives des comptes des biens des pauvres. — Juillet 1634. On donne 20 sols à Nicolas Morbat, pauvre garçon aveugle, âgé d'environ 26 ans, qui avait été abandonné, à l'âge de six ans, à Chauny, élevé par la charité publique, placé à l'Hôtel-Dieu, puis était entré au service du lieutenant de Vatan en Berry; il espère être admis aux Quinze-Vingts de Baris, mais pas avant un an. — Le rôle des pauvres pour 1634-1635 comporte environ 40 noms. — 10 février 1636. Attestation des maire et jurés que le receveur des pauvres a déboursé 12 livres, 8 sols, tant pour la nourriture de plusieurs soldats suisses, demeurés malades à Chauny, que pour les aider à regagner leur garnison d'Orléans. — Mars 1636. Demande de secours présentée par Antoine Deuillé, prêtre, âgé de plus de 85 ans, qui a dû renoncer, depuis quelque temps, à son bénéfice de « Barizy » où il avait résidé 34 ans « sans y avoir fait aucun naufrage », etc.

GG. 60. (Liasse). — 440 pièces, papier.

1636-1640. — Pièces justificatives des comptes des biens des pauvres. — 1636-1637. La maladie contagieuse sévit à Chauny. Germain Blondelet, « ayrieur » purifie plusieurs maisons où étaient décédés des malades; René Prévost porte tous les jours « le boir et manger » au P. Capucin qui assistait les pestiférés et qui tomba malade, lui aussi, etc. Le rôle des pauvres pour la présente année comprend 39 noms. — 1638-1639. Le repas que s'offrent les échevins, après la reddition du compte des biens des pauvres, coûte 10 livres, 2 sols; il comprend 8 pains, une salade, un grand pâté, un « membre de mouton », 2 poulets rôtis, un « lapriaulx », 6 cailles, une demi-longe de « viau », deux pièces de four, un artichaut et un plat de « salsifice », deux plats de « cerniaulx », deux plats de fruits, pour 24 sols de vin, etc.

GG. 61. (Liasse). — 339 pièces, papier.

1640-1642. — Pièces justificatives des comptes des biens des pauvres. — 1640-1641. La ville emprunte aux pauvres, le 9 novembre 1640, une somme de 1002 livres, 10 sols, qui est aussitôt versée aux « chef et officiers du régi« ment de Monseigneur le Cardinal », arrivés ledit jour à Chauny ; Nicolas Cobault, apothicaire, fournit divers remèdes, tels que « trois « prises d'apozèmes dessinatives et laxatives, ...

« une médecine laxative et pectoralle..., ung « clistère laxatif et carminatif... avec huilles « thérébenthine de Venise », etc. — 1641-1642. Le blé et l'avoine des pauvres sont revendus 56 et 20 sols; on distribue le jeudi absolu 139 setiers, 3 quarterons aux pauvres (y compris 10 setiers donnés à « la Charité ») et 141 setiers, 1 quarteron le jour de Saint-Thomas; Pierre Rivage, sergent royal, va au château d'Elincourt-Sainte-Marguerite requérir Ydoine de Valobbe, veuve de Charles de Hamel, seigneur d'Elincourt, à fin de paiement d'une année d'arrérages à la rente de 225 livres due aux pauvres de Chauny sur la terre d'Elincourt, etc.

GG. 62. (Liasse). — 379 pièces, papier.

1642-1646. — Pièces justificatives des comptes des biens des pauvres. — 1642-1643. Jacques Souaille va à Paris, en novembre, avec le « sieur Toutery » pour poursuivre la décharge d'une partie du régiment du maréchal de Guiche, arrivé à Chauny pour y tenir garnison. — 1643-1644. Jacques Delierre, pâtissier, fournit pour « Monsieur le prédicquateur », le 26 mai, au dîner, un potage de quatre poulets; au souper, une paire de poulets fricassés et une paire de pigeons rôtis; le lendemain (vendredi), deux œufs et un plat de poisson. — 19 décembre 1645. Supplique adressée par les dames de la Confrérie de la Charité de Chauny (Madeleine de Martigny, Anne de Vaulx, Marguerite Gossart, etc), établie dans la ville depuis trois ans, à l'effet d'obtenir une subvention; on leur accorde 10 setiers de blé, etc.

GG. 63. (Liasse). — 358 pièces, papier.

1646-1649. — Pièces justificatives des comptes des biens des pauvres. — 1646-1647. Un juré va à Compiègne recevoir du baron d'Orvillé la rente de 225 livres due sur la seigneurie d'Elincourt-Sainte-Marguerite; on achète des meubles (lit, « travers » garni de plumes, garniture de lit de serge verte, paillasse de toile, etc.), pour la chambre du principal du collège. — 1647-1648. On donne à 51 pauvres, le jour de Noël, 50 livres, 5 sols, en remplacement du blé accoutumé; Laurent Rozain, pauvre tisserand, reçoit 7 livres pour acheter une chèvre pour nourrir ses deux petits enfants. — 1648-1649. On rembourse à un tonnelier le prix de 4 barils qui ont servi à mettre le vin fourni aux officiers et cavaliers du régiment allemand de d'Erlach qui logèrent dans les faubourgs de Chauny en septembre 1648, etc.

GG. 64. (Liasse). — 316 pièces, papier.

1649-1653. — Pièces justificatives des comptes des biens des pauvres. — 1649-1650. Le rôle des pauvres pour l'année comprend 56 noms. — 1650-1651. Brice Patté, dit Champagne, « fa« çonnier de drap et de frize », reçoit 25 livres pour la deuxième et dernière annuité de la pension et apprentissage de François, fils de François Sagnier, sergent à verge; on paie à Claudine Servoisie, veuve Petit, 42 livres, 13 sols pour pain fourni aux prisonniers, du 20 décembre 1649 au 5 avril 1650. — 19 juin 1652. Le procureur de l'abbaye de Saint-Eloi-Fontaine donne quittance des 18 livres de rente dues annuellement à ladite abbaye par les pauvres à cause de La Biette. — 12 août 1652. Extrait d'une délibération des maire et jurés portant qu'il sera signifié à Florimond de Bouxin, prêtre, principal et maître du collège, que ses gages ne lui seront pas payés cette année, attendu que les biens et revenus des pauvres ont été, par suite du siège de la ville, « perduz, ravagez et emportez par les « gens de guerre, comme... beaucoup d'autres « quy appartenaient aux habitants d'icelle ville « et fauxbourgs », etc.

GG. 65. (Liasse). — 261 pièces, papier.

1653-1662. — Pièces justificatives des comptes des biens des pauvres. — 13 juin 1656. Jean Sézille et Pierre Detouy, laboureurs à Viry et fermiers des pauvres, demandent à être exonérés de leur redevance de l'année 1655, attendu que « la despouille qu'ilz espéroient recueillir... a « esté totallement perdue, couppée, faulchée, « mangée et gastée » par les chevaux des gens de guerre du maréchal de Turenne, qui ont campé 4 à 5 semaines audit Viry. — 1657-1658. Claude Vincent fournit 6 pièces de bois blanc pour les ponts qui ont été construits pour faciliter l'entrée de la ville du côté de Coucy. — 1661-1662. Le rôle des pauvres secourus comprend 48 noms; en outre, on paie l'apprentissage de douze enfants « mis au mestier », etc.

GG. 66. (Liasse). — 405 pièces, papier.

1662-1670. — Pièces justificatives des comptes des biens des pauvres. — 1663-1664. On dépense 60 livres pour un voyage fait à Paris par François de la Marlière, juré, « pour faire noz

« très humbles remonstrances à Sa Majesté sur « la lettre de cachet obtenue par Monsieur « Couvreur, maïeur de ladite ville », et « pour « faire tirer du registre et archives de ladite « ville un arrest de la Cour des Aydes rendu « contre ledit sieur Couvreur », le 16 février 1658. — 1667-1668. Jean Deslandes, maître plâtrier, travaille aux planchers « de la maison « de santé ». — 1669-1670. Louis Sauteau reçoit 6 livres pour envoyer à la Charité de Paris son petit-fils Louis Sauteau, qui est « affligé de la pierre, quy luy fait souffrir, à « chaque moment, des douleurs quy ne peuvent « pas bien s'explicquer », etc.

GG. 67. (Liasse). — 340 pièces, papier.

1670-1679. — Pièces justificatives des comptes des biens des pauvres. — 1670-1671. On distribue aux pauvres, le jour de saint Thomas, 50 setiers de blé; le jeudi absolu, 50 autres setiers, sans compter 61 setiers donnés « par plusieurs « billiets particuliers ». — 1675-1676. On paie sur le fonds des pauvres des travaux faits à la couverture de la maison de l'Hôtel-Dieu. — 1676-1677. Le rôle des pauvres qui reçoivent des dons en argent, le lundi de chaque semaine, s'élève à 52, etc.

GG. 68. (Liasse). — 423 pièces, papier.

1679-1689. — Pièces justificatives des comptes des biens des pauvres. — 23 février 1680. Pierre Desvivier, maître cordonnier, qui a été blessé par un soldat suisse qu'il a rencontré, d'un coup de sabre sur la tête, « quoyqu'il ne luy eust « dit aucune chose », reçoit 50 sols pour se soigner. — 1681-1682. On distribue aux pauvres, la veille de Noël, 93 setiers de blé un quart, en pain ou en nature, et la même quantité la veille de Pâques: le rôle des pauvres « mis aux semaines » compte 70 noms (plus quelques enfants); 18 garçons et filles sont mis au métier pour deux ans. — 7 mars 1686. On paie à Charles Vallée, de Guny, 60 sols pour « un mois de mamelles subministrées par sa « femme... à un enfant de deffuncts » Barthélemy Carpentier et Marie François, etc.

GG. 69. (Liasse). — 388 pièces, papier.

1689-1699. — Pièces justificatives des comptes des biens des pauvres. — 1690-1691. On donne (2 livres, 10 sols), une paire de bas (25 sols), qui, n'ayant pas de travail à Chauny, avait été se louer pour la démolition de la place de La Fère. Ne gagnant que 5 sols par jour, il a dû revenir à Chauny. — 1693-1694. Les préposés « à la garde des portes et des rues de « cette ville pour les pauvres mandians es- « trangers », au nombre de 9, touchent 18 livres pour huit jours. — 1697-1698. Jean Lefebvre, porte-sac, attaqué de la petite vérole, reçoit 40 sols pour se soigner chez lui: il avait voulu se faire recevoir à l'Hôtel-Dieu, mais les sœurs firent « difficulté de le recevoir, de crainte « que cela ne puisse se communiquer dans « l'Hostel Dieu », etc.

GG. 70. (Liasse). — 409 pièces, papier.

1699-1710. — Pièces justificatives des comptes des biens des pauvres. — 1700-1701. On fournit à Jean Mercier, dit Drain, un habillement composé d'un justaucorps (4 livres), une culotte (2 livres, 10 sols), une paire de bas (25 sols), un chapeau (22 sols), une paire de souliers (1 livre) et une cravate (16 sols). — 1701-1702. Marie Melot, femme de Claude Segard, manouvrier au Pissot, blessée au bras, touche 6 livres pour aller « au village de Biéfre » se faire soigner « par la personne quy traitte « ces sortes de maux ». — 1704-1705. Le rôle des pauvres mis aux semaines comprend 88 noms; 22 enfants mis au métier sont secourus, etc.

GG. 71. (Liasse). — 441 pièces, papier.

1710-1721. — Pièces justificatives des comptes des biens des pauvres. — 21 février 1711. Demande de secours par Michel Liétault et sa femme Toinette Delanois, âgés de 80 et 70 ans, « fort pauvre, et sepandant bonne apéty et « n'aiant de coit vivre ». — 1712-1713. François Delescluze, chirurgien, panse « la petite « fille du Parisien, demeurant à la rue Amoisse, « d'une cuisse rompue proche l'ainé, ce quy « m'a donné une asciduité à la panser trois « fois la semaine, pendant quarante jours ». — 1er juin 1715. La veuve Ducastelle reçoit 100 sols « pour l'ayder à conduire sa fille à « Paris pour la faire toucher par le Roy à « cause des escrouelles dont elle est affligé... », etc.

GG. 72. (Liasse). — 423 pièces, papier.

1721-1732. — Pièces justificatives des comptes des biens des pauvres. — 1722-1723. On distribue aux pauvres, pour les fêtes de Noël, 3 livres, 15 sols en argent et 73 setiers et demi de blé, et, pour les fêtes de Pâques, la même somme d'argent et 66 setiers de blé. — 5 décembre 1725. Deux échevins font la visite ordinaire des apprentis mis au métier « par « le bienfait de cet ville »; tous, suivant le rapport des maîtres et maîtresses, font leur devoir, sauf Madeleine Gilbert, « qui a quité « sa maîtraise ». — 29 avril 1732. On paie au sieur Courtois, imprimeur à Soissons, 15 livres pour « l'impression des factum qu'il a « faite pour les pauvres contre Me Simon Dehagues », etc.

GG. 73. (Liasse). — 463 pièces, papier.

1732-1745. — Pièces justificatives des comptes des biens des pauvres. — 1er juillet 1735. Le maire invite le receveur à délivrer à chacun des trois garçons de l'hôpital qui ont été mis au métier de tisserand, le jour de Saint-Pierre dernier, un tablier de veau, une navette, un couteau droit et un peigne de buis. — 1740-1741. On rend à l'Hôtel-Dieu 24 setiers de blé que cet établissement avait prêtés l'année précédente pour la nourriture des pauvres. — 25 juillet 1741. Jean-François Gueullette, procureur, reçoit 29 livres, 8 sols pour les frais du procès que les pauvres ont eu avec le duc d'Aumont au sujet de la déclaration de leurs biens à son terroir, etc.

GG. 74. (Liasse). — 575 pièces, papier.

1745-1765. — Pièces justificatives des comptes des biens des pauvres. — 1751-1752. Le rôle des pauvres auxquels on distribue de 4 à 8 livres de pain par semaine comprend 31 noms; on paie l'apprentissage d'une quinzaine de garçons et filles. — 3 janvier 1755. La femme Claude Diu, demeurant à la Chaussée, qui vient d'accoucher de 3 enfants, recevra trois mancauds de blé, « pour l'aider à faire subsister sa famille ». — 1763-1764. On paie au receveur de la seigneurerie de Viry 3 livres, 12 sols (au lieu de 2 setiers d'avoine) pour la « tenance » des pauvres; 20 sols, 6 deniers pour menus cens dus sur les terres et « bas prez »; 1 sol, 3 deniers pour droit de past et corvée, le tout échu à la Saint-Remy, et 56 livres, 3 sols, 9 deniers (au lieu de 31 setiers, 3 boisseaux d'avoine), pour arrérages dus par lesdits pauvres à la Chandeleur, etc.

GG. 75. (Liasse). — 516 pièces, papier.

1765-1786. — Pièces justificatives des comptes des biens des pauvres. — 29 septembre 1769. Philippe Lévêque, ancien couleur de buerie, reçoit 6 livres pour l'aider à faire le voyage de Paris afin d'aller y chercher une place. — 21 août 1776. Billet du maire Roger : « La « femme d'Anceaux voudroit envoyer sa petite-« fille à Paris par le meneur qui part au-« jourd'huy; elle demande pour cela un écu. « Si le cousin Gueullette veut bien luy donner, « je crois que ce sera une bonne action, pour « débarasser d'autant la ville. Je lui souhaite « le bon jour ». — 19 décembre 1783. Billet de Bernard, curé de Notre-Dame: « Respects « à Messieurs les maire et échevins de la ville « de Chauny, que je prie de regarder en pitié « le pauvre Jean-Claude Desviviers, garçon « tisserand, qui est tout nud, ainsi que sa femme « et un enfant, et n'est point capable de gagner « par son travail de quoy se vêtir, se nourrir « et se chauffer, pendant les rigueurs de l'hyver « surtout », etc.

GG. 76. (Registre in f°). — 250 feuillets, papier.

XVIIIe siècle. — Registre « pour servir aux « receveurs des pauvres... à inscrire les biens « appartenans auxdits pauvres et à la recette « et dépense qu'ils feront ». — En réalité, ce registre, commencé en 1766, ne contient qu'un état des surcens et redevances dus aux pauvres de Chauny de 1758 à 1775 environ.

GG. 77. (Liasse). — 1 pièce, parchemin; 44 pièces, papier.

XIVe-XVIIIe siècle. — Biens des pauvres: arrérages recouvrés et à recouvrer. — S. d. (Fin de XIVe siècle). Etat des cens et redevances dus aux pauvres de Chauny depuis 1382 environ. — Etats des surcens et redevances dus aux pauvres en 1741, 1746, 1763, etc.

GG. 78. (Liasse). — 26 pièces, papier.

XVIIIe siècle-1779. — Assistance publique; divers. — 26 septembre 1636. Division de la ville en quartiers, à l'occasion de la maladie contagieuse, et nomination de commissaires qui prendront les mesures nécessaires pour combattre cette maladie dans chaque quartier. — 21 octobre 1748. Réception, comme médecin, de Charles-François von Mittag, dit « Midy ». — 27 mai 1765. Lettre de l'évêque de Noyon autorisant les maire et échevins à faire quêter pour les incendiés du faubourg de Chauny, mais seulement dans le doyenné de Chauny, etc.

Série HH

Agriculture ; Commerce ; Industrie.

HH. 1. (Liasse). — 3 pièces, parchemins ; 7 pièces, papier ; 1 sceau.

1305-1785. — Foires et marchés. — Février 1305 (n. st.). Lettres royales prolongeant de deux jours la foire qui se tenait d'ordinaire à Chauny le jour de la fête de Saint-Jean Décolasse (grand sceau royal sur lacs de soie rouge et verte). — 27 mai 1399. Sentence des maire et jurés de Chauny condamnant deux marchands « caudreliers » de Noyon à payer dorénavant deux sols parisis quand ils s'installeront à Chauny le jour de la foire de Saint-Jean Décolasse. — Juin 1650. Lettes royales établissant à Chauny un marché qui se tiendra le premier mardi de chaque mois, etc.

HH. 2. (Liasse). — 6 pièces, parchemin ; 6 pièces, papier ; 1 sceau.

1295-1758. — Commerce et industrie : statuts et règlements. — Novembre 1295. Lettres royales attribuant aux maire et jurés de Chauny la connaissance des faits de malfaçon des draps de laine fabriqués en cette ville. — 10 novembre 1409. Jean Daugiers, sergent à verge de la ville, donne lecture aux bouchers, assemblés à la boucherie de Chauny, des ordonnances « sur le fait de la boucherie », préparées par les maire et jurés le 18 octobre précédent. — 13 juin 1410. « Ordonnances et statuts sur le « fait de la draperie de Chauny ordonnées et « advisées en pluseurs et diverses journées par « nous, maire et jurez de la ville de Chauny, « pour le bien publique de ladicte ville, par « l'advis, conseil et délibéracion de pluseurs « marchans drapiers, ouvriés et autres gens « congnoissans ou fait de ladicte draperie, avec « ce que nous en avons trouvé par aucuns « enseignemens anciens, ès registres de ladicte « ville ». Suit le texte de ladite ordonnance, etc.

HH. 3. (Liasse). — 2 pièces, parchemin ; 47 pièces, papier.

1718-1788. — Autorisations données par le lieutenant général de police d'exercer divers métiers. — Réception de François Moicturier, maître tailleur d'habits (1722), de Marie-Gabrielle Poisson, femme de René Carluy, maîtresse sage-femme (1729), de François Polette, maître apothicaire (1761), de Pierre Paron, maître boulanger-pâtissier, etc.

HH. 4. (Liasse). — 74 pièces, papier.

1626-1788. — Halle aux grains. — 1661. Contestation des maire et jurés de Chauny avec les fermiers généraux des aides. Dans une adresse au Roi, les maire, jurés et habitants rappellent que depuis l'établissement de la communauté leurs prédécesseurs ont, pour la commodité de ceux qui venaient des villes et provinces voisines aux foires et marchés de Chauny, fait construire une halle, dont une partie était destinée au logement du gouverneur, « auquel les villes de Picardie sont ordinaire- « ment sujettes », et l'autre a été affermée comme bien patrimonial : que, pour raison de la place où a été élevée la halle, la ville a toujours payé annuellement au Roi 6 livres, 5 sols, 10 sols, 6 sols et 4 sols de cens, et une autre charge de 7 livres, 10 sols, etc. — Procès-verbaux d'adjudication de la ferme de la halle (1626-1788), etc.

HH. 5. (Liasse). — 105 pièces, papier.

1737-1788. — Taxe du pain et de la viande. — Novembre 1737. Le blé s'étant vendu, le 8 de ce mois, entre 3 livres, 19 sols et 4 livres, 3 sols le setier, les boulangers observent qu'ils ne peuvent donner leur pain à 18 deniers la livre, chiffre de la dernière taxe; ils sont autorisés à l'augmenter jusqu'à 1 sol, 9 deniers la livre pour le pain mollet, et l'autre à proportion. — 16 mai 1761. Taxe de la viande à 5 sols la livre « des hauts cottées », et 4 sols, 6 deniers « des bas cottées ». — 29 janvier 1770. Taxe du pain mollet et du pain de tourte blanche à 2 sols la livre, et du pain des toutonniers à 1 sol, 9 deniers la livre. — 12 septembre 1783. Les boulangers demandent une augmentation du pain, le blé valant 6 livres (blé froment) et 5 livres, 8 sols (blé muiage), le setier; on les autorise à vendre la livre (16 onces) de pain blanc 2 sols, la livre de pain bis-blanc 1 sol, 9 deniers, et la livre de pain bis 1 sol, 6 deniers, à condition de n'employer que de la farine de froment de la récolte de l'année, etc.

HH 6. (Liasse). — 3 pièces, papier.

1617-1726. — Mercuriales des grains. — 3 octobre 1617. Prix du blé froment: 48 et 51 sols; du blé méteil: 36 sols le setier. — 17 juillet 1618. Le froment vaut 4 livres, 10 sols et le méteil 75 sols. — Le blé vaut 62 sols, 6 deniers en 1678, 46 sols, 3 deniers en 1701, 4 livres, 2 sols en 1709; 43 sols, 9 deniers en 1717, 5 livres, 3 sols en 1726; l'avoine, 27 sols, 3 deniers en 1678; 22 sols, 10 deniers en 1701; 30 sols, 3 deniers en 1709; 16 sols, 9 deniers en 1717: 1 livre, 11 sols en 1726, etc.

HH. 7. (Liasse). — 80 pièces, papier.

1678-1785. — Poids et mesures. — Procès-verbaux de vérification des poids et mesures (1678-1685). — Liste des marchands « vendants « à poids, pots et mesures » (1735-1781).

HH. 8. (Liasse). — 1 pièce, parchemin; 28 pièces, papier.

1582-1774. — Procès relatifs au commerce et à l'industrie. — 31 août 1712. Sentence du Parlement rejetant l'appel porté devant lui d'un jugement rendu par le lieutenant de police de Chauny dans un procès entre les marchands lingers et toiliers, et plusieurs murquiniers de ladite ville. — 1772-1773. Contestation entre les apothicaires et les épiciers de Chauny, les premiers voulant empêcher les seconds de vendre et débiter des drogues pharmaceutiques. Dans un mémoire adressé au lieutenant-général de police, François Polette, apothicaire, établit la supériorité de ses confrères sur les épiciers droguistes: «... Point de chef-d'œuvre chés eux, « à moins que ce ne soit de leur faire peser « méthodiquement un quarteron de poivre ou « une livre de sucre ; en bonne foy, de pareils « regratiers peuvent-ils prétendre la concur-« rence avec des apoticaires?... Le moyen « qu'un épicier provincial, et qui pour l'ordi-« naire n'a pas même les premiers éléments « de la droguerie, ne fasse pas tous les jours « mille bévues, soit dans l'achapt, soit dans le « débit et la distribution d'une foule de médi-« caments qu'il n'a jamais connus ?... » Les épiciers de Paris, qui sont astreints à un apprentissage de 3 ans et un compagnonnage de 4 ans, ainsi qu'à un examen sur la nature et la qualité des drogues qu'ils devront débiter, se sont vu interdire la vente des médicaments composés, « et leurs confrères de province, qui « n'ont aucunes de leurs qualités, et qui ont « tous leurs deffauts, se croiront permis ce « qu'on leur a deffendu? », etc.

Série II

Documents divers.

II. 1. (Liasse). — 8 pièces, parchemin ;
16 pièces, papier.

1322-1764. — Titres de propriété divers. — 5 mars 1533 et jours suivants. Arpentage des bois du Quesnoy dépendant de la seigneurie de Viry, qui appartient au Chapitre cathédral de Paris. — 13 avril 1412 (avant Pâques). Sentence du Parlement maintenant Colart le Miroirier en possession des biens et héritages que lui disputaient les doyen et Chapitre de l'église de Saint-Quentin. — 16 janvier 1626. Dénombrement du fief d'Ognes et Molinsevreux, appartenant à Antoine Dubus, demeurant à Paris, rue au Feurre, paroisse Saint-Eustache, et dépendant du Roi à cause de la châtellenie de Chauny. — 1718-1764. Titres de propriété des biens des religieux de Sainte-Croix de Chauny, etc.

II 2. (Liasse). — 4 pièces, parchemin ;
101 pièces, papier.

1610-1789. — Lettres et pièces diverses. — 23 janvier 1629. Nicolas Cavillier, fondeur de cloches à Noyon, reçoit 15 livres tournois, solde de ce qui lui était dû de sa fourniture de métal pour la cloche de Drocourt. — 11 novembre 1715. Commission de directeur des postes de la ville de Chauny accordée au sieur Jean Bernard par les intéressés en la sous-ferme générale des postes et messageries des provinces du Royaume. — 30 mai 1717. Certificat du curé d'Ecuvilly (L. Lefebvre) qu'il n'a jamais donné l'eau bénite au seigneur de la paroisse autrement que par aspersion. — 21 novembre 1758. Lettre de Godard, imprimeur à Amiens, aux maire et jurés de Chauny leur demandant des renseignements concernant la ville, et destinés à figurer dans l'Almanach de Picardie qui est en cours d'impression. — Bilan de la buerie et briqueterie de Senicourt pour l'année 1764-1765. Les recettes montent à 30.144 livres, 15 sols, 3 deniers, dont 27.876 livres, 15 sols, 3 deniers pour blanchissage de mousselines, batistes et autres toiles, et 2.268 livres pour briques vendues à raison de 15 livres, 15 sols le mille. Les dépenses vont à 22.350 livres, 3 sols, 6 deniers. Bénéfice : 7.794 livres, 11 sols, 9 deniers. — Fragments d'inventaires des titres et papiers de la ville (XVIIIe siècle), etc.

TABLE DES MATIÈRES

www.ingramcontent.com/pod-product-compliance
Ingram Content Group UK Ltd.
Pitfield, Milton Keynes, MK11 3LW, UK
UKHW022105260726
13993UKWH00001B/326

9 782329 197227